Johann Heinrich Jung-Stilling

Die Pilgerreise zu Wasser und zu Lande

Johann Heinrich Jung-Stilling

Die Pilgerreise zu Wasser und zu Lande

ISBN/EAN: 9783743638136

Hergestellt in Europa, USA, Kanada, Australien, Japan

Cover: Foto ©Lupo / pixelio.de

Weitere Bücher finden Sie auf **www.hansebooks.com**

Die Pilgerreise

zu Wasser und zu Lande,

oder

Denkwürdigkeiten

der göttlichen Gnadenführung und Fürsehung in dem Leben eines Christen, der solche, auch besonders in seinen Reisen durch alle vier Haupttheile der Erde reichlich an sich erfahren hat.

Von ihm selbst beschrieben

in Briefen

an einen seiner Christlichen Mitbrüder in den Jahren 1797. und 1798.

Nürnberg,

im Verlag der Raw'schen Buchhandlung, und in Commission bei Wittib Hutmacher zu Mühlheim bei Köln am Rhein, 1799.

Vorrede.

Berichtigung der gewöhnlichen Begriffe von der Mystik.

Die merkwürdige und lehrreiche Lebensgeschichte, welche in folgenden Blättern enthalten ist, ist eine getreue Erzählung der Schicksale und des Läuterungs- Prüfungs- und Heiligungsweges eines noch lebenden Mannes; dessen wahre Demuth und Bescheidenheit mir verbietet, hier etwas zu seinem Lob zu sagen; welches aber auch nicht nöthig ist, da das Werck selbst seinen Meister lobt, oder vielmehr dessen Ruhm verkündigt, der der grose Lenker der menschlichen Begebenheiten, Leiden und Freuden ist.

Ueberhaupt würde dies Buch gar keiner Vorrede bedürfen, wenn der Verfasser nicht in einer Denkungsart geschrieben hätte, die nicht blos vom herrschenden Geschmack der heutigen Lesewelt — auf deren Beyfall aber hier auch gar nicht gerechnet wird — himmelweit verschieden ist, sondern die auch selbst unter denen die sich freymüthig zu Christo bekennen, ja so gar unter seinen wahren Verehrern noch vielen Widerspruch findet; mit einem Wort: Da er ein wahrer — nicht falscher — sondern redlicher, von Herzen demüthiger Mystiker ist, diese Classe Menschen und Christen aber, von der Welt für Erzschwärmer, von der einen Parthey der Gläubigen für Werckheilige, von der andern für Pharisäer und Heuchler, und von der dritten für Verläugner, oder — gelinder — für Miskenner des Verdienstes Jesu gehalten wird, welches alles aber grundfalsch, und eine aus Unkunde und Misverstand entstandene sehr nachtheilige Beurtheilung der wahren Mystick ist, so habe ichs für nothwendig gehalten, dem Gott und Christum liebenden Leser die Vorurtheile aus dem Wege zu räumen, die er allenfalls gegen die wahre Mystick haben möchte, und die ihn hindern würden, den Werth dieser Geschichte richtig zu beurtheilen, und noch vielmehr, den höchst möglichen und höchst wichtigen, nicht zu verkennenden Nutzen daraus zu ziehen, der bey unpartheyischer Vorurtheilsfreyer und ernstlich seiner Seelen Heil suchender Gemüthsstimmung, unstreitig daraus gezogen werden kann. Es wird also hier auf zwey Hauptstücke ankommen, nämlich daß ich

1) zeige, woher es komme, daß die wahre Mystick so verschrien und so verdächtig geworden ist? und

2) dann den wahrhaften und richtigen Begriff derselben völlig entwickelt, deutlich, ausführlich, und vollständig darstelle.

Die

Von der Myſtick.

Die erſte Haupturſache des Verdachts, gegen die wahre Myſtick liegt unſtreitig in der Dunkelheit und Unbeſtimmtheit des Styls und der Kunſtwörter, deren ſich die myſtiſchen Schriftſteller von jeher bedient haben. Die Ausdrücke Durchbruch, Vernichtigung, nackter Glaube, dunkler Glaube, myſtiſcher Tod, Einkehr in den Seelengrund u. d. g. ſind von der Art, daß man ſich leicht Dinge dabey denken kann, die ganz verſchieden von denen ſind, die ſich der Myſticker dabey denkt, und die man ſich dabey vorſtellen muß, wenn man ihn richtig verſtehen will. Dies alles rührt aber daher, weil die Myſticker von jeher zur catholiſchen Kirche gehörten, folglich die Kirchenväter fleißiger laſen als die Bibel, ſich daher auch mehr an ihre Kunſtwörter gewöhnten, und ſich ihre platoniſch-gnoſtiſche Ideen, in ſo fern ſie zum Weg der Heiligung paßten, geläuſig machten.

An dieſe knüpfte ſich noch eine andere Urſache: die ſcholaſtiſche Philoſophie war nicht von der Art, daß ſie deutliche Begriffe über die Natur, Kräfte und Würkungen der menſchlichen Seele, in den Köpfen der Studierenden entwickeln konnte; daher kam es dann, daß auch gelehrte Männer, Empfindungen und Vorſtellungen, die öfters durch ihre Einbildungskraft entſtunden, als Würkungen des heiligen Gottes anſahen, und ſich dadurch ſelbſt, und durch ihre

minbmündliche und schriftliche Vorträge auch andere täuschten.

Was aber vorzüglich die Myſtick in einen übeln Ruf brachte, das war ihre Empfehlung des eheloſen Lebens, der Einſamkeit und der Armuth; — drey Stücke, für welchen der blos ſinnliche Menſch zurückſchaudert, und alle Gründe hervorſucht, um zu beweiſen, daß ſie nicht zum wahren Chriſtenthum erforderlich ſind; es iſt ſchlechterdings nöthig, daß ich hier ſtreng prüfe, was Wahrheit iſt?— denn es giebt noch immer ſehr fromme und redlich denkende Chriſten, die jene drey Stücke, wenigſtens als Hülfsmittel zur Heiligung anſehen. Chriſtus und ſeine Apoſtel haben im neuen Teſtament hin und wieder das eheloſe Leben allerdings dem Eheſtand vorgezogen, dagegen aber auch eben ſo gewiß dieſen leztern Stand gebilligt, geheiligt, und als eine unzweifelbare göttliche Anſtalt und Ordnung empfolen.

Die geſunde Vernunft lehrt ebenfalls, daß das ſittliche Verderben, die ſogenannte Erbſünde nicht im Daſeyn des Fortpflanzungstriebes, ſondern nur im überwiegenden Hang zu deſſen Misbrauch liege, welcher aber durch das eheloſe Leben mehr gefördert als gehindert wird; und über das alles iſt ja die Vermehrung und Fortpflanzung des Menſchengeſchlechts ein göttliches, der ganzen Natur, und beſonders auch den Menſchen gegebenes und anerſchaffenes Geſetz,

setz, 1 Mof. 1, V. 28. welchem jeder gehorchen muß, der nicht durch Umstände, die ihn den Ehestand zum Unglück machen würden, daran gehindert wird.

Wie läßt sich aber nun jener Vorzug, den Christus und seine Apostel dem ehelosen Leben einräumen, mit diesem göttlichen Gesetz vereinigen? — Sehr leicht! — wie sich nun zeigen wird: Daß sich der Geist Gottes in seinem Wort nicht widersprechen könne, bedarf keines Beweises; so bald also ein solcher Widerspruch bemerkt wird, so ist er blos scheinbar, und die Pflicht des Auslegers geht dann dahin, beyde Sätze nach den übrigen Aussprüchen der heil. Schrift zu prüfen, so wird sich allemal der wahre Sinn leicht ausfindig machen lassen: so erklärt sich Christus durch die Worte: — Wehe den Schwangern und Säugenden zu der Zeit — warum Er das ehelose Leben für zuträglicher halte: denn Er sahe den erschrecklichen Jammer, der in kurzem über Jerusalem und das jüdische Land kommen sollte, mit Gewisheit voraus; es war daher zu seiner Zeit weit rathsamer nicht zu heurathen, um keine Familie in die Welt zu setzen, die bald unverschuldeter Weise die grösten aller irrdischen Leiden würde zu erdulten haben, und was können solche arme unschuldige Kinder für die Sünden ihrer Eltern? — In eben dem Sinn spricht auch der Heiland von den Menschen vor der Sündfluth: Sie hätten gefreyt und sich freyen lassen, bis das schreckliche Gericht eingebrochen sey. — Was kann das anders bedeuten, als, sie liessen sich durch den Noah nicht warnen, sie glaubten gar nicht, daß ein allgemeines Weltgericht so nahe sey, sonst hätten sie gewis nicht geheurathet, um nicht zu verursachen, daß so viele unschuldige Kinder in der Sündfluth ertränkt würden. Eben so verhält sichs nun auch mit allen Stellen in den Schriften und Briefen der Apostel: entweder beziehen sie sich auf die Männer, die sich der Ausbreitung der christlichen Religion widmeten, die also, weil sie immer weit und breit umher reisen mußten, und vielen Leiden und Beschwerlichkeiten ausgesetzt waren, nicht wohl eine Familie versorgen konnten; oder sie hatten auch wohl die damalige Zeiten überhaupt im Auge, wo die christlichen Eheleute nie für den Verlust ihrer Güter, ihres Vaterlands, und so gar ihres Lebens sicher waren, und es daher immer besser war, lieber keine Kinder zu zeugen, als sie in eine so gefahrvolle Welt zu setzen.

So müssen alle solche Stellen erklärt werden, die Bezug auf das ehelose Leben haben, wenn nicht das göttliche Gesetz des heiligen Ehestands dadurch herabgewürdigt werden soll. Auch wir leben jetzt in einer Zeit, wo mancher diese Ausnahme von der Regel auch auf sich anwenden kann und darf: denn es hat das Ansehen, als ob unsre Kinder auch schwere Kämpfe durch-

Von der Mystick.

zukämpfen haben würden; doch in diesem Fall muß sich jeder genau in Sicht der Wahrheit messen; damit sich keine Eigenheit, die sich manchmal in den Glanz der Heiligkeit versteckt, unvermerkt in die Bestimmungsgründe des Willens mit einmische.

Die päbstliche Hierarchie wuste sich des Irrthums in Ansehung des ehelosen Lebens zu ihren herrschsüchtigen politischen Absichten sehr gut zu bedienen, woher es dann kam, daß es auch die neuern Mysticker in der römischen Kirche so hoch anpriesen, und es als den Weg zu gröserer Vollkommenheit empfalen, ob sie gleich selbst die Schlange nicht ahneten, die unter dem Mantel der Heiligkeit verstekt lag — nur schade, daß auch nun die protestantischen Mysticker diesen Irrthum in ihr System mit aufnahmen.

Mit diesem Misbegriff vom ehelosen Leben, ist der andere, der die Einsamkeit betrift, sehr nahe verwandt; dieser hat einen zwiefachen Ursprung: erstlich entstand er zur Zeit der ersten Christen, unter den schweren Verfolgungen, wo sich viele in die Wüsteneyen begaben, um da ungehindert Gott und Christo nach ihrer Ueberzeugung dienen zu können; die Freyheit in welcher solche Seelen lebten, machte zu der Zeit das einsame Leben wünschenswerth, und wer dem Herrn von ganzem Herzen anhieng, der wanderte in abgelegene Oerter, um dort seine Neigung zu befriedigen; und zweytens: da man nun durch

a 5

gehends an solchen Einsiedlern einen höhern Grad der Heiligkeit, der Verläugnung alles Irdischen, und der Liebe Gottes bemerkte, so wurde die Idee bald herrschend, daß das einsame Leben ein kürzerer Weg zu dem höchsten Grad der Gott- und Christus-Aehnlichkeit sey, als das Wohnen in der bürgerlichen Gesellschaft, und der Umgang mit der grosen Welt. Auch diese Meynung wurde von der herrschsüchtigen Kirche vortreflich zu ihren Zwecken benuzt; man stiftete nun Klöster, bannete durch schwere Gelübde eheloſe Leute dahin, und bildete so einsame Gesellschaften, die in der Welt an nichts angeknüpft waren, als an ihre Kirche, und ihr zu ihren Zwecken trefliche Dienste leisteten, und so kam dann auch dieser Begriff als ein wesentliches Stück mit in die Mystick.

Indessen liegt denn doch etwas Wahres in dieser Sache: — denn es ist ausgemacht, daß ein Mensch, der sich von weltlichen Geschäften entfernt hält, und beständig in der Gegenwart Gottes, in himmlischen Betrachtungen lebt, weit eher und in höherm Grad, himmlisch gesinnt werden müße, als einer der mit mancherley Amts- und Berufssorgen dieses irrdischen Lebens belastet ist; allein es kommt hier eben alles darauf an, wer im Grund Gott am angenehmsten ist — wenn lezterer nämlich beydes, so viel er kann, miteinander verbindet? — ein sehr passendes Gleichnis wird die Sache ins helleste Licht setzen:

Laßt

Von der Myſtick.

Laßt uns zween junge Männer annehmen, die beyde mit Luſt zur Gelehrſamkeit und zu den Wiſſenſchaften angefüllt ſind, beyde ſtudieren alſo mit gröſtem Fleiß, und werden frühzeitig ſehr gelehrte und geſchickte Männer; aber nun ſchlagen beyde ſehr verſchiedene Wege ein, der Eine wählt ein einſames Leben, um beſtändig zu ſtudieren und im Reich der Wahrheiten fortzuforſchen, ohne andern etwas aus dem Schatz ſeiner Kenntniſſe mitzutheilen. Der Andre aber nimmt ein öffentliches Amt an, würkt mit ſeinem herrlichen Talent zum Beſten vieler Tauſenden, und verſäumt dann doch in müſigen Stunden das weitere Forſchen nicht; dieſer verbindet nun mit dem bloſen Wiſſen auch practiſche Erfahrungen, und wird in jedem Betracht ein weit edlerer Mann, als jener eigenliebige ſpeculative Kopf, der ſein Pfund vergräbt. Gerade ſo verhält ſichs auch mit dem blos Einſamen, der in göttlicher Beſchaulichkeit lebt; und mit jenem, der dieſes thut und jenes nicht läſt.

Einer der reinſten und vortreflichſten Myſticker, die je gelebt haben, der ſeelige Gerhard Ter Steegen, kann uns hier zu einem vorzüglichen Beyſpiel dienen: er lebte auch ehelos und eingezogen; auch er lebte beſtändig in der Gegenwart Gottes, und übte die reine und wahre Myſtick im ſtrengſten Sinn aus, aber wie mannigfaltig nützlich und thatenvoll war auch zugleich ſein bürgerliches Leben? — er war beſonders

von

Vorrede.

von der Vorsehung dazu ausgerüstet, um am grosen Weltabend noch viele tausend Seelen zu klugen Jungfrauen zu bilden, und er hat sein Tagewerk redlich vollendet; um das nun besser zu können, mußte er den schweren mystischen Sterbens- und Verläugnungsweg wandeln; wäre er verheurathet gewesen, so hätte er sich nicht so ganz diesem Beruf widmen können, und darum muste er sich — nach dem Beyspiel unsers Erlösers — erst lang in der Einsamkeit üben, erst selber etwas lernen, ehe er andere lehren konnte.

Daß aber nun diejenigen sehr irren, die ehlos, einsam und zurückgezogen — darum — leben wollen, weil es Tersteegen that, das liegt am Tage; die geistlichen Uebungen sind blos Mittel zum Zweck, um dem Reiche Gottes hienieden desto nützlicher zu werden, keinesweges aber der Zweck selbst.

Endlich kommt nun noch die selbstgewählte Armuth der Mystiker hinzu, auch diese Meynung hat verschiedene Quellen. Die erste ist, daß man glaubt dadurch Christo ähnlicher zu werden, weil er im eigentlichsten Sinn ganz und gar nichts von irdischen Gütern besaß; die zweyte gründet sich besonders auf den Ausspruch Christi gegen den reichen Jüngling, daß er alles verkaufen, den Armen geben, und Ihm dann nachfolgen möchte, und überhaupt, daß sich Christus erklärt hat, die Reichen könnten schwerlich seelig werden. Die dritte enthält die richtige nige Vorstellung, daß ein Geist, den die Erwerbung und Verwaltung irdischer Güter erfüllt, nicht wohl zugleich mit allen seinen Kräften nach dem Reich Gottes trachten könne. Die vierte erregt die Besorgnis, daß der Reichthum leicht zur Ueppigkeit und zur Bedrückung des Armen und Schwachen gemisbraucht werden könne u.s.w.

Hier geht nun wieder wie gewöhnlich die Wahrheit in der Mitte: Wer den Reichthum zum Zweck seines Lebens macht, der ist ein solcher Reicher, der schwerlich oder gar nicht seelig werden kann; wer aber auch alle seine rechtmäßig erworbene Güter, ohne sie zweckmäßig zu verwenden hingiebt, blos um ihrer los zu werden, und dem Herrn besser dienen zu können, der machts wie ein Handwerksgesell, der seine Werkzeuge alle wegwirft, und sich nun vor seinen Meister hinstellt, ihm den ganzen Tag vorschwazt, daß er ihn so herzlich lieb habe, und daß er ihn, wegen seiner großen Geschicklichkeit und Kunst nicht gnug bewundern könne. — Was meynt Ihr lieben Leser! — wird das dem Meister wohlgefallen?

Christus durchschaute jenen reichen Jüngling; Er wußte daß ihm sein Reichthum zum Strick werden würde, darum sagte Er: wenn du dich retten willst, so mußt du dich von deinem Reichthum los machen; daß dies aber keine Generalregel seyn könne, das versteht sich von selbst! Aber das versteht sich auch von selbst, daß der Christ seine Güter schlechterdings zu keinem andern Zweck haben dürfe, als dem Reich Gottes dadurch zu nützen. Daß dies wahr sey, das kann nicht hier, sondern es muß an einem andern Ort bewiesen werden.

Da nun schon das gewöhnliche Christenthum, nach dem Begriff der Orthodoxie bey den Protestantischen Kirchen, dem natürlichen Menschen so eckelhaft ist, und bey dem gegenwärtig herrschenden Geist unserer Zeit ganz unerträglich wird, so läßt sich leicht erachten, was man von der Mystick denken müße; die nun gar die verhaßtesten Pflichten der Religion und des practischen Christen-Lebens im allerstrengsten Sinn nimmt; und doch ist es ewige Wahrheit, daß dem allen ungeachtet, der wahre Mysticker, wenn er nur die wahre reine Herzens-Demuth, die aus gründlicher Erkänntniß des eigenen Unwerths, und daß man schlechterdings Gott alles zu verdanken habe, entsteht, zu einem Hauptgegenstand der Heiligkeit macht, unter die Zahl der wahren und ächten Gottes- und Christus-Verehrer gehöre, und daher auch ein sehr schätzbares Glied am Leibe Jesu Christi sey.

Daß er es aber in noch höherm Sinn, und ohne so viele Umwege hätte werden können, wenn er Vorurtheilsfreyer gewesen wäre, und die wahre Mystick in ihrem reinsten Zustand gekannt hätte, das ist gar keinem Zweifel unterworfen.

Dieses

Von der Mystick.

Dieses führt mich nun von selbst zum zweyten Theil dieser meiner Vorrede, wo ich nun auch zeigen will, wie die wahre Mystick in ihrem reinsten Zustand aussieht? — Das ist: ich will nun den wahrhaften und richtigen Begrif derselben völlig entwickelt, deutlich, ausführlich, und vollständig darstellen.

Der obengedachte seelige Gerhard Ter Steegen kann als ein wahrer Reformator der Mystick angesehen werden; die Alten unterstellten zwar auch das Evangelium, und den wahren Glauben an das Erlösungswerk Christi, aber sie redeten zu wenig davon, sie bezogen sich gleichsam nur im Vorbeygehn darauf, und setzten das Wesen der Heiligung zu sehr in practisch-beschauliche Uebungen, Tersteegen aber verbande beydes gehörig miteinander, und schrieb auch deutlicher als alle seine Vorgänger, mithin auch erbaulicher; in allen seinen Werken herrscht Einfalt und Lauterkeit, Bibelsinn und Christus-Religion ohne Schwärmerey und Bildersprache; er bedient sich zwar auch noch gewisser mystischer Ausdrücke und Redensarten, aber doch so, daß sie leicht verstanden werden können. Möchten nur alle seine Freunde und Nachfolger, die ich so sehr verehre liebe, und hochschätze, mehr seine Lehren, als sein individuelles Leben zum Muster ihres Wandels machen!— Tersteegen war ein sehr frommer Mann, ganz ohne Tadel, allein er für seine Person war unverheurathet, und hielt sich von

der

der äusseren Kirchen entfernt; diese beyden Stücke machte er aber nicht zu Lebensregeln für alle,
sondern er ließ da jedem seine Freyheit — er für
seine Person mochte Ursachen dazu haben, deswegen soll man sich aber nicht auch von der Kirche
separiren, oder ehelos leben — darum weil es
Tersteegen that. Dies sage ich nur um einiger seiner Verehrer willen; denn ich weis sehr
viele, die verheurathet sind, und sich auch zur
Kirche halten.

Eins aber muß ich noch in Ansehung des
theueren apostolischen Mannes, des seel. Tersteegen erinnern; es betrift eine Sache, die seinen
Schriften, auch bey vielen Rechtschaffenen Schaden gethan hat, und manche gutwillige Seele
vom Lesen derselben zurückschreckt; an sich ist es
blos Misverstand, denn der seelige Mann hat
vollkommen recht, er hat nur im Ausdruck gefehlt,
und ein Wort gewählt, das nicht zu dem Begrif paßt, den er damit verbindet. Er nimmt
nämlich das Wort Vernunft durchgehends für
sinnliche oder fleischliche Vernünftelen; diese
und keine andere meynt er, wenn er das Wort
Vernunft braucht — das was Paulus 1 Cor.
2, v. 14 den natürlichen Menschen nennt, der
nichts vom Geiste Gottes weis, das nennt
Ter Steegen — Vernunft — dadurch giebt
er nun dem Lästerer, nicht ohne Grund, Ursach
zu sagen: der Mann verwirft die Vernunft,
er will die Leute unvernünftig machen. —

Worte

Von der Mystick. XVII

Worte, die ich mehrmals habe hören müssen. Andere stutzen wenn sie an eine solche Stelle in seinen Schriften kommen, und sagen: — Wie? Christus und seine Apostel wollen ja haben, daß unser Gottesdienst im Geist und in der Wahrheit vernünftig seyn soll — und endlich habe ich auch viele gefunden, die den seel. Tersteegen und seine Schriften verehren, und würcklich den Ausdruck Vernunft, im gewöhnlichen Verstand nehmen, folglich diese herrliche Gabe Gottes, die allein den Menschen von den Thieren unterscheidet, und wodurch er allein, wenn sie vom Licht Gottes erleuchtet ist, fähig wird, ein Erbe des Himmels zu werden, ganz verwerfen und verläugnen, so daß man mit vernünftigen Vorstellungen, wenn sie auch noch so gewiß und richtig sind, nichts ausrichtet, sondern immer hören muß: Weg damit! das ist Vernunft! — Diese guten Leute sollten doch bedencken, daß man ohne Vernunft ja nicht einmal prüfen kann, ob etwas dem Worte Gottes gemäß ist, oder nicht.

Es wäre daher sehr nöthig, daß der Sinn, den der seel. Tersteegen mit dem Wort Vernunft verband, in einer Vorrede zu seinen Schriften deutlich entwickelt würde: denn er war selbst ein sehr vernünftiger, weißer, und kluger Mann, der sich warlich! weder durch Imagination, noch durch Empfindeley, sondern durch den Geist Gottes in seiner erleuchteten Vernunft, ganz und allein leiten lies. Nach dieser voraus-

b   gegan-

gegangenen Bemerkung empfehle ich nun allen meinen Lesern die Schriften dieses Mannes; keiner dems um das Heil seiner Seelen ernstlich zu thun ist, wird sie ohne Seegen wieder aus der Hand legen, besonders wenn er dann auch seinen Blick zugleich auf unsre merkwürdige Zeit richtet, und die Pflichten damit verbindet, die uns unsre jetzigen Verhältniße auflegen.

Die wahre practische Mystick im reinsten Verstand, ist im Grund nichts anders als der einfältige lautere und evangelische Glaubens- und Heiligungs-Weg, die Reinigung durch das Blut Christi; der Weg den auch das Mitglied der Brüdergemeine wandelt, wenn es anders ein wahres Mitglied derselben ist. Die Mährische Brüderkirche kennt keinen andern Weg zur Seeligkeit als diesen, nur mit dem Unterschied, daß der Mysticker seinen Blick auf den Proces der Reinigung und Heiligung richtet, und diesen beschreibt, wenn er sich erklären und von seinem Zustand Rechenschaft geben soll; der Herrnhuter hingegen, sieht nur immer auf die wirckenden Ursachen jenes Prozesses, und drückt sich blos durch Worte aus, die darauf Bezug haben; so bald sich aber beyde gründlich gegeneinander erklären, so findet man immer, daß sie im Grunde einerley Weg gehen, nur daß sie nicht einerley Sprache führen; der wahre Pietist hingegen geht zwischen beyden in der Mitten.

Wie

Von der Myſtick.

Wie leicht! — o Freunde! — wie leicht, und wie nützlich wäre daher die Vereinigung, oder innere Geiſtesgemeinſchaft und Verbrüderung zwiſchen allen Kindern Gottes? — es käm nur darauf an, daß man einmal alle ſelbſtſüchtige Vorurtheile ablegte, und ſich dann mehr an die reine und einfache Bibelſprache gewöhnte, ſo würde man ſich bald verſtehen, und zur innigen Verbrüderung, die zu unſern Zeiten ſo ſehr nöthig iſt, übergehen können. Von einer äuſſern oder politiſchen Kirchenvereinigung rede ich hier gar nicht; die kann bey gegenwärtigen verworrenen Umſtänden nicht ſtatt finden; ſie iſt aber auch nicht nöthig: denn ſie wird ſich von ſelbſt machen, wenns einmal Zeit iſt.

Indeſſen iſt es doch auch nicht weniger richtig, daß es Menſchen giebt, deren Caracter entweder ſo beſchaffen iſt, oder deren Beſtimmung zu beſondern Werckzeugen im Reiche Gottes es erfordert, daß der Geiſt Gottes, und ſeine Vorſehung, einen tiefern, ſchärfern und genauern Glaubens=und Heiligungs=Weg mit ihnen einſchlagen müßen, wie mit andern, die in Anſehung ihrer ſittlichen Natur, und Beſtimmung, leichter zu ziehen und auszubilden ſind. Jene die alſo einen ſchwereren Weg geführt werden, und zu dieſer Claſſe gehört auch eben der theuere und werthe Verfaſſer der folgenden Lebensgeſchichte, ſind eigentliche wahre Myſticker, deren ich auch gnug in der Brüdergemeine weiß, ob sie gleich eine andere Sprache führen, und nicht so heißen; aber das ist auch eine ausgemachte Sache, daß es einem solchen ernsten Kämpfer in dieser Gemeine leichter gemacht wird, als einem, der von aussen keine Leitung und Unterstützung hat: denn die genaue Seelenführung und Disziplin, die immerwährende Beschäftigung der Sinnen mit anmuthigen und lieblichen Gottesdienstlichen Gebräuchen und Handlungen, und der tiefe Eindruck, der dadurch im Blick auf die Versöhnung mit Gott durch das Leiden und Sterben Christi, immer rege und würcksam erhalten wird, nährt und stärckt den Geist unaufhörlich, so daß er mit weit weniger Leiden und Mühe die schweren Kämpfe der Mystischen Stände bestehen kann, als einer der diesen sauern Gang an dem Faden der Vorsehung allein gehen muß, wie auch dieses bey unserm lieben Verfasser der Fall war. Indessen bleibt das ewig gewiß, was er mit Würde und Ernst irgendwo auf Apostolischen Grund gegründet sagt: An dem geistlichen Leibe Jesu Christi sind viele Glieder, alle sind von einander verschieden, jedes bedarf seiner eigenen Zubereitung, deswegen soll keins dem andern seinen Weg für unrichtig erklären, weil er nicht der nämliche ist, den es gegangen hat — das Ohr soll nicht zum Aug sagen, du bist kein Glied am Leib, weil du kein Ohr bist, sondern jedes soll den Stand des andern respektiren, und nur wohl acht haben, daß es selbst das ausrichtet, wozu zu es zum besten des Ganzen verordnet ist. Ach Gott! würde doch diese ewig wahre Regel der Gottes- und Menschenliebe nur immer beobachtet, wie leicht würde dann die Vereinigung aller Partheyen zum allgemeinen grosen Ziel werden!

Nachdem ich nun alle diese Bemerkungen vorausgeschickt habe, so kann ich nun auch zeigen was denn die Mystick eigentlich sey? — und worinn sie bestehe? — das ist: ich kann nun ihren reinen und wahren Begrif entwickeln.

Wenn der Mensch gründlich erkennt, daß er auf dem Wege den er bisher gewandelt hat, seine Bestimmung zur Gottähnlichkeit, durch den Glauben an den Welt-Erlöser, nicht erreichen kann, sondern sich vielmehr immer weiter davon entfernt, und dem ewigen Verderben entgegeneilt, so faßt er den festen Entschlus, ein anderer Mensch zu werden, das ist: sich zu bekehren; er wendet sich also zu Gott in Christo, und ringt ernstlich im Gebät um Gnade und Kraft zur Ausführung dieses Vorsatzes; zugleich aber fängt er nun auch an, genau auf seine Gedancken, Worte, und Wercke zu wachen, um sie nach dem Willen Gottes, und seinen Geboten einzurichten. So wie dies geschieht, so fängt nun auch alsofort die vorbereitende oder züchtigende Gnade Gottes ihr Werck in seiner Seelen an; diese würckt folgender Gestalt: jemehr man auf sich acht giebt, je mehr man seine Einbildungskraft, und überhaupt die Geschäftigkeit der Seelen beobachtet, desto klärer

klärer bemerckt man das grundlose sittliche Verderben, und man wird allmälig überzeugt, daß sich das Schlangengift der Selbstsucht in alle, auch die besten Gedanken Worte und Wercke mit einmische; so wie dieses geschieht, so empfindet man auch bey den besten und edelsten Handlungen, im Blick auf das Unreine das immer damit vereinigt ist, eine sehr ernste Rüge und Züchtigung im Gewissen, wodurch man strenge angewiesen wird, zu verläugnen das ungöttliche Wesen mit allen sündlichen Lüsten und Begierden, und eben dies ist dann jene Würckung der züchtigenden Gnade, die allemal mit einer sehr schmerzhaften Empfindung Traurigkeit und Schwermuth verpaart geht; dadurch wird nun die Seele immer mehr angefeuert, noch ernstlicher zu wachen und zu bäten, und noch heldenmüthiger zu kämpfen, allein je mehr sie sich anstrengt, desto mehr Gräuel entdeckt sie, desto ohnmächtiger sinckt sie zurück, und desto strenger werden die Forderungen der züchtigenden Gnade. Das ist aber auch ganz natürlich: denn durch die beständige Einkehr in sein Innerstes, und Beobachtung dessen was da vorgeht, lernt man sich immer besser kennen, und dadurch wird man dann leider! gewahr, was man sonst nie geglaubt hätte: nämlich daß man von Grund aus unaussprechlich verdorben ist; zugleich aber fühlt man nun auch das Uebergewicht der sündlichen Kräfte, und man wird bald von der Unmöglichkeit überzeugt, diese

Macht

Macht der Finsternis zu überwinden, und doch soll man es — die züchtigende Gnade überzeugt die Seele in ihrem Innersten, daß dies des Menschen unnachläßliche Pflicht sey; hier geht nun die Noth an — was soll man dann nun anfangen? — Ey! zu Christo eilen, der ja gesagt hat: Kommt her zu mir alle, die ihr mühsälig und beladen seyd, ich will euch erquicken! u. s. w. und wer zu mir kommt, den will ich nicht hinausstoßen. Jetzt ist nun einer solchen Seele Jesus Christus und seine Erlösung willkommen; jetzt erkennt sie, daß man in keinem andern Namen in der ganzen Schöpfung Heil und Rettung finden könne, als im Namen Jesu, jetzt schickt sich das Glauben von selbst: denn die vom göttlichen Licht durchstralte Vernunft begreift nun unwiedersprechlich, daß die ganze Versöhnungs- und Erlösungslehre höchst vernünftig und göttlich ist; folglich nimmt sie nun mit ihrem ganzen Wesen ihre einzige Zuflucht zum gecreuzigten Erlöser, und übergiebt sich ohne Vorbehalt ganz und ewig an die Leitung und Führung seines heiligenden Geistes, und nun findet sie Ruhe, sie ist der Vergebung ihrer Sünden versichert, und all ihr Streben geht jetzt dahin, der züchtigenden Gnade, die nunmehr auch die Heiligung übernimmt, unbedingten Gehorsam zu leisten.

Diese erste Periode des christlichen Lebens, nennen die Apostel Sinnesänderung; und die neue Geburt, Wiedergeburt folgt unmittelbar dar-

darauf; die christlichen orthodoxen Theologen geben ihr den Namen Buße, Bekehrung, und Wiedergeburt, die Pietisten nennen sie die Erweckung, und der Mystiker den Zug des Vaters zum Sohn; im Grund aber ist das alles Eins.

So wahr es ist, daß ein jeder wahrer Christ diesen Weg gehen, und sich durch diese enge Pforte auf den schmalen Weg durchzwängen muß, so gewiß ist es auch, daß es fast eben so viele Verschiedenheiten in der Führung auf demselben giebt, als menschliche Caractere gefunden werden, wozu dann noch Lage, Umstände, Zwecke u. d. g. das Ihrige mit beytragen: Diejenigen, die bis an ihre Erweckung froh gewesen sind, und in groben Sünden und Lastern gelebt haben, werden gewöhnlich mächtig erschüttert; denn wenn ihnen ein Licht über ihren Zustand aufgeht, und sie nun alle die Gräuel auf einmal sehen, die in ihrer Seelen herrschend sind, so empfinden sie tiefen Jammer, und sie weinen und flehen aus der Tiefe ihres Kummers so lang zu Gott empor, bis sie Vergebung der Sünden im Erlöser gefunden haben; solchen groben Sündern ist aber auch eine solche kräftige Rührung nöthig, wenn ihre Sinnesänderung bleibende Frucht bringen soll. Hingegen Andere, die entweder von Jugend auf in religiösen und frommen Gesinnungen erzogen worden, oder sonst ehrbar und tugendhaft gelebt haben, früher oder später aber finden, daß diese

Von der Myſtick.

dieſe oberflächliche Tugend zur Ererbung des Reichs Gottes nicht hinreichend ſey, wenden ſich auch ernſtlich zu Gott in Chriſto; auch ihnen wird, bey anhaltendem Wachen und Beten, ihr inneres Verderben — aber nach und nach — aufgedeckt; auch ſie empfinden oft ſchmerzhaft ihre Sünden, aber nicht ſo auf einmal wie jene, mit einem Wort: bey ihnen geht alles langſamer, und ſie rücken, wenn ſie anders treu ſind, allmälig und unvermerkt aus einem Zuſtand in den andern; der Weg ſelbſt iſt aber immer der nämliche.

Hier muß ich eine höchſt wichtige, wahre, aber auch zugleich ſehr traurige Bemerkung machen: Viele gehen dieſe erſte Erweckungs-Buße- und Bekehrungs-Periode durch, und wenn ſie dann die Verſicherung der Vergebung ihrer Sünden empfunden haben, ſo freuen ſie ſich in dieſem Johannes-Licht, und bleiben nun da ſtehen; — ſie glauben, ſie ſeyen nun begnadigte und wiedergebohrne Chriſten, und da ſie einen Widerwillen gegen grobe Sünden empfinden, ſo ſey der Geiſt Chriſti in ihnen herrſchend; da ſie aber nun die dem Chriſten ganz unentbehrliche Uebung, des beſtändigen Wandels vor Gott, mit unaufhörlichem Wachen und Beten, entweder ganz unterlaſſen, oder doch nur nachläſſig üben, ſo kommen ſie in dem Fortſchrit der Erkänntnis ihres innern Verderbens, die doch eigentlich die Urſache des immerfortdauernden Zuflucht nehmens zur heiligenden Gnade des Geistes Christi ist, kaum einen Schritt weiter; daher sehen sie nur daß sie nun besser sind als tausend andere Menschen, darüber freuen sie sich; sie werden nun allmälig geistlich stolze Pharisäer und strenge Splitterrichter ihrer armen Brüder, ihre Balken aber bleiben in ihren Augen sitzen.

Diese fürchterliche Klippe zu vermeiden, sezt nun der wahre Christ seinen Stab weiter; denn so wahr es ist, daß die heiligende Gnade alles in uns würken und ausrichten muß, so wahr ist es auch, daß dies Würken und Ausrichten nur dann statt finden kann, wann sich die Seele ohne Vorbehalt, und ganz an diese Gnade übergiebt, vor ihr bleibt, und sich von ihr bewürken läßt. — Wenn ein Gefangener in einem unterirrdischen Kerker kränkelt und schmachtet, und der Arzt verspricht ihm Gesundheit, wenn er sich beständig in freyer Luft und Sonne aufhält, so ist es ja ewig wahr, daß Luft und Sonne ganz allein die Genesung bewürken, aber das ist doch unmöglich, wenn sich der Kranke nicht aus seinem Kerker macht, und sich beständig ihren Würkungen aussetzt; also, der Mensch muß beständig sich in der Gegenwart Gottes, und im Andenken an Ihn erhalten; er muß unaufhörlich alle innere Würksamkeit der Seelen beobachten, so wie man seine Reden beobachtet, wenn man in der Gegenwart eines grosen Herrn ist, damit auch kein Gedanke entstehe, der nicht Gott geziemend ist; dies Wachen mit unaufhörlichem
be-

betendem Sehnen, um Kraft zur Heiligung, ist nun die sogenannte Einkehr des Mystickers; die Uebung in derselben ist im Anfang sehr schwer: denn die Imagination läuft alle Augenblick mit der Aufmerksamkeit fort, aber man muß sie auch jeden Augenblick wieder einholen und streng im Zaum halten, doch darf das nicht mit ängstlichem Treiben, sondern es muß immer durch eine sanfte und ruhige Rückkehr in die Gegenwart des Herrn geschehen, nach und nach wird endlich diese Uebung leichter, und mit der Zeit so natürlich, daß man ausser dieser Seelenstellung keine Ruhe mehr findet.

Die Würkungen dieses Wandels vor Gott, und des immerwährenden innern Gebets sind nun folgende:

1) Die Vorstellungen der Sinnlichkeit in der Imagination, diese Quellen aller sündlichen Lüsten und Begierden, werden allmälig schwächer, und verlieren sich endlich ganz, wenigstens können sie ihre Herrschaft über den Willen nicht mehr ausüben; dies nennen dann die christlichen Lehrer die Selbstverläugnung, und das Absterben des alten Menschen.

2) Dadurch wird nun die Vernunft mit dem Verstand immer reiner und ungetrübter; das Licht der göttlichen Wahrheit fängt an sie zu erleuchten, und von nun an kann man mit Paulo sagen: Daß sich des Herrn Klarheit mit aufgedecktem Angesicht im Gemüth zu spiegeln anfange; diesen Zustand nennen die wahren Gottes-

gelehrten die Erleuchtung; man erlangt dadurch keine neue Offenbarung, sondern die im Worte Gottes enthaltene tiefere Geheimnisse werden einem immer klärer, und die Wahrheiten von der Erlösung durch Christum immer gewisser.

3) Eben diese ruhige Aufmerksamkeit auf die innere Geschäftigkeit der Seelen im erleuchteten Gemüth, macht nun auch, daß man in der Erkenntnis seines unergründlichen sittlichen Verderbens immer weiter kommt; man merkt nun, daß keine einzige, auch die beste Handlung, von selbstsüchtiger Absicht frey ist; alles, alles, auch das Heiligste ist um und um mit Sünden befleckt; dies bewürkt dann die eigentliche wahre Demuth, und die Vernichtigung seiner selbst, man wird immer mehr und mehr überzeugt, daß man selbst nichts, und Gott Alles sey, und man findet, daß auch unsre besten Handlungen nur dann nützlich werden, wenn die Vorsehung das Ihrige dabey thut, und daß man also ja nicht würken müße, bis sie eine Thür dazu öfnet und dahin winkt. Mit dieser immer tieferen Erkenntnis des eigenen Verderbens, geht aber die immer wachsende Zuflucht zum Leiden und Sterben Christi verpaart; man wird dadurch zwar immer gebeugter, nachgiebiger gegen alle Menschen, sanftmüthiger, zum herzlichen Verzeihen geneigter und bemüthiger, allein man wird deswegen nicht schwermüthig, und verzagt nicht mehr; es müße

Von der Myſtick.

müſte dern ſeyn, daß man ſich gröblich vergangen hätte, und die Busübung wiederholen müſte.

4) Da der Menſch in dieſem Zuſtand die Sinnlichkeit und die Imagination ſchlechterdings nicht herrſchen läſt, ſondern immerfort verläugnet, und durch die erleuchtete Vernunft beherrſcht, folglich ganz und gar nichts denkt, redet und thut, als was von dieſer erſt geprüft, und dem Willen Gottes gemäß gefunden worden, ſo iſt er durchaus für aller Schwärmerey ſicher, und alle die den wahren Chriſten und Myſtiker dieſer Abirrung beſchuldigen, urtheilen gerade wie der Blindgebohrne von der Farbe, ſie ſollten billig da ſchweigen, wo ſie nicht einmal ſtammeln, geſchweige lehren, können. Die beſtändige Einkehr und der Wandel in der Gegenwart Gottes mit unaufhörlichem Wachen und Beten, hat also auch den groſen — unbeſchreiblich wichtigen — Nutzen, daß man für Schwärmerey und Verführung jedes Irrgeiſtes ſicher iſt.

5) Wenn man lange und immer treu in der Uebung der Einkehr, oder des Wandels in der Gegenwart Gottes, mit Wachen und Beten beharrt hat, ſo fängt man an im Innerſten des Gemüths (die Myſticker ſagen, im Seelengrunde) ein ſchlechterdings unbeſchreibliches Etwas zu empfinden, ein Etwas das mit den Sinnen und der Einbildungskraft ganz und gar nichts zu thun hat, — denn es iſt durchaus keine Vorſtellung von irgend einer Sache, ſondern ein ganz geiſtiges, tief beruhigendes Gefühl, aber auch

auch nicht allein Gefühl, sondern Gewisheit des Daseyns eines unaussprechlichen einfachen Wesens, wovon man aber auch weiter nichts als eben dieses Daseyn erkennt, dessen Würkung auf die Seele ist durchdringend und mächtig; sie wird dadurch tief gerührt, gebeugt, sie möchte sich für Gott ganz aufopfern; der Geist wird sanft, gehorsam bis zum Tode, voller Liebe gegen Gott und alle Menschen; man möchte ein Fluch und Fegopfer werden, sich unter das kleinste Kind beugen, und man fühlt innig, tief und unwiderruflich, daß der Wille ganz und ewig dem Willen Gottes aufgeopfert ist; die Empfindung der Nähe dieser schlechterdings unverkennbaren Majestät, deren Gröse mit nichts verglichen werden kann, zieht dann die Seele mächtig empor, und erleichtert den Fortschritt auf dem Weg der Heiligung ungemein; alle Mysticker beschreiben dies Gefühl ohne gleichen, aber alle stammeln auch nur: denn es ist durchaus unbeschreiblich. Dies ist das, was die Apostel den Geist Gottes in uns nennen, der unserm Geist Zeugnis giebt, daß wir Gottes Kinder sind; der in uns Abba lieber Vater ruft, und uns mit unaussprechlichem Seufzen vertritt; dies ist der Tröster, den uns der Herr versprochen hat, der bey uns bleiben, und uns in alle Warheit leiten soll. Dieser Geist stimmt nun alle unsere Leidenschaften um; er erweckt unaussprechliche Liebe zu Christo, und macht uns fühlbar, daß sein Erlösungswerk der einzige Grund unserer Seeligkeit

ist

ist; forthin hält man sich ganz und allein an dieses verborgene, ewig bey uns bleibende, unaussprechlich majestätische, und innig nahe Etwas, welches ganz conform mit der erleuchteten Vernunft und dem Worte Gottes, den Willen sanft dahinneigt, wo gewürkt und gehandelt werden soll. — Wohl! ewig wohl dem! der da nur ernstlich folgt! Ich warne aber treulich jeden Erweckten, so sehr ich nur warnen kann, ja nicht zu bald irgend eine geheime wohlthätige Empfindung für eine Würkung des Daseyns dieses erhabenen Wesens anzusehen, damit er nicht schrecklich betrogen und misleitet werde: — denn so lang noch irgend eine sinnliche Lust herrschend über den Willen ist — ich sage mit Bedacht und Nachdruck herrschend, so lang ist an die Anwesenheit dieser hohen Empfindung gar nicht zu denken; so lange man, im Collisions-Fall, das allererlaubteste und erhabenste sinnliche Vergnügen, für die geringste Linderung der Noth, oder nothwendige Befriedigung irgend eines geringen Bedürfnisses des Nebenmenschen, auch des bösen und feindseeligen nicht aufopfern kann, so lang ist jedes, auch das erhabenste Gefühl keine Würkung der Gegenwart des heiligen Geistes. Dazu gehört dann auch besonders eine lange Uebung im Wachen und Beten, und im Wandel vor Gott, und eine gänzliche Verläugnung alles eigenen Wollens und Würkens, so lang da noch irgend eine — auch die feinste sinnliche Lust ein stärkerer Bestimmungsgrund

grund, als irgend eine edle Handlung ist, so
lang wäre es Täuschung irgend eine Empfindung
für jene seelige Nähe des Herrn zu halten. Das
innere Leben des Geistes in dieser Nähe ist das
beschauliche Leben der Mystiker, und jenes erhabene Etwas nennen sie Christum in uns —
es ist aber nur der durch Leiden und Sterben
vollkommen gemachte Geist Christi, der sich
auf eine unbegreifliche Weise, der menschlichen
Seele, die ihm den Eingang zu ihr geöfnet hat,
mittheilt, und sie erleuchtet, gerecht spricht, hei-
ligt, und von der Herrschaft der Sünden erlöst.
Der seelige Tersteegen hat diesen Zustand sehr
schön besungen in dem Lied: Ach Gott, man
kennet dich nicht recht! — es steht in seinem
geistlichen Blumengärtlein S. 379. der neunten
Auflage.

6) Seelen, deren Caractere entweder wegen allzugroser Reizbarkeit zum Genuß des Ver-
gnügens, oder deren Bestimmungen zu höheren
Zwecken, eine so tiefe und gründliche Cur erfor-
dern, werden nun auch eben durch jenen Geist
Christi in den so genannten mystischen Tod geführt; dieser ist aber nichts anders als eine gänzliche Beraubung aller — auch der reinsten, gei-
stigsten und sittlichsten Vergnügen; — ein Zustand der über alle Beschreibung schwer und lei-
densvoll ist; man muß oft viele Jahre in demselben einsam und mühselig fortpilgern, und wird
nur selten und sparsam getröstet und erquickt; an
sinn-

sinnlichen Vergnügen hat man ganz und gar keine Freude mehr, und der Genuß, den edle Handlungen der Wohlthätigkeit, oder der Hinblick auf jenes ewige und seelige Leben gewähren, fehlt auch gänzlich. — O es ist eine ausserordentlich peinliche Lage! — Zwar dauert die Empfindung jener erhabenen, verborgenen und unaussprechlichen Majestät fort, aber mit ihrem tiefen, ruhigen, und unendlich friedensvollen Gefühl, ist die Gemeinschaft der Leiden Jesu Christi verbunden; mit einem Wort: dieser schmerzvolle, aber äusserst nüzliche Zustand, läßt sich seiner eigentlichen Beschaffenheit nach mit keiner Feder beschreiben; er hat den Zweck, alles Eigennüzige, alles Dienen um Belohnung, auch um der ewigen Seeligkeit willen, in den Tod Christi hinzuopfern, und blos darum alle seine Kräfte im Dienst der Gottes und Menschenliebe zu verzehren, weil es unbedingte Pflicht, und uns Gott dafür nichts schuldig ist. Dies nennen die Mysticker uninteressirte oder uneigennüzige Liebe. Hieher gehören die biblischen Sprüche: Wenn mich der Herr auch töden wollte, so will ich doch auf Ihn hoffen — wenn ihr alles gethan habt, was ihr zu thun schuldig seyd, so seyd ihr doch unnüze Knechte, und Christus am Creuz: Mein Gott! mein Gott! warum hast du mich verlassen? u. a. m. Endlich

7) ist dann noch mit diesem langwierigen mystischen Tod auch eine gänzliche Entblösung von aller Glaubensgewisheit verpaart; und eben dieser

Vorrede.

ser nakte oder dunkle Glaube verursacht beynah das gröste Leiden — man muß über das alles noch immer die Forderung — Ach! — die strenge Forderung im Gemüth empfinden: Siehe! das alles bist du auch dann noch schuldig zu thun, wenn es auch keinen Erlöser giebt, und wenn es auch mit der ganzen christlichen Religion und allen ihren Gütern und Verheisungen nichts wäre, und doch treibt die züchtigende Gnade unerbittlich zur reinsten und freymüthigsten Bekenntnis Christi und seiner Lehre; man fühlt sich ganz bestimmt, für Ihn zu sterben, und das auch ganz ohne Belohnung in jenem Leben, und überhaupt, so wund einem auch die Füße auf diesem rauhen Verläugnungs- und Heiligungspfade werden, so ist doch an kein Stillestehen, vielweniger Zurückgehen zu denken, sondern man wird unaufhaltbar durch dieses Thal der Schatten des Todes fortgetrieben, bis dieser Zustand zu seinem Ziel gelangt ist; dieses Ziel ist aber dann auch herrlich: denn nun ist man zu allem geschickt, wozu einen die Vorsehung nur immer brauchen will; man hat gar keinen eignen Willen mehr, sondern man ist vollkommen gelassen und übergeben in den Willen Gottes; man nimmt Freuden und Leiden, Genuß und Entbehrung, gleichmüthig und mit Gott ergebener Seele von der Hand Gottes an, und genießt dabey den innern Frieden, der über alle Vernunft geht, und dies ist dann endlich der Stand der wahren Gelassenheit der Mysticker.

Man

Von der Myſtick.

Man muß aber ja nicht glauben, daß ein Menſch der bis dahin gekommen iſt, von auſſen ſo ganz bewundernswürdig engelrein ſey. — Ach nein! er trägt immer noch den ſündlichen und ſinnlichen Cörper mit ſich herum, zwar iſt und muß er von groben Vergehungen frey ſeyn, aber allerhand kleine Uebereilungen und Schwachen kommen denn doch noch öfters vor, und dieſe ſinds denn auch eben, die ihn beſtändig in der Demuth halten, und dem Stolz keinen Raum laſſen; aber wer auch — wenn er bis dahin gelangt iſt, noch ſtolz ſeyn könnte, der müſte ja auf einmal zum Satan werden, und das ſcheint mir beynahe unmöglich: — denn wie iſt da Stolz möglich, wo man auch nicht das allergeringſte eigene Gute in ſeinem ganzen Weſen entdeckt, ſondern wo alles bloſes Gnadengeſchenk der ewigen Liebe iſt? — Wie kann ein Verbrecher, der vielmahl den Tod verdient hat, ſtolz auf die Gnade ſeyn, die ihm wiederfährt, wenn ihm das Leben geſchenkt wird? —

Seht, meine lieben Leſer! dies iſt die richtige Entwicklung der Begriffe von der wahren Myſtick; die Sache iſt ſo klar, der menſchlichen und göttlichen Natur, und der ganzen chriſtlichen Heilslehre ſo angemeſſen, daß weder der gründliche unpartheyiſche Philoſoph, noch der wahre Chriſt, mit Grund etwas dagegen einwenden kann; jetzt leſet nun in dieſer Rückſicht folgende Lebensgeſchichte mit ruhigem, Gottergebenem, und liebevollem Herzen, ſo wird ſie euch nützlich und gesegnet seyn, und ihr werdet in den wunderbaren Schicksalen des werthen christlichen Verfassers, mit tiefer Rührung und Beugung den hohen Grad der mütterlichen Vorsehung zum Heil der Menschen erkennen.

Aber nun muß ich auch in Ansehung meiner selbst noch etwas hinzufügen, und ich bitte so sehr ich bitten kann, diese meine Erklärung nicht etwa für Bescheidenheit, oder gar für Demuth sondern für reine Wahrheit zu halten; das was ich in dieser Vorrede vom erhabenen Heiligungsweg des Christen gesagt habe, ist nicht alles eigene Erfahrung, sondern zum Theil auch Erkänntnis im Licht der Wahrheit, von dem grosen Stück jenes Weges, das ich noch durchzukämpfen habe. Zwar würde ich auch der erbarmenden Gnade Gottes in Jesu Christo zu nahe treten, und die Selbstverläugnung in Ungerechtigkeit verwandeln, wenn ich euch bereden wollte, ich hätte von dem allem noch nichts erfahren — Nein! Gottlob! — ich bin schon sehr lange auf diesem Wege nach Hauß; wenn ich euch aber gestehen sollte, wie klein der zurükgelegte Theil des Weges gegen diese lange Zeit ist, so müste ich mit dem seeligen Tersteegen sagen: ich darf bir nicht entdecken, wie schlecht es mit mir aussieht, damit du mich nicht für stolz hältst.

Marburg den 26. Jun. 1799.

Dr. Johann Heinrich Jung.

1. Brief.

Der statt einer Einleitung oder Vorerinnerung des Verfassers dienen kann.

Veranlaßung des Verfassers, seine Lebensgeschichte aufzusetzen.

Lieber Bruder!

Du bringest immer mehr in mich, ja du machst es mir zur Pflicht, daß ich meine Lebensgeschichte schriftlich verfassen und gemein machen soll, weil du glaubest, daß sie von manchen mit Erbauung und Nutzen würde gelesen werden. — Du, mein lieber Bruder! bist es nicht allein, der mich dazu auffordert; sondern ich bin sowohl von Predigern, die mit mir bekannt waren, als auch von andern Freunden, die etwas von meiner Geschichte gehört hatten, — wie ich mit Wahrheit sagen kann — mehr als hundert Mal in meinem Leben, aufgemuntert worden, sie gemeinnützig zu machen: sonderlich haben auch die M.... Freunde deßwegen oft in mich gedrungen; und ich habe es ihnen auch von Jahr zu Jahr versprochen. Allein, wenn ich die Feder ansetzen wollte, um mein Versprechen zu erfüllen, so empfand ich gleich wieder eine Abneigung

neigung dagegen; weil mir immer der Gedanke in den Weg kam: "Was wird doch dabei heraus "kommen? Wenn auch gleich einige gutwillige "Seelen Wohlgefallen an deiner Geschichte ha-"ben, und Nutzen daraus schöpfen mögen, so "sind vielleicht mehr andere, die Anstoß daran "nehmen." Und dieser Gedanke hinderte mich dann allemal, Hand ans Werk zu legen, und hat auch verursachet, daß die Erfüllung meines Versprechens bis auf den heutigen Tag unterblieben ist.

Weil du aber, l. Br. fortfährest, mit andern, liebreich in mich zu dringen, so glaube ich, meine Bedenklichkeiten aufopfern, und deinen Gründen nachgeben zu müßen, zumal, da ich schon durch mein wiederholtes Versprechen dazu verbunden bin.

Ich will also in Gottes Namen die Feder dazu ansetzen, und dir l. Br. in einigen nacheinander folgenden Briefen mit einfältigen, ungekünstelten Worten nach der Wahrheit beschreiben: Wie ich auf den Weg der Gottseligkeit gekommen bin; was ich auf diesem Wege empfunden und erfahren habe, und was für Schicksale ich, nach dem Rath der göttlichen Fürsehung, habe durchgehen müßen; und es bleibt dir und andern theilnehmenden Freunden lediglich überlaßen, was für einen Gebrauch Ihr von meiner Geschichte machen wollet. Mir bleibt, nach der Ausführung meiner Arbeit, welche ohne Aufforderung
meiner

meiner Freunde, nie unternommen wäre, nichts mehr übrig, als der herzliche Wunsch, daß alles zur Erbauung, Belehrung und Erweckung vieler Seelen, zur Ehre Gottes und zur Verherrlichung des Namens Jesu gereichen möge!

2. Brief.

Seine Geburt, erste Jugend- und Schuljahre; Ausgelaßenheit und Spiele; seine Erziehung unter einem strengen Vater; widrige Wirkung derselben auf seinen furchtlosen Charakter. Erste Keime seiner Wißbegierde nach Länder- und Völkerkunde.

Ich bin im Jahr 1740. den 3ten März zu Fr.... im N..S.....schen geboren. Mein Vater war Landhauptmann im Fürstenthum S.... von acht Kindern war ich der älteste Sohn. Ich hatte von Natur einen gesunden und starcken Körper, und die Jahre meiner Kindheit sammt meinem Knabenalter gingen mir fröhlich und munter vorüber.

Ich hatte ein flüchtiges Naturell, und konnte mich daher nicht lange bei ein- und derselben Sache aufhalten; weßwegen mir auch das Auswendiglernen in der Schule ausserordentlich beschwerlich fiel. Ich ward deßwegen oft hart behandelt, welches aber eine so widrige Wirkung that, daß ich darüber nur erbittert wurde, und nun meinen Kopf desto weniger anstrengte, et-

2. Brief.

was auswendig zu lernen. An einem guten Gedächtniß fehlte es mir zwar nicht; denn, was ich von Geschichten las und hörte, konnte ich sehr gut behalten und nacherzählen; allein, auf einmal viele Fragen und Antworten im Katechismus auswendig zu lernen, schien mir unmöglich, weil ich mich mit dem, was ich einmal überlas, und mir nicht im Gedächtniß blieb, ohne große Anstrengung nicht mehr beschäfftigen konnte.

Die Vögel und Gesellschaft liebte ich leidenschaftlich, und für einen treuen Kammeraden hätte ich alles wagen und aufopfern können. Aber, durch diese große Anhänglichkeit an Gesellschaft ward ich ein wilder und ausgelassener Knabe.

Meine Mutter hatte sich stäts viel Mühe mit mir gegeben, um mich von der Kindheit an tugendhaft und gottesdienstlich zu bilden. Sie versäumete nie, Morgen und Abends mit uns Kindern zu bethen, und ermahnete uns unabläßig zum Guten. Sie war eine gute, fromme, liebe Mutter. Sie liebte mich vorzüglich, aber ich liebte sie auch recht herzlich wieder.

Mein Vater hingegen war ein sehr strenger Mann, der nicht viel liebkosete, sondern im Tone eines Befehlshabers mit uns sprach, und wenn seine Befehle nicht befolgt wurden, so waren die Schläge sicher zu erwarten. Aber auf mich hatten dergleichen harte Behandlungen keine gute Wirkung. Wer mich in Güte und Liebe ermahnte, und mir meine Fehler und schlechte Aufführung

2. Brief.

rung zur Besserung mit sanftem und weisem Ernste vorhielt, der konnte es ohne Schläge dahin bringen, daß ich meine bösen Handlungen herzlich bereute und beweinte. Ging man aber strenge mit mir um, oder schlug man mich im Zorn, so war alles an mir verloren, und die Schläge halfen gar nichts. Ich wurde zwar furchtsam dadurch gemacht; aber so wenig gebessert, daß ich vielmehr auch in Zorn gerieth, und heftig erbittert ward; bei jeder strafwürdigen That aber, aus Furcht vor Schlägen, meine Zuflucht zu allerhand Ausflüchten und Lügen nahm.

Jugendliche Spiele, die viel körperliche Bewegung und Anstrengung erforderten, machten mein größestes Vergnügen aus; und weil mein lebhaftes und thätiges Naturell nicht lange ruhen konnte, so ging ich immer auf Zerstreuung aus, und war dabei ausgelaßen fröhlich. Dieser Hang zu den Vergnügungen riß mich oft so hin, daß ich wider den Befehl meines Vaters ausging, oder auch über die bestimmte Zeit ausblieb, obschon ich zum voraus wußte, daß mich bei meiner Nachhausekunft die Peitsche erwarte. — Bei der großen Liebe zur Gesellschaft, waren mir doch alle zanksüchtige oder ränkevolle Knaben äusserst zuwider und unerträglich.

Mit den zunehmenden Jahren ward ich mehr zu Geschäfften angehalten, und vergaß darüber die Vögel und jugendliche Spiele. In der Schule hatte ich ziemlich gut rechnen und schreiben gelernt;

lernt; war auch in den Anfangsgründen der Lateinischen Sprache unterrichtet worden. — Meine Aeltern hatten zwei Stahlfeuer; (deren neun bei dem Flecken F.... sind, und den größesten Nahrungszweig des Orts ausmachen) eines gehörte ihnen eigenthümlich zu, das andere aber hatten sie im Pacht. Sie besaßen ausserdem viele Ländereien oder Ackerland und führten daher eine große Haushaltung; welche, ausser der Familie, noch in sechs Stahlschmieden, drei Knechten und drei Mägden bestand. Weil ich nun schon ziemlich erwachsen, und mein Vater wegen seiner Bedienung oft nicht zu Hause war; so wollte er, daß ich für alles was das Stahl = und Haushaltungswesen angieng, mit Sorge tragen, und Obacht darauf haben sollte; wobei ich mich denn oft so betrug, daß er mir seine Zufriedenheit darüber zu erkennen gab. Daß ich aber die Gesellschaft so leidenschaftlich liebte, damit war er, wie er auch Recht hatte, gar nicht zufrieden. Er hielt mich deßwegen immer scharf im Auge, und nahm mir alles Geld ab, damit ich dadurch gezwungen würde, die Gesellschaften zu meiden. Wenn er entdekte, daß ich an Orten gewesen, die er mir untersagt hatte: so gab es Schläge, wie groß ich auch war.

Ich war freilich ein ausgelaßener Jüngling, der Aufsicht nöthig hatte; aber, daß mein Vater mich so hart, streng und fremd behandelte, war durchaus nicht gut; und der Gehorsam, welcher

cher dadurch erzwungen ward, entstand keinesweges aus Liebe, sondern aus Furcht vor der Strafe. Gegen alles aber, was mich in Furcht setzte, empörte sich mein Gemüth; und wenn auch nach dem Aeußern Gehorsam geleistet werden mußte; so gings doch nicht von Herzen. Ich that alles gern, nur wollte ichs auf eine großmüthige Art und aus Liebe thun. Hätte mich mein Vater ein wenig mehr nach diesen Grundsätzen behandelt; hätte er mehr Vertraulichkeit und Liebe gegen mich bezeigt: so würde er mich haben lenken können, wie er nur gewollt hätte. Indessen war die harte und strenge Erziehungsart meines Vaters doch noch besser, als wenn er gar keine Aufsicht über mich gehabt hätte; im letztern Falle würde ich ganz verwildert worden seyn. Ich weiß, und erkenne es auch jetzt noch, daß mein Vater nach seiner Einsicht redlich gehandelt, und es gut mit mir gemeynet habe; denn er war übrigens ein religiöser Mann, der uns Kinder immer zum Guten anhielt. Wie hart er mich auch behandelt hat (wovon das härteste noch folgen wird) so habe ich ihn doch, nachdem die Jahre des Verstandes gekommen, allezeit hochgeachtet und geliebt. Die Fürsehung fügte es auch so, daß ich im Jahr 1780, nach einer zehnjährigen Reise, in meinen Geburtsort kam; um bei seinem Hingange — der ein halb Jahr darnach im siebenzigsten Jahre seines Alters erfolgte, — noch gegenwärtig zu seyn, und ihn kindlich zu beweinennen; wie es der Verfolg meiner Geschichte noch näher zeigen wird.

Beiläufig will ich hier noch sagen, daß von Kind auf die Furcht und Aengstlichkeit nicht sonderlich Platz bei mir gefunden hat. Meine liebe Mutter war wegen meiner Kühnheit und entschloßnem Muthe oft sehr verlegen. Ich konnte, von der Kindheit an, ohne die mindeste Furcht an die gefährlichsten Oerter gehen, die höchsten Bäume und andere fürchterliche und gefahrvolle Höhen besteigen. Wenn sie mir nun hierüber ihre ängstliche Verlegenheit zu sehr bezeigte, so sagte ich zu ihr: Liebe Mutter, mit all Ihren Sorgen wird Sie mir mein Leben nicht erhalten; und ich glaube, Gott werde mich in allen Gefahren beschützen, und alt werden laßen.

Nachdem die ersten Verstandeskräfte anfingen sich zu entwickeln, und meine Vernunft begann nachzudenken, regte sich ein starker Trieb in mir, alles, was ich sah und hörte, zu begreifen. Wann ich von unbekannten Ländern, Völkern oder Thieren hörete, so stieg ein Verlangen in mir auf, dieses einmal alles mit eigenen Augen zu sehen. Ich stellte mir, nach meinen Begriffen, die Erde als eine immer fortgehende Fläche vor; daher fragte ich öfters, wo sie dann boch wohl ein Ende haben möchte? — Wie ich an Jahren zunahm, und meinen Verstand mehr gebrauchen konnte, wollte ich gern wissen: Wie die Welt oder die Erde beschaffen, wie groß sie wäre? was für Völker

Völker darauf wohnten? u. s. w. In unserm Orte wohnte aber niemand, der mir rechten Bescheid hierüber zu geben im Stande war; und in Hübners Staats-Lexikon, welches mein Vater hatte, und worin ich fleißig las, auch über manches nähere Auskunft bekam, fand ich doch noch vieles, wovon ich mir keinen zusammenhängenden Begriff machen konnte. Da ich nun um diese Zeit zufälligerweise Landkarten bei jemanden sah, der mir sagte, daß man auf denselben die Erde könnte kennen lernen, und mir zugleich Nachricht gab, wo sie zu haben wären: so säumte ich nicht, mir deren anzuschaffen, und kaufte mir zuerst einen Planiglob nebst den Karten von den vier Welttheilen und einigen geographischen Büchern. Jetzt ließ ich mit Suchen und Forschen nicht nach, bis ich im Stande war, mir unsere Erde als eine Kugel vorzustellen. — Nunmehr aber stieg auch noch ein Verlangen in mir auf, den gestirnten Himmel kennen zu lernen. Ich kaufte mir Fontenelles Gespräche von der Mehrheit der Welten, und kam durch Lesen und Nachdenken, ohne allen Unterricht (außer demjenigen, den ich aus Karten und Büchern schöpfte) so weit, daß ich mir unser ganzes Weltgebäude, die Sonne, Planeten und ihre Trabanten, nach dem Copernikanischen Systeme vorstellen konnte. Meine Begriffe wurden hierdurch so sehr erweitert, daß mir die Betrachtung solcher Dinge eines der größesten Vergnügen, und manche unschuldige Freude verschaffte.

Weil mein Verstand und Begierden nun hieran Nahrung fanden, so hielt mich dieses an Sonn- und Feiertagen, oder wann ich keine nöthige Geschäffte hatte, in etwa von den Gesellschaften ab; allein, sie ganz aufzugeben, dazu konnte ich mich nicht entschließen, wie klar ichs auch einsah, daß sie mir sehr schädlich waren. Ich dachte zwar oft an die Nothwendigkeit einer gänzlichen Veränderung meines Zustandes; die Gnade drang darauf stark in meinem Herzen an, und ich nahm mir auch oft die besten Vorsätze dazu; allein, die Bande, welche mich an die Gesellschaft und außerdem noch an einen andern Gegenstand, fesselten, waren zu stark und zu fest, als daß ich sie ohne eine höhere Kraft und ohne besondere Gnade hätte zerreißen können: wie du, l. Br. aus dem Verfolge näher einsehen wirst.

3. Brief.

Des Verfassers erste merkliche Gnadenrührungen, und Entdeckung seines sündlichen Zustandes. Reue und Bekümmerniß darüber; gute Vorsätze, sonderlich bei der Confirmation und dem ersten Genuß des Heil. Abendmahls. Rückfall ins eitle Wesen und Bestrafungen des Gewissens. Die Leidenschaft der Liebe zum andern Geschlechte erwacht bei ihm, bleibt aber, in tugendhafter Gesinnung auf einen einzigen Gegenstand geheftet.

Meine Jugendjahre habe ich dir also, nach dem Aeußern, in etwa beschrieben, und zugleich vieles

3. Brief.

les von den Eigenschaften meines Charakters mit einfließen laßen. Jetzt will ich dir auch etwas von den Empfindungen meines Herzens sagen, die ich unter allen diesen Umständen gehabt habe.

Mitten in meinem ausgelassenen Zustande, gefiel es dennoch dem guten Hirten Jesu, mich, als ein verirrt und verlornes Schäflein, aufzusuchen. Er ließ mich oft seine Gnadenstimme vernehmen, und rief mir zu: "Kehre wieder um, du "Abtrünniger! Warum willst du in deinen Sün= "den sterben und verderben? — Ich bin gekom= "men, auch dich zu erlösen, auch dir Friede und "Seligkeit zu schenken. Du magst in der Befrie= "digung deiner Leidenschaften für deinen Geist "Ruhe suchen, wo du willst; nirgend wirst du "sie finden. — Wenn du nicht zu mir kommst, "und meine Gnade suchest, wenn du nicht von "deinen bösen Wegen abstehest und dich bekehrest: "so wirst du ewig in einem beunruhigten und "qualvollen Zustande bleiben müssen." — Ach! wie oft hat sich der treue Jesus nicht durch seine lockende Gnadenstimme bei mir angemeldet, um mich aus meinem verderbten Zustande heraus zu führen! Aber, es war mir noch immer nicht gelegen, seiner Stimme zu folgen und zu ihm zu kommen.

Den ersten besondern Eindruck zum Guten empfand ich als Knabe in der Schule, indem ich die Geschichte Josephs las. Ich weinte recht herz= lich über den guten Joseph, und konnte nicht be=
grei=

greifen, daß Brüder mit ihrem Bruder so umgehen könnten. Nachdem ich den herrlichen Ausgang gesehen hatte, so gab mir dieses einen tiefen Eindruck, so daß ich mir herzlich vornahm, auch ein guter, Gott gefälliger Mensch zu werden.

Wie ich zwölf Jahr alt war, an meinem Geburtstage, sagte meine liebe Mutter, unter andern mütterlichen Ermahnungen, zu mir: "daß "unser lieber Heiland in dem Alter von zwölf "Jahren an Weisheit und Gnade bei Gott und "Menschen schon sehr zugenommen hätte, und "seinen Aeltern unterthänig und gehorsam gewe- "sen wäre. Dieß müßte ich mir in meinem Alter "zu einem Exempel nehmen. Ich müßte auch "trachten, ein guter Jüngling zu werden, der "sich beflisse, seinen Aeltern unterthänig und ge- "horsam zu seyn: so würde auch ich Gott und "Menschen angenehm werden." — Diese Ermahnungen machten einen tiefen Eindruck auf mein gefühliges Herz. Ich erkannte meine vielen und mancherlei Unarten, worunter auch die böse Gewohnheit war, daß ich oft bei dem Spielen mit meinen Gesellen fluchte und schwur. Ich wollte mich oft bessern; aber Gesellschaft und jugendliches Vergnügen erstickten alles wieder.

Unterdessen kam ich in denjenigen katechetischen Unterricht, durch welchen ich zur öffentlichen Ablegung meines Glaubensbekenntnisses vorbereitet, und in der Religion Jesu und zum Gebrauch des heil. Abendmahls feierlich eingesegnet werden

werden sollte. Während der Zeit dieses Unterrichts hatte ich viel Kampf und Streit über manche Dinge in meinem Gemüth. Die Gnade war zur Veränderung meines Zustandes sehr wircksam in mir, und ich sah immer überzeugender ein, daß ich mich bekehren, und ein anderer Mensch werden müßte. Unser Prediger, der viel auf Sittlichkeit, Ordnung und ein gutes Betragen hielt, rührte mich auch oft durch seine Vorträge; denn, obschon er nicht aus Erfahrung wußte, was Wiedergeburt und Bekehrung war: so predigte er doch sehr ernstlich davon, und traf mein Herz so, daß ich mir oft vornahm, ein anderer Mensch zu werden: aber die Stunde war noch nicht gekommen.

Wie ich vierzehn Jahr alt war, sollte ich mein öffentliches Glaubensbekenntniß ablegen, und in der Christlich-Reformirten Religion eingesegnet und befestiget werden. Die Zubereitung zu dieser feierlichen Handlung geschah bei mir mit einem gerührten und wehmüthigen Herzen. Ich erkannte mich für einen verlornen Sünder, der, wenn er sich nicht änderte, in dem Abendmahl, das Jesus für die Seinigen eingesetzt hätte, sich (nach Pauli Aussage) nur noch schwerere Verantwortung zuziehen würde. Ich bat daher meinen Erlöser flehentlich, mir Gnade zu schenken, um ein anderer Mensch zu werden. — Unter der Confirmation in der Kirche war ich wie zermalmt, suchte Hülfe und Gnade bey Jesu, und flehete ihn

ihn um Erbarmung und Vergebung meiner vielfältigen Sünden an; allein, ich fand noch keine Befriedigung meines Verlangens nach Beruhigung und Erleichterung meines Herzens. — Ich kam, von dem Zustand und der Lage meines Gemüths äusserst niedergeschlagen, nach Hause, und konnte des Mittags nicht essen. Meine liebe Mutter fragte mich, was mir wäre? Ich antwortete ihr: ich wüßte es nicht recht, könnte aber nicht eher zum h. Abendmahl gehen, bis der Herr Jesus mir meine Sünden vergeben hätte; denn es war der Gebrauch, daß die Confirmirten den nächst kommenden Sonntag oder Feiertag zum Abendmahl gehen mußten. Meine Aeltern waren darüber verlegen, und suchten, mir die Sache so leicht vorzustellen, als es ihnen möglich war. Sie munterten mich auf, Muth zu fassen, und sagten mir: daß ich mich zwar von nun an bessern, aber nicht so niedergeschlagen seyn müßte. Ich faßte mich also so gut ich konnte, ging aber doch mit großer Beklemmung meines Herzens zum Abendmahl.

Diese Religionshandlung ist mir, vor meiner Bekehrung allezeit sehr hart aufs Herz gefallen, weil ein Zeuge in mir war, der mir sagte, daß ich unwürdig wäre, und mir dadurch nur noch größere Verantwortung zuzöge. Indessen ist es nicht gut, daß man deßwegen diese Handlung unterlaße, weil der züchtigende Geist der Gnade für jedesmal aufs neue Gelegenheit hat, dem Sünder

3. Brief.

der seine Sünden und sein verderbtes Herz zu entdecken: denn, weil sich doch ein jeder zu dieser heiligen Handlung vorbereiten will und muß, so ist dieses ein vorzüglicher Zeitpunct für den überzeugenden Geist der Gnade, dem Sünder sein Gewissen aufzuwecken und ihn zur Veränderung seines Lebens zu ermahnen. Wo keine Mittel sind, da wird auch selten oder gar nicht der Zweck erreicht.

Obschon ich nun, wie gesagt, bei meiner Confirmation große Rührungen gehabt hatte, und mit beklemten Herzen zum Abendmahl gegangen war: so vergaß ich doch bald alles wieder, und fuhr fort, mit meinen lustigen Gesellen den vorigen Weg zu wandeln. Mit den Jahren nahm ich an Untugenden und Eitelkeiten zu, und der Abweichungen wurden immer mehr. Da ich ein unternehmender, lustiger und ausgelassener Jüngling war: so hatten mich meine Gesellen lieb, und überall gern bei sich. Indessen ließ mich der gute Hirte doch nicht aus der Acht; denn, wenn ich mich recht vergnügen wollte, und meine Fröhlichkeit aufs äusserste trieb, so war es mir eben, als ob eine innere Stimme mir verweisend zurief: "O du Elender! du meynest in diesem allem
"Vergnügen zu finden; aber nie wirst du es auf
"diesem Wege erlangen. Deine Begierden wer-
"den nicht gesättigt, noch dein Geist in der Befrie-
"digung deiner Leidenschaften jemals beruhigt
"werden. Wenn du wahres Vergnügen und
"wahre Ruhe und Befriedigung finden willst, so
"mußt

"mußt du ein gottseliges Leben anfangen: du mußt "dich bekehren." — Dieses benahm mir dann plötzlich alle Lust und Fröhlichkeit. Manchmal aber wollte ich auf diese innere Stimme, (die meinem Freudengenuß so unbequem war) gar nicht merken, und machte mir wohl noch mehr Zerstreuungen, damit ich die Vergnügen störenden Empfindungen nur hinwegtreiben und ersticken möchte; aber, es wollte mir nicht immer gelingen.

Es gab Zeiten, wo der Herr Jesus mir mit seinem Gnadenrufe so liebend nachging, wie eine zärtliche Mutter ihrem verirrten Kinde, und mich ermahnte, doch einen Weg zu verlassen, der niemals das Vergnügen geben könnte, welches ich in der Gottseligkeit finden würde. Dann weinte ich oft über meinen sündlichen Zustand, und wollte mich bessern, gab auch wirklich dasjenige, was mir am sündhaftesten schien, eine Zeit lang auf: allein, es währete nicht lange, so lag ich noch tiefer im Sünden-Elende, und war eiteler und ausgelassener wie vorhin. Alle Jahre ward ich einige Mal kräftig geruffen, und gezogen, mein Leben zu ändern; aber ich hielt mir immer noch Ein Jahr aus. Ein Jahr noch wollte ich lustig und fröhlich seyn, und mich dann bessern: und so ging mir ein Jahr nach dem andern in Eitelkeit und ohne Beßrung vorbei.

Indessen war ich in dem Alter, wo ein Jüngling gemeiniglich die Liebe zum andern Geschlechte stärker empfindet: und auch die meinige konnte
ohne

ohne einen Vorwurf nicht seyn; ich mußte etwas zu lieben haben. Aber diese Liebe war bey mir so beschaffen, daß, wenn sie sich einmal an einen Gegenstand gefesselt hatte, alle andere dadurch gleichgültig wurden und keinen Platz bei ihr fanden: Und daher kam es, daß ich, ungeachtet meiner Ausgelaßenheit in Gesellschaft, einen Eckel an allem hatte, was man Ausschweifung und Ungeziemendes in dieser Leidenschaft nennen kann, und blieb in dieser Rücksicht, bei meiner Liebe in reiner Unschuld bewahret. — Ich hatte von Kindheit auf eine besondere Zuneigung zu einer gewissen Person gehabt; konnte ihr aber meine Liebe nicht zu erkennen geben, und liebte sie nur so von weitem und auf eine entfernte Weise. Bei zunehmenden Jahren merkte ich wohl, daß ich ihr auch nicht gleichgültig war; hatte aber doch keinen Umgang mit ihr, ausgenommen das Jahr vor meiner Bekehrung.

4. Brief.

Der Verfasser empfindet einen neuen und stärkern Gnadenruf. Er fängt ernstlich an sich zu bessern. Abermaliger Rückfall durch Verführung seiner Gesellschafter. Seine schreckliche Ausgelaßenheit und wildes Wesen. Er sucht, durch Vermehrung der Ausgelaßenheit, die Bestrafungen im Gewissen mit Gewalt zu unterdrücken, welches ihm aber nicht gelingen will.

Indessen ward ich, unter mancherlei Abwechslungen, die in mir vorgiengen, siebenzehn Jahr alt.

alt. Jetzt bekam ich einen besondern neuen Ruf an meinem Herzen, der so kräftig war, daß ich auch alle Gesellschaften aufgab. Es war Sommer. Ich gieng ganz allein, entweder ins Feld, oder sonst an einsame Oerter, und suchte den, der allein alle meine Bedürfnisse stillen, und mir Beruhigung für meine Seele verschaffen könnte: allein, er ließ sich noch nicht von mir finden. Ich lebte einige Monate, ohne irgend einigen Umgang zu haben, so ganz still für mich hin, und suchte den Herrn, um in Ihm Friede zu finden. Meine Aeltern und übrigen Hausgenossen, konnten nicht begreifen, was mir doch wohl fehlen möchte, und ich konnte es ihnen auch nicht sagen.

In dieser Zeit besuchte mich einer meiner liebsten vormaligen Gesellschafter, welches meine Aeltrn gerne sahen, weil sie nicht wußten wo es mir fehlte, und hofften, ich sollte dadurch aufgemuntert werden. Leider! gelang es demselben nur gar zu wohl; denn er brachte es in kurzem so weit, daß mein Vorsatz anfing zu wanken. Ich ließ mich bereden, mit ihm an einen Ort zu gehen, wo ich meine übrigen Gesellen antraf, die mich dann wieder in ein gesellschaftliches und zerstreuungsvolles Leben führten. Und weil es hierbei Gelegenheit gab, die erwähnte Jungfer, den Gegenstand meiner Liebe, in Gesellschaft zu haben, so war ich vollends gewonnen. Diese Person war sehr tugendhaft, und hat sich auch, von dem ersten Augenblicke an, daß ich mit ihr in nä-

here

here, freundschaftliche Verhältnisse käm, so sittsam und tugendhaft gegen mich betragen, daß sie mir wegen ihrer Tugend eben so werth war, als wegen ihrer Liebe. Und weil ich ohne Vorwurf meiner Liebe nicht leben konnte; so war sie auch von dem an, so zu sagen, mein Alles. Meine einsame und stille Lebensart fing an zu wanken, und ward endlich ganz aufgegeben. Ich wurde nun wieder ganz eitel und ausgelassen: ja, mein Zustand erreichte vor und nach einen solchen Grad von Verdorbenheit, daß ich das Gute nun aus Bosheit und mit Gewalt in mir zu unterdrücken suchte. Ich machte mir mit Fleiß allerlei Zerstreuungen, damit ich nur nicht so lange ruhig wäre, um die Vorwürfe zu vernehmen, welche mir mein Gewissen über meine Vergehungen machte. Kurz, dieses Jahr war erst recht ein Jahr der ausgelassensten Wildheit; doch konnte ich den Ankläger in meinem Gewissen nicht ganz unterdrücken und zum Schweigen bringen, wie sehr ich auch darüber aus war, diesen mir unangenehmen Gast zu betäuben und nicht mehr anzuhören. Ich glaube, daß, wenn Gott nicht endlich seinen Zweck an mir erreicht hätte, ich ein ganzer Freidenker geworden wäre, der über alles, was nur irgend eine Beziehung auf Gott und Gottseligkeit hat, würde gespottet haben. Schon hatte ich, auf diesem Wege, ohne einige Unterweisung, ziemliche Fortschritte gemacht. — Ich erschrecke noch vor dem Abgrunde, auf welchen ich zueilte, und vor der schweren Verantwortung, welche dieses, bei so häufigen Zügen zum Guten würde nach sich gezogen haben!

Ich suchte, wie gesagt, alles Gute in mir mit Gewalt zu unterdrücken, und wollte das, was mich in meinem Vergnügen störte schlechterdings aus meinem Herzen weg haben, damit ich in allem so frei handeln könnte, als es mir gefiel. Fing dann mein Gewissen an zu protestiren; so fing ich dagegen an, mich zu bereden, es sey vielleicht kein Gott, kein Teufel, kein Himmel noch Hölle: ja, es kam oft ein Geist der Gottes-Verachtung und Lästerung in mich, der über alles Gute spottete. Dieser Grad von Gottlosigkeit brachte mich dann doch wieder zum Nachdenken. Wohin (hieß es dann) wird es noch endlich mit dir kommen! — Allein, bald betäubte ich wieder solches Nachdenken, und mochte dabei nicht stehen bleiben, sondern verwarf alles Gute, als eine Sache, wovon ich nicht mehr hören wollte.

Ach! welche unbegreifliche Geduld und Langmuth hat nicht der gute Gott mit einem solchen verruchten Sünder getragen! Wie großes Recht hätte er gehabt, ihn dem Gericht der Verstockung zu übergeben! — Doch nein! er wollte seine Gnade und Barmherzigkeit nicht von ihm wenden: aber auch schwer

und

4. Brief.

und hart sollte es ihm fallen, wider den Stachel zu lecken!

Mein Vater war, Geschäffte halber, oft mehrere Wochen nicht zu Hause, und, weil meine Mutter keine sonderliche Macht über mich hatte; so hatte ich dann wieder einmal Gelegenheit, mit meinen Gesellen recht zu schwärmen. Wir bestellten dann Musikanten, und belustigten uns mit Tanzen; welches zugleich Gelegenheit gab, meine Geliebte mit in Gesellschaft zu haben. Diese Schwärmerei ward unserm Prediger allemal hinterbracht. Weil er nun ein Mann war, der auf Sittlichkeit hielt, und keine Unordnungen in seiner Gemeine leiden konnte: so zog er in seinen Predigten mit großem Eifer über die Unordnungen der Jugend los, und kündigte ihnen Hölle und Verdammniß an. Bei mir aber fruchtete dieß wenig; denn durch Furcht vor der Strafe konnten mich weder Gott noch Menschen bessern, vielmehr ward ich nur verstockter. Wenns auch gleich zuweilen eine Erschütterung in der Oberfläche machte, so dachte ich: du bist dann doch nicht allein in der Hölle, sondern deine Gesellschafter, die nicht besser sind als du, hast du dann doch bei dir.

Die Idee von Hölle und Verdammniß machte also wenig Eindruck auf mich; aber wenn der Herr durch den Geist seiner züchtigenden Gnade, auf eine ernstliche, überzeugende Weise, mir über meinen gottlosen Zustand im Herzen Verweise gab,

4. Brief.

gab, mich ermahnte, das Sündenleben zu verlaſſen und mich zu bekehren, weil ich ſonſt nie wahre Beruhigung und Vergnügen erlangen würde: dann brach mir das Herz aufs neue, und ſank in Wehmuth und Reue zu ſeinen Füßen hin.

Ich hatte in meinem kläglichen ſo tief geſunkenen Zuſtande, ſehr oft dergleichen gute Rührungen, und ſonderlich ward dann durch die Gnade die Empfindung ſehr lebhaft bei mir: daß ich doch nur allein in Gott Ruhe und Befriedigung für mein Verlangen und unendliche Begierden finden könnte; daß nur in dem Dienſte Jeſu wahres und bleibendes Vergnügen ſey; daß hingegen das Vergnügen, ſo ich in der Welt und ihren Eitelkeiten ſuchte, nur ein Scheinvergnügen und mit bittern Folgen begleitet ſey, und daß die ganze Welt mit allen ihren Freuden meine Bedürfniſſe nicht ſtillen könnte. — Dieſe Empfindungen waren oft ſo ſtark, daß ich ſie, aller Anſtrengungen ungeachtet, nicht unterdrücken konnte. Wann ich dann während denſelben klärlich einſah, daß ich ein armer gefangener Sclave meiner Leidenſchaften war: ſo wurde mein Herz von Wehmuth durchbrungen, weinte bitterlich über meine Gefangenſchaft, und wollte gern die Sclavenketten zerreißen. Aber, ach! meine Bande hielten ſo feſt und waren ſo ſtark, daß ich faſt alle Hoffnung aufgab, je davon erlöſt zu werden.

5. Brief.

5. Brief.

Wankender und abwechselnder Zustand des Verf. zwischen dem Guten und Bösen. Nochmahlige starke Erweckung durch einen Traum vom Ende der Welt. Der tiefe Eindruck desselben vergeht wieder, weil der Verfasser vor dem Gedanken zurück schreckt, daß er auf dem Wege der Gottseligkeit alles verläugnen müße. Er hält es fast für unmöglich, den Gegenstand seiner Liebe dran zu geben.

Im August 1758 hatte ich sonderlich manchen kräftigen Ruf zur Beßrung in meinem Herzen; aber, ich suchte immer auszuweichen; und so, wie der innere Ruf zur Beßrung stärker ward, so nahm auch der Hang zur Ausgelaßenheit bei mir stärker zu, so daß hier Licht und Finsterniß recht mit einander kämpften. — Gegen das Ende dieses Monats schlich ich mich eines Abends aus dem Hause und schwärmte mit meinen Gesellen, auf die ausgelaßenste Weise, bis um 2 Uhr nach Mitternacht. Ich kehrte nun wieder, durch die, mir bekannte, Schlupfwege in meine Kammer zurück, und legte mich schlafen. Kaum war ich eingeschlummert, so gerieth ich in einen Traum. Mich dauchte, das Ende der Welt wäre gekommen. Ich hörte plötzlich ein Geräusch, und sah eine unzählbare Menge Menschen, die vor Gericht gefordert wurden; und so wie ich das sah, erblickte ich mich auch mitten unter ihnen. Ich ward von Angst und Schmerz überfallen, und dachte: Wie wird dir's nun gehen! Jetzt ist die Gnaden-

zeit verscherzt, und keine Rettung mehr für dich! — Wie ich in diesen angstvollen Gedanken die Augen aufschlug, erblickte ich den Richter auf einem erhabenen Throne. So wie ich auf ihn sah, sah er auch auf mich, doch nicht auf eine drohende sondern auf eine freundliche Art, und winkte mir, zu ihm zu kommen. Aber, in der Bewußtheit meiner Gottlosigkeit, und daß nun keine Rettung mehr für mich zu hoffen sey, fiel ich auf mein Angesicht nieder, und rief wehmüthig aus: Herr, sende mich doch wieder in die Welt zurück! Ich will mich nun bessern. — Aber, da mir gleich dabei einfiel, daß nun keine Welt noch Beßrung mehr Statt finde: so gerieth ich in die tiefste Noth und Verwirrung. Endlich richtete ich mich wieder auf, und gleich fiel mir auch der Richter wieder in die Augen. Er sah nun sehr ernsthaft auf mich, und winkte mir aufs neue zu ihm zu kommen. Die Menge öffnete mir einen Weg, und ich fing an, zu ihm zu nahen, fiel aber noch einige Male nieder, und rief, er möchte mich doch wieder in die Welt senden, ich wollte mich nun bessern. Wie ich nahe zu ihm kam, fiel ich nochmal auf mein Angesicht nieder, und rief: Gnade! ich will mich bessern! — Hierüber erwachte ich, und wußte nicht wo ich war. Ich griff um mich, und konnte mich noch eine Weile nicht besinnen, wo ich mich befand, bis ich mir endlich gegenwärtig und überzugt ward, daß ich noch im Bette wäre. Jetzt dachte ich:
Nun

Nun ists aber hohe Zeit, daß du dich bekehrest, wie wirds dir sonst endlich gehen? — Keinen Augenblick Aufschub mehr! — Ach, eile und errette deine Seele! — Wie ich aber des Morgens ans Ueberlegen kam, und an die ganze Ausführung der Sache gedachte: so kam sie mir ausnehmend schwer vor, weil ich wohl einsah, daß ich dann alles dran geben müßte, was ich liebte, und woran ich Vergnügen hätte. — Der innere Feind war auch nicht müssig. Er stellte mir vor, daß ich ja noch so jung sey, und noch immer Zeit genug hätte, mich zu bekehren. Das könnte ja noch wohl im Alter geschehen. Die Gottseligkeit stellte er mir als eine melancholische Sache vor mein Gemüthe, wobei man nie fröhlich seyn könnte, und die einem allen Freuden- und Lebensgenuß verbitterte, u. s. f.

Dessen ungeachtet würde ich, bei dem tiefen Eindruck, welchen ich in gesagtem Traume von der unaufschieblichen Nothwendigkeit, mich nun zu bekehren empfangen hatte, — ich würde, sage ich, vielleicht nun keinen Anstand mehr gefunden haben, gleich alles um der Gottseligkeit willen dran zu geben, wenn nicht jene Person, die ich wie mein eignes Ich liebte, mit in diesem Alles wäre begriffen gewesen. Dieses Opfer kam mir ungemein schwer an und doch war es mir klar, daß, wenn ich mich Gott von ganzem Herzen ergeben und durchkommen wollte, ich auch diesen geliebten Vorwurf aufopfern und bran geben müßte. — Ich ging also in dieser Unentschlossenheit noch einige Zeit dahin. Dem Herrn wollte ich nun wohl gerne dienen; auch lebte ich stiller als ich bisher gethan hatte: allein, in den blühenden Jahren, worin ich war, alles darum aufzugeben, allem Freudengenusse der Jugend abzusagen, das schien mir eine zu harte und unausführbare Sache zu seyn. — Aber, ewiger Dank sey der Güte und Liebe meines göttlichen Erlösers, der nicht wollte, daß dieser große Sünder sollte verloren gehen! Dank und Anbethung sey Ihm, daß er ihn erlösen, und die Macht der Gnade an ihm hat beweisen wollen!

---

6. Brief.

Eine musikalisch-fromme Gesellschaft erregt den Eifer und die Verfolgung des Predigers, der sie für Sectirer hält. Auch der Verf. wird gegen sie mit Abscheu eingenommen. — Sein Vater sendet ihn in Geschäfften zu einem Vetter, der ein Mitglied derselben ist. Dieser wird die Veranlassung zu seiner gründlichen Bekehrung. Ganzer, unwiederruflicher Vorsatz des Verf. sich Gott zu ergeben. Harte Behandlung von seinem Vater, bei seiner Zurückkunft nach Hause. Schwere Bußkämpfe.

Nunmehr komm' ich auf die wichtigste Periode meines Lebens, auf diejenige wo ich den seligen, unwie-

unwiederruflichen Entschluß faßte, mich ganz Gott zu ergeben. Ehe ich aber den Vorgang erzähle, muß ich noch etwas vorher gehen laßen.

In unserm Flecken wohnten einige junge Leute, welche Freunde der Musik waren. Diese kamen oft des Abends, oder auch auf die Feiertage zusammen, und übten sich auf der Flöte und Violin. Sie hatten aber dabei das besondere, daß sie niemand in ihre Gesellschaft aufnahmen, von dem sie nicht überzeugt waren, daß er ein unanstößiges und stilles Leben führete. Ihre zusammenkünfte hatten schon einige Jahre gewähret, und die Gesellschaft, welche anfangs nur aus drei Personen bestand, war dieses Jahr bis auf sechs angewachsen. Da sie aber nicht fleißig in die Kirche gingen, so wurden sie unserm Prediger verdächtig. Er hatte seine Leute, die ihm alles auskundschafteten; und durch diese erfuhr er, daß sie bei ihren musikalischen Zusammenkünften gottesdienstliche Uebungen hielten, und verdächtige Bücher hätten. Es waren zween meiner Vettern unter ihnen, deren einer der Sohn meines Oheims von mütterlicher Seite her war. Dieser mein Oheim hatte Jacob Böhms Schriften, welche durch ihn den Gliedern der Gesellschaft in die Hände kamen, welche Geschmack und Nahrung darin fanden. Dieses war unserm Prediger angebracht worden. Er nahm daher Anlaß, sie an einem monatlichen Beithtage in seiner Predigt mit anzuführen, wo er sie dann der

Gemeine

Gemeine als eine gefährliche Secte vorstellte, und so damit angethan war, daß er anfing zu weinen. Ich war auch in der Kirche, und wurde so sehr mit bewegt, das ich dachte, diese gefährliche Secte muß ausgerottet werden! — Wie ich des Abends bei meine Gesellen kam, fing ich gleich an, über diese (vermeyntlich) bösen Menschen loszuziehen, und fragte sie, ob wir uns nicht alle zusammrotten, und diese eigensinnigen Leute, die unserm Prediger so viel Leiden machten, zum Thor hinausjagen wollten? Einige lachten über meinen Eifer; andere gaben mir wohl Beifall, sagten aber, daß die Ausführung so leicht nicht wäre: und dabei bliebs denn auch. — Unterdessen ließ sie unser Prediger ans Consistorium kommen; sie hatten sich aber so bescheiden und gut verantwortet, daß er ihnen nichts anhaben konnte. Inzwischen fuhr er fort, in seinen Predigten über diese so genannte Secte sehr zu eifern. Einer der Mitglieder ward deßwegen an ihn abgesandt, um ihm darüber Vorstellung zu machen. Dieser sagte ihm denn, daß sie in die Kirche gehen wollten, wenn er ihnen verspräche, nicht mehr im Eifer von der Kanzel über sie herzuziehen, noch ihrer in seinen Vorträgen Meldung zu thun: wenn das aber so fortgehen sollte, so wären sie genöthiget, die Kirche ganz zu meiden. Der Prediger antwortete ihm: daß er sich, in dem, was seines Amts wäre, gar keine Vorschriften geben ließe, und selbst wissen müßte, was er zu thun hätte. —

Ey

6. Brief.

Er fuhr also fort über sie zu schmälen, zu eifern, und seine Gemeine vor ihnen zu warnen, und sie blieben nun ganz aus der Kirche.

Ich habe Gelegenheit gehabt, überzeugend zu bemercken, daß Prediger entweder durch kraft- und saftlose, oder unevangelische Predigten, oder durch ein anstössiges Leben und unweises Eifern, oft selbst schuld daran sind, daß sich ihre Gemeinglieder separiren; doch ist auch oft der Eigensinn erweckter Gemüther Schuld daran, denn sie wollen sich unter keine Ordnung beugen, in der Meynung, daß sie so etwas nicht mehr bedürften: wodurch sie aber zu erkennen geben, daß ihnen der demüthige Jesus-Sinn noch fehlt. Hier aber sieht man klar, daß unser Prediger die Veranlassung gab, daß diese Leute die öffentliche Versammlung verliessen; denn wäre er nachgibiger und liebreicher gegen sie gewesen, so würde er sie dabey erhalten haben, weil es ihnen aufrichtig um Gott und wahre Gottseligkeit zu thun war. Weil er sie aber darüber verlästerte, so war die ganz natürliche Folge davon, daß sie sich separirten. Und so wird man finden, daß ernstliche und gründlich erweckte Gemüther, die bey den Anfängen ihrer Bekehrung schlechte Prediger haben, welche ihnen zuwider und mehr hinderlich als förderlich sind, fast allezeit Separatisten werden; zumal, wenn sie Bücher in die Hände bekommen, deren Verfasser die äussere Kirche als ein verwirrtes Babel darstellen, wovon man ausgehen müßte

müßte, wenn man sich ihrer Sünde nicht theilhaftig machen wolte: sie bereden sich dann, daß sie aus Gehorsam und Treue gegen Gott und die Forderungen ihres Gewissens dazu verbunden wären. — Man kann nicht läugnen, daß hier oft Eigensinn und Selbstbetrug mit unterläuft; indessen ist ein jeder doch verpflichtet, seiner Ueberzeugung zu folgen, und derselben gemäß zu handeln. Der Grundsatz: nach Ueberzeugungen zu handeln, ist in meinem gantzen Leben so fest bei mir gewesen, daß ich mich davon nie anders, als durch völlige Gegenüberzeugungen habe abbringen lassen.

Ich beobachtete die Leute der mehr gedachten Gesellschaft den ganzen Sommer hindurch, und konnte nie anders als ein stilles und eingezogenes Leben und unanstößiges Betragen an ihnen entdecken. Aber, daß sie nicht in die Kirche gingen, und dabei unserm Prediger (den ich hochachtete) so viel zu thun machten, konnte ich ihnen nicht verzeihen, und behielt darüber immer einen Widerwillen gegen sie in meinem Herzen.

An einem Sonntage, kurz vor der Nachmittagspredigt (es war, wo ich nicht irre, am 8ten October, 1758.) sandte mich mein Vater in Stahlhammer-Angelegenheiten zu einem meiner obgemeldten Vettern, der bekanntlich ein Mitglied der Gesellschaft war. Ich richtete stehendes Fußes meinen Auftrag aus, und, nachdem ich seine Antwort empfangen hatte, wollte ich wieder gehen.

6. Brief.

hen. Allein, mein Vetter hielt mich bei dem Arme, und sagte! wir wären ja so nahe Anverwandte, und sähen uns so wenig; ich sollte mich doch noch eine Weile niedersetzen. — Ich schützte die Kirche vor, wo ich hinein gehen wollte, und also keine Zeit hätte. — Er antwortete mir, daß ich solches doch noch könnte; es wäre so spät noch nicht. — Ich setzte mich also nieder. Nach einigen unbedeutenden Fragen fing er an: Was denken Sie wohl von sich selbst, lieber Vetter? Glauben Sie wohl, daß der Weg, worauf Sie wandeln, zur wahren Glückseligkeit und Seelenruhe führen werde? — Da ich hierauf nicht antworten konnte, so fuhr er fort: Es ist mir nur gar zu wohl bekannt, daß Sie ein wilder und ausgelaßner Jüngling sind; und ich bin überzeugt, daß der Weg, den Sie bisher betreten, Sie endlich ins ewige Verderben stürzen werde, u. dgl. m. Ich konnte ihm noch kein Wort darauf antworten; aber unter seinem Reden flossen mir schon die Thränen sanft die Wangen herunter, und endlich fing ich an überlaut zu weinen, und rief aus: Ach! ich wollte mich so gern bessern und ein anderer Mensch werden, habe auch schon mehrmalen den Anfang dazu gemacht: aber — die Bande womit ich gebunden bin, sind zu stark und fest! nie werde ich sie zerreißen können! Ach! es ist keine Gnade mehr für mich zu hoffen! —

Hierauf

6. Brief.

Hierauf antwortete er mir: "daß allerdings noch Gnade für mich zu hoffen sey, wenn ich nur einmal einen gründlichen und ernsthaften Vorsatz faßte, mein Leben zu ändern; wenn ich alle böse Gesellschaften dran gäbe, und mich dann zu Jesu wendete, und in Ihm Gnade und Vergebung suchte, der würde sich dann schon, als ein Sündentilger und als ein Bandenzerreißer von mir finden laßen. Noch niemals sey ein Sünder zu ihm gekommen, seine Sünden möchten noch so groß und ihre Bande noch so fest gewesen seyn, der nicht in Ihm Erlösung, Vergebung und Begnadigung gefunden hätte."

Nun konnte ich mich nicht länger halten und brach in folgende Worte aus: So schwör' ich, von dieser Stunde an, diesem Erlöser ewige Treue zu! In Ihm will ich Gnade und Vergebung suchen, und in dieser Unternehmung nicht nachlaßen, wenn ich auch dabei zu Grunde gehen sollte! — Vetter! Zeuge sollen Sie seyn, daß ich diesen Bund gemacht habe! daß ich von nun an, durch den Beistand dieses Erlösers, allen Gesellschaften, die mich wieder in Sünden bringen könnten, absage, ja alles was ich liebe, und was mich in der Eitelkeit fest halten könnte, alles opfere ich auf! Alles geb ich hin!

Mein

6. Brief.

Mein Vetter wußte anfangs nicht, was er über meine so plötzlich ausbrechenden, starken Aeußerungen sagen sollte; aber er ward darüber ganz von Freude eingenommen, und sagte, daß er an meinem Glück und meiner seligen Entschliessung herzlichen Antheil nehme, und nicht zweifele, der treue Erlöser würde mir beistehen und in allem durchhelfen.

Endlich dachte ich wieder an das, warum ich wäre hingesandt worden, und gieng zurück nach Hause, um meinem Vater die Antwort zu bringen. Da ich mich aber bei meinem Vetter zu lange verweilt hatte, als daß ich nun in die Kirche gehen könnte: so war ich, wegen des Empfangs, den ich von meinem Vater zu erwarten hätte, in etwa verlegen: denn er war im Puncte des Kirchengehens sehr strenge. Meine Verlegenheit war auch nicht ohne Grund; denn kaum ward er meiner ansichtig, und ehe ich noch ein Wort vorbringen konnte, so fing er schon an: Wo bist du so lange gewesen? Warum bist du nicht in die Kirche gegangen? Was fehlt dir? (Er sah ohne Zweifel die Merkmale meiner heftigen Gemüthsbewegungen, und daß ich geweint hatte, auf meinem Angesichte) Du wirst nun nicht gar ein Pietist werden wollen? — Bei diesen Worten bekam ich auch schon einen derben Schlag ans Ohr. Ohne mich hierüber zu beschweren, sagte ich ihm nun mit wehmüthigem Herzen die Antwort meines Vetters (auf das, warum ich ihn auf Befehl meines

Vaters gefragt hatte,) und ging in mein Schlafzimmer. Hier fiel ich auf die Kniee vor dem Herrn nieder, und sprach: Siehe, Herr Jesu! dieß ist der erste Willkomm, den ich auf dem Wege zu dir empfangen habe. Aber nichts, selbst der Tod nicht, soll mich mehr abhalten, zu dir zu kommen. Dich muß, dich will ich haben! Ach, halte mich fest! Stehe mir bei, und vergib mir die mannigfaltigen Sünden, welche ich wider dich begangen habe! Laß Gnade für Recht ergehen, sonst werde ich nie bestehen noch durchkommen!

Ich erkannte mich aller übeln Behandlungen würdig, und war überzeugt, daß ich nichts als Ungnade und Strafe verdienet hätte; fassete aber dabei ein zuversichtliches Vertrauen zu meinem Heilande, daß er mir, ungeachtet aller meiner Abweichungen und Sünden, dennoch vergeben, und Gnade für Recht an mir beweisen würde.

Unter lauter wehmüthigen und beugenden Empfindungen ging mir dieser Tag zu Ende; aber, ihm folgten noch viel Tage der Noth. Denn nun fing erst alles an, wider mich aufzustehen. Was mir von außen begegnete, achtete ich wenig; aber von innen hatte ich Feinde zu bekämpfen, die so mächtig waren, daß ich oft dachte, ich müßte zu Grunde gehen. Jetzt suchte ich Jesum mit ganzem Ernste; Ihn, der allein meine Umstände än-
bern,

7. Brief.

dern, in dem ich allein Gnade, Vergebung und
Hülfe finden konnte: aber er ließ sich von dem,
den Er so lange gesucht, dem er so oft zugeruffen
hatte, daß er kommen sollte, der aber den Reichthum seiner Güte und Langmuth so lange verachtet und von sich gestoßen hatte — von diesem
Sünder ließ er sich nun so bald nicht finden. Er
sollte erst recht die Bitterkeit der Sünde schmäcken; sollte erfahren, daß die Verachtung der
so lange angebotenen Gnade keine geringe Sache sey.

---

7. Brief.

Alles steht wider den Verfasser. auf, seinen Entschluß
wankend zu machen. Seine innere schreckliche Kämpfe und Versuchungen. Er fühlt das Urtheil der
Verdammniß. Sein Ringen und Flehen um
Gnade. Aufmunterung eines Freundes zum Ausharren. Er bleibt standhaft.

Unter den schrecklichen Feinden, die sich nun in
meinem Innern zu empören anfingen, regte sich
mitten in dem Schmerz und der Wehmuth über
meine Sünden, mitten unter dem Bethen und
Flehen um Vergebung und Gnade, ein Geist der
Gottesverachtung und Lästerung in mir, der über
meine Wehmuth und über mein Gebeth um Vergebung spottete, und mich zur Verzweiflung bringen wollte. Er gab mir ein: "Es sey nun zu
"spät, für mich Gnade zu erlangen, denn die Gna-
"denzeit

"denzeit wäre nun längst verscherzt. Nie wür-
"de sich der Jesus, den ich so oft abgewiesen, so
"lange verachtet hätte, mehr annehmen. Ich
"sollte also meinen Vorsatz nur aufgeben, diesen
"Weg verlaßen, und, so lange ich noch in die-
"ser Welt wäre, lustig leben, und das Vergnü-
"gen, welches noch darin zu finden sey, zu ge-
"nießen suchen." — Ach! welchen Kampf, welche Noth hat mir nicht dieser Geist gemacht!
Meine Antwort war allezeit: "Wenn mich der
"von mir so gröblich beleidigte und so oft abgewie-
"sene Jesus wollte verloren gehen laßen, so hätte
"er Recht dazu; denn ich hätte nichts anders als
"Ungnade und Strafe verdienet; aber, sollte er
"mir auch nie vergeben, mich nimmer zu Gna-
"den annehmen: so wollte ich dennoch nicht nach-
"laßen, um Gnade und Vergebung zu schreien;
"und sollte ich auch im Gebeth und Ringen um
"Gnade zu Grunde gehen."

Was ich hier für harte Kämpfe habe durchgehen müßen, kann ich unmöglich recht beschreiben. Auf der einen Seite war ich von dem brün-
stigen, und sehnlichen Verlangen nach Gnade,
Vergebung und Erlösung durchdrungen; auf der
andern Seite legte mir der Feind schreckliche Berge von Zweifeln und hoffnungslosen Gedanken in
den Weg, als ob keine Hülfe, keine Gnade noch
Erlösung mehr für mich zu hoffen wäre. Dieß
brachte mich vor und nach so herunter, daß ich
zu den, mir obliegenden Geschäfften kaum mehr
Kraft

7. Brief.

Kraft und Fähigkeit hatte. Ich kämpfte, ich bethete, und suchte in dem Erlöser Gnade und Vergebung. Ich hielt ihm vor: daß er ja gekommen wäre, Sünder zu erlösen und selig zu machen; daß ich dennoch glauben und hoffen wollte, daß er auch für mich sein Blut vergossen, auch für mich sein Leben aufgeopfert, und für alle meine Sünden genug gethan hätte. "Ach! schrie ich "dann, erbarme dich doch auch über einen solchen "Elenden, über einen so hart gefangenen Sün"der, als ich bin! Ach, erlöse du ihn, mache ihn "los von seinen Banden!" — Aber dann hieß es auf der andern Seite: Nicht über einen solchen! Für den ist kein Erbarmen, keine Gnade mehr zu hoffen.

Ich nahm von Tag zu Tag an Kräften ab, und meine Lebhaftigkeit verschwand ganz und gar. Meine Aeltern und Geschwister hießen mich einen Pietisten, einen verwirrten Kopf, der es noch so weit treiben wollte, bis er ein vollkommner Narr würde. — Aber dieß alles achtete ich wenig, so wie alles, was mir von außen begegnete. Ich wollte meine innere Umstände geändert sehen, dieß allein war mir wichtig; deßwegen stieg mein schmachtendes Verlangen, meine Sehnsucht nach Gnade und Erlösung immer höher. Ich hielt dem Herrn vor: "daß er ja bei "seinem Leben geschworen hätte, daß er den Tod "des Sünders nicht wollte, sondern, daß er sich "bekehren und leben sollte. — Er hätte ja allen,

"unter

7. Brief.

"unter der Last ihrer Sünden seufzenden, mühse-
"ligen und beladenen Seelen zugerufen, daß sie zu
"Ihm kommen sollten, daß er ihnen die drücken-
"de Sündenlast abnehmen und Ruhe geben woll-
"te." — Diese beiden Verheißungen hielt ich im Glauben so fest, daß ich auch bei allen Stürmen, bei allem Toben des Versuchers, dennoch sagen konnte: Mein Jesus, mein Herr und mein Gott! Du hast das gesagt; du mußt es auch an mir, mit Sünden so schwer Beladenem, wahr machen. Von Dir weiche ich nun nicht mehr! Lieber sterben und verderben, als weichen!

So dauerte das Ringen und Kämpfen noch immer fort, aber die so sehnlich gewünschte Ruhe und Erleichterung konnte ich noch nicht finden. Gott konnte ich wohl als einen Vater der Menschen ansehen, der ihr Verderben nicht wollte; aber seine Heiligkeit und Gerechtigkeit schienen mir schlechterdings zu fodern, daß die Sünde an mir müßte gestraft werden. Die Gerechtigkeit sprach das Urtheil, und das Gesetz verdammte mich als einen gottlosen Sünder. Hier sah ich nun keinen andern Ausweg, als mich nur tief in das Verdienst meines Erlösers einzusenken und gleichsam einzuwickeln. Ich schrie zu Gott, und sprach: "Ach Vater! vergib doch einem so großen Sün-
"der seine Missethaten und Sünden! Ach, siehe
"an deinen Sohn! — den hast du doch, wie ich
"hoffe

7. Brief.

"hoffe und glaube, auch um meinetwillen in die
"Welt gesandt! Ach! vergieb mir doch um seinet-
"willen! Ach, mein Erlöser! sey du der Erret-
"ter, der mich bei dem Vater vertritt! Laß mich
"in deinem Verdienst Gnade und Vergebung fin-
"den!" — Auf diese Art seufzte ich oft.

Ich hatte niemanden, dem ich meinen be-
drückten Zustand entdecken konnte; denn die Einzigen unter meinen Bekannten, welche mich verstanden hätten, und die mich mit Rath und Trost
unterstützen konnten, waren doch die mehrgedach-
te Freunde, deren Umgang mir aber schlechterdings untersagt war: und meine Aeltern und
Geschwister gaben aufs genaueste Acht auf mich,
daß ich nicht zu diesen so verdächtigen Leuten ginge. Ungefähr drei Wochen nach meinem völligen
Entschlusse ging ich nach unserm Stahlhammer,
und traf auf dem Wege dahin einen dieser Freunde an. Es war einer der besten und ernstlichsten
von allen. Er hattte so von ferne etwas von meinem Entschlusse gehöret, ein andrer Mensch zu
werden, und fragte mich, wie es mit mir stünde?
Ich klagte ihm offenherzig meine Noth, meine
Proben und Versuchungen. Er munterte mich
auf, und ermahnte mich, doch ja auszuhalten.
Der Feind würde weichen müßen, und Jesus sie-
gen. Er würde mich gewiß durch seine Gnade
ganz erlösen, und alle diese Feinde überwinden.—
Ich ward durch seinen Zuspruch sehr aufgemuntert, und sagte ihm: Ich würde im Kampf, und
im

im Gebeth um Erlösung nicht nachlaßen, und wenn auch Leben und alles drauf gehen sollte.

---

8. Brief.

Sein verlorner, trostloser Zustand. Schreckliche Versuchung des Feindes zur Gotteslästerung; dessen Eingebung, als ob er die Sünde in den heil. Geist begangen hätte. Hoher Grad der Empfindung seines Elendes. Herrliche und plötzliche Erlösung aus demselben, durch die wonnevolle Offenbarung der Gnade Gottes in Christo. Sein Herz und Mund fließen nun von Danck und Lob über.

Jetzt strengte der Versucher, der Ankläger, nochmal seine Macht an, um mich wanckend zu machen. Alle finstere Kräfte stürmten aufs neue, und noch heftiger wie vorhin, auf mich zu. Ein finsterer Geist gab mir widrige, gotteslästerliche Gedancken gegen Gott, gegen Jesum und gegen den heiligen Geist ein; und darauf hies es: "Ich "hätte nun die Sünde in den heiligen Geist be- "gangen; und deswegen würde in Ewigkeit kei- "ne Vergebung für mich zu hoffen seyn. Ich soll- "te also, weil ich doch nie Gnade erlangen wür- "de, die Sache fahren laßen; ich würde mich "sonst um den Verstand bringen. Ich sähe ja "wohl selbst, daß sich Gott meiner nicht anneh- "men wollte." Ach! welche Noth! welchen Kampf! alles stürmte und tobte; die Feinde von

Innen

8. Brief.

Innen und meine Anverwandte von Aussen. Diesem allem hatte ich, ausser Wehmuth und Thränen, nichts entgegen zu setzen, als den standhaften Vorsatz mich zu bessern: einen Vorsatz den ich bei meinem Leben nicht wieder aufgeben wolte.

Meine Kräfte wurden ganz erschöpft, und mein Zustand fing an, mir selbst bedenklich zu werden. Auch meine Aeltern wurden nun sehr verlegen um mich, und sagten mir: daß ich wohl nicht eher ruhen würde, bis ich den Verstand verloren hätte. — Ich weinte, und opferte Verstand und alles auf. Meinen Vorsatz aufzugeben, konnte ich nicht; und weichen wollte ich nicht. — Nun wandte ich mich erst recht tief bekümmert und wehmüthig zu Jesu, und flehte aufs bringendste um Unterstützung, um Gnade und Erlösung. — "Ach, "mein Heiland! — seufzte ich — laß mich im "Kampfe nicht weichen! Laß mich nicht zu Grun"de gehen! Erbarme dich über einen so armen, "gebundenen Sünder! Ach, laß mich doch in dir "Gnade und Erlösung finden!" —

Den 30sten October (1758), da mein kämpfender, harter und mühseligkeitsvoller Zustand schon über drei Wochen gewähret hatte, kamen zwo Schwestern meines Vaters des Nachmittags uns zu besuchen. Wie der Kaffee fertig war, ließ mir mein Vater rufen, um mit zu trinken. Gern wäre ich jetzt weg geblieben, aber ich durfte nicht. Ich kam also, wie einer, dem sein Todesurtheil bereits gesprochen, und über den der Stab gebrochen

brochen ist. Ich grüßte meine Basen, und setzte mich unten an den Tisch. Ueberm Trinken fing mein Vater gegen seine Schwestern an: Ich weiß nicht, was ich mit meinem Sohne anfangen soll. Er hat sich solche pietistische Grillen in den Kopf gesetzt, daß ich fürchte, er werde noch närrisch darüber werden. — Ich konnte kein Wort darauf sagen, und schwieg; aber mein Herz wollte mir fast vor Wehmuth zerspringen, und ich meynte, unter der Last und dem Jammer meines Zustandes zu erliegen; indessen mußte ich unter solchen drückenden Empfindungen bis auf den Abend sitzen bleiben. Jetzt gingen meine Basen weg; und ich sagte, daß, weil ich keinen Appetit auf den Abend zu essen hätte, ich wohl gern in meine Kammer gehen und etwas ruhen wollte: dieß ward mir bewilligt. — Ich eilte also mit großem Verlangen dahin, um meinem gepreßten Herzen Luft zu machen; allein, Jammer und Elend hielten mich gleichsam so gebunden, daß ich kein Wort vorbringen konnte. Im dem Gefühl meiner unaussprechlichen Noth sank ich vor dem Herrn nieder, und zeigte mich ihm, ohne Worte, mit wehmuthsvollem Seufzen, in allem meinem Jammer und Elende. Endlich hub ich an: Ach! so ist denn weder im Himmel noch auf Erden mehr Rath für mich, wenn du, o treuer Erlöser! dich meiner nicht annimmst! — Ach, siehe doch in Gnaden auf einen solchen armen Sünder! Ach erbarme dich über ihn.

Indem

8. Brief.

Indem ich also winselnd und flehend vor Gott im Staube hingesunken lag, ging etwas in mir vor, das ich in meinem ganzen Leben nicht vergessen werde; ja es wird mir, wie ich zuversichtlich hoffe, auf die ganze Ewigkeit wichtig, und zur Verherrlichung Gottes, unvergeßlich bleiben: denn es war der erste Grund, das feste Fundament, worauf hernach das ganze Gebäude der Gottseligkeit aufgerichtet und befestiget wurde.

Es war eben, wie ein Blitz, der mein ganzes Inwendiges durchdrang, und mit Gewalt, alle Feinde, die mich bis dahin quälten und so hart gefangen hielten, plötzlich und gleichwie in einem Sturm, aus mir hinaus jagte; dabei war dieser lichtvolle Blitz voll Anmuth und Wonne. Er war zugleich ein Balsam, der alle meine Kräfte stärkte und erneuete; der mich in eine unbeschreibliche aber demutsvolle Freude versetzte, daß ich anfing, in einem sanften Tone zu jubiliren: Nun lobe den Herrn, meine Seele, und was in mir ist, seinen heiligen Namen! Lobe den Herrn, meine Seele, und vergiß es nimmer, was er dir Gutes gethan hat! der dir alle deine Sünden vergibt, und heilet alle deine Gebrechen! der dein Leben von dem Verderben erlöset; der dich krönet mit Gnade und Barmherzigkeit!

Mein Herz und Mund waren so voll Beugung und Dankbarkeit gegen meinen göttlichen Erlöser,

löser, daß ich nicht wußte, wie ich es gnug an den Tag legen sollte. In der Fülle meines Herzens brach ich aus: „Ach, mein liebvoller, mein „gütiger Jesus, mein theuerster Erlöser! Unmöglich kann ich dir meinen Dank, für deine große „Wohlthat nach Würde beweisen. Ich weiß dir „meine Erkenntlichkeit jetzt nicht besser zu bezeigen, als daß ich dir von nun an aufs neue ewige Treue zusage! — Dich nehme ich von nun an „nur ganz allein zum Vorwurf meiner Liebe an! „Dir schwöre ich ewige Liebe und Treue zu! — „Nichts! weder Tod noch Leben, nichts soll mich „von deiner Liebe scheiden! — Ach, nimm du „diesen Vorsatz in Gnaden an! Stärke du mich, „und stehe mir bei, in dem, was ich in meinem „Leben noch werde durchzugehen haben! Sey „du mit und bei mir, so wage ich Leben und „alles für dich und deine Liebe!„

Ich war nun errettet, erlöset, von der Obrigkeit der Finsterniß, war versetzt in das Reich seines lieben Sohnes. Col. 1, 13. — Nun war den Geistern, (wovon Paulus Ephes. 6, 12. sagt, daß die Gläubigen damit zu kämpfen haben) ihre Kraft und mehreste Macht über mich benommen. Der Held, der Erlöser hatte gesiegt, und der Erlösete konnte über den Sieg danken und jauchzen.

Obschon diese wichtige Veränderung vor vierzig Jahren in und mit mir vorgegangen ist; so

war

9. Brief.

war sie mir doch unterm Schreiben noch so frisch im Andenken, als ob sie erst gestern geschehen wäre. Sie hat mich unter dem Aufschreiben aufs neue zum innigen und kindlichen Danke bewegt; hoffe auch, in alle Ewigkeit Gott, meinem Erlöser, mit gebeugtem Geiste Dank und Verherrlichung dafür zu bringen.

Jetzt hieß es aber weiter: Wenn du mein wahrer Jünger seyn willst, so verläugne, verschmähe dich selbst; nimm dein Kreuz auf dich, und folge mir nach.

Wie dieser wichtige Ausspruch Jesu an mir erfüllet worden sey, wirst du, lieber Bruder, aus dem Verfolge näher sehen.

---

9. Brief.

Anmerkungen des Verfassers zu seiner Bekehrungsgeschichte.

Ehe ich in meiner Geschichte weiter gehe, finde ich nöthig, in Rücksicht auf die selige Veränderung in der Seele, welche man Bekehrung nennet, noch einige Bemerckungen zu machen; weil manche begnadigte Seelen, deren Bekehrung auf eine andere Art, wie die meinige vorgegangen ist, sich durch das Lesen meiner Geschichte, Zweifel und Scrupel darüber machen könnten.

Die

9. Brief.

Die Bekehrung, oder der Uebergang aus dem Stand der Sünde in den Stand der Gnade, ist bey den geruffenen Seelen nach dem Maße unterschieden, als sie von Temperament, von Natur= und Geisteskräften unterschieden sind. *) Die Bekehrung eines Nathanaels (Joh. 1, 47) war gantz anders, als bey einem Cornelius, (Apost. Gesch. 10, 5. 6) noch anders war sie bey einer grossen Sünderin, (Luc. 7, 35) die Bekehrung Pauli war von diesen allen noch verschieden. (Ap. Gesch. 9) Die Hauptsache ist: daß eine jede Seele aus der Herrschaft der Sünde unter die Herrschaft des Geistes Gottes und seiner Gnadenleitung gebracht werde; und dazu recht zu gelangen, sind die Wege — nach der besondern Lage und Natur, aber auch nach dem Maße der Treue, womit jeder seinerseits die Gnade beantwortet — sehr verschieden. In so ferne ein jeder seinem Gnadenrufe mit wahrer Treue folgt, wird er wahrhaftig bekehrt.

Gott

---

*) Gott wirkt zwar nach seinem freien Wohlgefallen, und läßt sich in der Behandlungsart der Seele von keiner zufälligen Ursache die Hände binden, so und nicht anders zu wircken. Aber die allgemeine und besondere Erfahrung lehrt, daß meistens ein harter und fester Character schärfer herum geholt wird, als ein saufter und weicher; daß ein Cholerisches und Melancholisches Temperament, wenigstens im Anfang, schwerere Leiden durchzugehen hat, als ein sanguinisches.
A. d. Red.

9. Brief.

Gott hat aber auch mit manchen Seelen etwas besonderes vor; rüstet sie dazu mit besondern Gnaden, Muth und Geisteskräften aus: ihre Bestimmung erfodert dieses. Bei Lesung solcher Bekehrungsgeschichten muß ein anderer, der solche Wege nicht gegangen ist, nicht denken: So hat dich der Herr nicht geführt; sollte auch wohl deine Bekehrung rechter Art seyn? solltest du wohl über diese Sache zu seicht hingegangen seyn? u. s. w. — dieß sind oft nur Versuchungen des Feindes, der solche Gemüther dadurch in Unglauben und Zweifel erhalten will.

Jeder folge nur treu dem Rufe, den Gott an ihn ergehen läßt; er wird gewiß zu dem Ziele kommen, das er für ihn bestimmt hat. Wer nur Ein Pfund vom Herrn empfangen hat, von dem wird er gewiß keine zehn fodern. Wird er treu mit demjenigen wuchern, was ihm anvertrauet ist, so wird ihn sein Herr als einen treuen Knecht preisen.

Der ist bekehrt, wer mit ganzem Ernst und von Herzen, nicht nur grobe Sünden, sondern auch alles ungöttliche Wesen verabscheuet; wer Jesum durch den Glauben als seinen einzigen Erlöser annimmt, in seiner Gnadenkraft fromm und gottesdienstlich zu leben sucht; Ihn durch gläubiges, kindliches Gebeth und Vertrauen in allem Anliegen als seinen Erlöser und Helfer umfasset,

und

und dessen Dichten und Trachten dahin geht, Ihm ganz ergeben zu seyn. — Ein solcher ist gewiß ein Begnadigter; einer von denen, die Gott aus dem Stande der Sünde in den Stand der Gnade versetzt hat. Die Gefühle, die Empfindungen davon, sind bei gerufenen Seelen sehr verschieden. Man hat darauf nicht zu sehen; sie können dabei seyn, können aber auch nicht dabei seyn. Der Glaube geht über alle Empfindungen. Ich wiederhole es: Wer von Herzen Gott gefallen will, und die Gnade, die er ihm schenkt, treulich anzuwenden trachtet, der wird schon fördern, und das Ziel erreichen, wozu ihn der Herr bestimmt hat. Glauben, sich dem Erlöser in allem Anliegen zuversichtlich anvertrauen, und von Herzen die Sünde meiden: *) (und was all Sünde sey, wird derjenige schon erfahren, der auf die züchtigende Gnade merket) das ist die ganze Sache.

Man-

---

*) Gutmeynende Seelen können freilich noch oft in Fehler, Schwachheiten ja wohl in ärgerliche Sünden fallen. Sie sollen sich darüber allerdings tief vor dem Herrn demüthigen, Buße thun, im Glauben ihre Zuflucht zu dem Verdienst Christi nehmen, und mit neuem Ernst wieder anfangen, und vorsichtiger auf die Gnade merken. Aber muthlos und verzagt müßen sie nicht werden, und alles aufgeben. Das ist die allergefährlichste Klippe; eine Verunehrung Gottes, als ob er nicht mächtig genug wäre, uns von der Macht der Sünde zu erlösen; ein Beweis, daß man das

Werk

9. Brief.

Manche Seelen werden im Anfang durch die sanften Empfindungen der Liebe gezogen, die hernach oft noch harte Prüfungen durchgehen müssen, damit sie im Stande der Gnade recht gegründet und befestiget werden. Andere werden gleich Anfangs durch solche harte Wege geführt, ehe sie in den Stand der Gnade kommen, und von der Vergebung ihrer Sünden versichert sind. Ja es gibt manche begnadigte Seelen, die keine deutliche Versicherung von der Vergebung ihrer Sünden haben, und ohne Zweifel aus weisen Ursachen, die Gott allein bekannt sind. Wann man sich nur zuversichtlich durch den Glauben an die Gnade des Erlösers hält, sich im Wandel und Fortgang der Gottseligkeit übt, und hierin alle Treue beweist, so ist man ein Begnadigter; und kommt auf die deutliche Versicherung davon nicht an.

10. Brief.

Werk der Bekehrung in eigener Kraft und im Zutrauen auf sich selbst getrieben, aber in der wahren Erkenntniß Christi und der Kraft Gottes noch wenig Fortschritte gemacht hat. — Wie sehr dem Herrn die Verzagten zuwider sind; erhellet aus Offenb. 21, 8. wo er ihnen mit den Ungläubigen, Lügnern u. dgl. ihren Theil in dem Schwefelpful anweiset. —

Hats Untreu irgendwo verdorben; so mach's durch
                    Demuth wieder gut.
Gefallen seyn, ist nicht gestorben; auf! lauf mit
                    frischem neuen Muth.

10. Brief.

Seliger Zustand seines Gemüths. Sein stiller, eingezogener Wandel, und Treue in den äußern Berufsgeschäften. Seine Aeltern werden verlegen über ihn, und suchen durch Güte und Strenge vergeblich, seinen Geschmack an seiner vorigen Gesellschaft wieder zu erwecken. — Der (sonst gute und orthodoxe) Prediger fährt fort, in seinen öffentlichen Vorträgen wider die vermeyntlichen Irrgeister, die fromme Gesellschaft, loszuziehen. Des Verfassers Bemerkungen darüber.

In der ersten Nacht nach meiner Begnadigung kam fast kein Schlaf in meine Augen, so sehr war mein Herz mit Dank und Liebe erfüllet, und doch war ich des Morgens heiter, munter und wohlgemuth. Meine Aeltern und Geschwister wußten nicht, was sie von mir denken sollten, vermutheten aber, daß mir die Grillen, wie sie es nannten, vergangen wären. Ich schwieg, und sagte von allem nichts, was in mir vorgegangen war; befliß mich aber, dem Herrn und seiner mir geschenkten Gnade treu zu seyn. In der Folge sahen aber meine Aeltern wohl ein, daß ich meinen Endschluß, ein Leben zu führen, wie ich es angefangen hatte, nicht aufgeben würde, und kamen darüber in große Verlegenheit. Sie konnten sich gar nicht zufrieden geben, daß sie einen Sohn hatten, der es mit den verdächtigen Leuten hielt. Dieses zu ertragen, fiel ihnen auch deßwegen noch besonders schwer, weil unser Haus mit dem Hau-

10. Brief.

se des Predigers in der genauesten Freundschaft stund, häufigen Umgang mit einander hatten, und sich öftere (so genannte) V'siten gaben. Sie wußten, daß mich der Prediger eben für einen solchen Sectirer halten würde, als alle übrigen; dieß schmerzte sie ungemein. Und weil mein Vater überdieß viel Ansehen bei der Landesregirung hatte, und mit verschiedenen Gliedern derselben in Verbindung stand: so hielt er's für einen Schimpf, einen Sohn zu haben, der einer verhaßten Secte zugethan war. Ich konnte aber an der ganzen Sache nichts ändern. Dem Rufe, den der Herr an mich hatte ergehen laßen, und der Gnade, die er mir geschenkt hatte, wollte ich nun einmal treu seyn, und sollte ich nicht nur meine Ehre sondern auch das Leben darüber verlieren.

Indessen kann ich meine Aeltern sehr gut entschuldigen. Sie waren, nach dem Aeußern, gottesdienstliche Leute, nahmen alles, was auf die Religion Bezug hatte, nach ihrer Erkenntniß, wohl in Acht und lebten ehrbar und religiös vor der Welt; allein von einer solchen Veränderung, wie sie Gott mit mir vornahm, verstanden weder sie noch unser Prediger das Geringste; darum war es ihnen verdächtig, und sie hielten es für Verführung und Sectirerei; weßwegen sie auch täglich mehr Abneigung gegen mich und meine Lebensweise bekamen. Ich nahm alles so an, wie es kam, und befliß mich, in allem meinem Gnadenrufe

10. Brief.

benrufe treu zu bleiben. Was meine äußern Ge⸗
schäffte anging, so nahm ich dieselben mit aller
Treue in Acht, so daß auch mein Vater in diesem
Stücke ganz wohl mit mir zufrieden war. Indes⸗
sen beobachtete er mich sehr genau, um zu erfah⸗
ren, ob ich auch mit den verdächtigen Freunden
Umgang hättte. Die mehreste Zeit blieb ich zu
Hause, und ging anders nicht aus, als wenn
mich die Geschäfte nach dem Stahlhammer oder
anderswo hinriefen; und da fand ich denn bis⸗
weilen Gelegenheit, einen oder andern dieser
Freunde zu sprechen. Ich erzählte ihnen meinen
Kampf und die darauf erfolgte Begnadigung, wo⸗
rüber sie sehr erfreuet waren, und großen Antheil
an meinen Umständen nahmen. Es war ganz
natürlich, daß sie mir dadurch die liebsten Freun⸗
de wurden, die ich auf der Welt hatte; denn wir
lieben diejenigen doch immer am meisten, welche
sich in Freude und Leid aufrichtig und mit einer
ungeheuchelten Herzlichkeit für uns interessiren.

Mein Vater hätte jetzt gerne gesehen, daß ich
zu meinem vorigen gesellschaftlichen Leben wieder
Neigung bekommen hätte; und schenkte mir deß⸗
wegen zwanzig Kronenthaler zum neuen Jahre,
um mir durch das Geld Lust zu machen, mich in
Gesellschaft zu begeben. Allein, mein Herz war
sehr weit entfernt, seine Absichten zu begünstigen.
Ich legte das Geld verwahrlich hinweg, und es
kam mir in der Folge sehr wohl zu statten.

Des

10. Brief.

Des Sonntags blieb ich mehrentheils zu Hause, ausgenommen, daß ich zwei Mal in die Kirche gehen mußte. Wie mir da zu Muthe war, kann man sich leicht vorstellen. Wenn der Prediger bei seinem Texte blieb, und nur darüber redete, so war ich wohl zufrieden; allein, er wählte durchgehends solche Texte, die er nach Belieben auf die gefährliche Leute, die oft gemeldten Freunde, anwenden konnte. Hier ging es dann oft hart über sie her. Er nannte sie eine, aus der Hölle entstandene Secte, Belials- und Teufelskinder. Ich mußte dieß alles geduldig anhören, wie sehr es mich auch schmerzte. Aber, vor und nach ward ich des Schimpfens so gewohnt, daß es mich zuletzt gar nicht mehr rührte. —

Ich zweifele nicht, unser Prediger habe nach seiner Einsicht gehandelt, und für gewiß geglaubt, daß diese Leute Irrgeister wären, die man nicht schonen, sondern durch Schärfe wieder zurecht bringen müßte, und daß es sein Amt mit sich brächte, gegen solche Neuerungen zu eifern. Hätte er den Weg der Güte eingeschlagen, und, als ein guter Hirt, seine Schafe mit Liebe gesucht und zu seiner Herde gelockt: so würde er viel haben ausrichten können; allein, so konnte er nicht handeln. Er trieb aber endlich die Sache so weit, daß die ganze Gemeine einen Mißfallen an seinem Eifern hatte, und bei den Aeltesten darauf angetragen ward, ihm zu sagen: daß seine Gemeinsglieder in die Kirche kämen, sich zu erbauen,

10. Brief.

und nicht deßwegen, um über andere eifern und schimpfen zu hören. Dieß geschah kurz vorher, ehe ich mein Vaterland verließ.

Indessen muß ich, und will auch gern unserm Prediger Gerechtigkeit wiederfahren laßen. Er war ein gewissenhafter, religiöser Mann, den ich auch noch jetzt für einen der besten damaligen Prediger unseres Landes halte. Er predigte oft über Glaubenswahrheiten — als über Buße und Bekehrung u. s. w. — so ernstlich und stellte deren Nothwendigkeit mit solcher Andringlichkeit und Wärme vor, daß ich aufs Tiefste von dieser Nothwendigkeit überzeugt wurde, und mir oft unter seinen Predigten ernstlich vornahm, mein Leben zu beßern und mich zu bekehren. Er war gewiß ein Werkzeug mit in der Hand Gottes, das zu meiner Beßerung mitwirkte. Das Andenken an ihn und an seine Asche ist mir noch immer werth und mit Hochachtung verbunden. Er war besonders darin ein nützlicher Mann, daß er die sittliche Ordnung bei der Jugend, ja in der ganzen Gemeine, zu erhalten wußte. — Daß er aber in dieser meiner Erweckungszeit so aufgebracht wurde, war kein Wunder. Er sah, und konnte auch nicht anders einsehen, als daß diese Leute von unserer Mutterkirche ausgehen, und eine neue Secte errichten wollten; und glaubte daher, er könnte nicht hart genug dawider eifern. Zudem muß man sich in die damaligen Zeiten versetzen, und den großen Unterschied betrachten, den

sie

sie vor den jetzigen Zeiten haben. Dazumal hatten die Prediger, sonderlich an kleinen Orten, die Denkungsart der Gemeinsglieder mehrentheils in ihrer Gewalt; wie sehr sich dieses aber in unsern Tagen geändert habe, ist jedermann bekannt. Ob aber diese Veränderung der Moralität nützlich oder schädlich sey? ob das Christenthum dabei gewonnen oder verloren habe? sind Fragen, die sich ein jeder leicht selbst beantworten kann.

---

11. Brief.

Die Bibel und Jac. Böhms Weg zu Christo sind seine einzige Lectüre fürs Herz. Seine Resignation, alles, auch selbst den Tod um Christi willen mit Freuden zu leiden. — Muthvolles und musterhaftes Betragen, in der völligen Besiegung seiner Leidenschaft der Liebe. — Er wird den Seinigen unerträglich.

Geistliche Bücher hatte ich wenig: In der Bibel fand ich alles, was ich zu meinem Trost, zu meiner Belehrung und Erquickung bedorfte. — Im Frühjahr gab mir einer der Freunde Jacob Böhms Weg zu Christo. Es ist eines der brauchbarsten Bücher von Böhms Schriften. Ich fand darin vieles von dem, was ich bis zu meiner Begnadigung empfunden und durchgegangen hatte; auch enthielt es viel tröstliche Wahrheiten für meinen gegenwärtigen Zustand in sich. (Vielleicht

leicht werde ich an einem andern Orte in etwa meine Gedanken und Erfahrungen über J. Böhms Schriften und Freunde darlegen.) Diß Büchlein war mir sehr werth, weil ich viele Aufmunterungen zu einem gottseligen Leben darin fand; aber, es ward auch die Hauptveranlassung, daß ich Vater und Mutter, Freunde und Vaterland verließ.

Meine Gemüthslage war damals so beschaffen, daß ich alle das Kreuz, alle die harten und verächtlichen Behandlungen, die mir begegneten, mit Freuden annehmen und ertragen konnte. Ich fand in dem Leben und Wandel, in dem Leiden und Sterben des Herrn Jesu, meines Erlösers, solche Aufmunterung, ihm in allem nachzufolgen, daß ich in den Leiden und der Verachtung um seinetwillen Seligkeit empfand. Es war mir so, daß, wenn ich um der Wahrheit willen hätte sterben sollen, ich es vielleicht (ich sage vielleicht) mit Freuden aus Liebe zu Jesu würde gethan haben. Alle vorherige Eingebungen, alle feindliche Versuchungen hatten ihre Kraft an mir verloren; ihre Macht war in meiner ersten Begnadigung gebrochen; und obschon der Feind noch öfters Anfälle versuchte: so schenkte mir der Held, welcher ihn in mir überwunden hatte, und für mich stritt, doch Gnade und Kraft, diese feindlichen Anfälle stäts zu überwinden.

Nichts machte mir mehr Furcht, und vor nichts war ich mehr auf meiner Hut, als vor dem

II. Brief.

dem Gegenstand meiner vorigen Liebe. Ich vermied sorgfältig alle Oerter, wo ich nur vermuthen konnte, daß ich diese Person etwa antreffen würde. Allein meine Treue sollte auch in Ansehung ihrer auf die Probe gestellt werden; denn im Monat Mai kam ich in eine Gelegenheit, wo ich ihr nicht ausweichen konnte. Ich ging nach unserm Stahlhammer, wohin der Weg zwischen Gärten durchlief, und durch seine Enge, das Ausweichen unmöglich machte. Einer dieser Gärten gehörte den Aeltern dieser Jungfer. Sie kam unvermerckt aus demselben, wie ich gerade zwischen den Gärten war; so, daß ich entweder wieder umkehren oder ihr begegnen mußte. — Anfänglich stutzte ich, und meine erste Bewegung war, zurück zu gehen. Ich besann mich aber gleich, daß solches unschicklich wäre, und entschloß mich, ihr vorbei zu gehen, und sie zu grüßen. Dieß that ich. Wie ich ihr aber vorbei war, merkte ich, daß sie war stehen geblieben, sah aber nicht um, sondern hielt mich am gehen. Weil es aber ein einsamer Ort war, so rief sie mir nach: was sie mir gethan hätte, daß ich so grausam mit ihr umginge? Jetzt blieb ich stehen, und antwortete: "sie hätte mir nichts gethan, "sondern sich allezeit, als eine tugendsame Jung-"fer gegen mich aufgeführt und betragen, deßwe-"gen würde ich sie auch allezeit achten und hoch-"schätzen. Sie würde aber wohl wissen, daß "ich meine Lebensart geändert hätte, und deß-
"wegen

"wegen könnte ich mich in keine weitere Verbind-
"lichkeiten einlassen." — Hierauf antwortete sie:
daß sie sich auch gern bessern wollte, aber nicht
wüßte, wie sie dazu kommen könnte. Ich erwiederte:
"darin könnte ich ihr nicht dienen, weil ich noch
"erst ein Anfänger, und zu schwach dazu sey; daß
"sie aber einen Vetter unter den Freunden hätte,
"zu dem möchte sie sich wenden." Nun rief ich
ihr ein Lebewohl! zu, und ging meinen Weg
fort.

Mit gebeugtem Herzen erkannte ich die grosse Gnade, welche mir der Herr in diesem Umstande dadurch erwies, daß er mich so stark und fest
erhielt. Denn, hätte ich mich von dieser Person wieder einnehmen lassen (und dieß würde ohne Gottes Beistand geschehen seyn) so würde es,
in Ansehung meiner Gottseligkeit, mißlich ausgesehen haben.

Diesen Sommer brachte ich unter manchen
Leiden, aber doch mehrentheils vergnügt zu; denn
die Liebe zu Jesu machte mir alles, was mir begegnete, wie hart es auch seyn mochte, leicht und
angenehm. Es war mir eine Freude, um seines
Namens willen zu leiden, und alle Verachtun-
gen konnte ich aus Liebe zu ihm fröhlich umfas-
sen. — Indessen verdunkelten sich die Aussichten
in der Welt für mich je länger je mehr. Schwere Gewitterwolken (wenn ich so reden mag) zogen
sich immer höher herauf, und schienen, mich mit
einem schrecklichen Ausbruche zu bedrohen. —
Meine

Meine Aeltern und Geschwister wurden mir immer abgeneigter. Meine liebe Mutter, die sonst so viele Liebe für mich hatte, konnte mich jetzt kaum mehr tragen, weil ich durch meine Lebensart meiner Familie einen solchen Schimpf zuzog. Im ganzen Hause war ich so zu sagen, ein Fremdling geworden. Alle Liebe meiner Angehörigen schien gegen mich erloschen zu seyn; und weil meine Liebe keine Gegenliebe mehr fand, so schien es mir auch, als ob ich in einem fremden Hause wäre.

---

12. Brief.

Sein Vater beobachtet ihn im Stillen, und entdeckt seinen geheimen Umgang mit den verhaßten Gliedern der gemeldten Gesellschaft. — Er findet Jac. Böhms Büchlein bei ihm, schlägt ihn grausam, und zwingt ihm das Versprechen ab, nicht mehr mit den verdächtigen Leuten umzugehen. — Dieß erweckt seinen Entschluß, sein Vaterland insgeheim zu verlaßen.

Endlich kam der Tag, wo der so lange vorausgesehene Sturm über mich losbrach. — Mein Vater hatte im Stillen unabläßig auf mich Acht gegeben, und bemerckt, daß ich insgeheim mit den Freunden Umgang unterhielt. Unser Prediger hatte ihm gesagt, daß er solches nicht zugeben müßte, weil ich durch diese Leute zu einem verdächtlichen Sectirer

Sectirer gemacht würde. Er fuhr fort, in seinen öffentlichen Vorträgen über sie herzuziehen; unter andern eiferte er auch oft über des Jacob Böhms Schriften, und hatte durch obrigkeitliche Gewalt bei diesen Leuten deßwegen Nachsuchung thun, und ihnen einige derselben wegnehmen lassen. Meinem Vater war also der Name dieses Mannes dadurch bekannt worden.

Eines Tages (auf einen Donnerstag Nachmittag, und zwar, wenn ich recht behalten habe, den 3ten August, 1759) kam mein Vater in mein Zimmer, und sagte, er müßte einmal untersuchen, was ich für Bücher hätte. Da ich nun die geographischen, und astronomischen Kenntnisse liebte, so hatte ich manches Buch, das in dieses Fach einschlug. Ich öffnete ihm also ohne Bedenken den Schrank, worin diese nebst noch einigen andern Büchern stunden. Das Büchlein von Jac. Böhm hatte ich aber ganz allein in einer Schublade unter dem Tische verschloßen. Nachdem nun mein Vater die Bücher ein wenig durchblättert hatte, befahl er mir, auch die Schublade aufzuschließen. Ich erschrack, zauderte und suchte am Schlüssel. Wie er meine Verwirrung bemerkte, drang er noch stärker darauf — ich mußte also aufschließen. Er nahm, weil kein anderes Buch als Böhms Weg zu Christo darin war, solches heraus, öffnete es, und erblickte den Namen Jacob Böhm. Wart! sagte er, indem er mit dem Büchlein weg ging, ich will dir die

Böhm-

12. Brief.

Böhmsche und pietistische Grillen aus dem Kopfe treiben! — Ich erwartete nun harte Auftritte, wandte mich zu Gott und bat um Beistand. Mein Vater kam gleich, mit der Peitsche in der Hand, wieder zurück, und schlug tapfer auf mich zu. Nachdem er glaubte, gnug geschlagen zu haben, fragte er mich: ob ich ihm nun versprechen wollte, daß, so lange ich unter seiner Aufsicht wäre, ich mit den verdächtigen Leuten nicht mehr umgehen, und solche verdächtige Bücher nicht mehr lesen wollte? — Weil die Peitsche noch immer drohend aufgehoben war, so konnt' ich mich nicht lange bedenken. Ich antwortete ihm also: Weil er es so haben wollte, so müßte ich solches, aus Gehorsam gegen ihn, versprechen. Er reichte mir die Hand dar, und ich mußte ihm heilig geloben, was er mir auferlegt hatte, unverbrüchlich zu halten.

Jetzt kam es mir so vor, als wäre ich in einen Abgrund gesunken, aus welchem nicht wieder heraus zu kommen sey. Ich blieb in meiner Kammer, und war so betäubt, daß ich anfänglich kein Wort sagen, noch einen zusammenhängenden Gedanken fassen konnte. Mein Gemüth war wie mit einem Trauerflor überzogen, und ich blieb in einem betäubten und stumpfen Zustande bis gegen Abend sitzen. Endlich brach ein Strom von Thränen los, und dadurch ward mein Herz in etwa erleichtert; allein, ich blieb doch noch immer in der Lage eines Menschen, der sich nur

halb

halb bewußt ist. Was will es, dacht ich, nun mit mir werden! Die Nacht gieng mir auf eine Art vorüber, wovon ich mir kein rechtes Denkbild mehr machen kann. Des Morgens war ich sehr traurig und niedergeschlagen, und im ganzen Hause herrschte eine traurige Stille. Nach dem Trinken sagte ich, daß ich nach dem Hammer gehen wollte, weil ich da etwas zu verrichten hätte; welches bewilliget wurde. Weil der Weg durch einsame Oerter und theils durch den Wald ging, so hoffte ich, durch diesen Gang mich in etwa zu erleichtern.

So bald ich im Walde war, ließ ich meinem Schmerze freien Lauf, und wandte mich flehend zum Herrn, und bat ihn wehmüthig, er möchte mich doch unterstützen, mir Rath und Unterweisung geben, wie ich durchkommen sollte. Auf einmal kam mir ins Gemüth: Verlaß Vater, Mutter und alles! der Herr wird dich schützen, und in allem durchhelfen. — Bei diesem Gedanken ward ich beruhigt, erlangte eine große Heiterkeit im Gemüthe und dachte von nun an mit Ernst darauf, wie und auf welche Art ich meine Hinwegreise einrichten wollte. — Da ich gegen Mittag wieder nach Hause kam, und alle sahen, daß ich wieder heiter war, so nahmen sie auch wieder ihr gewöhnliches heiteres Wesen an, und dachten ohne Zweifel, dieser Auftritt würde bald vergessen seyn.

Ich

12. Brief.

Ich hatte keinen Menschen, dem ich mein Herz entdecken konnte. Meinem Vater hatte ich heilig angelobt, nicht wieder zu meinen Freunten, den so genannten verdächtigen Menschen, zu gehen; und meine Gewissenhaftigkeit foderte, dieß Versprechen zu halten. Deßwegen war nun kein anderer Weg übrig, als mein väterliches Haus zu verlaßen. Aber wohin sollt ich mich wenden, da mir in der ganzen weiten Welt niemand bekannt war? — Amsterdam lag mir am meisten in Gedanken, und ich schloß: weil Böhms Büchlein daselbst wäre gedruckt worden, so müßten da auch gottselige Menschen zu finden seyn, die mich, als einen verlaßenen Freund, in Liebe aufnehmen, und auch zu einem Geschäffte verhelfen würden, durch welches ich meinen Unterhalt verdienen könnte; wobei ich mich so betragen wollte, daß an meinem Fortkommen nicht zu zweifeln wäre. — Sollte aber alles fehl schlagen, dacht' ich in mir selbst, so bist du gesund, hast Kräfte, und willst lieber in irgend einer Arbeit, wie beschwerlich sie auch seyn mag, deinen Unterhalt suchen, als länger in einem so unerträglichen Zwang aushalten. — Indessen ging es im Ganzen noch ganz anders, als ich mir vorgestellt hatte, aber zuletzt doch, Gott sey Dank! recht gut.

Ich hoffe nicht, daß mein Beispiel und Entschlossenheit jemanden verleiten werde, seine Aeltern zu verlaßen, um desto gottesdienstlicher leben zu können. Es wird ein sehr seltener Fall seyn,

seyn, daß jemand aus reiner Liebe zu Gott und der Gottseligkeit seine Aeltern und Freunde verläßt, oder daß die göttliche Fürsehung solche Umstände entstehen läßet, wo ihm fast keine andere Wahl mehr übrig bleibet. Dieß war mein Fall; und der Herr schenkte mir Gnade und Kraft, unter allen Stürmen und Versuchungen nicht von ihm zu weichen, sondern auszuhalten, und er bahnte mir den Weg, meinen Vorsatz auszuführen. Ein anderer, der dieses nachahmen wollte, aber dazu keinen entschiedenen Ruf noch Kräfte hätte, könnte alles Gute dadurch verlieren. Ich vermuthe auch, daß, wenn man im Verfolg siehet, wie es mir ergangen ist, und welche harte Wege ich habe durchgehen müßen, einem jeden die Lust vergehen werde, mir hierin nachzufolgen.

13. Brief.

Der Verfasser führt seinen Entschluß, im Vertrauen auf die göttliche Fürsehung, glücklich hinaus. Er kommt zu Köln an, und findet daselbst gleich Gelegenheit, mit einem Schiffe nach Holland abzufahren. Seine Ankunft in Amsterdam. Vergebliche Mühe, daselbst in Arbeit zu kommen. Die Noth zwingt ihn, auf einem Ostindischen Schiffe Dienst zu nehmen.

Weil ich meine besten Kleider nicht in meiner Kammer hatte, und die reine Wäsche mir alle

13. Brief.

Sonntags gegeben würde, so verschob ich die Abreise bis auf die Nacht vom Sonntag auf den Montag. Des Samstags machte ich, daß ich bei das Leinwand kam, und nahm sechs Hemden und einige andere Stücke davon heraus. Sonntags Abends blieb ich in meiner Kammer und machte mein Reisepäckchen zusammen. Nachdem nun alles im Hause ruhig war, wandte ich mich zu Gott, bat ihn herzlich, mein Schutz zu seyn, und mir durch alles durch zu helfen; auch empfahl ich ihm meine Aeltern und Geschwister ganz angelegentlich. Nun setzte ich mich, und schrieb noch an meinen Vater. Der Hauptinhalt war: „daß ich ihm ein Versprechen hätte thun müßen, „das mir nicht möglich wäre zu halten; darum „hätte ich den Entschluß gefaßt, mich seiner Aufsicht zu entziehen. Meine Lebensart hätte ich „nicht mehr ändern können; würde auch lieber „den Tod wählen, als wieder von dem abzuweichen, was mir der Herr durch seine Gnade als „meine höchste Pflicht zu erkennen gegeben hätte. „Daß ich schließlich Ihn, nebst meiner lieben „Mutter und Geschwistern, dem Herrn anempfehle, und ihnen alles Wohlergehen von Herzen anwünschte." — Diesen Brief ließ ich auf meinem Tische liegen.

Wie der Nachtwächter zwölf Uhr geblasen hatte, nahm ich mein Päckchen auf den Rücken, ging durchs Haus in den Pferdestall, dann in den Hof und nun ferner auf die Landstraße, die

13. Brief.

nach Köln führte. Jetzt suchte ich Aeltern, Anverwandten und alles zu vergessen, und sahe mich als einen Pilgrim und Frembling in dieser Welt an, der von nun an ganz allein sein Vertrauen auf die göttliche Fürsehung setzen müßte. Meine mehreste Sorge hatte ich wegen eines Passes; denn, da es mitten im siebenjährigen Kriege war, und die Franzosen den ganzen Rheinstrom besetzt hatten; so war es schwer durchzukommen. Wenn ich nun wäre angehalten worden, so wäre kein anderes Mittel zum Loskommen für mich gewesen, als nach Hause zu schreiben; und dann würde mich mein Vater haben wiederholen laßen. Indessen kam ich des andern Morgens früh ohne weitere Hinderniß bei Köln an; blieb aber am Rhein, weil ich fürchtete, es möchte mir, wenn ich in die Stadt ginge, ein Paß abgefordert werden.

Hier erkundigte ich mich, ob keine Gelegenheit da wäre, zu Wasser nach Holland zu kommen, und erfuhr zu meinem großen Vergnügen, daß in Zeit einer Stunde ein Boot dahin abfahren würde. Ich gab dem, der mir solches sagte, ein Trinkgeld, um mich dahin zu bringen. Wie ich bei dem Boote ankam, war der Steuermann schon drinnen. Ich accordirte die Fracht mit ihm, setzte mich drein, und gleich darauf fuhren wir ab. — Lange hernach hörte ich, daß um 10 Uhr schon ein Expresser von meinem Vater da gewesen wäre, um mich wieder zurück zu bringen

und

13. Brief.

und hier hatten sie die letzte Nachricht von mir gehabt.

In unserm Fahrzeug fand ich noch zween Mitreisende; einer war ein Frankfurter, der andere ein Apothekergeselle. Der Frankfurter war schon in Surinam Plantagenschreiber gewesen, und wollte auch jetzt wieder dahin. Wir fuhren also den Rhein hinunter, und dachten alle nach Amsterdam zu reisen. Ich kam noch als überall ohne Paß durch; nur bei Wesel wäre ich beinah angehalten worden. Als wir die Brücke passirt waren, mußten wir anlanden, und wurden von einem Unteroffizier um unsere Päße befragt. Da ich keinen vorzuzeigen hatte, so gerieth ich in Verlegenheit. Der Unteroffizier kündigte mir also an, daß ich bleiben müßte, und ging hin, um es dem wachthabenden Offizier zu melden. Kaum war er weg, so sagte der Steuermann, wir sollten ins Boot gehen, er wollte abfahren. Ich sprang ins Boot, und wir fuhren ohne weitere Hinderniß davon. Ich dankte dem Herrn im Stillen, daß er mir aus dieser Beklemmtheit geholfen hatte. — Es ging nun ferner gut, und in einigen Tagen kamen wir nach Amsterdam.

Es war ein Glück für mich und den Apothekergesellen, daß der Frankfurter bei uns war, sonst hätten wir leicht in die Hände der sogenannten Seelenverkäufer gerathen können. Dieser aber wußte in Amsterdam überall Bescheid, und führte uns in eine, ihm gut bekannte Herberge.

13. Brief.

Ich ging mit meinen Reisgefährten bisweilen aus, die Stadt und ihre Merkwürdigkeiten zu besehen, allein, mein Hauptverlangen war, gottselige Menschen, und dann ein Geschäfte zu finden, wodurch ich meinen Unterhalt erwerben könnte.

Ich merkte unter der Hand, daß meine beiden Reisegefährten, noch weniger als ich, mit Gelde versehen waren; ließ mich aber nicht merken, wie stark meine Kasse noch wäre. Ich hatte indessen vom Hause nichts mitgenommen, als was ich rechtmäßig für das Meinige ansehen konnte (worunter natürlicher Weise auch die mir von meinem Vater geschenkten 20 Kronenthaler gehöreten) denn meine Gewissenhaftigkeit ließ mir nicht zu, etwas weiter zu nehmen.

Ich bemühte mich täglich in Geschäfte zu kommen, und suchte alle Gelegenheiten dazu auf; allein es wollte mir nicht gelingen. Und was die gottseligen Menschen angeht, deren hier anzutreffen ich mir in meinem Vaterlande so leicht vorgestellt hatte: so erfuhr ich nun genugsam, daß sie sich unter einer so großen Menge Menschen doch so leicht nicht finden ließen. Mein Frankfurter Reisegefährte fand noch so bald keine Gelegenheit, nach Surinam zu kommen, und war also genöthiget, sich nach etwas anderm umzusehen. Durch einen Anverwandten ward er mit dem Capitain eines Ostindischen Schiffes bekannt, wobei er, als Schiffs-Hofmeister Dienste nahm. Der andere ließ sich als Unterchirurgus auf dem Schiffe

13. Brief.

Schiffe annehmen; und so blieb ich noch allein ohne Dienst. Schon waren vierzehn Tage verflossen, und es hatte noch nicht den mindesten Anschein zu einem Geschäffte für mich. Und obschon ich alle Gelegenheiten dazu mit großem Fleiße aufsuchte, und mich auch an diejenigen wandte, welche einem in solchem Gesuche dienen können: so vergingen doch volle vier Wochen, und ich bat den Herrn aufs flehentlichste, er möchte mir doch eine Thür zu meinem Unterkommen öffnen, die Arbeit möchte auch ausfallen wie sie wollte. Denn ich hoffte noch allezeit, daß, wenn ich nur einmal eine gewisse einstweilige Bleibstätte fände, ich dann vor und nach mit frommen Menschen bekannt werden, und, vermittelst ihrer Hülfe und durch mein gutes Betragen, zu einem ordentlichen Geschäfte gelangen würde. Aber, ich fand alle Wege verschlossen, und der Druck und die Leiden meines Gemüths nahmen desto mehr zu, da, bei dem gänzlichen Mangel an Aussicht zum Unterhalt, auch mein Geld anfing beizugehen.

Meine beiden Reisgefährten waren noch immer mit mir in Einem Logis; denn, weil die Mannschaft für das Schiff noch nicht vollzählig war, so mußten sie sich indessen noch hier aufhalten. Ich war mit dem Frankfurter verschiedene Mal bei seinem Capitain gewesen, der von Geburt ein Deutscher war, und auch seine Muttersprache

tersprache noch ziemlich gut redete. Eines Tages fragte er mich, ob ich keine Lust hätte, mit nach Ostindien zu fahren? Wenn dieß geschähe, wollt' er mich zu seinem Bedienten annehmen. Ich antwortete ihm, daß ich keine Neigung dazu hätte, und lieber in Geschäften auf dem Lande meinen Unterhalt suchen wollte. Er sagte mir, ich möchte mich einmal darüber bedenken; und wenn ich Neigung dazu empfände, könnte ich wieder zu ihm kommen. — Meine beiden Reisegefährten suchten mich zu bereden, den Dienst anzunehmen; ich konnte mich aber nicht dazu entschließen. Allein, da ich zuletzt keinen andern Ausweg sah, so dacht' ich: Weil dir die Fürsehung keine andere Thür öffnet, als Capitains-Bedienter nach Ostindien zu werden, so mußt du dich in Gottes Namen dazu entschließen. Ich entdeckte meinen Reisegefährten meinen Entschluß, die sich dann darüber freueten, und mich wieder zum Capitain führten, welchem es auch lieb war, und mir sagte, ich sollte mich den andern Tag nach dem Ostindischen Hause verfügen, und Dienste nehmen. Nachdem dieses geschehen war, so sagte er mir: daß, sobald das Volk durch öffentlichen Ausruf zur Einschiffung aufgefodert würde, ich zu ihm kommen, und mit seinen Gütern zu Schiffe gehen sollte.

Ich hatte zwar von Kindheit auf einen besondern Trieb und Neigung gehabt, die Welt zu sehen

sehen und kennen zu lernen; aber ich ward doch nun, wieder meinen Willen, recht ins Getöse derselben versetzt. An Muth und Kräften fehlte es mir zwar nicht, eine der mühsamsten und beschwerlichsten Reisen mitzumachen; allein ich kam in eine große Verlegenheit, wann ich bedachte, wie ich in Ansehung der Gottseligkeit durchkommen wollte. Ich hoffte indessen, unter einer solchen Menge doch wenigstens noch Einen zu finden, der mit mir in etwa von einerlei Gesinnung wäre; allein, ich fand leider! keinen einzigen, wie der Verfolg näher zeigen wird.

Inzwischen hätte ich gern Jacob Böhms Schriften gehabt; allein, lange hatte ich vergebens darnach gesucht, und fast alle Buchläden darum durchlaufen müßen, ohne sie anzutreffen. Zuletzt fand ich sie doch bei einem Antiquario, das ist, bei einem Buchführer, der alte Bücher zu verkaufen hatte. Ich war recht froh darüber, kaufte sie, und hatte, nächst der Bibel, keine andere geistliche oder religiöse Bücher bei mir auf dem Schiffe.

Endlich kam der Tag, wo bey dem Trommelschlage ausgeruffen wurde, daß wir uns bereit machen sollten, in dreien Tagen zu Schiffe zu gehen, worauf die Equipage von vier Schiffen haufenweise aus der Stadt nach den Schiffen hinströmte. Wer ein solches Gewühl noch nicht gesehen hat, kan sich keine Vorstellung davon machen

13. Brief.

chen. — Musick, Getöse und wildes Lärmen schwirret und tönet von allen Seiten so durcheinander, daß einem Hören und Sehen vergeht, und alle Sinnen stumpf werden. Der eine weint, der andere lacht, ein dritter flucht und tobt. Einer ruft dem andern aus vollem Halse sein Lebewohl! zu. Weiber schreien, weinen und heulen über das Weggehen ihrer Männer, Aeltern über ihre Kinder, und Kinder über den Abschied ihrer Väter, die sie in Jahren, ja oft gar nicht, wieder sehen. — Kurtz ein solcher lärmvoller Auftritt ist nicht zu beschreiben. Du, mein Lieber! kanst leicht dencken, wie mir armen einsamen Pilger dabey zu Muthe ward, welche Beklemmung mein nach Ruhe schmachtendes Hertz, in solch einem betäubenden Getöse empfunden habe, und mit welcher trauriger Empfindung es bestürmt wurde. Doch der göttliche Held, der Ueberwinder und theure Erlöser, welcher auch einst auf der See in einem Schiff zu finden war, und die Seinigen im Sturm schützte — der war auch hier meine geheime Zuflucht, und mein Hertz hielt sich mit kindlichem Glauben und Vertrauen an Ihn fest, als an den, der mächtig genug ist, die Seinige überall und in allen Stürmen und Gefahren zu erhalten. "Wenn nur, dachte ich, mein Hoff-
"nungsschifflein durch Sünde und Eitelkeit nicht
"zu Grunde geht! Wenn dieß nur nicht durch
"Sicherheit und Unachtsamkeit, an den Klippen
"des Stolzes scheitert: dann kommt es doch end-
"lich

lich in den Hafen der Ruhe und Sicherheit."—
Dank sey es der ewigen Liebe! daß sie es bisher
noch in allen Stürmen erhalten hat!

---

14. Brief.

Erste Reise nach Ostindien. Traurige Gedanken des
Verfassers bei der Ankunft auf dem Schiffe, und
dem Anblick des wilden Schiffvolks. Innerer
Trost. — Ankunft an dem Cap, oder Vorgebirge der guten Hoffnung.

Wie ich auf dem Schiffe anlangte, und eine
Gesellschaft von 300 wilden und verwirrten
Menschen betrachtete, womit ich, in einen und
denselben Raum eingeschlossen, eine so große Reise machen sollte: so schlug mir erst recht das Herz.
Ach! dachte ich, hier wirst du nicht durchkommen;
hier mußt du zu Grunde gehen! — Die erste
Nacht schlief ich wenig; wendete mich aber desto
mehr zu dem, den meine Seele liebte, bat ihn
mit brünstig-wehmüthigem Herzen um Unterstützung in meiner gefährlichen Lage, und flehete ihn
mit ganzer Aufrichtigkeit, mich lieber von der Welt
zu nehmen, als zuzulaßen, daß ich wieder ins
Sündenleben willigte.

Mit großer Sehnsucht, wünschte ich, unter
der Menge des Schiffvolks nur Einen zu finden,
der in etwa gottesdienstlich wäre. Ich gab deßwegen auf alle sehr genau Acht. Sah ich einen,

14. Brief.

der ein wenig stiller war, als seine Kammeraden: so spähete ich demselben nach, um zu erfahren, ob er auch mit den andern fluchte und Zoten triebe. Allein, ich entdeckte endlich, zu meiner größten Betrübniß daß auf dem ganzen Schiffe kein einziger war, der auch nur den Schein der Gottesfurcht hätte. Meine geheimen Sorgen und Bekümmernisse nahmen daher täglich zu; aber ich konnte mich ihnen nur des Nachts überlaßen.

Als ich mich einsmals voll Sorgen und Nachdenken über meine Lage schlafen legte: so kamen mir kurz vor Anbruch des Tages mit besonderer Anmuth und Kraft folgende Worte ins Gemüth: "Und wenn es währt bis in die Nacht, und "wieder an den Morgen: So soll mein "Herz an Gottes Macht nicht zweifeln und "nicht sorgen. Ich sprach diesen Vers noch schlafend aus; ward aber über desselben Anmuth und Kraft ganz wach, munter und heiter.— Diese Worte ließen eine solche Kraft in meinem Herzen zurück, daß ich zum Herrn sagte: "Nun, "mein Erlöser! so will ich denn nicht länger sor= "gen; deiner treuen Bewahrung überlaß ich mich: "du wirst und du mußt auch für mich sorgen." — Jetzt ward ich getrost, nahm das, was mir zu thun oblag, aufs genaueste in Acht, schickte mich, so gut ich konnte in alles, und befliß mich unter allem, dem Herrn wohlgefällig zu leben. Weil ich nicht uuter dem großen Haufen der Matrosen zu seyn brauchte, so konnt' ich mich auch wohl zu

Zeiten

14. Brief.

Zeiten noch in ein stilles Eckchen setzen, und etwas Gutes lesen oder betrachten.

Es ist mir merkwürdig gewesen, daß ich in alle der Zeit, daß ich aus meiner Aeltern Hause gegangen war, kaum mehr ein Andenken dahin hatte: zumal nicht also, daß ich meinen jetzigen Zustand mit dem zwangvollen Leben, das ich da führen mußte, wieder zu vertauschen gewünscht hätte. Das Andenken an meine Aeltern war mir als eine sehr entfernte Sache. Es war mir beinahe so, als ob ich keine Aeltern noch Anverwandten mehr in der Welt hätte; und daher fiel es mir auch nicht einmal ein, meinen Aeltern zu melden, wo ich hingekommen oder geblieben wäre: eine Nachlässigkeit, die ich hernach sehr bereuete, da ich zwei Jahre später erfuhr, daß meine liebe Mutter um meinetwillen in eine fast tödtliche Krankheit gefallen, und auch nicht eher ganz wieder hergestellet war, bis sie gehöret hätte, daß ich noch lebte. Es war ein Glück für mich, daß ich von keiner Anhänglichkeit an die Meinigen mehr wußte; denn diejenigen welche auf der See nach dem Lande sehr verlangen, und mit ihrem Herzen noch an dem einen oder andern Gegenstande fest kleben, kommen selten gut und ohne Krankheit durch. Ja, ich habe oft gesehen daß in solchen Umständen alle medicinische Hülfe vergebens, und der Tod unvermeidlich ist.

Wegen der widrigen Winde mußten wir bis den 3ten December im Texel liegen bleiben; da aber

aber nun der Wind ins Osten lief, so gingen wir noch den nämlichen Tag unter Segel. Ich hatte mich der göttlichen Fürsehung ganz und unbedingt hingegeben; wie es dieselbe mit mir machen würde, so wollte ich es annehmen. Daher quälte mich auch keine Furcht, weder vor dem Meer, noch vor allen Gefahren, die mir darauf begegnen möchten; auch war meinem Gemüthe, wie mehrmalen gemeldet worden, die Furcht von Jugend auf nicht eigen gewesen. — Wir kamen bald mit dem guten Winde durch den Englischen Kanal und in die offenbare See. In dem ersten kleinen Sturm bekam ich die Seekrankheit, die aber, weil ich fast gar nichts aß, in wenigen Tagen wieder vorbei gieng. Auf Neujahrstag 1760 waren wir schon die Insel Madera passirt, und es war so warm, daß man im Hembde herum gehen konnte. —

Unsere Fahrt ging nun immer gut von statten, bis wir unter die Linie kamen; denn hier überfiel uns eine Windstille, die bei vierzehn Tage anhielt, und es war so heiß, daß man des Nachts vor Hitze im Schiffe nicht schlafen konnte; und auf dem Verdecke durfte man nicht schlafen, weil die nächtliche Kühle den Schlafenden ganz contract an seinen Gliedern machte. — Hier, dacht' ich, werden wir alle sterben müßen, wenn kein Wind wieder kommmt. Endlich stiegen Gewitterwolken auf, und mit dem Winde, den uns diese brachten, kamen wir weiter, und unter der

Linie

Linie weg. Die Fahrt ging nun ferner gut, und nach 3 Monaten, nämlich am 3ten März 1760, langten wir an dem Vorgebirge der guten Hoffnung an.

---

15. Brief.

Der Verfasser übt sich mit Erfolg in den Kenntnissen eines Seemannes. Abreise vom Cap. Sturm und gefährliche Lage des Schiffes.—Glückliche Ankunft in Batavia. — Lasterhaftes Leben in Indien. Der Verfasser hält sich abgeschieden. Göttliche Gnade und Bewahrung. — Abreise nach Canton in China.

Du wirst es mir, mein lieber Bruder, zu gute halten müßen, daß ich dich nun noch oft und viel von Seereisen unterhalte; denn, weil ich die Geschichte meines Lebens schreiben soll: so muß ich das Aeußere mit dazu nehmen, weil sie sonst keinen Zusammenhang haben würde.

Außer der Bedienung des Capitains, mußte ich auch sonst noch alles lernen, was einem Seemann zu wissen nöthig ist. Diejenigen, welche die Offiziers bedienen, haben alle bei der Ostindischen Compagnie Seemannsdienste genommen, und von dieser werden sie auch, gleich den übrigen, besoldet. Die Offiziers geben ihnen nichts, als nun und dann ein Geschenk. Unter den übrigen Bedienten hatte ich die oberste Stelle, mußte

te aber auch, weil ich der größte und stärckste war, überall der erste im Angreifen seyn. Unser Amt und Posten war, an dem hintersten Mast das Kreuzsegel, welches das oberste an demselben ist, fest oder los zu machen. Ich hatte bald Einsicht in das Werk, welches mir zu thun oblag. So bald nur gerufen ward, mußten wir — es mochte bei Tag oder bei Nacht seyn — oben auf den Mast steigen, um das Kreuzsegel zu befestigen oder los zu machen: und ich konnte, auch im Sturm, dieses Amt ohne Furcht verrichten. Weil der Capitain meine Entschlossenheit und Fähigkeit bemerkte; wollte er mich zu einem rechten Seemanne bilden. Meine geographischen Kenntnisse brachten mich bei den Offiziers in Achtung. Da sie sich nur mit Seekarten abgaben, und keine Landkarten (auch wenig Kenntniß davon) hatten: so besaß ich mehr Kenntniß von dem Innern der Länder, als sie alle, und hatte auch verschiedene Karten von Ostindien bei mir. — Diejenigen, welche sich bis dahin noch zu Offiziersstellen empor geschwungen hatten, waren mehrentheils alle ungelernte Matrosen, die sich durch die Länge der Zeit einige Fertigkeiten in der Seemannskunst, oder Seefahrt, erworben hatten; und so wurden sie dann wohl bis zu Capitains befördert.

Auf dem Vorgebirge der guten Hoffnung hatten die Bewohner jetzt, im Märzmonat, den Anfang

15. Brief.

fang ihres Herbstes. Aepfel, Weintrauben und andere Obstarten waren schon zeitig, und wir erquickten uns nach den ausgestandenen Beschwerten einer dreimonatlichen mühsamen Reise recht herzlich damit. Wir blieben aber nur sechszehn Tage daselbst, versahen uns in dieser Zeit mit allem Nöthigen, und segelten weiter. Wir nahmen nunmehr unsern Lauf durch das stürmische Südmeer.

Wir hatten guten Wind bis einige hundert Meilen vom Vorgebirge; nun aber verwandelte sich dieser Wind in einen Sturm. Da der Wind aber hinter uns war, so ließen wir uns vor einer gerifften Fock *) von Wind und Wolken fort treiben. Aber plötzlich ward der Sturm so heftig, daß kein Segel mehr gebraucht werden konnte, und die Wellen von Hintenher auf das Schiff einbrachen. Dieses ist eine der gefährlichsten Lagen für ein Schiff; denn wenn es einen Sturm aushalten soll, so muß das Vortertheil nach dem Wind zu liegen. Um dieses also auch jetzt in dieser Gefahr zu bewerckstelligen, mußten wir das Schiff, mitten in den entsetzlich tobenden Wellen herum

---

*) Ein Segel wird nur bey starckem Wind gerifft; wodurch dasselbe verkleinert wird. In die Marschsegel können drei Riffte gelegt werden; durchgängig wird aber nur eines in die Fock gelegt. Dieses geschicht durch platte geflochtene Seilcher, die schon allezeit dazu in dem Segel stecken, und an die Raa, woran das Segel hängt, beim Riffen befestigt werden.

herum gehen laſſen. Dieſes Herumwenden des Schiffs in einem heftigen Sturm, iſt eine der gefahrvolleſten Unternehmungen eines Seefahrers, und manches Schiff geht darüber verloren. — Alles wurde indeſſen bei uns in Bereitſchaft geſetzt, um, in dem Fall, daß das Schiff nicht wieder unter den Wellen heraus wollte — die Maſten abzuhauen und wegtreiben zu laſſen, und die Kanonen über Bord zu werfen. Wie alle Anordnungen getroffen, und ein jeder an ſeinem beſtimmten Platz war, fingen wir an, durch die Wellen herum zu gehen. Der Sturm war von Grad zu Grade noch heftiger geworden. Da man nun wegen des Sturmes keine Segel brauchen kann, und alſo das Schiff in ſolcher Enthaltloſigkeit ſich der See völlig Preis geben muß: ſo brachen die Wellen, als die Seite des Schiffes gegen den Wind zu liegen kam, ſo ſtark auf daſſelbe ein, daß es faſt gänzlich von der See bedecket war; und ein jeder, der nicht davon wollte weg geſchwemmet werden, mußte ſich gut feſt halten, oder gar feſt binden. Nach einer viertelſtündigen Todesgefahr kamen wir mit dem Schiffe herum; und obſchon der Sturm noch heftig anhielt: ſo konnte unſer Schiff, weil es neu war, und nun nach dem Winde zu lag, denſelben doch aushalten. Aber fünfzig Schafe und in die zwanzig Schweine, die wir vom Cap mitgenommen hatten, gingen in dem Sturm alle verloren. Was von ihnen nicht hinweg geſchwemmt war; lag

ent-

entweder todt gestoßen oder ersoffen auf dem Schiffe. Aber von der Equipage kam kein Mensch ums Leben, und unsere Masten erhielten wir auch).

Nach überstandenem Sturm setzten wir unsern Lauf weiter fort, und segelten im Angesicht der zwei unbewohnten Inseln St. Paul und Amsterdam vorbei, hielten den Curs östlich bis wir Neuholland ins Gesicht bekamen; jetzt wendeten wir uns nordwärts und kamen an die Insel Java. Beinahe vierzehn Tage lang segelten wir, mit Passatwinden und bei dem schönsten Wetter, im Gesichte dieser Insel und längst derselben hinauf. Da diese Insel mit Bergen und Thälern häufig abwechselt, mit immerwährendem Grün bedeckt ist, und hier und da die, mit Cocosbäumen umgebene Dörfer und Hütten der Indianer sich an der Küste zeigen und durchschimmern: so gewähret sie den vorüber Segelnden einen ungemein reizenden Anblick. Und es ist leicht zu denken, wie erquicklich dieser Anblick für uns war, die wir in langer Zeit nichts als Himmel und Wasser gesehen, und mit stürmischen Meeren gekämpft hatten, nun aber endlich uns einem sichern Hafen naheten. Am Ende der Insel kamen wir in die Straße Sunda, die zwischen den Inseln Java und Sumatra durchgehet. Hier wurden wir erst von den Javanern bewillkommet, und mit Schildkröten, Cocosnüssen und andern Indianischen

F

Früch=

15. Brief.

Früchten erquickt. Darauf segelten wir fort bis Batavia, wo wir den 3ten Junius 1760, also nach einer 6 monatlichen Fahrt, glücklich anlangten.

Hier ging ich mit dem Capitain ans Land, und hatte Gelegenheit, die Stadt zu besehen. Allein das Land gefiel mir besser als die Stadt; denn es ist nichts Besonderes und Merkwürdiges in derselben, als nur, daß man der Leute von allerhand Nationen beisammen findet. Europäer, Javaner, Chineser, Macasser ꝛc. laufen da durcheinander, aber weder bei dem einen noch dem andern findet man etwas von Gottseligkeit. Die dortige Lebensart ist größtentheils nur ein Gemisch von allen Lastern. Ich hielt mich von allem, was mir auch den geringsten Anlaß zu einem unordentlichen Leben hätte geben können, ganz abgeschieden, und suchte mich, durchs Gebeth und Hinzunahen zu Gott und meinem Erlöser Jesu Christo, durchs fleißige Lesen in der Bibel und Böhms Schriften, in der Gottseligkeit zu befestigen. Hierzu schenkte mir auch der Herr manchen Zufluß seiner Gnade zur Unterstützung. Manche Gebrechen, Fehler und Schwachheiten, ja oft das Gefühl eines Hangs, mich irgend in sündliche Handlungen einzulassen, wozu ich von andern aufgemuntert wurde, versetzten mich in große Furcht und Sorgen, ich möchte von Gott abkommen, und wieder mit in ein sündliches Leben verflochten

15. Brief.

flochten werden. Allein, das Andenken an meinen vorigen Kampf, und an die wunderbare Begnadigung, welche ich darauf erfahren hatte, setzte mich auf einmal wieder in einen solchen festen Zustand, und gab mir aufs neue solche Kräfte, daß ich beschloß, lieber zu sterben, als wieder in eine sündliche That zu willigen *)

Da unser Schiff schon in Amsterdam nach China bestimmt worden war: so ließen wir unsere Soldaten in Batavia; und nachdem die Schiffsladung gelöscht war: so wurden wieder andere Güter, sonderlich viel Pfeffer und Spezereien hineingeladen. Nach drei Wochen segelten wir also von hier ab nach Canton in China, welches noch 500 Meilen weiter als Batavia liegt, und wo wir einen Weg von 4100 Meilen zurück gelegt hatten.

---

16. Brief.

(* Dieses Fest werden des Herzens geschieht freilich durch Gnade allein, es heißt auch: Sehet zu, daß nicht jemand Gottes Gnade versäume.— Hier war sie durch die Treue in der ersten Liebe und durchs Gebeth und Lesen des Worts Gottes, mitten unter den Verführern, benutzt worden. — Daher die Festigkeit des Herzens, das wie die Magnetnadel nicht ruhen kann, bis es seinen Polarstern wieder gefunden hat. Der gebrechliche Wandel und der Mangel an Frieden und Festigkeit des Gemüths so vieler Christen, hat seinen ersten Grund in dem Mangel der Treue und gänzlichen Uebergabe in der ersten Liebe. Anmerk. des Redacteurs.

16. Brief.

Schreckliche Folgen der Wut über einen Diebstahl. — Ankunft in Canton; Wohlfeile daselbst. Des Verfassers Gedanken über die Einführung des Christenthums in China. — Fürchterliches Gewitter. Der Blitz zündet den Mast an. Sie halten sich alle für verloren. Zween Matrosen blieben todt. — Der Brand wird gelöscht, und die Gefahr ist vorüber. Wirkung der Noth auf die rohen, lasterhaften Menschen; ihr Betragen, nachdem sie vorüber war. — Zurückkunft auf dem Cap — und endlich in Holland.

Eine Begebenheit, die sich auf unserm Schiffe zutrug, und schreckliche Folgen hatte, kann ich nicht vorbei gehen.

Der Obersteuermann hat, wenn der Capitain ans Land gegangen ist, in allem das Comando auf dem Schiffe. Wie unser Schiff wieder geladen war, und nun in einigen Tagen unter Segel gehen sollte, ging der Obersteuermann noch für einige Tage ans Land, nach Batavia, ließ aber seinen Bedienten zurück. Dieser sagte zu dem Untersteuermann, der nun (in Abwesenheit des Obersteuermanns) Befehlshaber war: daß ihm sein Herr befohlen hätte, er sollte nachkommen, und ihm noch einige Kleidungsstücke mitbringen. Dieß Vorgeben war aber eine Lüge. Indessen gab ihm der Untersteuermann Erlaubniß, welche der ungetreue Mensch aber dazu benutzte, daß er sich einen Pack zusammen machte, und über drei hundert Spanische Piaster oder Thaler von seines Herrn Gelde

mit

16. Brief.

mit hinein that, mit dem Pack ans Land ging, und sich auf und davon machte. Wie der Obersteuermann wieder aufs Schiff kam, fragte er: wo sein Jan wäre? (dieß war der Name seines Bedienten.) Der Untersteuermann beantwortete seine Frage mit der Gegenfrage: ob er denn nicht bei ihm gewesen wäre? und erzählte ihm zugleich den Hergang der Sache. Der Obersteuermann geht in seine Kammer, und findet; daß sein Jan ihn bestohlen hat. Wütend stürmt er da wieder heraus, und geht gleich wieder ans Land; aber Jan ließ sich nirgend mehr finden. Des andern Tages kam der Capitain wieder an Bord, und den darauf folgenden Tag segelten wir ab. Der Obersteuermann sah wie eine Furie aus. Am zweiten Tage unserer Fahrt lag er schon im heftigsten Fieber, und fantasirte schrecklich. Er rief seinem Jan, schalt auf ihn, sprang auf, griff nach dem Degen und wollte Jan erstechen. Es war ein entsetzlicher Auftritt mit dem Manne! — Am fünften Tage war er in einem so hohen Grade rasend, daß man ihn binden mußte — und in solcher Raserei starb er am siebenten Tage.

Ich sah das alles mit an, und war mehrentheils mit dabei. Es gab mir einen tiefen Eindruck, und ich dachte: Wohin kann doch das Geld den Menschen nicht bringen! — Unser Schiffsarzt starb vierzehn Tage darnach an einem hitzigen

16. Brief.

hitzigen Fieber. Man fand viel Silberwerk und andere Sachen, mit des Obersteuermanns Namen bezeichnet, bei ihm, die er demselben in seiner Krankheit entwendet hatte. So sieht es oft auf Seefahrten aus!

In Zeit von drei Wochen kamen wir, ohne besondern Zufall, zu Canton in China an. Hier hielten wir uns sechs Monate auf. Das Schiff mußte untersucht und überall ausgebessert, die mitgebrachten Güter an die Chineser verkauft, und dagegen wieder Thee, Porzellan, Seide ꝛc. zur Rückladung von ihnen eingekauft werden. In China gefiel es mir gut. Man hat da gute und nahrhafte Lebensmittel, nebst mancherlei Früchten oder Obstwerk in Menge und sehr wohlfeil. Acht Aepfelsinen oder Oranienäpfel konnte ich für einen Stüber kaufen. — Die Thätigkeit und den Fleiß dieser Leute in allen Geschäften, sonderlich im Ackerbau mußte ich bewundern. In die Stadt durften wir nicht kommen, sondern mußten in der Vorstadt bleiben, wo die Holländische, Englische, Dänische, und Schwedische Faktoreien waren! Hier macht es der Zusammenfluß einer großen Menge thätiger und dabei sauber gekleideter Menschen zu Wasser und zu Lande ausserordentlich lebhaft. — Es that meinem Herzen wehe, daß das wahre Christenthum bei den Chinesern noch keine Wurzel gefaßt hatte. Oft wünschte ich, daß es nur einmal dem

Aeußern

16. Brief.

Aeußern nach unter ihnen ausgebreitet wäre; so wäre doch Gelegenheit da, daß die Gnade noch manche zu wahren Christen machen könnte. Ernst, und Anlage zur Religiosität liegt in ihrem Charakter; aber auch viel Falschheit und Betrug: Laster, woraus sie sich eine Ehre machen. Es hat noch gar kein Ansehn dazu, daß das Christenthum bei ihnen Eingang finden werde. Vielleicht möchte der Weg dazu besser gebahnt werden, wenn die aus Europa zu ihnen kommenden Nam-Christen nicht eben so schlecht, wo nicht noch schlechter und lasterhafter als sie selbst, lebten. Vielleicht, weil die Christen ihren Glauben durch Lehr und Leben so sehr verläugnen, und keine Christen mehr seyn wollen; vielleicht verpflanzt der Herr das Licht des Evangeliums einmal zu jenen, weil es diese nicht mehr achten, weil sie es durch den Nebel loser Lehre und Irrthümer verdunkeln, und auslöschen wollen; ja weil so viele es boshaft anfeinden, es muthwillig von sich stoßen, und nichts mehr davon hören noch wissen wollen. — Möchte es doch ohne diesen schrecklichen Verlust geschehen!

Nachdem wir in China unsere Ladung eingenommen hatten, und alles in Ordnung war, gingen wir den 8ten Januar, 1761 wieder unter Segel. Auf der Prinzen-Insel in der Strasse Sunda nahmen wir noch Holz und Wasser ein, und setzten unsern Weg nach dem Vorgebirge der

guten

16. Brief.

guten Hoffnung fort. Wir waren noch einige hundert Meilen davon entfernet, als uns ein schreckliches Gewitter überfiel, wodurch wir alle das Leben zu verlieren fürchteten. Es war Abends gegen 8 Uhr, als dieß fürchterliche Gewitter aufstieg. Es sah aus, als ob die ganze Atmosphä- im Feuer stünde, und die schrecklichsten Blitze und Donnerschläge wechselten mit der dicksten Finsterniß ab. Alles schien, sich bei und um uns zusammen zu ziehen. Der Wind, welcher Anfangs nicht stark dabei wehete, war uns günstig, und wir segelten mit demselben eine gute Strecke fort. Aber, gegen 11 Uhr in der Nacht ward der Wind stärker; alle Segel, auſſer dem Fockſegel wurden fest gemacht; vor demselben segelten wir fort. Um halb zwölf aber wurden Blitz und Donnerschläge so heftig, daß wir alle Augenblicke befürchteten, davon zerschmettert zu werden. Jetzt ward befohlen das Fockſegel fest zu machen. Dazu gehören zwanzig bis dreißig Mann. Wie diese eben auf den Mast und Raa gestiegen und am fest machen waren, fuhr der Blitz-Strahl mit solcher Gewalt und Krachen, auf die Spitze der vordern Stange, und so an dreien Seiten des Fockmastes herunter, daß er auch die, so noch im Schiffe, oder in der Keule waren, danieder warf. — Alles schrie: Wir sind verloren! — Ich stand bei dem Capitain auf dem Halbverdeck, ging aber von ihm hinweg, und setzte mich auf die nächste Kanone. Hier wandte ich mich zu Gott meinem Erlöser,

16. Brief.

Erlöser, und befahl mich ihm in der, wie ich glaubte, letzten Stunde meines Lebens von ganzem Herzen an. Auf dem Schiffe aber schrie alles jämmerlich durch einander. Nachdem aber der Kapitain von seiner Betäubung wieder zu sich selbst gekommen war, und sah, daß der Mast im Brande stund: so rief er durchs Sprachrohr (welches bei starkem Winde allezeit im Commando gebraucht wird): die Brandsprütze! die Brandsprütze! — Sobald wie diese Stimme erschallete, stillete sich das entsetzliche Lamentiren, und jeder, der laufen konnte, eilete nach der Brandsprütze; und in einigen Minuten war sie im Gange. Durch das starke Sprützen und die andern Anstalten zum Löschen, — wobei der, einem Wolkenbruch ähnliche Regen, welcher bei diesem Schlage losbrach, trefflich zu statten kam — gelang es uns, das Feuer völlig zu dämpfen. Wie nun hier die Gefahr vorüber war, so rief der Capitain: Pril die Pompe! *) (Solches geschieht alle Abends um 8 Uhr vom Quartiermeister, und der muß alsdann den Capitain benachrichtigen, wie viel Zoll Wasser im Schiffe sind.) Jetzt ward also geprilt, und gerufen: so und so viel Zoll. Dieß war nicht mehr als Abends um 8 Uhr

---

*) Pril ist ein Maasstab worauf die Zölle gekerbt sind, wodurch auf Schiffen untersucht wird, wie viel Fuß, oder auch Zoll, das Schiff Wasser enthält.

16. Brief.

8 Uhr gewesen war. Nun rief der Capitain: Faßt Muth, Kameraden! es soll noch wohl gut gehen. Er befahl weiter, weil es ganz finster war, die Namen nach der Muster=Rolle aufzurufen, um zu wissen, wie viele todt wären; und es befand sich, daß zwei todt geblieben, viele aber vom Blitze niedergeworfen, und manche starck gelähmt waren.

Die zwei Getödteten waren die bösesten Buben auf dem ganzen Schiffe. Diejenigen, welche des Abends vor acht Uhr noch bei ihnen gesessen hatten, erzählten, daß sie bei dem Rauchen ihrer Pfeife über Gott, Himmel und Hölle gespottet, und alles was heilig ist, gelästert hätten, ja, daß einer den andern in gottlosen Reden noch zu übertreffen gesucht hättte. Um zwölf Uhr waren sie schon durch dieses Gericht hinweg genommen, und in die andere Welt versetzt worden. Merkwürdig war es mir, daß sie zwar beide auf der Fockraa (über der Arbeit das Segel fest zu machen) sich befanden; der eine aber nächst dem Mast, und der andere von dannen noch weit hinaus über dem Wasser war, so daß sie noch acht Mann zwischen sich hatten. Demjenigen, so nächst dem Mast gestanden, hatte der Blitz von hinten zu alle Kleider verbrannt, und ihn herunter geworfen; er hatte durch den Fall noch einen Arm und ein Bein gebrochen. Der andere war zwischen den übrigen herausgeschlagen und ins Meer herab geschleu=

16. Brief.

schleudert worden. — Die Gelähmten erholten sich allgemach wieder. Der Mast war sehr beschädigt, doch wurden Schalen **) darum gelegt, und so ward er wieder so ziemlich brauchbar. — Auf dieses Gewitter folgte noch ein heftiger Sturm, der einige Tage anhielt. Nachdem sich derselbe gelegt hatte, und alles wieder in Ordnung gebracht war, so segelten wir weiter.

Hier hatte ich rechte Gelegenheit, zu bemerken, welche Wirkungen solche Begebenheiten bei dem trotzigen und verzagten menschlichen Herzen hervor bringen; aber ich wurde auch mehr als jemals überzeugt, daß, wenn die Gnade und Liebe Jesu das Herz nicht ändern, alle die scheinbare Besserung, welche die Furcht in schreckbaren Ereignissen erzeugt, gar bald wieder hinweg fällt und zu nichte wird. Vor dem schrecklichen Gewitter und Sturm machte sich unser Schiffvolk meist alle Abende mit Tanzen lustig, wobei denn die schlechtesten und garstigsten Lieder angestimmt wurden. Während den furchtbaren Tagen und noch einige Zeit darnach aber hörte und sah man davon nichts mehr. Alles das entsetzliche Fluchen und Schwören hatte auch ein Ende genommen, und des Abends hörte man sie geistliche Lieder singen. — Man glaubte, in eine ganz andere Region versetzt zu seyn. Aber, dieses war leider! von kurzer Dauer; denn, da wir nach

drei

**) Ausgehölte mastdicke Hölzer, wodurch der Mast wieder Stärke erhält.

drei Wochen an dem Vorgebirge der guten Hoffnung angelangt, und nun außer Gefahr waren, da ging das vorige Leben von neuem wieder an.

Hier mußten wir uns einige Zeit aufhalten, um die letzten aus Indien kommenden Schiffe abzuwarten, damit wir, weil noch Krieg in Europa war, in Einer Flotte nach Hause segeln konnten. Endlich, nachdem die letztern Ostindischen Schiffe, welche die Zahl von zwölfen voll machten, angelangt waren: so traten wir zusammen die Rückreise nach Europa an. Die Reise ging auch ohne weitern Unfall glücklich von statten. Weil es aber noch nicht sicher war, durch den Kanal zu segeln; so fuhren wir um Irland und Schottland gegen Norden um die schetländsche oder auch hitländsche Inseln herum, wo wir Holländische Kriegsschiffe zu finden hoffeten. Wir fanden deren auch wirklich zwei daselbst, die uns erwarteten. — Es war tief im Monat Junius, und der Tag ging gar nicht vom Horizonte weg. Des Nachts um 12 Uhr konnte ich so gut lesen, wie bei hellem Tage. — Wir setzten durch die Nordsee unsere Reise fort, und langten im Anfange des Julius 1761 in Holland wieder an.

---

17 Brief.

17. Brief.

Der Verfasser war auf der ganzen Reise immer gesund. Sein unverrücktes Anhangen an Gott. — Er meldet seinen Aeltern seine Ankunft in Holland, kann sich aber noch nicht entschließen, zu ihnen zu reisen. Er reiset nach Hamburg und Altona. Sein Wunsch, gottselige Menschen, und durch ihre Hülfe Arbeit und Unterhalt zu finden, bleibt unerfüllt. Er geräth darüber in große Verlegenheit, und sieht abermal keinen andern Ausweg, als auf die See zu gehen. — Er meldet seinen Aeltern sein Vorhaben, mit Beifügung seiner Adresse in Amsterdam.

So war nun diese Reise vollendet, und durch Gottes Gnade war ich von dem Vorsatze, ganz meines Erlösers zu seyn, nicht abgebracht worden. Ihm nur allein in Aufrichtigkeit meines Herzens zu dienen, Ihn über alles zu lieben, dieser Endschluß war, durch seinen gnädigen Beistand, fest und unerschütterlich geblieben. Er schenkte mir aber auch hierzu solche Einflüsse seiner Gnade und Liebe, und belebte meinen Muth so kräftig, daß ich lieber hätte sterben wollen, als irgend in eine Sünde willigen. Mit diesen Gesinnungen im Herzen kam ich wieder in Holland an.

Obschon wir viermal die Linie passirt hatten, so war ich doch während der ganzen Reise so gesund gewesen, daß ich mich keiner Stunde erinnern kann, worin mir etwas an der Gesundheit

heit gefehlt hätte. Die Seekrankheit ist jedoch hievon auszunehmen, welche man aber eigentlich keine Krankheit nennen kann. Der gute Gott unterstützte mich in allem, schenkte mir Fähigkeit, daß ich mich überall beliebt machen könnte, ohne mich irgend in eine sündliche oder unanständige Handlung oder Verbindung einzulaßen. Dieß hinderte aber nicht, daß ich nicht viele Schwachheiten, Fehler und Gebrechen in und an mir sah.

Wenn ich meine Abneigung zu erkennen gab, wieder aufs Meer zu gehen: so riethen mir der Capitain und andere Officiers das Gegentheil, und sagten, daß ich ferner diese Lebensart beibehalten müßte, weil ich ein guter Seemann werden, und, als ein solcher, es weit bringen würde. Der Capitain erbot sich, für mich zu sorgen, und mir zu einer guten Stelle zu verhelfen. Allein dieß war meinen Gesinnungen ganz zuwider. Er selbst, der Capitain, hatte sich aber auch so schlecht betragen, daß die, von der Ostindischen Compagnie nach China gesandten Kaufleute ihn, nach ihrer Retour, verklagten, so daß er bei der Compagnie kein Schiff wieder erhielt.

Indessen konnte ich mich doch auch nicht entschließen, wieder zu meinen Aeltern zurück zu kehren, weil ich nicht wußte, ob sie mich in Liebe annehmen, oder wieder auf den vorigen Fuß behandeln würden. Ich nahm mir also vor, gleich nach=

nachdem ich mein Geld von der Compagnie würde erhalten haben, nach Altona bei Hamburg zu reisen. Denn, weil ich gelesen und gehört hatte, daß es daselbst allerlei Religionsverwandten gäbe, so schloß ich, daß darunter auch gottselige Menschen seyn müßten. Es war mir um nichts anders zu thun, als derselben ausfindig zu machen, und dann, Geschäfte zu bekommen, wobei ich meinen Unterhalt verdienen könnte. Viel Geld und Gut in der Welt zu gewinnen, war von meiner Denkungsart weit entfernt. Wenn mich die göttliche Fürsehung nur einmal dieses Glücks gewährete, mir fromme Freunde und ein ruhiges Plätzchen zur Arbeit für mein Auskommen anzuweisen: dann wollte ich alle Kräfte Leibes und der Seele im Dienst und in der Liebe meines Gottes anwenden und verzehren. Mit dieser Angelegenheit, mit diesem Verlangen war ich ganz eingenommen. — Aber, welche sonderbare Wege habe ich noch durchgehen müßen, ehe es dem Herrn gefiel, mir dazu zu verhelfen!

Als ich wieder in Amsterdam angekommen war, schrieb ich an meinen Vater, und meldete ihm: "daß ich eine Reise nach Ostindien gemacht "hätte, und jetzt hier wäre. Ich hoffte, daß Er, "nebst meiner lieben Mutter und Geschwistern, "sich noch alle wohl befänden. Dieses einmal "zu vernehmen, würde mir herzlich angenehm "seyn; ich könnte aber Ihre Antwort in Amster-
"dam

"dam nicht abwarten, weil ich entschlossen wäre,
"eine Reise nach Hamburg zu thun. So bald ich
"einen sichern Ort des Aufenthalts hätte, wo ich
"eine Antwort abwarten könnte, wollte ich ihm
"wieder schreiben, und dann hoffte ich, ihr sämmt-
"liches Wohlergehen zu vernehmen u. s. w.

Nachdem ich mein Geld von der Ostindischen Compagnie erhalten hatte, reisete ich mit einem Hamburger Schiffe nach Altona. Hier bemühete ich mich gleich, gottselige Menschen zu entdecken, und Arbeit zu meinem Unterhalt zu finden. Ich ging in die Menonitische und einige andere Versammlungen, fand aber niemand, mit dem ich mich über die Gottseligkeit, nach meinem Gefühl und Erkenntniß, hätte unterhalten und mich vertraulich einlaßen können. Die Meynungen, wodurch sich die einen von den andern unterschieben, hatten nichts als äußere Form, und zu sehr den Stämpel der Parteilichkeit, als daß ich mich damit aufhalten konnte.

Weil ich die Prediger in meinem Vaterlande so gut kannte, und das nicht bei ihnen gefunden hatte, was ich für ächte Gottseligkeit hielt; auch unser Prediger besonders, viel zu meinen widrigen Schicksalen beigetragen hatte: so suchte ich auch die Freunde für mein Herz nirgend, weder bei den Predigern noch der kirchlichen Partei; sondern ich glaubte, nach Entweichung aus meinem

nem väterlichen Hause, sie allein (wie in meinem Vaterlande) bei denen zu finden, welche man für Sectirer hielt, mit welchem Namen ich auch selbst immer belegt wurde. Da ich nun theils gehöret, theils gelesen hatte, daß sich dergleichen Leute viel in Altona aufhielten: so war dieß der Beweggrund, daß ich dahin reisete. Gott ließ es aber, nach seiner Weisheit, nicht zu, daß ich jemand antraf, mit dem ich in Gemeinschaft gekommen wäre. In der Folge, nachdem ich mehr inneres Licht in den Wegen der Gottseligkeit erlangt hatte, erkannte ich auch mit Ueberzeugung, daß es eine Bewahrung Gottes für mich gewesen war, in keine Partei eingeflochten zu seyn. Hätte ich in meiner damaligen Gemüthsfassung fromme, mit mir harmonirende Freunde angetroffen, die sich irgend zu einer besondern Partei gehalten, oder eine neue errichtet hätten: ich würde mit Freuden mich zu ihnen gesellet, und alles angenommen haben; und so wäre ich vielleicht verstricket, und des Guten verlustig geworden, wozu mich mein Erlöser bestimmt hatte.

Vergebens suchte ich also gottselige Menschen; auch konnte ich keine Geschäffte finden, welche Mühe ich mir auch deßwegen gab. Mein Kämpfen und Ringen mit der Fürsehung, um mir zu helfen, stieg aufs höchste. Indessen war keine Hülfe noch Rettung zu sehen noch zu finden. Große Noth und Kampf wechselten mit einer schwachen

schwachen Hoffnung in mir ab. Endlich ergab ich mich in Alles, was nur dem Herrn gefallen möchte mit mir zu machen. — Ich hatte ein theures Logis, wo ich viel Geld verzehrte, und hatte mich schon eine geraume Zeit allhier aufgehalten. Mein Geld fing an, so beizugehen, daß ich mich wieder wegbegeben oder in Schulden stecken mußte, und so hätte ich zuletzt als ein Betrüger weglaufen müßen. In diesem kümmerlichen, rathlosen Zustande fragte ich mich selbst: Was soll ich nun anfangen? — Mich an meinen Vater zu wenden, ihn um Geld zu bitten, um zu ihm nach Hause zu reisen, war mir härter als der Tod; denn, ich dorfte anders nicht erwarten, als, aufs gelindeste genommen, öftere Vorwürfe über mein Weggehen, und vielleicht das vormalige drückende Joch des Gewissenszwanges. Diesen Schritt konnte ich also unmöglich thun; nicht nur die Furcht vor Zwang, sondern auch mein Ehrgeiz hielten mich davon ab. — Was blieb mir also anders übrig, als nach Amsterdam zurück zu reisen, und wieder Dienste auf einem Ostindischen Schiffe zu nehmen? Alle andere Wege zu meinem Unterhalte waren nun einmal für mich verschlossen. Ich entschloß mich also gezwungener Weise hiezu, verkaufte einige Sachen, um meine Schulden zu bezahlen, und es blieb mir noch so viel übrig, daß ich nach Amsterdam reisen konnte.

Ich

17. Brief.

Ich kam daselbst an, als die letzte Mannschaft auf die Ostindische Schiffe angenommen ward, und nahm gleich wieder Dienste. — In ein Paar Jahren, dacht' ich, bist du, so Gott will! wieder hier, und hast dann so viel Geld verdient, daß du mit Ehren wieder nach Hause reisen kannst.

Jetzt schrieb ich nochmal an meinen Vater, und berichtete ihm: "daß ich zwar von Hamburg "wieder zurück gekommen wäre, aber auch schon "wieder Dienste nach Ostindien genommen hätte; "und in einigen Tagen würde ich schon nach dem "Texel abgehen. Er möchte mir doch die Liebe "beweisen, und mir schreiben, wie sie sich noch al- "le befänden. Den Brief könnte er an mein Lo- "gis (das ich ihm bekannt machte) adreßiren, so "würd' ich ihn unfehlbar im Texel erhalten."

Wenn ich bei meinem vorigen Capitain wieder hätte angestellt werden können, so wäre das ein Glück für mich gewesen; allein, derselbe konnte kein Schiff wieder erhalten. Da ich nun mit andern Capiteins nicht bekannt war: so mußte ich es mir gefallen laßen, in meiner nunmehrigen Condition gleich andern Seemannsgeschäfte zu thun. An Fertigkeit, Vermögen und Kräften fehlte es mir dazu auch wohl nicht. Aber die wilde Lebensart, die erschreckliche Ausgelassenheit in allen Lastern, derjenigen, unter welchen ich nun leben sollte, war eine wahre Hölle für mein Gemüth, das ganz vor und für Gott zu leben wünschte. — Doch, der gute Gott hat mir durch alles durchgeholfen, und in allem beigestanden.

18. Brief.

Der Verfasser schiffet sich im Texel ein, um mit nach Bengalen zu fahren. Vor der Abfahrt erhält er ein Packet Briefe von Haus, voll der zärtlichsten Gesinnungen gegen ihn. Dieß macht seinem Herzen viel zu schaffen, erregt aufs neue seine ganze Liebe gegen die Seinigen. — Herrschende Fieberkrankheit und häufiges Sterben auf dem Schiffe. Krankheit und Wiedergenesung des Verfassers.

Du wirst bir's also, wenn du meine fernere Geschichte wissen willst, nochmal müßen gefallen laßen, mit mir nach Ostindien zu reisen; doch du kannst froh seyn, daß du nur auf dem Papier und in Gedanken reisest; auf dem Schiffe würde es nicht so gemächlich abgelaufen seyn: denn, es war eine harte und äußerst beschwerliche Reise für mich; eine Reise, wobei ich oft mein Grab im Meer zu finden glaubte. Allen, es hat der Güte und Liebe meines Gottes gefallen, mich nicht in der Hälfte meiner Tage wegzunehmen. Nein! erhalten wollte er mich, und seine Macht, Gnade und Liebe noch mehr und wesentlicher an mir offenbaren. Auch hiefür sey Dir, mein göttlicher Erlöser! noch jetzt gedankt! Aufs neue

sey

18. Brief.

sey dir mein Alles zum Dankopfer dafür hingegeben!

Gegen das Ende des Octobers 1761 ging ich nach dem Texel, auf ein gutes, ganz neues Schiff, das nach Bengalen bestimmt war. In Amsterdam hatte ich noch erst mit einigen Deutschen, die mit zu unserm Schiffe gehörten, Bekanntschaft gemacht. Sie hatten theils auf Kriegs-theils auf Kauffardeyschiffen schon gedient. Wir machten unser acht zusammen Freundschaft, um an Einem Back (so nennt man die Gesellschaft zu einem Tische) mit einander zu speisen, und einer dem andern, wo es nöthig wäre Hülfe zu leisten. Sie waren zum Theil Hessen von Geburt, und wir sahen uns deßwegen als Landsleute an. Uebrigens aber waren sie alle schon durchs Seeleben verderbte, und allen Lastern ergebene Menschen; deßwegen konnte ich im eigentlichen Verstande keine Freundschaft mit ihnen machen. Doch mußte ich so eine Art gesellschaftlicher Feyunde haben, die mir im Nothfalle Handreichung thäten.

Als ich ungefähr 14 Tage auf dem Schiffe gewesen war, wurde mir ein ganz Packet Briefe aus meinem Logis zugesandt. Ich fand unterschiedliche Briefe aus meinem Vaterlande darinnen. Einer war von meinem Vater, der mir meldete: "daß es ihm leid wäre, mich so behan-"delt zu haben; daß er aber nicht wohl anders "hätte

18. Brief.

"hätte thun können; denn weil er mich für einen
"verführten Sohn habe ansehen müßen, so hätte
"er es, als Vater für seine Pflicht gehalten,
"mich, entweder durch Güte oder mit Gewalt von
"meiner Meinung abzubringen. Das Büchlein
"(von J. Böhm) hätte er bewahrt; und wenns
"der Herr fügte, daß ich einmal wieder zu ihm
"käme, dann wollte ers mir wieder geben. Daß
"aber die liebe Mutter die zwei Jahre über, um
"meinetwillen mehrentheils krank gewesen wäre;
"kein Doctor hätte ihr helfen können. Sie wäre
"aber über die erste Nachricht, daß ich noch leb-
"te, so aufgemuntert worden, daß sie jetzt schon
"wieder ziemlich gesund sey. Uebrigens wären
"sie noch alle wohl, und hätten sehr gewünscht,
"daß ich wieder zu ihnen gekommen wäre, und
"hofften, daß mich der Herr erhalten, und end-
"lich wieder zu ihnen führen würde".

Dieser, und die übrigen Briefe machten einen solchen Eindruck auf mich, daß ich wie zermalmt war, und fast darunter erlegen wäre. Endlich nahm ich die Briefe, wickelte sie zusammen,
legte sie unten in die Kiste, und dachte: hier darfst
du dich nicht einlaßen, da mußt du dich ganz
von abwenden, sonst bist du des Todes. Vertraue nur ganz auf Gott, habe Muth auf Ihn:
so kann und wird alles gut gehen. — Nun beruhigte ich mich, und suchte alles zu vergessen. Indessen, weil ich jetzt sah und fühlte, daß mich mei-

ne

ne Aeltern und Geschwister wieder liebten, so fühlte ich auch herzliche Gegenliebe zu ihnen.

Unsere Schiffsmannschaft bestand gröſſeſten Theils aus Soldaten, welche, weil Krieg mit dem Könige von Candy war, nach Colombo in Ceylon beſtimmt waren, deßwegen das Schiff, ehe es nach Bengalen gieng, daſelbſt anlegen ſolte. Dieſe waren mehreſt Ausreißer von den Kriegführenden Mächten in Deutſchland. Die gantze Equipage belief ſich auf 300 Mann, worunter ſich nur in die 90 Matroſen befanden, welches, für ein ſolches Schiff zu wenig iſt. Weil die Soldaten das Seeleben nicht gewohnt waren, ſo brachen ſchon im Texel heftige Kranckheiten auf dem Schiff aus. Bey meiner vorigen Reiſe waren nur, auf der gantzen Reiſe, zwey und zwanzig geſtorben; aber jetzt ſahe es weit anders aus. Im Texel hatten wir ſchon öfters drey bis vier Todte auf einen Tag.

Wir hatten ſchon lange auf Oſtwind gehofft, der ſich aber erſt den 13ten December einſtellte, und des folgenden Tages gingen wir auch ſchon unter Segel. Im Kanal lief der Wind wieder ins Weſten, und die Kälte ward ſo heftig, daß vielen Soldaten die Füße ſo ſehr erfrohren, daß ihnen hernach die mehreſten Zehen abfielen. Auch riſſen die Krankheiten ſo ſtark ein, daß es Tage gab, woran wir ſieben Todte ins Meer warfen. — Wir mußten laviren, um aus dem Kanal

nal das offene Meer zu gewinnen; allein, der Wind war uns so entgegen, daß wir gar nicht fördern konnten.

Eines Morgens fühlte ich mich nicht recht wohl, hielt mich aber noch bis des Nachmittags auf dem Verdecke. Nun konnte ich's aber nicht länger aushalten, und mußte mich legen. Dieß war eigentlich die erste Krankheit in meinem Leben, wozu, wie ich glaube, auch die, aus meinem Vaterland erhaltenen Briefe, das Ihrige mögen beigetragen haben. Ich hatte eine starke Verkältung, aber auch das auf dem Schiffe graffirende bösartige Fieber bekommen. Meiner Gesellschafter lagen schon vier krank, und meine Krankheit stieg so heftig, daß ich mir des andern Tages selbst kaum mehr helfen konnte; und, weil so eine Menge Kranke waren, so hatte man wenig Unterstützung und der Arzt nebst seinen Gehülfen konnte sie kaum alle bedienen. — Am siebenten Tage gegen Abend stieg meine Krankheit auf einen so hohen Grad, daß ich dachte: Nun wirst du bald in eine bessere Welt übergehen! Ich empfahl mich also meinem Erlöser von ganzem Herzen, und daß er es mit mir machen möchte, wie es für mich am besten wäre. Je weiter es in die Nacht kam, je höher stieg meine Krankheit. Um Mitternacht war ich mir meiner nicht mehr bewußt. Man hat hier niemand der sich nach einem umsiehet, und hülfreiche Hand leistet.

leistet. Meine drei Gesellschafter, welche noch gesund waren, mußten fast immer auf dem Verdeck bleiben. — Ich war in der Zeit, wie meine Krankheit so heftig, und ich mir ganz unbewußt war aus meiner Hangmatte *) gefallen, und fand mich des Morgens, wie ich wieder zu mir selbst kam, eine Strecke davon ab, zwischen zwei Kisten liegen. Ich fühlte, daß meine Krankheit gebrochen war, und bat einen, der eben in der Nähe war, mir wieder in meine Hangmatte zu verhelfen, welches er that. Meine Besserung nahm so zu, daß ich mir bald wieder selbst in etwa helfen konnte.

19. Brief.

Beschwerliche Fahrt. Das Schiff läuft in den Hafen von Portsmuth ein. — Fortwährendes Sterben. — Lasterhafte und schamlose Lebensart der Matrosen: des Verfassers Abscheu, und Betrachtungen darüber. Nach einer äußerst mühseligen Fahrt kommen sie auf dem Cap an. — Erneuerte Uebergabe an Gott. — Fortsetzung der Reise nach Bengalen; Ankunft an dem Gangesflusse. Achtung des Capitains und der Officiere gegen den Verfasser. Seine einsamen Spaziergänge und Unterhaltungen mit Gott. Er bekommt das kalte Fieber. Reise nach Nagopatnam. Das Fieber hält noch an.

Nachdem wir über vierzehn Tage gegen Wind und Sturm gekämpft hatten, und sahen, daß wir mit

*) Ein Tuch worin man hangend schläft.

19. Brief.

mit dem Winde in der großen Kälte die See nicht erreichen konnten: so liefen wir in den Hafen von Portsmouth ein. Ich fing nun schon an, wieder herum zu gehen, und konnte meinen kranken Gesellschaftern bereits einige Handreichung thun. Zwey von ihnen starben, die andern zwey aber wurden mit mir wieder gesund. Es sah auf dem Schiffe überall ganz traurig und erbärmlich aus; und weil so viel Todten ans Land gebracht wurden, so entstand daher das Gerücht, wir hätten die Pest auf unserm Schiffe. Einige Englische Aerzte kamen nun, zu untersuchen, was das wohl für eine Krankheit sey, welche so viele Menschen wegraffte: und sie fanden, daß es ein bösartiges Fieber wäre, welches die Soldaten, die aus Deutschland von den Armeen entlaufen waren, aller Wahrscheinlichkeit nach, in ihrem Körper mitgebracht hätten. Die Gesunden vergaßen ihres ausgestandenen Elendes gar bald wieder. Nachdem wir einige Tage hier gewesen waren, kamen zwei Boote mit etwa 50 Englischen Weibsleuten von der schlechtesten Gattung, bei uns an, und fragten, ob wir keine Weiber nöthig hätten? — Viele suchten sich aus diesem Haufen eine aus, und verliederlichten ihren Genivre (Brantwein), Tabak und andere nöthigen Stücke, die ihnen auf der Reise unentbehrlich waren, mit diesen elenden Menschen, die alles mit sich hinwegschleppten. — Alle Scham ist hier verbannt! Die Ausgelaßenheit war ohne Gränzen;

19. Brief.

Gränzen, und die schändlichsten Laster wurden hier, vor aller Augen öffentlich getrieben! Das Herz blutet einem, bei dem Anblick der so tiefen Gesunkenheit des Menschen von seiner anerschaffenen Würde. Zur Gottähnlichkeit war er bestimmt, und er sank noch **unter das Thier** herab!

Es war mir unbegreiflich, wie sich jemand mit dergleichen Weibsleuten noch abgeben konnte. Alles Gefühl für ächte Liebe muß bei solchen Menschen ganz erloschen seyn. — Mir däucht wenigstens, daß — wenn mir auch die Gottseligkeit nicht einen so großen Abscheu vor dergleichen Lastern eingeflößt hätte — ich doch selbst durch die edele Empfindung von der Liebe, welche mir von Jugend auf ins Herz gedrückt war, vor dergleichen Lastern würde bewahrt geblieben seyn. Allein, was ist der Mensch ohne Gnade! Wer darf ohne sie, auch für den ehrbarsten gut stehen! — Er liegt im Verderben, und sein ganzes Herz steht den Eindrücken der Versuchung bloß, und den Verführungen zum Laster offen, und wird leicht zu allem Bösen hingerissen. Kräfte von einem höhern Wesen können ihn nur davon abhalten, und zum Ueberwinder der Lüste machen.

Die Folgen solcher Laster sind erschrecklich! Sie werden schon in diesem Leben hart bestraft; wovon wir auch auf unserm Schiffe die traurigste Erfahrung hatten. Die allerabscheulichsten Krankheiten brachen hernach im höchsten Grade aus,

aus, und wurden alle öffentlich geheilet. Bei den größten Schmerzen in solchen Krankheiten, werden die, so unter der Cur sind, nur ausgelacht und bei ihrem Geschrei, Winseln und Wehklagen nur verspottet. — In Indien ist ein solches Lasterleben noch mehr im Schwange, und die mehresten verlieren Gesundheit und Kräfte, ja sehr oft das Leben dabei.

Im Januar 1762, nachdem schon eine Menge gestorben, und noch viele krank waren, segelten wir mit gutem Winde, wieder von Portsmouth ab. Unsere Reise ging aber sehr langsam. Viele Menschen raffte der Tod noch hinweg, guter Wind fehlte uns die mehreste Zeit, unser Proviant nahm sehr ab, und die Austheilung desselben ward immer sparsamer. Nun kam der Scharbock noch dazu, wovon viele unter uns sehr stark angegriffen wurden. Ja, die Menge der Kranken nahm so zu, daß endlich nicht mehr so viel Gesunde übrig waren, um das Schiff zu regieren. Der Scharbock griff zuletzt auch mich an; aber, ich zwang mich, und hielt mich oben, weil ich wußte, daß, wenn ich mich begäbe und unten bliebe, so daß ich keine Bewegung mehr hätte, — ich dann des Todes seyn würde. Ich machte mich deßwegen immer mit aufs Verdeck, und half so viel arbeiten, als es nur meine Kräfte zulaßen wollten. — Es sahe nun so traurig bei uns aus, daß sehr wenige die Hoffnung hatten,

je

19. Brief.

je wieder Land zu sehen. Doch, es gefiel der göttlichen Fürsehung, uns nicht alle umkommen zu laßen. Wir bekamen nun recht guten Wind, und gelangten endlich so weit, daß wir das Vorgebirge der guten Hoffnung erblickten.

Was ein solcher Anblick für Menschen, die in einer so äußerst jämmerlichen Lage sind, wie wir waren, für einen Eindruck und für Empfindungen macht, und was dabei vorgeht: das kann sich niemand gantz vorstellen, der nicht selbst mit in einer solchen Lage gewesen ist. — Wie eines Morgens mit Anbruch des Tages, Land! Land! geruffen wurde, da war es uns ungefähr so, als es einem Missethäter seyn muß, dem auf dem Gerichtsplatz Pardon! zugeruffen wird. Wer nur noch kriegen konnte, kroch aufs Verdeck, um seine Augen an dem süssen Anblick des Landes zu weiden. — Des folgenden Tages segelten wir in die Falsbay, weil wir, wegen der stürmischen Jahreszeit, nicht in der Tafelbay einlaufen durften. — Wir waren über fünf Monate lang auf der Reise gewesen. Etliche und achtzig Kranken gingen hier ins Hospital; hundert und acht hatten wir verlohren, worunter einige zwanzig Engländer gehören, die uns die Engländer in Portsmouth abnahmen; die übrigen waren gestorben, wovon sich einige aus Verzweiflung ins Meer gestürzt hatten, und ertrunken waren. Vier

meiner

ner Gesellschafter waren unter den Todten, und zween davon gingen hier ins Hospital. Diejenigen, welche noch auf den Beinen waren, blieben alle auf dem Schiffe, und durch die frischen Lebensmittel wurden wir in Kurzem alle wieder hergestellt. — Mit gerührtem und gebeugtem Herzen dankte ich der Güte und Liebe meines Erlösers, daß er mich, bei allen um mich her schwebenden Gefahren, beschützet, und mich bis hieher erhalten hatte; und nahm mir einen heiligen Vorsatz, Ihm in allem ferner getreu zu bleiben; Ihn nur allein die ganze Zeit meines Lebens zu lieben und Ihm allein zu dienen.

Es währete nicht lange, so erholten wir uns dergestalt wieder, daß wir meist alle Kräfte wieder erhielten. Von einem Schiffe, das in einer dreimonatlichen Frist von Middelburg hier angekommen war, und das wenig gelitten hatte, empfingen wir so viel Mannschaft, daß wir unsere Reise fortsetzen konnten. Nachdem wir uns also genugsam erholt und hinlänglich proviantirt hatten, so segelten wir weiter.

Unsere Route ging nun zwischen Madagaskar und Afrika und den Kanal Mosambique hindurch ins Indische Meer, und ferner auf die Küste Malabar zu. Zuerst kamen wir nach Cochin, wo wir uns acht Tage aufhielten, und dann nach Tuticorin segelten. Nach Colombo in Ceylon durften wir, wegen der stürmischen Jahreszeit,

19. Brief.

zeit, nicht kommen; deswegen gaben wir hier die Soldaten ab, welche in Fahrzeugen nach Colombo gebracht wurden, setzten unsere Reise nach Bengalen fort, und kamen endlich auf dem Gangesflusse glücklich an.

Hier hielt ich mich die mehreste Zeit auf dem Lande in der Faktorei auf. Denn, da meine gute Aufführung und meine Kenntnisse in manchen Dingen mir bei dem Capitain und allen Offiziers Achtung und Zutrauen erworben hatte, so wurde mir vieles anvertraut; um desto mehr, da sie hier sehr wenigen trauen konnten. Viele von unsern Leuten gingen zu den Engländern, viele auch zu einer Caravane über, die sich oben am Ganges befand, und zu Lande über Delhy, durch Indien und Persien nach der Türkei gehen wollte, und Leute zu ihrer Bedeckung anwarb. Ich fühlte zwar auch oft eine Neigung, diese Reise zu Lande mit den Armeniern zu machen, um auf diese Art desto eher wieder in mein Vaterland zu kommen; allein, weil ich einmal der Compagnie Treue geschworen hatte, so ließ mir's meine Gewissenhaftigkeit nicht zu.

Jetzt hatte ich Gelegenheit, die Indische Lebensart und Gebräuche ziemlich genau kennen zu lernen, weil ich meistens mit Indianern umgehen mußte. Am liebsten aber ging ich in stille und einsame Oerter, um mich mit dem zu unterhalten, den meine Seele liebte. Oft wünschte ich, und bat Gott flehentlich, mir Gelegenheit zu verschaffen, wieder in mein Vaterland zu kommen; da wollte ich Ihm dann mein ganzes Leben widmen. Allein, auf eine solche Gelegenheit durfte ich hier nicht hoffen, es sey denn, daß ich zu den Engländern hätte übergehen wollen; welches mir aber, wie gesagt, mein Gewissen nicht verstattete.

Wie ich schon über fünf Monate hier gewesen war, mußte ich von Hugly mit einem Fahrzeuge (welches Güter geladen hatte, deren Aufsicht mir anvertrauet wurde) nach unserm Schiffe abgehen, das über dreißig Meilen von dannen entfernt lag. Das Fahrzeug hatte kein Obdach; und weil es die Nacht durch Gewitter gab, und ich davon naß ward; so bekam ich das kalte Fieber. Ich hielt mich noch einige Zeit dabei empor, aber endlich mußte ich mich ins Hospital begeben, worin sehr gute Aufwartung und Pflege war. Der Arzt war ein Hesse, und, wie ich meyne, aus Marburg: ein sehr menschenfreundlicher Mann, der alles Mögliche that, weil ich ihm vom Capitain sehr empfohlen war. Aber, mein Fieber war hartnäckig und wollte sich so bald nicht überwinden laßen. Sonderlich krank war ich nicht dabei. Wenn ich die freien Tage hatte, konnte ich dabei herumgehen. Endlich ließ das kalte Fieber nach, aber ganz gesund fühlte ich mich noch nicht.

Nach einem sechsmonatlichen Aufenthalt in Bengalen, und da alles wieder in segelfertigem Stande war,

19. Brief.

war, ließ mir mir der Capitain sagen, daß, wenn es nur möglich wäre, ich wieder an Bord kommen möchte. Der Arzt sagte mir, daß ich des Fiebers noch nicht ganz los wäre, und er fürchtete, es würde auf der See wieder aufs neue ausbrechen. Der Capitain aber wollte mich nicht zurücklaßen, und ließ mir nochmals sagen, ich möchte, wenn ich nur halb könnte, wieder aufs Schiff kommen. Ich entschloß mich also, wieder an Bord zu gehen. Die Aussage des Arztes ward aber leider! allzuwahr. Nach einigen Tagen führen wir den Ganges hinab in die See, und legten erst zu Bimilipatan an, wo viel Indische Leinwand gemacht wird? Hier bekam ich schon das Fieber wieder, welches ein dreitägiges war. Acht Tage hielten wir uns hier auf, und segelten dann nach Nagopatnan, oder Nagapatnam, wie es andere schreiben. Hier blieben wir vier Wochen, wovon ich die meiste Zeit am Lande zubrachte. Allein mein dreitägiges Fieber hielt noch immer an. Wann ich die guten Tage hatte, konnte ich so stark essen, wie der gesündeste Mensch; dabei aber nahm ich täglich an Kräften ab, und sah sehr elend aus; konnte aber allezeit dabei herumgehen.

20. Brief.

20. Brief.

Beschreibung einer Hindostanischen Prozession, oder eines feierlichen Umgangs der Braminen mit ihrem Gözen. — Des Verfassers Gedanken und Bemerkungen dabei.

In Nagopatnan hatte ich Gelegenheit, den religiösen Gebräuchen der Hindostaner oder Bramanen (Braminen) in etwa beizuwohnen. In Bengalen hatte ich zwar ihrer Gebräuche und Ceremonien viel gesehen; aber keinen von solchen, die hier vorgingen beigewohnet. Es war hier eben die Zeit, daß sie ihre Gottheiten oder Gözen in Prozession herum trugen. Des Abends, wann es ganz finster geworden war, kamen sie damit aus einer Pagode (Tempel) gezogen. Nahe bei die Pagode darf niemand kommen, der nicht von ihrer Religion ist. Wie sie eine Strecke von der Pagode waren, kamen sie uns vorbei, und, so viel ich noch davon im Gedächtniß behalten habe, gingen sie in folgender Ordnung:

Erst eine Menge in Reihe und Glied gehende Hindostaner; 2) Musikanten mit Indischer Musik und Posaunen; 3) ein zahlreicher Trupp junger Weibspersonen, sehr kostbar in Seide und Ziz gekleidet; die Armen bis an die Ellenbogen, und die Beine bis an die Waden bloß, welche unbedeckten Oerter mit silbernen und goldenen, in Steine gefaßten Ringen wie überzogen waren. In dem Nasenknorpel war auch ein kostbarer Ring,

der

20. Brief.

der über den Mund herab hing. 4) Unmittelbar vor dem Gözen ein Trupp Männer, vermuthlich Priester oder Bramanen; 5) der Göze selbst, in Mannsgröße mit einem gelben Angesichte (das vermuthlich von Gold war) von verschiedenen Männern in einem Thurm-ähnlichen Gerüste von Bambusrohr *) getragen; welcher Thurm etwa dreißig Fuß hoch, ungefähr acht Fuß dick, und rund um mit Ziz überzogen war; ausgenommen vorn, wo eine Oeffnung war, durch welche man in den Thurm hinein, und den Gözen inwendig auf einem Throne sitzen sah. Vor ihm, auch bei dem Trupp der Frauenspersonen, war alles stark mit Fackeln erleuchtet. Hinter demselben gingen noch eine Menge Hindostaner durch einander.

Oft hielten sie stille, dann fing die Musik an, und die Weibsleute tanzten mit solchen Sprüngen und Wendungen als ob sie närrisch wären. Nachdem dieses eine Weile gedauert hätte, so sezte sich die Procession wieder in Bewegung, und strichen auf diese Art die Stadt durch, bis man wieder nahe an eine Pagode kam; dann riefen sie: bo! bo! — welches bedeutete, daß niemand, der nicht zu ihnen gehörete, einen Schritt weiter gehen durfte. —

Ich

*) Dieß Indianische Holz ist inwendig hohl und darum sehr leicht. Wenns so dick ist wie ein Mannsbein, so hats oft über dreißig Fuß Höhe.

20. Brief.

Ich wagte einige Nächte daran, um diese Feierlichkeiten recht durchzusehen. Doch mit der Nacht waren sie noch nicht geendiget. Des Morgens um 6 Uhr fand man dieses Thurmgerüste auf einem ungeheuer grossen Wagen, doch ohne den Götzen; an seiner Statt saß aber das Frauenzimmer mit ihrem vornehmsten Putze darin, welche den vorigen Abend so gejauchzt und so wunderliche Sprünge gemacht hatten. Oben in demselben saßen die Musikanten, welche mit ihren Posaunen beständig lang anhaltende Töne blasen. Einige hundert Hindostaner ziehen den Wagen an einem daran befestigten armdicken Seile fort; und so geht der Zug wieder durch die Stadt. Bei Autoren, die sich lange Zeit in dem Innern dieser Länder aufgehalten haben, hab ich gelesen, daß oft ein fanatischer Indianer, um seine Sünden zu büßen, sich vor das Rad des Wagens niederlegt, und sich also jämmerlich zerquetschen läßt.

Ich könnte dir noch von manchen Auftritten und Begebenheiten, wovon ich in diesen Ländern Zeuge gewesen bin, erzählen. — Allein, es ist dem Zwecke meiner Lebensbeschreibung nicht gemäß, mich über die Sitten und Gebräuche der Länder weitläuftig auszulaßen; besonders, da solche Leser, die daran einen Gefallen haben, für ihre Wißgierde bei vielen, sonderlich Englischen, Autoren, hierüber hinlängliche Befriedigung

gung finden können. — Obiges konnte ich aber nicht gut vorbei gehen, weil es religiöse Gebräuche betraf, die mir zu manchen Anmerkungen Anlaß gaben. Eine will ich hier mittheilen.

Aus meiner Geschichte in meinem Vaterlande ist bekannt, daß ich sehr hart war behandelt worden, und daß der Prediger in unserm Orte selbst viel Schuld daran war. Weil ich nun auch die meisten Prediger unsers Landes kannte, und wußte, daß ich bei ihnen dasjenige nicht fand, was in meinen Augen ächte Gottseligkeit war: so machte mich diese Betrachtung, nebst dem Zwange, in die Kirchen zu gehen — wo ich nur Schimpfen und Lästern über die Frommen hörete — und die harte Behandlung meines Vaters endlich zu einem strengen Separatisten. — Als ich aber die elenden und albernen Religionsgebräuche der Hindostaner, Chineser und anderer mehr, eingesehen hatte; so söhnte mich dieses mit der äußern Christlichen Kirche so ziemlich wieder aus. Ich ward überzeugt, daß, wie gebrechlich es auch darin aussähe, und wie schlecht sich auch ihre Lehrer hie und da betrügen — sie dennoch vor allen Religionsverfassungen in der Welt, die größesten Vorzüge hätte. Deßwegen sollte man es billig als eine große Wohlthat Gottes erkennen, daß er sie dem Aeußern nach noch erhielte. Und, wenn auch die Prediger selbst die Lehren des Christenthums nicht ausübten: so müßten sie doch

diesel-

dieselben vortragen; woburch doch mancher Mensch, vermittelst der mitwirkenden Gnade, noch oft zum Nachdenken gebracht, und zur wahren Gottseligkeit zubereitet würde. — Wenn ich nicht das Glück gehabt hätte, in der Christlichen Kirche erzogen und unterrichtet zu werden, so würde ich ohne Zweifel keine bessern Begriffe von der Religion haben, als diese Hindostaner ꝛc.— Wie ich nachher, durch mehrere Erfahrungen, in meinem Urtheil über die Nothwendigkeit eines äußern Gottesdienstes bestärket ward: so verließ ich meinen Separatismus, hielt mich zur Kirche, und bin auch, wie aus dem Verfolge dieser Geschichte erhellen wird, bis auf heutige Stunde dabei geblieben.

21. Brief.

Reise nach Trinconemale auf der Insel Ceylon. Des Verfassers endliche Genesung vom kalten Fieber, durch den Gebrauch einer Wasserquelle und der Cocosnüsse. — Er hat das Zutrauen und die Hochachtung aller die mit ihm umgehen. — Beschreibung, wie durch zahme Elephanten die wilden gezähmt werden. — Des Verfassers einsame Wanderungen und Sehnsucht nach Gott. Fahrt nach Batavia und Ankunft daselbst.

Von Nagopatan segelten wir nach Trinconemale auf Ceylon. Weil der Krieg mit dem Könige von Candy noch immer anhielt; so hatten wir von Bengalen aus viel Lebensmittel, besonders Reis, für die Truppen mitgebracht, welche acht Stunden von diesem Orte in einem Lager standen. Mein Fieber hielt noch immer an, und ich ward täglich elender und schwächer. Unser Doctor sagte, daß auf dem Schiffe keine Hülfe mehr für mich wäre. Ich hätte bereits alle darauf befindliche China eingenommen. Es sey aber eine Quelle, einige Meilen tief in der Bai, und er wollte mit dem Capitain sprechen, daß er Anstalt machen möchte, mich dahin zu bringen. Er glaubte, daß der Gebrauch dieser Quelle das einzige Mittel zu meiner Genesung, ausserdem aber alle Hoffnung dazu verloren wäre. Er hielt Wort, und der Capitain sandte mich mit dem Boot dahin, und gab mir zwei Gesunde zur Gesellschaft mit, auf daß ich in der Wildniß nicht allein in Gefahr wäre. Das Boot nahm viel Wasserfässer mit, deren mehrere von diesem Wasser gefüllt, und für den Capitain mit zurück genommen wurden. Acht dieser Fässer hielten wir da, setzten sie eines ans andere, rund um uns herum, und es war für uns drei inwendig Raum genug da. Oben deckten wir selbige mit einem Segel zu, und so war unser Haus fertig. Bettung und Proviant hatten wir mitgenommen. Es war hier eine sehr bergichte Wildniß, wo der Brunnen unten an der Bai aus einem Felsen entsprang, und unvergleichlich schmackhaftes Wasser führete. Dieses Wasser, nebst Fischen, die gleichfalls sehr schmackhaft waren, und deren wir mit der Angel so viel fangen konnten, als wir wollten, und dann Cocosnüsse, deren wir hier an einigen Bäumen fanden — dieß waren, unter göttlichem Segen, die Mittel zur Vertreibung meines Fiebers. Nach vierzehn Tagen kam das Boot zurück, und hoite uns alle gesund wieder ab; auch nahm meine Gesundheit von nun an so zu, daß ich vor und nach so stark ward, als ich je gewesen war.

Die Capitain und auch die übrigen Officiers hatten so viel Achtung und Sorge für mich, daß ich mich oft darüber wundern mußte. Auch gab sich der Doctor ausnehmend viel Mühe um mich, so daß man wohl merken konnte, es sey ihm an meiner Genesung außerordentlich gelegen. Meine gute Aufführung, und Geschicklichkeit in dem, was mir zu thun oblag, mochten freilich wohl das meiste hiezu beitragen. — Nie hatte man mich betrunken gesehen, da es doch Vorfälle gab, wo kein Mann mehr recht nüchtern war; sonderlich, wann etwa ein Geburtstag, oder ein Jahrstag von dieser oder jener, in Indien vorgefallenen, merkwürdigen Begebenheit zu feiern war. Alsdann wurden ganze Tonnen Punsch aus Arrac gemacht, durchs ganze Schiff offen und preis gegeben; da dann alle Flaggen und Wimpeln von Top und Raa flogen. Gegen Abend war fast keiner mehr im Stande dieselben abzuholen, und in Ordnung zu bringen; — selbst die Befehlshaber

ber waren dann oft berauscht. Und so war ich dann oft allein der Mann, der alles wieder in Ordnung bringen mußte.

Hier in Trinconemale hatten wir Gelegenheit auf Elephanten zu reiten, deren es hier zahme und wilde gab. Die Geschicklichkeit der Zahmen, aber auch ihre Grausamkeit gegen ihre noch wilden Brüder, war zum Bewundern anzusehen. Die wilden Elephanten werden gefangen, und dann müßen die gezähmten sie zahm machen. Das giebt oft sonderbare Auftritte. Zwei zahme Elephanten nehmen einen wilden in die Mitte. Wenn derselbe nun nicht in allem, was sie ihn anweisen zu thun, folgen und gehorsam seyn will: so schlagen sie mit ihren Rüsseln ganz unbarmherzig auf ihn zu, bis er geschmeidig wird, und in allen, was sie von ihm verlangen, Gehorsam leistet. Viele gehorchen ihren Brüdern, andere aber nicht; wie ich deren zween gesehen habe, die sich lieber todt schlagen und todt hungern ließen, als daß sie sich wolten zahm machen lassen.

Zu Zeiten stieg mein Verlangen sehr hoch, einmal aus diesem Getöse erlöset zu werden. Und da ich mit den überigen von der Gesellschaft nicht lange Umgang haben konnte, weil sie sich meistens mit und bei den Indischen Weibsleuten aufhielten: so trieb mich dieses oft an einsame Oerter, in einen Wald oder auf einen Berg. Da ließ ich denn meinem Verlangen und der Sehn-

sucht

sucht meines Herzens nach dem, den meine Seele allein lieben wollte, freien Lauf; weinte mich oft recht satt, und ging alsdann wieder mit getrostem Muth den Weg, welchen mich die Vorsehung führete, weiter fort.

Endlich segelten wir von hier weg nach Ponitegalo, auch auf Ceylon, wo viel Zimmet wächst. Hier nahmen wir Ammunition und Lebensmittel ein, um selbige nach Trinconemale zu bringen. Nachdem wir da wieder angelangt waren, kam ein Englisches Kriegesschiff, und legte sich vor die Bai. Es that einige Schüsse, und gab uns ein Zeichen, an sein Bord zu kommen. Wir sandten unsern Schuit oder Boot dahin, welches denn die Nachricht zurück brachte, daß in ganz Europa der Friede wieder hergestellt sey. — Der siebenjährige Krieg war also nun zu Ende, worüber ohne Zweifel Millionen sich freueten, und sich zu freuen große Ursache hatten. Mir aber gefiel es im Grunde gar nicht; denn es ging mir damals noch, wie es mehrern geistlichen Projectmachern geht; ich wollte keinen Frieden haben, bis die Welt gebessert wäre. Aber Gottes Wege und unsere Einbildungen sind sehr verschieden.

Unser Capitain heirathete in Trinconemale die Wittwe eines Gouvernörs, welche, der Sage nach, sehr reich war. Dabei gab es denn für das Schiffsvolk wieder etwas Rechts zu schmausen

sen und zu saufen, und das unordentliche Leben
ward aufs höchste getrieben.

Nachdem wir unsere Verrichtungen hier geendigt hatten, so gingen wir nach Batavia unter Seegel; mußten aber, für Ballast und Ladung unseres Schiffes, Sand einnehmen, weil dieser Ort fast keine Producten zur Handlung hervor bringt. Der Capitain nahm seine Frau mit nach Batavia, und ging in die Stadt wohnen. Er versprach, für mich zu sorgen, und sich umzusehen, ob er mir nicht am Lande eine bessere Stelle ausmachen könnte. Ich dankte ihm für seine gute Gesinnungen gegen meine Person, und empfahl mich seinem Andenken; setzte aber hinzu, daß mir am liebsten seyn würde, auf ein Schiff zu kommen, das nach Europa führe. Er sagte mir aber, daß es wohl über sieben Monate anstehen könnte, ehe eins dahin abginge. — Er machte indessen, daß ich vom Schiffe abkam, und daß mir das Ordonanz-Boot zu führen übergeben ward. Dieses Boot hat das Amt, alle Morgen die Befehle des Commandeurs, der in der Stadt wohnet, an die Schiffe zu bringen, welche auf der Rehde liegen. Dieß Geschäfte war mehrentheils vor dem Mittage beendigt, und so hatte ich den Nachmittag für mich.

In dem Hospital hieselbst starb der letzte von meiner Gesellschaft, ein Hesse von Geburt. Wir
sahen

sahen uns hier als Landsleute an, und hielten noch immer Freundschaft miteinander. Zu Trinconemale warnte ich ihn oft, ja bat ihn sehr, doch den Umgang mit den liederlichen Weibspersonen aufzugeben, weil er doch wohl Exempel genug gesehen hätte, daß man dadurch Gesundheit und Leben verlöre. Bisweilen fanden meine Ermahnungen Eingang bei ihm, aber öfters spottete er darüber. Indessen hatte er daselbst ein Uebel aufgefangen, das auf der See ausbrach, und ihm in Batavia vollends das Leben kostete. — Ich war also von uns achten, die wir, wie oben gemeldet, ein sogenanntes Back errichtet hatten, noch allein übrig. Wo die Zween die am Cap ins Hospital gingen, hingekommen sind, hab' ich nie erfahren.

22. Brief.

Aufenthalt in Batavia. Des Verfassers Herzensergüsse und Gelübde vor dem Herrn. Des Thomas von Kempis Büchlein von der Nachfolge Christi fällt ihm, zu seiner Freude in die Hände. — Er sehnet sich nach seinem Vaterlande. — Er geht an Bord, kommt an den Cap, und endlich glücklich in Amsterdam an. Seine dankbaren Empfindungen und erneuerte Uebergabe an seinen Erlöser. Er reiset zu seinen Aeltern. Froher und rührender Empfang bei den Seinigen.

Batavia ist ein ungesunder Ort, wo viele Menschen, besonders solche, die unordentlich leben, hinge-

22. Brief.

hingerafft werden. Nach dem gehabten kalten Fieber, war ich wieder ganz gesund; doch hab' ich mich, in den 7 bis 8 Monaten meines hiesigen Aufenthalts, nicht immer ganz wohl befunden; allein ich kam doch, ohne sonderliche Zufälle, noch als gut weg. — Des Nachmittags ging ich gewöhnlich über Land, und mehrentheils nach den Chinesischen Gräbern, die in einer einsamen waldichten Gegend lagen. Diese Gräber sind schön und über der Erde gewölbt. Ich habe deren in China gesehen, die ganz von Porzellan waren. Diese waldichte Gräbergegend, war mein angenehmster Aufenthalt, in diesem ganzen Bezirke. Hier hab ich oft mein Herz vor dem Herrn ausgeschüttet und erleichtert. Hier that ich ihm hundert Gelübde, daß, wenn er mich glücklich wieder in mein Vaterland bringen würde, Ihm mein ganzes Leben sollte gewidmet seyn. Da wollte ich nur Ihm allein leben, und alle Kräfte Leibes und der Seele in seinem Dienst und Liebe verzehren.

Mit einem Bürger aus der Stadt, der als wohl einmal mit mir nach den Gräbern spazieren ging, gerieth ich in nähere Bekanntschaft. Weil er in den Unterredungen oft, nach Indischer Art, schwur und fluchte: so bat ich ihn, er möchte das doch nicht thun; ich glaubte seinen Worten doch, ohne daß er nöthig hätte, sie mit Schwüren zu bekräftigen. Es wäre ja Sünde
so

so zu fluchen; und wenns auch keine Sünde wäre, so sey es doch unanständig. ꝛc. Dieses veranlaßte ihn, mir einsmals zu sagen, daß er zu Hause ein Büchlein hätte, welches mir wohl besser zu statten käme als ihm. Und auf die Frage, wie es hieße? antwortete er mir: so viel er sich darüber besinnen könnte, hieße es Kentpis. Da ich es zu haben wünschte, so führte er mich mit in sein Haus, und gab mir es. Ich sah, daß sein Titel der kleine Kempis hieß, und nach der Zeit erfuhr ich in meinem Vaterlande, daß der sel. Gerhard Terstegen diese Sprüche aus den (in Latein geschriebenen) Werken des Thomas a Kempis gezogen und so heraus gegeben hatte. — Dieß Büchlein war mir jetzt sehr nützlich. Das Lesen in demselben hat mich oft aus der Mannigfaltigkeit zurück geruffen, und die darin enthaltene gesalbte Sprüche, gaben meinem Herzen tiefe Eindrücke. All mein Verlangen ging nur dahin, allein Gott und meinem Erlöser zu leben, ihn zu lieben und ihm zu dienen. Da ich aber unter Menschen lebte, die hieran nicht einmal dachten, auch auf allen meinen Reisen keinen einzigen antraf, dem ich mein Herz entdecken und meine Empfindungen mittheilen konnte: so war ich oft recht wehmüthig über meine Lage, und wünschte sehnlich, daß mir doch Gott einmal aus diesem Lande helfen möchte! Allein, ich mußte meine Seele als wieder in Geduld fassen, und die Zeit abwarten, bis es geschehen könnte.

Ich

22. Brief.

Ich ging hier oftmals in die Kirche; aber die hiesigen Prediger waren noch zehnmal schläfriger, als in meinem Vaterlande, und in ihren Vorträgen war nicht die mindeste Nahrung für mein Herz. In meiner Bibel, in Böhms Schriften, und auch nun im kleinen Kempis fand ich als noch als Erbauung, Aufrichtung und Trost. Mein treuer Erlöser bewies sich aber auch oftmals durch Mittheilungen seiner Gnade und Liebe, als meinen Erretter und Durchhelfer in allen Schicksalen meines Lebens. Ich faßte dann wieder aufs neue Muth, vertrauete mich ihm aufs neue ganz an, ging meinen Weg getrost und muthig, und erwartete mit Geduld die Stunde, wo er mich aus allem diesem Getümmel erlösen würde. — Ach! wie viel Gelübde habe ich hier nicht meinem Gott und Erlöser gethan! Wie oft habe ich ihm nicht versprochen, daß mein Alles auf Zeit und Ewigkeit sein Eigenthum seyn und bleiben sollte!

Endlich kam dann doch die Zeit, wo ich hoffen konnte, nun bald die Rückreise nach meinem Vaterlande wieder anzutreten. (Ganz Europa wird in Indien schön Vaterland von einem jeden Europäer genannt, er mag übrigens aus einer Gegend desselben seyn, woher er wolle.) Es wurden Schiffe dahin in Ladung genommen. Nachdem sie solche eingenommen hatten, und in segelfertigem Stande waren, suchte ich eine Ordonanz

22. Brief.

bohänz auf einem der besten, welche ich auch behielt. Ich ging also abermal an Bord, und betrachtete mich nun schon, als ob ich in der Nähe des Vaterlandes wäre, ungeachtet ich 3600 Meilen davon entfernt war. In Zeit von 8 Tagen lichteten wir die Ancker, um durch die Straße Sunda in die See zu gehen.

Hier wär' uns beinahe ein schreckliches Unglück begegnet. — Wir hatten starke Gegenwinde, und mußten uns mit Laviren und Ankern durch diese Straße fortbringen. Die Officiers nahmen von hier Sclaven mit, die sie am Cap theuer verkaufen können, und die Ueberfahrt derselben kostet sie nichts. Wir hatten ihrer sechs und dreißig auf dem Schiffe, die alle los und frei herum gingen, und wovon einige die Offiziers bedienten. Diese alle hatten zusammen den Anschlag gemacht, erst die Offiziere und dann auch uns übrigen alle zu ermorden, wozu sie schon allerhand Waffen, als Messer, Hirschfänger u. s. w. versteckt hatten; darauf wollten sie das Schiff auf den Strand laufen laßen, und dann selbst davon schwimmen. — Des Abends vorher, als die drauf folgende Nacht dieser mörderische Anschlag sollte ausgeführet werden, wurde durch einen kleinen Sclaven-Jungen, der des Schiffarztes Liebling war, der ganze Handel verrathen. — Nun wurden sie alle plötzlich und auf einmal ergriffen, und in Ketten gelegt.

Die

22. Brief.

Die Vornehmsten Anführer wurden zu Tode gemartert, und die übrigen in Fesseln gehalten.

Nach vierzehntägigem Laviren kamen wir in die See, und setzten unsere Reise nach dem Vorgebirge der guten Hoffnung fort. — Ich will dich nicht mit einer langweiligen Beschreibung unserer Seereise aufhalten, sie würde wenig Interessantes, und noch weniger Erbauliches ausliefern. Ich will also nur sagen, daß wir auf derselben zwar einige Stürme auszuhalten hatten, doch aber — ohne sonderliche Zufälle — glücklich auf dem Cap anlangten; von dannen, nach dem nöthigen Aufenthalte, wieder fortsegelten, und auch enblich 1765, im Anfange des Monats Junius uns im Texel vor Anker legten, von wannen ich mich gleich nach Amsterdam begab. Meine ersten Gedanken, wie ich den vaterländischen Boden betrat, gingen dahin, mich aufs neue meinem Gott und Heilande ganz zu übergeben. Mein Herz war voll Danck, für alle seine Liebe, Fürsorge und Bewahrung, und von dem unwiederruflichen Entschlusse durchdrungen, mein ganzes Leben in seinem Dienst und Liebe zuzubringen und zu verzehren.

In Amsterdam fand ich, bei einem Landsmanne von mir, schon Briefe von meinem Vater, der mich ersuchte "daß, so bald ich in Amsterdam wür-
"de angelangt seyn, ich doch nicht säumen möchte
"zu ihm zu kommen; daß er mir alle Gewissens-

J freiheit

"freiheit laßen wollte, und daß ich bei ihm leben "könnte, wie ich nur wollte." — Ich meldete ihm, daß ich nun in Amsterdam glücklich und gesund angekommen sey, und hoffte sie alle in Kurzem gesund und wohl anzutreffen. — Nachdem ich mein Geld bei der Compagnie empfangen hatte, fuhr ich nach Utrecht, und von da auf dem Postwagen nach Hause, wo ich Anfangs Julii 1765 ankam, nachdem ich fünf Jahre und eilf Monate auf der Reise gewesen war. Alle freueten sich, mich wieder zu sehen, besonders meine liebe Mutter, die sehr viel meinetwegen gelitten hatte. Auch ich freuete mich, sie noch einmal alle wieder wohl zu sehen. Aber sonderliche Anhänglichkeit an Aeltern und Verwandte hatte ich nicht mehr. Ich liebte sie alle herzlich; aber in meinem Gemüthe war es mir so, als wenn ich überall in der Welt ein Frembling und nirgend zu Hause wäre.

23. Brief.

Häufige Besuche von Hohen und Niedern, denen der Verfasser von seinen Reisen erzählen muß, und dadurch in Zerstreuungen kommt. Er merkt, daß ihm der wahre Friede des Herzens noch fehlt. — Seine vormaligen Gemüthsfreunde sind für das Gute wieder ziemlich erkaltet, und weltförmig geworden. — Neuerweckte; der Verfasser sucht durch

23. Brief.

durch ihr Beispiel seinen eigenen Ernst wieder zu erwecken. Vergebliche Anstrengungen. Er fühlt einen innern Zug zur Stille. Seine Bemerkungen über die Gränzen der Wirksamkeit.

Aus dem Vorigen, mein lieber Bruder! erhellet, daß der gute Gott die Seinigen durch die ganze Welt in seinen Schutz nimmt; daß er mächtig genug ist, uns unter den allerruchlosesten Menschen vor aller Verführung zu bewahren, wenn wir Ihm nur Treue beweisen, und dem Zuge seiner Gnade folgen. Wenn ich noch jetzt meine Reisen unter solchen lasterhaften Menschen überdenke, und mir alle leibliche und geistliche Gefahren vorstelle, die mit solchen Reisen verbunden sind: so muß ich seine Macht, Liebe und Güte gegen mich bewundern, und mit gebeugtem Herzen anbethen. Er war es, der mich bey dem Leben erhielt, als mit meinen Lebenskräften fast alle Hoffnung zu meiner Genesung verschwunden und ich dem Tode nahe war; Er war es, der durch seine gütige Vorsehung den Mordanschlag auf unserm Schiffe vereitelte, wovon auch ich, vermuthlich, mit ein Opfer geworden wäre; Er war es endlich, der mich durch seine Gnade und Liebe so kräftig unterstützte, daß ich meinen Vorsatz, Ihm zu leben und zu dienen, nie aufgeben wollte noch konnte: daß ich lieber den Tod erwählet, als in eine lasterhafte That eingewilligt hätte. Deine mächtige Gnade und Liebe, o mein göttlicher Erlöser!

J 2

23. Brief.

löser! konnte allein solche Gesinnungen in mir wirken! Die Kraft deines Geistes, deine Liebe zu mir Unwürdigen war es allein, die mich fest hielt, daß mein Entschluß unerschütterlich blieb! dafür sey dir, o mein Gott! auch noch jetzt, ja in Ewigkeit Danck, Liebe, Preis und Anbethung von mir dargebracht!

Ich bekam nun vielen Besuch, so wohl von Anverwandten, als auch von solchen, die meine Reisegeschichte gerne von mir erzählen hörten, worunter selbst die Vornehmsten unseres Landes waren. Ich hatte so vieles gesehen, erfahren und durchgegangen, daß ich sie alle unterhalten, und eines jeden Neugierde befriedigen konnte; zumal da ich die Welt nicht nur durch meine Reisen, sondern auch durch Landkarten und Lecture kannte. Allein durch dieses alles gerieth ich in weitläuftige Zerstreuung; und dann ließ sich eine geheime Stimme in meinem Herzen merken, welche mir sagte: "Wo sind die vielen Gelübde, die vielen "Versprechungen, welche du zu Wasser und zu "Land gethan hast? Wie? Lebst du denn nun ganz "abgeschieden? Dienest du nun dem Herrn und "liebst ihn allein? Wendest du alle Kräfte Leibes "und der Seele zu seiner Ehre an?" Ach wie sehr schlug mich das nieder! Ich kam in die größte Verlegenheit; denn ich sah, daß ich mich durch mancherlei Zerstreuungen von meinem Herzen,

und

23. Brief.

und von dem entfernte, den ich doch allein und von ganzer Seele, und aus allen Kräften lieben wollte.

Auf meiner Seereise nach Haus hatte ich oft den Spruch beherziget: Er aber, der Gott des Friedens heilige euch durch und durch, und euer Geist ganz, samt Seel und Leib müsse unsträflich behalten werden, auf die Zukunft unsers Herrn Jesu Christi! 1 Thessal. 5, 23. und mit diesem verband sich das Nachfolgende: Er aber der Herr des Friedens gebe euch Friede allenthalben, und auf allerlei Weise. 2 Thessal. 3, 19. Durch den Gott des Friedens wollte ich gerne ganz in allem geheiliget seyn. Heiligung nach Geist, Seel und Leib ohne welche Niemand den Herrn sehen kann, lag mir sehr am Herzen. Ich wollte so gerne, durch den Gott des Friedens alles dasjenige hinweg genommen sehen, was in seinen heiligen Augen strafbar an mir war, was den süssen Frieden und Umgang mit ihm stören könnte. Ich sahe aber wohl ein, daß ich diesen Gottesfrieden nicht so hätte, wie ihn der Apostel den Gläubigen vorstellet, und daß mir das Wesentliche davon noch fehlte. Schon auf der See war das Verlangen nach diesem Frieden sehr starck in mir; ich zweifelte aber sehr, daß ich in dem Getöse eines solchen Lebens, als ich jetzt führen mußte, dazu gelangen würde.

23. Brief.

Deswegen sehnte ich mich auch nach meinem Vaterlande, um daselbst diesen heiligen Frieden, in der Stille und Abgeschiedenheit zu suchen. Daß es nicht bloß die Sehnsucht nach einer äusseren Ruhe und Stille, nach einer Abgeschiedenheit von dem Getümmel des Seelebens, und des Geräusches der Welt war, dieses erkannte ich ganz klar, weil ich nach meiner Zurückkunft zu Hause, wo ich Ruhe und Freiheit genug haben konnte, doch immer den Mangel des wesentlichen Friedens im Herzen deutlich genug spürte. Nein! es war die Ruhe, es war der Friede, welchen der Herr Jesus seinen Jüngern verhieß, als er sagte: Meinen Frieden geb ich euch — daß ihr in mir Friede habt. Joh. 14, 27. Kap. 16, 33. Der Friede Gottes, der höher ist, denn alle Vernunft. Philp. 4, 7. Ich sahe aber, wie gesagt, wohl ein, daß mir das Wesentliche dieses Kleinods noch fehlete, und so lange fehlen würde, bis ich den Anforderungen und Züchtigungen der Gnade gemäß, in der Selbstverleugnung tiefer und treuer zu Wercke ging. Ich merkte wohl, daß ich mich durch das zu viele Speculiren zu sehr in die Mannigfaltigkeit zerstreuete. Dabei gefiel ich mir in meinen Erzehlungen und anderen Dingen allzuwohl; die Eigenliebe that sich was zu Gut darauf, daß ich bewundert und geachtet wurde: Aber der Zeuge in mir, der Geist der Gnade, verwies mir das oft sehr scharf, und zeigte mir meinen Stolz, Ei-

genliebe

genliebe und Selbstgefälligkeit in allem. Allein das Vermögen mir zu rathen und zu helfen fehlete mir ganz.

Die Christliche Freunde, welche ich vor meinem Weggehn gekannt hatte, waren wieder ziemlich erkaltet und weltlich gesinnet worden. Der Ernstlichste von ihnen war gestorben, die andern waren geheirathet, und dadurch wieder ganz in die Welt verwickelt worden. Nur noch einer von ihnen hatte so viel, daß ich mich mit ihm in etwa von der Gottseligkeit unterhalten konnte. Einige Stunden von uns, waren aber wieder neue Erweckungen entstanden. Diese Freunde waren jetzt recht in ihrem ersten Ernst und Feuer, und durch sie wurde ich aufs neue erweckt und zum Ernst angefeuert, und ich strengte aufs neue meine Kräfte an, um auf diesem Weg der Wirksamkeit das Ziel zu erreichen, meine Bedürfnisse zu stillen, und meinen Glückseligkeitstrieb zu befriedigen. Aber ich war leider! noch ein unerfahrner Mensch, der zwar recht gern die Wege Gottes wandeln wollte, sie aber nur noch nach dem Schein beurtheilte; auch ließ es Gott nicht zu, daß ich Nahrung und Befriedigung auf diesem Weg der eigenen Anstrengung fand. Je mehr ich meine Kräfte zum Wandel und Fortgang in der Gottseligkeit anstrengte, desto mehr fiel mir alles wieder hinweg. Ich fühlte mich immer elender, und konnte in diesem Ernste zu gar nichts kommen;

kommen; so daß ich oft dachte: auf der See, unter allem Lärmen und Getöse warst du besser, als du jetzt bist. Aber ich konnte mir nicht helfen.

Mein stilles Verlangen nach dem Frieden, welchen Jesus den Seinigen zu geben verheißen hatte, war auf der einen Seite sehr stark; aber, auf der andern Seite war das Unvermögen, dieses durch meine Thätigkeit zu erreichen, noch stärker und größer. Selbst konnte ich mir also nicht dazu verhelfen. — Ach ja! nur Jesus, der diesen Frieden in sich besitzet, und ihn den Seinigen verheißen hat, nur Er allein kann uns denselben schenken. Aber, er muß uns erst in die Ordnung und in diejenige Gemüthslage bringen, wo er uns denselben mittheilen kann: dieß ist Demuth und Stille. Wenn ihr stille wäret, so würde euch geholfen. Durch stille seyn und Vertrauen werdet ihr stark seyn. Jesaiä 30, 15. 16.

Meine Umstände kamen mir so vor, als wenn mein Gemüth vorher eine Quelle gewesen wäre, woraus das Wasser, wie von selbst entsprang; nun aber einer Pumpe gleich war, woraus durch große Anstrengung noch kaum einige Tropfen zu erhalten waren. Ich war über mich selbst recht verlegen und bekümmert, besonders wenn ich den Ernst und Eifer der neu Erweckten ansah, und meinen Zustand mit dem ihrigen verglich.

Unter

23. Brief.

Unter diesem allem empfand ich aber, je länger je mehr, einen Zug zur Stille, zur Einkehr, zur Abgeschiedenheit und Bilderlosigkeit. Dieser Zug machte, daß ich mich oft von allem Geräusche absonderte, und mich in die Einsamkeit begab, wo ich denn all mein Verlangen meinem göttlichen Erlöser sanft, still und einfältig bloß und offen legte. Hier gefiel es denn seiner Güte und Liebe, mir einen tiefen Eindruck seines Friedens und seiner Liebe mitzutheilen. Oft begab ich mich ganz stille und einsam in unsern Garten, legte, mit einem ruhigen, sehnsuchtsvollen Blick auf meinen Heiland, ihm das Verlangen meines Herzens offen dar, und blieb ganz willenlos und gläubig an ihm hangen. (1 Cor. 6, 17.) Hier kam denn eine solche Stille, Heiterkeit, Ruhe und Friede in mein Inneres, daß ich nicht wußte, wie mir geschah. In herzlicher Beugung und Anbethung ließ ich mich immer tiefer in diesen Grund hinein sinken. Mein Herz und Gemüthe ward so voller Friede, Ruhe und Stille, mit einem so tief beseligenden Eindrucke, daß ich mich kaum mehr kannte — und so voll Liebe und Danckbarkeit gegen meinen Erlöser, daß ich nicht wußte, wie ich ihm meine Erkenntlichkeit gnug an den Tag legen sollte. Alles, was in mir war, war fast in einem immerwährenden Beugen und Anbethen seiner Liebe und Güte begriffen. Die Gegenwart meines göttlichen Erlösers war, so zu sagen beständig; alles, was ich verrichtete,

23. Brief.

that ich als in seiner Naheit und vor seinen Augen, und alles Aeußere führte mich zu Ihm hin. Diese besondere Gnade schenkte er mir gegen das Ende des Augustmonats, also nicht sehr lange nach meiner Zuhausekunft.

Hier kann ich mich nicht enthalten, in Rücksicht dieses Gemüthszustandes einige Bemerkungen zu machen.

Wann solche Seelen, die beruffen sind, ganz Gottes und ein Eigenthum ihres Erlösers zu seyn, ihre wirksamen Kräfte erschöpft haben: so finden sie sich im Bethen, im Betrachtung der Wahrheit und andern guten Uebungen nicht mehr so ernstlich beschäfftiget, als im Anfang ihrer Begnadigung. Die schönen Bilder, die sie sich von der Frömmigkeit, von Ernst und Treue in der Gottseligkeit gemacht hatten, fallen ihnen vor und nach wieder hinweg. Sie gerathen darüber in Unruhe und Verlegenheit, und glaubten, vom guten Wege ganz abgekommen zu seyn. Sie üben sich, strengen sich aufs neue zum Guten an; aber sie laufen, gleichsam in einem Zirkel herum, kommen immer wieder an den Ort, von wannen sie ausgegangen waren, und gelangen auf diesem Wege nicht ganz zu der Ruhe, die dem Volke Gottes verheißen ist. Ebräer 4, 9. Viele machen es nun auf diesen Wege, wie ehemals diejenigen, welche dem Herrn Jesu eine Zeitlang nachfolgeten. Sie halten so lange aus, als die

sinnli-

sinnlichen und empfindlichen Mittheilungen währen. Wenn sie aber von dieser Milchspeise zu stärkern Speisen sollen gewöhnt werden; (Ebr. 5, 12. 13. 14. — 1 Pet. 2, 2.) wenn sie ohne Beding glauben, und Jesu nachfolgen sollen, dann gehen manche von diesen Jüngern mit jenen wieder hinter sich, und wandeln hinfort nicht mehr mit ihm. Joh. 6, 66.

Wenn die wirksamen Kräfte bei einer Seele erschöpft sind; und sie in dem Umgange mit andern nicht mehr das Vergnügen noch die Befriedigung findet, die sie ehedessen dabei fand; wenn man sich auf eine vergnügende Weise im Guten nicht mehr üben kann; wenn aber hiebei die geheimste Lust, die verborgensten Fehler, die mindeste Regung der Eigenliebe, des Eigenwillens und Eigengesuchs, — selbst im Christenthum — entdeckt, bestraft und zur Last werden; wenn man aber, unter diesem allem, einen Zug zur innern Stille und Abgeschiedenheit, ein geheimes aber starkes Verlangen, näher und inniger mit Jesu vereiniget zu werden, in sich gewahr wird: so sind dieses alles gewisse Kennzeichen, daß man sich, mit Maria, still und sanft zu den Füßen Jesu niedersetzen und Ihn im Verborgenen hören soll! denn Er will nun selbst zu der Seele reden, will durch seinen verheißenen Geist selbst in ihr wirken und sein Wort fortsetzen. Hier läßt man (wie unser Katechismus

Frage

Frage 103. sagt) den Herrn durch seinen Geist in sich wirken, und fängt schon den ewigen Sabbath in diesem Leben an. Dieser Geist treibet zu allem Guten selbst an, und, welche der Geist Gottes treibet, die sind Gottes Kinder. Röm. 8, 14. Dieser Geist der Wahrheit, welchen Jesus den Gläubigen verheißen hatte, leitet sie dann in alle Wahrheit. Evang. Joh. 16, 13. Er ist und gibt die Salbung, welche uns allerley lehret, und ist keine Lügen. 1 Joh. 22, 7.

Wer dieß nun also bei sich empfindet, der ist verpflichtet, diesem Ruf und Zuge zu folgen; und er darf gar nicht fürchten, dadurch in Trägheit oder geistlichen Müßiggang zu gerathen. Indessen ist dieß keine Regel für alle begnadigte Seelen. Nein! die Gemüthsbeschaffenheit derselben, so wie der Zweck Gottes mit ihnen, ist sehr verschieden. Wer für alle ohne Unterschied eine feste Regel im Gnadenwerk fest setzen wollte, der würde gewiß viel zu weit gehen; der würde dem Geiste Jesu Schranken setzen wollen. Das sey ferne! Ein jeder ist verbunden, so zu wandeln, wie ihn der Herr berufen hat. Ein aufrichtiger, redlicher Sinn vor Gott, und nach seinen Geboten zu wandeln; ein ernstlicher Haß gegen alles, was Gott mißfällig ist, und eine herzliche Begierde nach seiner Gemeinschaft in Jesu Christo, muß unfehlbar bei allen zum Grunde liegen. Aber, was

23. Brief.

was die besondere Stände und Führungen Gottes mit den Seinigen angeht, so muß ein jeder seinen Stand nach dem Worte Gottes prüfen. Findet er (bei seinem redlichen Sinn) Ruhe und Friede, so ist sein Stand gut, und Gott wohlgefällig. — Man geht aber oft nicht gut zu Werk, wenn man andere nach seinem Stande abmißt, und sie nicht weiter will kommen laßen, als man selbst gekommen ist; wenn man ihren Stand nicht mehr für gut, ja gar für gefährlich hält, so bald sie weiter gehen wollen, als es mit den allgemeinen Begriffen überein kommt; so bald sie — weil sie auf dem gewöhnlichen Wege keine Befriedigung mehr finden — ein Verlangen fühlen, noch tiefer zu graben, noch inniger und vollkommener in die Gemeinschaft Gottes, ihres Heilandes einzubringen; wenn sie gern alles dran wagen, gern allem absterben wollen, damit es auch endlich von ihnen heißen möge, **Ihr seid gestorben, und euer Leben ist verborgen mit Christo in Gott** (Coloss. 3, 3.) und daß sie mit dem heiligen Paulo möchten sagen dürfen: **Ich lebe, aber nun nicht ich, sondern Christus lebet in mir; und was ich lebe im Fleisch, das lebe ich im Glauben des Sohnes Gottes.** Galat. 2, 20.

---

24 Brief.

24. Brief.

Neue Gnade, verpaart mit tiefern Einsichten in die Wege der Gottseligkeit. Dem Verfasser entfällt alles Harte; er wird sanft und duldsam, und hält sich zur Kirche und h. Abendmahl. — Die Liebe Gottes erfüllt sein Herz, und erzeugt in ihm unaufhörlich Thaten des Glaubens und der Anbethung. — Sein friedevoller und beseligender Zustand! Er findet denselben in einem Liede des sel. Tersteegens (über den Stand der Beschaulichkeit oder des schmackhaften Glaubens) treffend ausgedrückt.

Mit der mir aufs neue vom Herrn geschenkten Gnade bekam ich erst ein rechtes Licht in den Wegen Gottes und der Gottseligkeit. Alles Harte, Eigenwillige und Störrige fiel immer mehr und mehr hinweg. Ich konnte nun einen jeden in seinen Schwachheiten und Gebrechen — ja ich konnte die größesten Sünder tragen. Auch fühlte ich gegen die Prediger, welche ihr Amt träge und nachläßig verwalteten, nichts mehr von jenem Widerwillen im Herzen, der mich sonst so oft aufbrachte. Auch kam mir das äußere kirchliche Wesen jetzt weit anders vor, als ehedessen; wozu denn freilich die Eindrücke hauptsächlich mit beitrugen, welche ich von den Religionsgebräuchen der Hindostaner, Chineser und anderer empfangen hatte; worüber ich im vorigen schon meine Gedanken und Empfindungen geäußert habe.

Ich hatte jetzt in meiner Aeltern Hause alle Freiheit, nach meinem Gewissen und nach meiner

24. Brief.

her Ueberzeugung zu handeln. Ich konnte in die Kirche gehen, und konnte draus bleiben; niemand sagte mir weiter etwas darüber.—Der sonst hier gestandene Prediger, welcher auch zu meiner harten Behandlung das Seinige mit beigetragen hatte, war an einen andern Ort versetzt worden; derjenige aber, welcher jetzt seine Stelle hier besetzte, war ein stiller, duldsamer Mann. Ob er aber das Gute stiftete, wie der vorige Prediger? ob er die Gemeine, so wie jener, in sittlicher Ordnung hielte? — das steht noch sehr im Zweifel. Der vorige hatte hierinn vorzügliche Gaben. Er war ein Mann, der alle Achtung verdiente; nur Schade daß er nicht einen duldsamern Geist hatte. — Weil aber der jetzige Prediger ein toleranter Mann war, und weil ich ohne dem einsah, wie nöthig der äußere Gottesdienst sey, und daß ohne äußere Ordnung und Unterricht das ganze Christenthum zu Grunde gehen müßte, weil alsdann keine Zubereitung zu etwas Wesentlicherem mehr wäre: so ging ich nun fleißig in die Kirche und zum h. Abendmahl, und erinnerte mich dabei der unaussprechlichen Liebe Jesu in dem großen Versöhnungswerke, und aller der Güter und Wohlthaten, welche dieser mein göttlicher Erlöser mir durch sein Leiden, Tod und Auferstehung erworben, und der Gnade und Liebe, welche er mir auf allen meinen Wegen erzeiget hatte.

Die mehresten, ja alle dortigen Erweckten, welche mit ihren Predigern in Uneinigkeit waren,

ren, nahmen Anstoß an demjenigen, was ich that: Allein, ich kehrte mich daran nicht. Ich folgete mit freiem Gewissen meinen Einsichten und meiner Ueberzeugung, und ließ andere darüber urtheilen, was sie wollten. Bei Gelegenheit aber stellte ich auch wohl diesen Freunden ihre Fehler, ihren Eigensinn und Störrigkeit gegen Prediger und äußern Gottesdiest unter Augen, und bewies ihnen, daß das dem Sinne Christi durchaus nicht gemäß gedacht und gehandelt sey. Oft sagte ich ihnen, daß, wenn wir uns selbst einmal recht kennen lernten, und einsähen, wie viel an uns selbst zu verbessern wäre, so würden wir gern das Schwert aus der Hand legen, und nur an unsere eigene Besserung denken. — Aber, es ist außerordentlich schwer, Gemüther, die so stehen, zu überzeugen und ihren Begriffen in dieser Sache eine andere Richtung zu geben. Man thut immer am besten, daß man Geduld mit ihnen habe, und sie Gott überlasse. Wenn sie anders redlich sind, so wird seine Gnade sie schon einmal tiefer in sich selbst blicken laßen, wodurch sie dann gedemüthigt, und des Richtens vergessen werden. — Ein jeder muß nach Ueberzeugung handeln; denn, was nicht aus Ueberzeugung — aus Glauben geschieht, ist Sünde. Ich kann denjenigen, der nicht in die Kirche geht, so gut tragen als den, der hinein geht. Wenn jener nur in aller Aufrichtigkeit sich der Gottseligkeit widmet, und mit aller Treue sich als ein Nachfolger Jesu beweiset:

so

so ist er mir lieb und werth. Ist er aber nur,
wie man zu sagen pfleget, ein Sabbathstürmer,
oder ein Spötter über Kirche und Prediger; will
er sich in geistlichem Stolz und Eigendünkel zu einem Reformator aufwerfen: so will und mag ich
nichts mit ihm zu thun haben.

Durchgängig sind neu erweckte Gemüther der
größten Gefahr ausgesetzt, sonderlich, wenn sie
mit solchen in Bekanntschaft gerathen, deren Hang
auf Neuerungen, auf etwas Außerordentliches,
Besonderes und Grosses gehet. Ich habe hievon
in meinem Leben viel traurige Beispiele gesehen.
Nicht selten entstehen daraus Parteien und Secten, die sich einander anfeinden, und so gar der
ehrbaren Welt ein Aergerniß geben, indem sie
bei dem großen Haufen zum Gespötte werden. —
In meinem Vaterlande war eine große Erweckung. Unter den Erweckten aber fanden sich solche, die einen Hang nach dem Großen und Auß-
serordentlichen hatten; und weil sie, wegen ihrer
hohen Aeusserungen, von verschiedenen Leuten,
womit sie in Bekanntschaft geriethen, gerühmt
und erhoben wurden, so bestärkte sie das in ihrer Meynung von sich selbst, und von der Richtigkeit ihrer Sache, und sie stiegen nur immer
mehr auf geistliche Höhen. — Lange nachher,
da ich nach einem neunjährigen Aufenthalt in Amerika wieder in mein Vaterland kam, fand ich,
daß diese Erweckten ganz von der Spur der

K Wahr-

24. Brief.

Wahrheit ab, und zerrüttet waren. Diese traurige Zerrüttung war durch einen Mann bewirket worden, der damals auch hier in E..... viel Unheil angerichtet hat. Sie waren so sehr in verderbliche Irrthümer verwickelt, und machten so tolle Sprünge, daß man es kaum glauben sollte. Sie schämten sich, den Namen Jesus zu nennen, und mochten von der Gottseligkeit fast nicht mehr hören noch wissen.

Ich ging, wie gesagt, in der Zeit den Weg, welchen mir der Herr geöffnet hatte, getrost und muthig fort, und kehrte mich übrigens an niemand. Wann ich auf andere sah, und mir dieß und jenes an ihnen nicht recht war, und ich sie gern anders haben wollte: so hieß es bei mir: Was geht es dich an? folge du mir nach! — Mein ganzes Verlangen ging jetzt nur dahin, meinem Jesu nachzufolgen, und ihm, in seiner Demuth, Selbstverläugnung und in seinem Weltverschmähenden Leben ähnlich zu werden. Dazu brauchte und benutzte ich nebst der heil. Schrift, die Bücher, welche mir die erbaulichsten und zu diesem Zwecke die schicklichsten schienen. Mein Erlöser schenkte mir eine solche Liebe zu Ihm, einen so starken Zug, immer mehr in seine Gemeinschaft zu kommen, daß mein stilles Verlangen nach Ihm eine immerwährende That der Liebe, Anbethung und Beugung vor ihm war; und dieß geschah alles mit einem so tief beruhigten, und

von

24. Brief.

von Friede eingenommenem Gemüthe, daß ich oft dachte: Ach! ist schon hier so viel Friede, Ruhe und Seligkeit in Jesu und seiner Gemeinschaft zu finden, was wirds denn einmal in der Ewigkeit werden!

Alles, was ich in der Natur erblickte bis zum geringsten Wurme hin, führte mich hinauf zur Verehrung dessen, der mein Herz in seiner Liebe belebte und entzündet hatte. Seine Unterweisung und innige Nahheit zeigte mir den geringsten Flecken und Unlauterkeiten. Er führte mich beständig auf die Verläugnung meines Eigenwillens, meiner eignen Absichten, ja alles dessen, worin meine Sinnlichkeit Lust und Nahrung fand. — Die Liebe meines Erlösers hatte mein Herz so eingenommen, daß ich ohne seine innigste Nahheit nicht mehr seyn konnte. In diesen Empfindungen seiner Liebe waren die Stunden meine liebsten und seligsten, welche ich in der Einsamkeit mit Ihm allein verleben konnte. Deßwegen nahm ich oft des Sonntags, bei schönem Wetter, ein Stück Brod in die Tasche, ging in den Wald und blieb da in Liebe, Anbethung und Beschaulichkeit seiner großen Güte und Liebe den ganzen Tag vor Ihm. Ach! welche beseligende, welche vergnügte, süße Stunden habe ich nicht oft hier gehabt! wo, so zu reden, Gott und ich nur allein in der Welt waren. In solchem Stande liebt man Gott von ganzem Herzen! von ganzer Seele, von ganzem Gemüthe und aus allen Kräften.

Der Vetter, welchen ehemals Gott zu einem Werkzeuge meiner Bekehrung gebraucht hatte, war im Guten wieder sehr erkaltet. Oft sprach ich mit ihm, über die Wichtigkeit des Ernstes und der Beharrlichkeit in dem Wege der Gottseligkeit, und wie nöthig es sey, Treue zu beweisen, und dem Rufe der Gnade ganz zu folgen. Er bezeugte wohl, daß er gottesdienstlich leben wollte, allein er fühlte sich nun zu sehr an die Welt gefesselt; und, weil er ein Weib genommen hatte, so meynte er, er könnte nun nicht mehr so leben wie vorhin. Ich erwiederte ihm, daß keine äußere Veränderung uns abhalten müßte, dem Ruf der Gnade zu folgen. Auch im Ehestande sollten und könnten wir dem Herrn dienen, und ihm wohlgefällig leben; aber Ernst und Treue müßten wir beweisen: wenn wir das thäten, so würde es der Herr seiner Seits auch an Mittheilung der Kräfte und des Vermögens nicht fehlen lassen. Allein, es wollte nicht recht mit ihm fort. Einsmals kam er zu mir, und sagte, daß er zu H. gewesen wäre, und daselbst von einem Freunde vernommen hätte, daß zu Mülheim an der Ruhr ein frommer Mann, Namens Tersteegen, wohnte, der Bücher herausgegeben hätte. Der besagte Freund habe ihm auch deren eins geliehen. Ich ersuchte ihn, mir dasselbe auf einige Tage zu

zu leihen, welches er that. Es war Tersteegens
geistliches Blumengärtlein. Ich las mit Vergnügen und Erbauung in demselben. Meinen
damaligen Gemüthsstand fand ich in dem Liede:
Ach Gott, man kennet dich nicht recht ꝛc. ausgedrückt, daß ich ein großes Verlangen bekam, den
Mann persönlich kennen zu lernen. Ich kaufte
mir alle von ihm herausgegebene Schriften, und
fand solche Weide und Aufmunterung für mein
Gemüth darinnen, daß ich gestärckt wurde, auf
dem Wege, worauf mich der Herr geführt und
gezogen hatte, um desto getroster und munterer
fortzugehen.

---

25. Brief.

Der Verfasser findet in Jac. Böhms Schriften keine
Nahrung mehr. Seine Gedanken über diesen Autor, wie auch vom Stein der Weisen. Warnendes Beispiel für solche, die sich mit dem Suchen desselben abgeben.

Das Lesen in Jacob Böhms Schriften fiel mir
nun weg. Ich hatte schon lange keinen Trieb
mehr, darin zu lesen, weil ich die Nahrung nicht
mehr dabei fand, die ich Anfangs gehabt hatte.
Sie führeten mich zu sehr in Speculationen, um
nur viel zu wissen und Geheimnisse zu ergrübeln,
wobei das Herz mehrentheils leer und kalt bleibt.
Diese Wirkung habe ich auch zum öftern bei denen
wahrgenommen, die sich in die Lectüre dieser

25. Brief.

Schriften zu sehr vertieft hatten. Auf meinen Reisen hab ich oft mit vielem Licht und besondern Einfluß darin gelesen, und glaubte, zuletzt, daß mir alle die Geheimnisse, alle die Tiefen, wovon Böhm schreibt, aufgedeckt wären. (Und wie viele Anhänger Böhms glauben das auch von sich ohne Ursache!) Ich bin zwar in der Folge überzeugt worden, daß dieses im Ganzen nicht so war, allein, das weiß ich, daß ich vieles darin fand, daß mir für jene Zeit aufmunternd und beförderlich war. Diese Schriften kamen mir auf der See treflich zu statten, und ich fand viel Unterhaltung und Erbauung darin, weil ich zu der Zeit viel Speculation in allerlei Dingen hatte. Vielleicht wär ich in die Welt gegangen, oder in Dinge gerathen, die mich wieder an die Welt gefesselt hätten. Diese Bücher waren mir in meiner damaligen Lage, besonders auch deßwegen sehr nützlich und förderlich zum Guten, weil sie sehr auf Ernst und Beharrlichkeit bringen: auch hatte ich mich so vertraut damit gemacht, daß mir — obschon ich von der Zeit an wenig oder gar nicht mehr darin gelesen habe — doch noch viele Dinge daraus bekannt geblieben sind.

Jacob Böhm ist und bleibt, im meinen Augen, ein von Gott begnadigter, und mit besondern Talenten begabter, merkwürdiger Mann, die man selten wieder bei einem Handwerksmann an-

25. Brief.

antreffen wird *). In seinen Aeußerungen über die sieben Gestalten der Natur, die drei Principien und mehr andere Sachen, liegt vieles, das ich nicht verwerfen kann. Mir kommt es jetzt so vor, als ob J. B. viel in chymischen Schriften gelesen, und sich mancher Wörter und Ausdrücke aus denselben bedienet — manche aber auch selbst erfunden habe, um christliche Wahrheiten darein zu kleiden; weßwegen er manchen Leser immer unverständlich bleiben wird. — Es giebt viele erweckte Menschen, die, wenn sie Talente haben, und der Speculation ergeben sind, sich in die Schriften und Vorstellungen dieses Mannes vertiefen, ihre Begriffe in seine Sprache einkleiden und an den Tag legen, und dann wunder! meynen welche besondere, lichtvolle Menschen sie wären. Alle Freunde Böhms will ich ja nicht hiemit beschuldigen; es gibt allerdings aufrichtig Fromme darunter, welche aus seinen Vorstellungen erbaut werden. Allein, durchgehends stehen diese Art fleißiger Leser sehr hoch in sich selbst, und sehen andere, die ihnen nicht Beifall geben, für

---

*) Der Engländer William Law, der ein besonderer Freund seiner Schriften war, hat Böhms System am besten ins Licht gestellt. Ich habe Gelegenheit gehabt, dieses Mannes Schriften in Englischer Sprache zu lesen, und muß gestehen, daß ich sehr viel Gottseliges, Erbauliches, ja manche große und erhabene Gedanken, darin gefunden habe.

für finstere, blinde und ganz unerfahrne Menschen an. Sie haben gewöhnlich viel Störrigkeit gegen die Prediger und äußere Kirche. Dieß ist aber der Liebe und dem demütigen tragsamen und sanftmüthigen Geiste des Christenthums — dem Hauptcharakter eines wahren Christen — ganz entgegen. — Ich habe in Deutschland, wie auch in Amerika verschiedene gefunden, die durch das Lesen dieser Schiften angefeuert worden, den Stein der Weisen zu suchen, wodurch sie sich denn endlich in leibliches und geistliches Unglück stürzten. Weil ich beinahe in derselben Lage gewesen bin, so kann ich ziemlich aus Erfahrung reden.

Ehe ich nach Ostindien reisete, fand ich in Amsterdam, in den Buchläden der Antiquarien, verschiedene chymische Schriften, (wie z. B. die des Basilius Valentinus u. a. m.) die ich mir kaufte, und auf dem Meer recht durchstudirte. Ich glaubte auch, alles so wohl begriffen zu haben, daß ich mir im Herzen vornahm, wann ich einmal einen ruhigen Ort des Aufenthalts auf dem Lande hätte, so wollte ich den Stein der Weisen machen: denn der ganze Prozeß dazu war mir, nach meiner Einbildung, aufs genauste bekannt, und am Gelingen zweifelte ich nicht. Allein, nachdem mir der gütige Gott durch seine Gnade ein näheres Licht und andere Einsichten schenkte, und ich klar einsah, daß ich bei weitem der Mann noch nicht sey, der ich seyn müßte: so

fielen

25. Brief.

fielen mir alle dergleichen speculative Dinge ganz hinweg.

Ich habe oben gesagt, daß sich manche, durch das Suchen am Stein der Weisen, leiblich und geistlich unglücklich machen. Zum Beweise will ich ein Exempel anführen.

Weil ich noch als immer die Freundschaft mit den Erweckten in meinem Vaterlande unterhielt; so schrieb mir einsmals dieser Freunde einer, ich möchte doch zu einer bestimmten Zeit zu ihm kommen, weil er und andere mir eine wichtige Sache vorzutragen hätten. Ich begab mich also dahin, und fand mehrere Freunde bei ihm versammelt. Sie erzählten mir, daß sie in die Bekanntschaft eines sehr frommen Mannes gekommen wären, der sich jetzt in einer Kammer oben im Hause aufhielte. Dieser Mann hätte sehr tiefe Einsichten in die Geheimnisse der Natur, unter andern auch das Geheimniß, den Stein der Weisen hervor zu bringen. Da er jetzt keinen Wohnort hätte, so wollten sie ihm Aufenthalt geben, und dann wollte er den Prozeß dazu vornehmen: aber er hätte sechs hundert Reichsthaler nöthig, um sich alles dasjenige anzuschaffen, was dazu gehöret, um denselben zu verfertigen. Sie fragten mich: ob ich an dieser guten Sache nicht mit Theil nehmen wollte? Wir würden dadurch in den Stand gesetzt werden, den Armen viel gutes zu thun, und den from-

25. Brief.

frommen Armen ganz aufzuhelfen, daß sie ohne Sorgen leben könnten; — und, ich weiß nicht mehr, alle die goldnen Berge, welche sie sich versprachen, und welche Schlösser und Herrlichkeiten sich ihre Fantasie schon zum voraus aufbauete. — Ich antwortete ihnen aber, daß mir die Sache bedencklich vorkäme, und daß ich gefährliche Folgen davon befürchtete. Ehe ich mich aber weiter erklären, und zu etwas entschließen könnte, müßte ich erst den Mann sehen und sprechen. Ich ward also zu ihm geführet; und, weil ich in voriger Zeit viel über diese Sachen gedacht und im Kopft gehabt hatte: so ließ ich mich in eine weitläuftige Unterredung mit ihm ein. — Ich fand, daß dieser Mann sein Gutes hatte, kein vorsätzlicher Betrüger — aber durchs Laboriren in Armuth gerathen war, sich noch immer mit der Hoffnung schmeichelte, den (so genannten) Stein der Weisen doch endlich zu finden. Ich war aber überzeugt, daß er ihn niemals finden würde, denn ich zweifelte schon damals an dem Daseyn und Möglichkeit desselben. — Wie ich mit den Freunden wieder allein war, erklärte ich ihnen, daß ich mich auf keinerlei Weise in diese Sache einlassen würde, weil ich zum voraus wüßte, daß alles Geld, daß dazu hergegeben würde, verloren wäre. Wann aber der Mann Mangel litte, und auf eine andere Art sein Brod suchen wollte: so wäre ich bereit, zu seinen Bedürfnissen mit beizutragen; zu dem vorhabenden Project aber

gäbe

gäbe ich nichts. Zugleich warnte ich diese Freunde, und bat sie, sich doch nicht in diese Sache einzulassen; sie würden es sonst gewiß einmal bereuen. Allein alles war vergebens; sie waren so sehr für die Sache eingenommen, daß diejenige, welche kein baar Geld hatten, dessen entlehnten, und sich noch in Schulden steckten. Was geschahe? In einem Jahr hatte der Mann all ihr Geld verlaborirt, und war um kein Haar weiter gekommen. — Sie beklagten nun, aber zu spät, den Verlust ihres Geldes, und daß sie meinem Rath nicht gefolget hätten. Dergleichen Auftritte habe ich in meinem Leben mehrere gesehen.

Wenn ich meine Meinung über das, was man unter dem Stein der Weisen versteht, sagen soll: so glaube ich nicht, daß ein solcher Stein, eine Tinctur, um alle Metalle in Gold zu verwandeln, und Universal-Medicin jemals existirt habe; lasse aber dabey einem andern auch gern über, an seine Existenz zu glauben. Das Suchen des Steins der Weisen, hat manchen Menschen unglücklich und elend gemacht; ist aber an der andern Seite auch für die Menschheit vortheilhaft gewesen, weil dadurch viele nützliche Geheimnisse der Natur entdeckt worden sind; welche ohne die Meinung, Gold und Universal-Medicin zu erfinden, vielleicht verborgen geblieben wären. — Weil übrigens hier der Ort nicht ist, mich über die Gründe einzulassen, warum ich kein solch Ar-

canum

canum glaube: so kehre ich wieder zu meiner Geschichte zurück.

---

26. Brief.

Der Verfasser wird aus dem beschaulichen Zustand in den Stand des dunkeln Glaubens geführet. Scheidung des sinnlichen Theils von dem Grunde des Gemüths. Schwere Prüfungen in diesem Stande. Mitten unter den Zerstreuungen, Dürre und Dunkelheiten hält der Grund fest an Gott. Nähere Beschreibung der Eigenschaften dieses Gemüthszustandes.

Nachdem ich etwas über ein halb Jahr in dem obbeschriebenen beschaulichen Zustand gewesen war: so kam ich in eine harte schwere Prüfung. Das schmackhafte innige Gefühl wurde mir entnommen, und in meiner Sinnlichkeit empfand ich manche schwere Versuchungen. Nach meiner Grundneigung, hielte ich mich durch den Glauben an denjenigen fest, der mir schon so viel Gutes erwiesen hatte; und durch seine Gnade ward ich auf eine verborgene Weise, bewahrt und fest gehalten, daß ich nicht zu Falle kam, und daß ich in dieser Prüfung leidsam aushalten konnte. Alle Leidenschaften, welche eine Zeitlang wie getödtet geschienen hatten, erwachten aufs neue in mir: Stolz, Wohllust und Liebe zur Welt mußte ich aufs empfindlichste fühlen, und die Versuchungen

26. Brief.

gen aller Art stürmten von allen Seiten auf mich zu. Das verursachte meiner Seelen tiefen Druck und Leiden!

Einmal kam ein stolzer Geist, der mir alles verächtlich machte und dem nichts recht war. "Ja, "blies er mir ein, du hättest auf dem Meer blei= "ben sollen; da hätten sich deine Talente recht "entwickelt; da würdest du dich bis zum Schiffs= "Capitain, oder sonst zu einem hohen Posten in "Indien empor geschwungen haben. Doch, es "ist noch Zeit! gehe wieder auf die See, da wirst "du dein Glück machen." Oft waren die Versu= chungen so heftig, daß ich glaubte erliegen zu müs= sen. Aber getreu ist der, der uns berufen hat! Er läßt uns nicht über Vermögen ver= suchet werden. Er unterstützt die, die ihm Treue beweisen. Jesus hält sie, wenn sie demüthig seyn wollen, durch seine Gnade fest, daß sie nicht fal= len, noch weichen, und läßt alles ein gutes En= de gewinnen. Wann ich mich gegen diese Feinde, auf eine wirksame Weise wehren, und sie be= kämpfen wollte, so konnte ich damit nichts aus= richten, und sie schienen mir desto mächtiger zu werden. Wann ich aber nun und dann das Glück hatte, ein stilles verborgenes Plätzchen im Hertzen zu finden, und mich leidsam und ruhig da= rin verhielte, so konnten sie mir nichts anhaben. Und weil denen die Gott lieben alle Dinge zum Besten mitwircken müssen, so mußte auch mir,

diese

dieses alles zuletzt, zum Besten dienen. Denn nachdem ich über drei Monate in diesem schweren Prüfungsstand gewesen war, so gefiel es Gott mich wieder daraus zu erlösen; und ich fand, daß ich dadurch in eine viel festere Gemüthsgestalt war versetzt worden. Das Empfindbare, Schmackhafte, Innige, welches noch sehr an das Sinnliche gräntzt, und damit vermischt ist, war zwar verloren gegangen; aber an dessen Stelle war ein Glaube gekommen, der über alles, was durch die Sinnen noch empfunden und wahrgenommen werden kann, weit erhaben ist. Dieser Glaube ist so beseligend, daß man für denselben alle Gewißheit gern fahren läßt. Durch denselben werden der Seele die Anordnungen und Anstalten, welche Gott durch Jesum zu dem Heil der Menschen gemacht hat, weit mehr entdecket, als sie sonst je davon einsehen konnte. Es ist der gantz beseligende Glaube, der uns durch Christum mit Gott vereinigt, wovon unser Heiland zeugt: Wer an mich glaubt — von dessen Leibe werden Ströme des lebendigen Wassers fließen. Es ist der Glaube, der das Hertz reiniget; und durch denselben kann der Geist des Menschen in etwa Gott schauen, wie er in sich selber ist; denn die, welche reines Hertzens sind, sollen Gott schauen, welches hienieden anders nicht als durch diesen Glauben geschehen kann; denn, weil Gott ein gantz unbegreifliches, beseligendes Wesen ist, der, nach der h. Schrift, im Dunckeln wohnet:

so

26. Brief.

so kann auch dieses Schauen, dieses Gesicht des Glaubens nicht anders als allgemein und dunckel seyn. Darum könnte man auch wohl diesen Glauben — da er von dem historischen und vernünftigen Glauben*) gantz verschieden ist, einen dunckeln Glauben nennen. Dieser Glaube ist der Sieg, wodurch der Glaubige die Welt, sich selbst und alles überwindet. **)

Weil

---

*) Der historische Glaube ist derjenige, der die Geschichte und Zeugnisse der Bibel für wahr hält, und ungezweifelt annimmt. Es ist die Grundlage eines jeden andern Glaubens, und muß durchaus daseyn. Denn wer zu Gott kommen will, muß glauben, daß er sey, und denen, die ihn suchen, ein Vergelter seyn werde. Der vernünftige Glaube betrachtet die Wahrheiten der Religion auf eine vernünftige Weise; und sucht dieselben zum Wachsthum im Guten, und Nahrung der Tugend und Besserung des Lebens, vermittelst fleißiger Application, seinem Herzen einzuprägen. A. d. R.

**) Siehe von diesem Glauben und den vorhergehenden Leiden H. Stillings Heimweh, ersten Band pag. 415 bis in den zweiten Band pag. 38. allwo dieser Autor, diese Prüfungen nebst dem darauf folgenden Glauben, unter Bildern schön und gut dargestellt hat. Im Schlüssel dieses Werks, wird pag. 58 bis 98, alles dieses noch näher ins Licht gestellt. Wenn man in diesem Heimweh die bildliche Vorstellung der Wahrheit enthüllen kann, so findet man im Grunde desselben — was die Wege der Gottseligkeit angeht — die reinste Wahrheit. Der Schlüssel (aber noch insbesondere die selige Erfahrung) schließt dem Leser die Bilder auf. A. des Verf.

26. Brief.

Weil ich wohl bencken kann, daß meine Aeusserungen von einem dunckeln Glauben, allen denen, die keine Erfahrung davon haben, unverständlich, unbegreiflich, ja — wie ich fürchte — anstößig vorkommen werden ***): so will ich die Sache durch ein natürliches Bild in etwa zu erläutern suchen.

Wenn wir die Schöpfung, das gantze Weltall, betrachten, und nur in etwa Kenntniß vom gestirnten Himmel haben: so staunt unsere Vernunft über die Grösse und Ausgedehntheit der geschaffenen Dinge, und verliert sich in einer Menge dunckeler Vorstellungen und Ideen. Denn sie siehet ein, daß, wenn wir uns auf den entferntesten, mit den Augen noch erreichbaren Stern versetzen könnten, wir dann abermal in die Tiefe einer gantz neuen Schöpfung hinein blicken würden, die jetzt unserm Auge verborgen ist. — Die Vernunft hat hierüber nur dunckele Ideen, glaubt aber

---

***) Sollte unser Heiland nicht eben einen solchen Glauben im Auge gehabt haben? als er zu Thomas sagte: Selig sind, die nicht sehen und doch glauben. — Und sollte unter viel anderen Ausdrücken der h. Schrift, die Aeusserung Davids aus einem solchen Glaubensgrunde nicht geflossen seyn? Wann ich schon im Finstern wandle, so ist doch der Herr mein Licht. Dieser Gemüthsstand ist offenbar unterschieden von demjenigen, woraus die Worte geflossen sind: Schmäcket und sehet, wie freundlich der Herr ist. A. d. R.

26. Brief.

aber doch, daß die Dinge so da seyen. Sie verliert sich mit ihren staunenden Betrachtungen in diesem Abgrund, und es bleibt ihr nichts weiter übrig, als ein ehrfurchtsvolles Erstaunen; denn alles geht weit über ihre Fassungskraft, und das Ende der Schöpfung ist ihr unerreichbar. — Was soll man aber nun von dem Schöpfer denken, der dieses alles, durch den Wink seines Willens hervor gebracht hat; von dem unsere Vernunft nichts sehen noch begreifen kann! Sie schließt nur aus der Schöpfung, daß ein Etwas, ein Wesen da seyn müsse, welches von diesem allen der Urheber sey. Und will die bloße Vernunft hier ihre Betrachtungen auf dieses Urwesen richten; so verliert sie vollends alle Ideen und Begriffe, und bleibt ihr nichts weiter übrig als tiefe Dunckelheit. *) — Aber, der beseligende Glaube,

---

*) Und — möchte ich noch hinzusetzen — als Furcht und Zurückschrecken vor einem Wesen, welches zu betrachten, die Vernunft nirgend ihren Zirckel ansetzen, nirgend einen festen Punkt finden kann. Dieß ist nur einem wahren Christen vorbehalten; der sieht in Jesu dem Abglantz der Gottheit, dem ausgedruckten Ebenbilde dieses unbegreiflichen Wesens, in dem die gantze Fülle der Gottheit leibhaftig wohnt, und also durch Ihn dem Menschen genießbar wird: der sieht, sage ich, in Jesu, und beschaut die Gottheit in einem gantz andern Licht — in dem Lichte des Glaubens. In Ihm findet sie die Strahlen der ewigen Sonne gleichsam gebrochen. — Das allmächtige, unbegreifliche

26. Brief.

Glaube, der unsern Geist gereinigt, und schon in etwa durch Christum, in die Gemeinschaft Gottes gebracht hat, dieser beschaut — und kann auch allein in dunckeler Ehrfurcht und Liebe dieses höchste Wesen beschauen. Hiervon Ideen oder deutliche Begriffe mit Worten darzulegen, ist eben so wenig möglich, als einen Geist körperlich zu machen. Die selige Erfahrung ist dem genug, den der Herr mit dieser Gnade beschenckt hat. Hier spiegelt sich in uns des Herrn Klarheit, und wir werden verklärt in dasselbe Bild, von einer Klarheit zu der andern, als vom Herrn, der der Geist ist. — Stärcker als der Apostel diese Sache hier ausdrückt, kann sie nicht ausgedrückt werden. Alles das geschiehet allein durch den Glauben; der kann nur in dieses dunckle Heiligthum eindringen, während daß die Vernunft ehrfurchtsvoll im Vorhofe stehen bleibt. **)

Meine *che Wesen, vor welchem die Vernunft (wenn sie anders mit ihren Betrachtungen darauf kommt) zurück schreckt — erscheint dem Gläubigen als Vater — und nun wird durch dessen Zug zu Jesu, durch dessen freundliche Winke, seine Liebe und Vertrauen rege. Der über alles weit entfernte Gott wird ihm in Jesu so innig nahe, daß er sich in allen Vorfällen, in jeder Angelegenheit, gläubig und vertraulich an Ihn schmiegt, Ihm alles sagt, und klagt. — O welch eine unbegreifliche Herablassung des allmächtigen Schöpfers! A. d. R. Siehe auch den 29. Brief u. f.

**) Alles was über unsere vernünftige Begriffe geht, besonders Gott und göttliche Dinge, müssen

26. Brief.

Meine Gemüthsumstände wurden nun immer tiefer. Das Schreckhafte und Wahrnehmliche veränderte sich in Thaten des Glaubens, der Liebe, Anbethung und Verherrlichung dessen, der mein Herz belebte und in Besitz hatte. Es kamen aber auch oft Zwischenzeiten von Zerstreuungen, Dunkelheit, Dürre und Leiden, die mir den Vorwurf meiner Leiden auf eine kurze Zeit verbargen; aber dann ward auch mein Herz wieder mit einem desto größern Zufluß von Gnade und Liebe aufs neue belebt. Hatte ich Fehler begangen, hie oder da gestrauchelt, oder war ich nicht auf meiner Hut gewesen, die Ausgänge meines Herzens zu bewahren, und war durch meine Schuld zerstreuet worden: so wurde mir dieser Zufluß entzogen — oder eigentlicher zu reden, der Grund im Inwendigen, worin das Heiligthum Gottes war

---

sen wir, wenn solche einige Beziehung auf uns haben sollen, glauben, da wir nun das Göttliche durch die Vernunft, unmöglich durchschauen noch begreifen können, deswegen bleibt uns diese Sache auch immer dunckel. Dennoch findet eine glaubige Seele in dem liebvollen Anhangen an ihren Gott, der in Jesu ihr Vater ist, die allerbeseligendste Gewißheit; ja eine Glaubens-Gewißheit, die ihr sagt: daß Gott, auch ihr liebender Gott und Vater in Jesu seye. Dieses kann aber die Vernunft unmöglich ergründen, und bleibt ihr alles in einer ehrfurchtsvollen Dunckelheit. A. d. Verfasser.

26. Brief.

war, *) wurde verdeckt. Alsdann mußte ich, als ein armer, sich selbst anklagender Sünder, wieder vor den kommen, der so oft und viel vergeben hatte, der dann auch sein liebes Vaterherz wieder öffnete, und vergab. — Die tiefste Beschämung wiederfuhr mir oft alsdann, wann ich nach begangnen vielen Fehlern und Zerstreuungen, wobei ich nirgends Ruhe mehr finden konnte, mich wieder in der Stille zum Herrn wandte. Denn da geschah es mehrmalen, daß, statt der wohlverdienten Verweise und Bestrafungen, die ich erwartete, er mich mit desto größerer, wohlwollender Liebe und Güte überschüttete. Ich konnte mich dann vor Scham und Beugung kaum mehr fassen; und es demüthigte mich so sehr, daß ich mich alles Guten unwürdig achtete.

Täglich nahm ich drei Mal eine fest gesetzte Zeit zum Gebethe in der Einsamkeit, worin ich mich nur mit meinem Gott und Erlöser, durch Thaten der Liebe, der Anbethung und Verherrlichung beschäfftigte. Eigentlich aber war es keine Beschäfftigung, sondern nur eine sanfte Einkehr, Hingabe und leibsame Ueberlaßung in die Hände deßen, dem mein Alles schon längst hingegeben und überlaßen war.

27. Brief.

*) Das Reich Gottes ist inwendig in euch. Luc. 17, 21.

27. Brief.

Der Verfasser reiset nach Mülheim an der Ruhr zu Tersteegen, von welchem er liebreich aufgenommen, getröstet und aufgerichtet wird. Sein Andenken bleibt ihm gesegnet. — Freimüthige Erklärung gegen seinen Vater, daß er nicht heirathen werde. —— In Gemeinschaft mit einem, dem Guten ergebenen Vetter, und einem dritten, der die Waar verhandeln soll, fängt er an, auf Schnürriemen-Maschienen zu arbeiten. — Sein inniger abgeschiedener Wandel und Liebesgemeinschaft mit Gott.

Weil ich aus den Schriften des seligen Tersteegens viel Segen und Erbauung genossen hatte, und in denselben ein reineres und tieferes Licht, als in viel andern Büchern, die von der Gottseligkeit handeln, erblickte: so bekam ich ein großes Verlangen, diesen Freund Gottes von Person kennen zu lernen. Ich reisete also im August dieses (für mich so gnadenreichen) 1766sten Jahrs nach Mülheim an der Ruhr — und fand bei dem lieben Manne weit mehr, als ich vermuthet und erwartet hatte. Er begegnete mir mit einer ausgezeichneten Liebe, und ich war, so lange ich mich da aufhielt, täglich einige Stunden bei ihm. Nachdem ich ihm meine Erweckung und besondere Führung erzählet hatte, ward er vollends so liebend und offen gegen mich, daß mein Herz von diesem lieben Manne ganz eingenommen ward. An meinen gegenwärtigen Gemüthsumständen

nahm

nahm er herzlichen Antheil, und sagte mir: ich möchte dem Gnadenzuge, den mir der Herr geschenckt hätte, nur treulich folgen, so würde es alles gut gehen. Ich erzählte ihm, daß sich unser jetziger Prediger sehr duldend betrüge, und von der Kanzel nichts wider die Leute vorbrächte, welche sich einer stillen Lebensart beflissen; und fragte ihn zugleich, ob ich bei der Kirche bleiben sollte? — Er rieth mir: ich sollte nur ohne Scrupel den äußern Gottesdienst beibehalten, es sey denn, daß der Prediger über gottselige Menschen lästerte. In solchem Falle wäre es denn doch Pflicht, sich davon zurück zu halten, wofern man es nicht anhören müßte. Man bliebe übrigens bei der Kirche ruhiger, und könnte so viel stiller vor Gott wandeln. — Wie ich noch einige Tage bei ihm gewesen war, und noch mit manchen andern Freunden Bekanntschaft gemacht hatte, verlangte ich wieder nach Hause. Der liebe Tersteegen wollte mich noch einige Tage da behalten; aber ich sagte ihm: daß mein Herz so voll wäre, daß ich es nicht wohl länger daselbst aushalten könnte; ich müßte der Liebe, die in meinem Herzen brennete, und die ich fast nicht mehr ertragen möchte, durch die Rückreise Erleichterung verschaffen. Er war mit meinem Grunde zufrieden, und sagte: ich möchte also unter dem Geleite Gottes wieder nach Hause reisen: wir wollten uns im stillen Andenken vor und in Ihm lieb behalten. Seine Worte und Segenswunsch bei dem

27. Brief.

dem Abschied nehmen, blieben mir noch lange in gesegnetem Andenken.

Nachdem ich von meiner Ostindischen Reise wieder in meines Vaters Haus gekommen war, so nahm ich mich aller Geschäffte mit an, die da vorfielen. Ich hatte nur Einen Bruder, der — weil er unter so viel Schwestern, der einzige gewesen — nicht gut erzogen und etwas verzärtelt war, und mir manche Streiche spielte. Ich ertrug es so geduldig, als ich konnte; sah aber wohl ein, daß in die Länge meines Bleibens nicht im Hause seyn würde. — Mein Vater fing auch nun allgemach an, mit mir vom Heirathen zu reden, und schlug mir die Tochter in einem gewissen Hause vor, wovon er mir sagte, daß ich sie gewiß erhalten würde, wenn ich sie begehrte. Ich erwiederte ihm, daß ich die Jungfer nicht recht kennete; und, so weit sie mir bekannt wäre, fänd ich keine Liebe gegen sie; und, eine Person bloß um Geld, oder anderes Vermögens wegen zu heirathen, wäre mir nicht möglich. Wenn ich heirathen wollte, so müßte wechselseitige Liebe zum Grunde liegen; anders könnte und würde ich eine so wichtige Sache nicht unternehmen. Er möchte übrigens in Ansehung meiner nur ruhig seyn; denn die göttliche Fürsehung, der ich mich ganz ergeben hätte, würde auch für mich sorgen. Als mein Vater meine Gesinnungen in dieser Sache verstanden hatte, so drang er auch nicht weiter in mich, sondern sagte bloß zu mir: Ich müßte selbst am beßten wissen, was mir diente; ich sey alt genug, für mich selbst zu sorgen, und müßte sehen, wie ich durch die Welt käme.

Meine liebe Mutter hatte mir vor und nach die Lage unsres Hauses entdeckt. Ich erfuhr also, daß mein Vater, bei einem allzu großen Aufwand, in der Eigenschaft als Landhauptmann und bei der Erziehung von acht Kindern (deren nun eins gestorben war) Schulden gemacht hätte. Sein Stahlhammer verschaffte ihm zwar ansehnliche Einkünfte, und hätte ihn allein zu einem vermögenden Manne machen können; allein, er hatte die Aufsicht darüber meistens andern überlaßen, die ihn überall vervortheilten. Dessen ungeachtet war und blieb er noch immer ein wohlhabender Mann; doch sah ich wohl ein, daß ich vom siebenten Theil seines Vermögens nach meiner Neigung nicht würde haben leben noch bestehen können, und dachte deßwegen auf ein anderes Geschäffte, wobei ich auf eine stille Art durch die Welt kommen und ruhig meinen Unterhalt gewinnen möchte.

Einer meiner Vettern, der sich einige Jahre in Elberfeld aufgehalten hatte, kam, nicht lange nach meiner Zurückkunft von Ostindien, in unsern Ort und besuchte mich. Da ich merkte, daß er dem Guten nicht abgeneigt war: so sprach ich

mit

mit ihm von der Wichtigkeit unseres Hierseyns, und daß wir uns in dieser Gnadenzeit auf die Ewigkeit müßten zubereiten und von Gott zubereiten laßen. Meine Worte fanden ziemlichen Eingang bei ihm, und, weil er diesen Sommer wieder in unsern Ort wohnen kam, so setzten wir unsern Umgang fort, und er bekam Neigung, auch ein gottseliges Leben zu führen. — In Elberfeld hatte er Gelegenheit gehabt, mit einem der ersten Erfinder der Schnürriemen-Maschinen in Bekanntschaft zu kommen, und er hatte dadurch so viel Einsicht erlanget, daß er selbst einige dieser Maschinen verfertigte, und darauf arbeitete. Da die Sache noch neu war, so schien es, als ob etwas dabei zu verdienen wäre. Mein Vetter hatte seinen Schwager, der die Frankfurter Messe bezog, mit in das Geschäffte genommen. Weil er nun viel Freundschaft für mich hatte, so bot er mir seinen Antheil zur Hälfte an, wenn ich in die Gesellschaft tretten wollte, so daß ich zum vierten Theil interessirt wäre. Er wünschte dabei, daß ich zu ihm in sein Haus zöge, wo wir beide dann gemeinschaftlich Haus halten und arbeiten wollten. Ich fand Anfangs manche Bedenklichkeit bei mir, diesen Vorschlag einzugehen, weil ich dachte, man könnte dem Guten, das mein Vetter zwar hatte und wozu er ferner Neigung bezeigte, noch nicht sonderlich trauen, da es noch durch keine Prüfungen gegangen wäre. Doch überwand meine Neigung zu einer stillen aber ar-

beitsamen

heitsamen Lebensart meine Bedenklichkeiten, und ich nahm sein Anerbieten an. Wir beschlossen, daß wir uns nicht weiter in die weltlichen Geschäfte einlaßen wollten, als zu unserm Bestehen nöthig wäre. Deßwegen überließen wir auch seinem Schwager die Halbscheid des ganzen Geschäfftes gern, mit dem Bedinge, daß er für die Handlung sorgen, uns hinreichende Materialien anschaffen, und die fertigen Waaren verkaufen sollte.

Wir beide bezogen dann das Obertheil des Hauses, arbeiteten mit einander, und suchten vor Gott fromm und ihm wohlgefällig zu leben. — Hier hatte ich nun bei einem Handgeschäffte eine stille ruhige Lebensart. Mein Zug und ganzes Verlangen ging immer tiefer dahin, in ganzer Abgeschiedenheit, und kindlicher Abhänglichkeit meinem Gott der Liebe zu leben, und vor ihm zu wandeln. Nicht weit von unserer Wohnung, auf einer felsichten Anhöhe, war ein Wäldchen, wohin ich mich, wenn es nur die Witterung zuließ, des Abends verfügte, und oft bis in die späte Nacht daselbst verweilete. Ach! wie manche selige Stunde hab ich da in der Liebesgemeinschaft meines göttlichen Erlösers zugebracht! Seine Liebe belebte mein ganzes Herz. Mein Alles ward Ihm wiederhohlt und unwiederruflich aufgeopfert und ganz hingegeben, um in Zeit und Ewigkeit mit mir zu machen, was Ihm nur gefallen möchte. — Die besondern Wirkungen seiner Gnade und

und Liebe, welche ich da empfand, kann ich nicht ausdrücken. Ich lebte oft mehr in der Ewigkeit als in der Zeit. Diese göttliche Liebe führt immer weiter, damit endlich die Seele mit Gott in Christo vereiniget werden möge.—Aber, ehe dieses in der Wahrheit geschiehet, sind noch manche beschwerliche Berge zu übersteigen. — Die Liebe, die hier der Seele mitgetheilt wird, ist rein, weil sie göttlichen Ursprungs ist: wer in dieser Liebe bleibet, der bleibt in Gott, und Gott in ihm; denn Gott ist Liebe.

---

28. Brief.

Des Verfassers lautere Gesinnungen bei den Mittheilungen der Gaben und Gnaden Gottes. Er will den Geber und nicht die Gaben fest halten. Seine kindliche Ueberlaßung an Gott. — Die Gnade rüget seine Fehler scharf, und ist sonderlich strenge gegen die stolze Eigenliebe: auch des Verfassers ganzer Wille geht dawider an. —' Er bittet um Erweiterung der Herzens, um die Wirkungen der göttlichen Liebe ertragen zu können, die im Innern brennet.

Ungeachtet des tiefen göttlichen Friedens, der mit diesen Einflüssen der Gnade und Liebe verbunden war, hatte ich doch keine feste Anhänglichkeit daran. Ich konnte alles, was mir mitgetheilt war wieder los, und in die Urquelle zurück fließen

fließen laßen. Dabei gab es auch Zeiten, wo mir aller empfindliche Einfluß der göttlichen Liebe entzogen, wo ich in Kreuz und Leiden versetzt, und mein Herz von Dunkelheit, Dürre und Kraftlosigkeit eingenommen wurde. Dieß alles nahm ich denn auch aus der Hand der Liebe an, und sagte dabei oftmals: Ach, mein Gott, meine ewige Liebe! nicht um der Mittheilungen deiner Gnaden und Gaben willen, will ich dich lieben; sondern, weil du allein liebenswürdig bist. Du bist mir über alles alleine genugsam! — Selbst in der größesten Dunkelheit, Dürre und Leiden, bleib ich dennoch stäts bei dir! Mache mit mir, was dir gefället!

Wenn ich mir meine Leiden und Dunkelheiten durch eigne Schuld nicht selbst zugezogen hatte; wenn mir mein Herz keine Vorwürfe über begangne Fehler machte: o, dann konnte ich gut des Glaubens leben; dann konnte ich's in allen Leiden, Dürre und Dunkelheiten recht gut aushalten. Hatte ich mir aber solches — wie leider! nur zu oft geschah! — durch meine Fehler selbst zugezogen: so war es mir zwar schwerer zu ertragen, aber ich kam doch nicht minder mit kindlichem Vertrauen zu meinem göttlichen Erlöser, und klagte ihm meine Noth. "Ich komme, sprach ich "dann zu ihm, als ein armer, gebrechlicher und "fehlerhafter Sünder zu dir! Vergib mir doch in "Gnaden um deiner Leiden willen! halte mich "durch

28. Brief.

"durch deine Gnade und Liebe fest und bewahre
"du selbst mich vor allen Fehltritten und Fällen:
"denn, du weißest ja wohl, was für ein Gemächte
"ich bin, daß ich nur eine arme und gebrechliche
"Kreatur bin, ein Mensch von Staube, der
"nichts hätte als Schwachheit und Gebrechen,
"und nichts könnte als Fehler begehen, so lange
"er sich selbst überlaßen wäre." — Wenn ich mir
fest vornahm, mehr und sorgfältiger auf meiner Hut
zu seyn, um nicht in Fehler zu fallen; dieß und jenes zu meiden; da und da mich so und so zu betragen: dann strauchelte ich gemeiniglich nur desto mehr. Dieß machte, daß ich vor und nach alles Vertrauen auf mich, auf meine selbst eigene Bewahrung aufgeben mußte; mich aber desto unbedingter und völliger der Bewahrung Gottes hingab.

So gelinde und gütig auch die Zucht der Gnade mich wegen meiner Uebereilungen, Fehler und Schwachheiten behandelte, so viel schärfer ward ich über das Vertrauen auf mich und meine Kräfte, über das Sehen auf mich selbst und über mein eignes fest halten in meinem Inwendigen bestraft, das wurde aufs strengste geahndet, und ich bekam die empfindlichsten Verweise darüber. Ich ward gleichsam an mich selbst überlaßen; und dann lag ich schon im Elende und Gebrechen, in selbst verschuldeter Finsterniß und Dürre, die sehr peinlich war. Was sollte ich anfangen?

28. Brief.

fangen? Ich mußte, als ein Armer, der von sich selbst nichts hatte und nichts konnte, wieder zu Jesu, meinem Erlöser kommen, und mich seiner puren Gnade und erbarmenden Liebe ganz hingeben.

Die Gnade, welche mir der Herr in meinem jetzigen Gemüthsstande schenkte, hatte ein scharfes und tief sehendes Auge, und prüfte Herz und Nieren. Die geheimsten Flecken wurden mir dadurch offenbar. Was ihr in mir am meisten zuwider war, das war meine Eigenliebe, Selbstgefälligkeit und Eigenwillen, die Anmaßung des Guten, welches mir geschenkt wurde. Dieß alles ward mir von dem Gott der Liebe, der mich ganz allein beherrschen wollte, aufs tiefste entdeckt. Es wurde mir klar, daß dieses die schlimmsten Feinde meiner Ruhe, meines Friedens mit Gott wären, daß, wenn es in ihrer Macht stünde, sie sich an Gottes Stelle in meinem Herzen setzen würden; und daß sie arglistig und verschlagen genug wären, sich in allerlei Falten zu legen, sich in das Kleid der größten Tugend, Frömmigkeit und Heiligkeit einzuhüllen, nur, um in allem den Zweck des geistlichen Stolzes zu erreichen. Hier ist das Wort von Gott lebendig und kräftig, und schärfer, denn kein zweischneidig Schwert, und durchdringet, bis daß es scheidet Seel und Geist, auch Mark und Bein; und ist ein Richter der Gedanken und Sinne des Herzens. Hebr. 4, 12.

Gegen

28. Brief.

Gegen dieses eigenliebische, sich alles anmaſſende Theil, das so sehr mit meinem ganzen Weſen zusammen gesetzt war, — aber der reinen Liebe Gottes so sehr mißfiel, ging ich durch dieſe mir mitgetheilte Gnade, am strengsten und stärksten an. Wo ich mich in meiner Frömmigkeit nur hervor thun wollte; wo ich mir in den Gnadengaben, die mir Gott geschenkt hatte, selbst wohlgefiel: da drang dieser Gnadengeist darauf, dieses zu verläugnen, und dem allem abzusterben. Oft war ich so sehr auf der Seite Gottes, und gegen dieses lebhafte eigenliebische Theil so sehr aufgebracht, und so eifersüchtig für die Ehre der reinen Gottesliebe, daß ich ausrief: Ach Gott meine ewige Liebe! was für ein Mensch bin ich doch! Alle deine besondere Gnade, deine Wohlgewogenheit gegen mich Elenden — alles besudele und beflecke ich durch meine Anmaßungen und durch meinen Stolz! Ach, ich gefalle mir in diesem schönen Tugendkleide allzusehr! — Laß, o ewige Liebe! doch diese Ungerechtigkeit nicht länger zu! Rette deine Ehre, und laß deine Gerechtigkeit herrschen, bis du alle deine Feinde zum Schemel deiner Füße gelegt hast Ach! nimm du lieber alles hinweg; laß mich lieber arm und entblößt werden, als daß ich deine Gaben, deine Güte und Liebe länger mit meiner Unlauterkeit, mit Stolz und eigener Anmaßung beflecke und besudele!

Die

28. Brief.

Die göttliche Liebe war hier strenge; sie war ein verzehrend Feuer. Hebr. 12, 23. — 5 Mose 4, 24. Ohne sie konnte ich nicht mehr leben; aber das hinzunahen zu ihr in den Grund, wo ihr Heiligthum war, kam meiner Natur wie unerträglich vor. Mein Herz war zu klein, zu enge, ihre Wirkungen zu ertragen, so, daß ich oft sagte: O meine ewige Liebe! entweder mußt du mein Herz erweitern, oder deine Wirkungen mäßigen, sonst kann ich nicht länger leben — ich kann nicht länger aushalten!

Was hier zwischen Gott und der Seele vorgeht kann nicht beschrieben — es muß erfahren werden. Auch finde ich, daß, je weiter ich in meiner Geschichte fortrücke, ich nur desto weniger, im Stande bin, dasjenige deutlich vorzutragen, was Gott in Christo durch seine Gnade und Liebe, in mir Armen gewirket hat. Diejenigen welche Erfahrung davon haben, werden mich am besten verstehen. Der natürliche Mensch kann aber unmöglich die Dinge vernehmen, die des Geistes Gottes sind. Sie sind ihm eine Thorheit, und er kann sie nicht begreifen. 1 Kor. 2, 14. Denn das kein Auge gesehen, kein Ohr gehöret, und in keines unerleuchteten Menschen Herz je gekommen ist, das Gott bereitet hat denen, die ihn lieben. Uns aber hat es Gott geoffenbaret durch seinen Geist.

Denn

29. Brief.

Denn der Geist erforschet alle Dinge, auch die Tiefen der Gottheit. 1 Kor. 2, 9. 10.

---

29. Brief.

Bemerkungen des Verfassers über das Werk der Erlösung durch Christum, und über die Wiederherstellung des gefallenen Menschen, welche verdienen gelesen und beherziget zu werden.

Hier will ich dir noch von einigen Erfahrungen und Einsichten melden, die ich in diesem Stande erlangt, und noch oft in meinem Leben bestättigt gefunden habe.

Nicht selten beschuldiget man die Seelen, welche sich gezogen fühlen, und sich bestreben, ganz ein Eigenthum Gottes und ihres Erlösers zu seyn, daß sie das Versöhnungswerk Jesu Christi, unseres Heilandes nicht genug achteten; sondern, daß sie mit Vorbeigehung desselben, sich durch ihr Thun und Bestreben selbst heilig und Gott wohlgefällig machen wollten. Hiedurch würde das, was Jesus für uns gethan und gelitten hätte, ganz bei Seite gesetzt, und nur eine eigene Gerechtigkeit aufgerichtet u. b. gl. m.

Dieß sind aber nur Verläumdungen, welche mehrentheils entweder von solchen herkommen, die Christum zum Sündendiener machen wollen; oder

29. Brief.

von solchen, die man mit Rechte beschuldigen könnte, daß sie es eigentlich sind, welche durch ihre eigene Wirksamkeit und ihr Thun sich selbst gerecht und heilig machen wollen, wie sehr sie sich auch des Verdienstes Christi rühmen. Hier liegt ein Geheimniß worüber sich Jesus im Geiste freuete, und sprach: Ich preise dich, Vater und Herr Himmels und der Erden, daß du solches den Weisen und Klugen verborgen und den Unmündigen offenbaret hast. Ja, Vater! also war es wohlgefällig vor Dir. Luc. 10, 21.

Wenn man eines Theils meine Geschichte mit Aufmerksamkeit durchlieset, so wird man sehen, was dieser göttliche Heiland und Erlöser an mir gebrechlichen und von Sünden durchdrungenen Rebellen gethan hat; was für ein theurer Erlöser er für mich gewesen, und noch ist und auch, wie ich kindlich zu ihm hoffe, bis in Ewigkeit seyn und bleiben wird. Da, hoffe ich, Ihm für alle seine Wohlthaten, für seine unaussprechliche Liebe, die er mir durch sein blutiges Leiden und Sterben — durch das ganze unbegreifliche Erlösungswerk bewiesen, — erst feurigen Dank zu bringen! Da hoffe ich mit gebücktem und demuthsvollem Geiste, unter der Menge der himmlischen Heerschaaren niederzufallen, und mit ihnen auszurufen: Das Lamm, das erwürget ist, ist würdig zu nehmen Kraft und Weisheit und Reichthum, und Stärke und Ehre, und Preis,

Preis, und Lob, und Gewalt, von Ewigkeit zu Ewigkeit! Amen!

Andern Theils hab ich erst in diesem Stande völlig eingesehen und erfahren, wie sehr nöthig ein Erlöser, ein Mittler zwischen Gott und dem Menschen ist. Denn, Gott kann sich nicht anders offenbaren als er würcklich ist, nemlich, als ein heiliges, reines und gerechtes Wesen. Ein jedes geschaffene geistige Wesen nun, das Ihm nahe kommen will, und womit er Gemeinschaft haben, und sich vereinigen soll und will, muß auch diese Eigenschaften Gottes, in seinem Maße, und nach seiner Faßbarkeit an sich haben, und gleichfals rein, heilig und gerecht seyn. Wenn ein geistiges Wesen von diesen Eigenschaften nichts an sich hat; so kann Gott, als Gott, demselben unmöglich nahe kommen, er kan sich nicht mit demselben vereinigen. Wenn Gott einem solchen Wesen nahe käme, so würde er demselben — wie gut und wohlthuend er in sich selber ist — ein verzehrendes Feuer seyn. Ebr. 12, 23. 5 Mos. 4, 24.

Doch, ich muß in dieser Materie etwas weiter ausholen, weil sie das, über alle Begriffe der Menschen und Engel gehende Erlösungswerck betrifft, und dessen Nothwendigkeit beweisen soll: ein Geheimniß wohinein auch die Engel zu schauen gelüstet. Ich weiß wohl, daß dieser wichtige

29. Brief.

wichtige Gegenstand von manchen geschickten und frommen Männern auf eine gründliche und mehr systematische Weise ist behandelt und ausgeführet worden; da ich aber mein Leben beschreiben und meine Empfindungen und Erfahrungen in den Wegen der Gottseligkeit darlegen soll: so will ich auch meine Gedancken und Einsichten darüber in Einfalt beschreiben und bekannt machen.

Die heilige Schrift lehret uns, daß Gott den Menschen gut und nach seinem Ebenbilde, zu seiner Ehr und Verherrlichung geschaffen habe, daß aber der Mensch durch seinen Ungehorsam gegen die Befehle Gottes, aus diesem seligen Zustande gefallen, und des göttlichen Ebenbildes verlustig geworden sey. In diesem Stande des Abfalls konnte Gott, als Gott, nicht mehr zum Menschen nahen, weil er in demjenigen gestorben wär, wodurch er mit Gott in Gemeinschaft stand. Welches Tages du davon issest, hieß es, wirst du des Todes sterben. Adam starb nicht, gleich auf der Stelle, eines natürlichen Todes; *)

aber

---

*) Ich will denen nicht entgegen seyn, welche den hier gedrohten Tod bloß von dem natürlichen Tod erklären. Ich glaube selbst, daß der Mensch, wann er nicht gefallen wäre, auch keines natürlichen Todes würde gestorben seyn. Gott hätte ihn ohne Sterben, wann er hier sein Ziel erreicht hätte, in die selige unsichtbare Welt hinüberführen können, wie er mit Henoch und Elia gethan hat.

aber er starb an seinem edelsten, an dem geistigen Theil, vermittelst dessen er mit Gott in

hat. Allein die Worte: du wirst des Todes sterben, haben, meiner Meynung nach, einen weiter umfassenden Sinn, und gehen auf den Verlust des Ebenbildes Gottes im Menschen. Röm. 5, 12. steht: Wie durch Einen Menschen die Sünde kommen ist in die Welt, und der Tod durch die Sünde, und ist also der Tod zu allen Menschen durchgedrungen weil sie alle gesündiget haben. Paulus setzt, wie ich nicht anders einsehe, in diesem Kapitel den Tod der Gnade und Gabe Gottes in Christo entgegen. Im 15 Vers sagt er: So an eines Sünde viel gestorben sind; so ist vielmehr Gottes Gnade und Gabe vielen reichlich widerfahren, durch die Gnade des einigen Menschen Jesu Christi. Und Vers 21: Gleichwie die Sünde geherrscht hat zum Tode: also herrschet auch die Gnade durch die Gerechtigkeit — oder Gerechtsprechung — zum ewigen Leben, durch Jesum Christum unsern Herrn. — Tod und Rechtfertigung, oder Gerechtsprechung aus Gnaden, stehet hier gegen einander über. Durch diese gerechtsprechende Gnade, wird also der Sünder von dem Tod, der durch die Sünde in die Welt kommen ist, wieder befreit. Das Leben welches der Begnadigte in Adam verlohren hatte, kommt durch die gerechtsprechende Gnade in Jesu wieder hervor, und ist ein ewiges Leben. Das Ebenbild Gottes, woran der Mensch gestorben war, kommt also, wie es Paulus ausdrückt, durch die gerechtsprechende Gnade in Jesu Christo wieder ins Leben, und zwar aufs neue, weil der Mensch tod daran war.

29. Brief.

in Gemeinschaft war **) deswegen beschreibt auch Judas die natürliche Menschen, als solche die keinen Geist haben. (Vers 19.) — Dieser Geist,

Es bleibt bei dem allen doch wahrscheinlich, ja, nach meiner Ueberzeugung gewiß: daß auch nicht der natürliche Tod, ja nicht einmal eine Kranckheit über den Menschen würde geherrschet haben, wenn er nicht gefallen wäre. Gott würde ihn vermuthlich ohne Schmertzen in die selige Ewigkeit genommen haben. Nun aber ist auch der natürliche Tod der Sünde Sold. Anmerkung des Verfassers.

**) Was man alles durch diesen gedroheten Tod verstehen soll, hat der gelehrte und fromme Prälat Roos in seiner Einleitung in die biblischen Geschichten von der Schöpfung an bis auf die Zeit Abrahams (Tübingen bey L. Fr. Fues 1774.) bey der Abhandlung über den Sündenfall unübertrefflich und sehr ausführlich dargethan. Unter andern heißt es (pag. 199 bis 200): "Man ge"he, wann man will, die h. Schrift durch, und "sammele alle die fürchterlichen Worte, die Gott "in allen Drohungen des Gesetzes gebraucht hat: "so wird man den völligen Begriff des Todes be"kommen. Zorn, Fluch, Trübsal, Angst, Ver"derben, des gnädigen Andenkens Gottes "entbehren, von seiner Hand abgesondert seyn, "äusserste Finsterniß: dieß alles ist in dem Tod, "den Gott gedrohet hat, in seinem völligen Um"fang begriffen." — Dieses vortrefliche Buch — wie auch dessen Fußstapfen des Glaubens Abrahams, welches eigentlich eine Fortsetzung desselben ist, wünschte ich in den Händen eines Jeden, dem es um lichtvolle Erkänntniß biblischer Wahrheit, und um Erbauung zu thun ist. Anmerkung des R.

29. Brief.

Geist, dieses verlorne göttliche Leben muß also durch die Wiedergeburt aufs neue in dem Menschen hervorgebracht und hergestellt werden, wenn er zur Gemeinschaft Gottes gelangen und wieder mit ihm vereinigt werden soll. Denn wie bereits oben errinnert worden, in seinem abgefallenen Zustand konnte Gott in seiner Reinheit, Heiligkeit und Gerechtigkeit mit dem Menschen keine Gemeinschaft haben. Obschon er selbst ein liebendes, beseligendes Wesen ist, so kann ihn doch nur ein reiner, oder gereinigter Geist, als liebend und beseligend empfinden und wahrnehmen: einem Sünder ist und bleibt er ein verzehrend Feuer, er müßte ihn denn aus seinem sündhaften, befleckten Zustand plötzlich wieder in einen reinen und heiligen Zustand versetzen. Diese plötzliche Veränderung würde aber kein Sterblicher aushalten können. Das Feuer der göttlichen Gerechtigkeit und Heiligkeit ist dem Sünder unerträglich. Die Israeliten, ja selbst Moses (Ebr. 12, 12) bebten vor Jehovah, wie er nur von aussen sein Gesetz gab. Wenn ihnen aber nun Jehovah, wie auf einmal sein Gesetz hätte in ihr Hertz und Sinn schreiben, und eindrücken wollen, wie würden sie dieses haben aushalten können? Und Gott selbst könnte, wenn ich so reden mag, diese plötzliche Veränderung, eines Sünders, in einen Heiligen und Gerechten, durch kein Wunderwerck verrichten, weil er den Menschen frey geschaffen hat, und gegen diese

29. Brief.

diese seine Freiheit, nichts thun will, und in gesundem Verstand, auch nichts thun kann. *) Mit Gewalt und ohne des Menschen Zustimmung und Einwilligung kann er aus ihm keinen Heiligen machen.

Ich habe übrigens in dem Vorhergehenden nur meine Meinung und Ueberzeugung — welche aber auch zum Theil Resultate meiner Erfahrungen sind, darlegen wollen; und überlasse es einem jeden, was er davon annehmen und glauben will. — Ich bin eigentlich auf diese Betrachtungen dadurch gekommen, daß ich die Nothwendigkeit eines Erlösers beweisen wollte, und auf diesen Punct will ich dann wieder einlenken.

30. Brief.

―――

*) Dieses bezeuget auch ein holländischer Prediger, in der Beantwortung der Preisfrage: Warum hat die Christliche Religion, welche in sich selbst so kräftig ist, die Herzen zur Tugend zu bilden, nur bei wenigen ihrer Bekenner, diesen guten Erfolg? herausgegeben von J. W. Tilanus Doct. der Theologie, und Prediger zu Hatderwyck, und aus dem Holländischen übersetzt von Ch. F. Barenholz evangelischem Reformirtem Prediger. — Düsseldorf bey Dänzer. — Unter andern heißt es Seite 47 also: Sollte Gott den Menschen wieder mit Gewalt zur Tugend zwingen? Das ist bei keinem moralischen Wesen möglich, selbst nicht einmal von Seiten Gottes. Anm. des Verfassers.

30. Brief.

Fortsetzung des vorigen.

Die klare Einsicht und Ueberzeugung — daß Gott mit dem gefallenen Menschen unmöglich Gemeinschaft haben konnte — dann aber auch mein tiefes Sünden-Elend und Verderben, welches ich so schmertzlich und drückend fühlte, woraus ich mich aber selbst nicht befreien konnte, und daher einen Helfer und Befreier, als das höchste Bedürfniß für mich erkannte: das hat mich einer Seits so gantz von der unumgänglichen Nothwendigkeit eines Erlösers, eines Mittlers zwischen Gott und dem Menschen überzeugt; als an der andern Seite mein Glaube an die Gewißheit, daß ein solcher Erlöser, eine solche Mittelsperson laut des Evangeliums, erschienen und noch da ist, durch die Erfahrung seiner würcklichen Hülfe, zu einer unerschütterlichen Festigkeit gediehen ist. Alle Schreibereien, alle Anfälle auf unsere allerheiligste Religion haben hier nichts bei mir ausrichten, nicht in den geringsten Zweifel bringen können, weil Schrift und Erfahrung in diesem Puncte miteinander verbunden gingen. Es war ein Erfahrungs-Grundsatz bey mir geworden: daß Gott kommen, sich zu uns herablassen, daß er sich mit der Menschheit bekleiden, oder menschliche Natur annehmen, und uns dadurch in Christo nahe werden mußte, wenn uns sollte gehol-

geholfen, wenn wir mit ihm sollten vereiniget werden. Gott offenbarte sich uns also im Fleisch, weil wir keiner Offenbarung einer andern Art, von ihm ertragen konnten. Er sandte seinen eigenen Sohn zum Erlöser, und in ihm ist nun der Weg zum Allerheiligsten wieder geöffnet worden. Gott war in Christo, und versöhnete die Welt mit sich selbst. Groß ist dieses gottselige Geheimniß, Gott ist geoffenbaret im Fleisch. 1 Timoth. 3, 16. Nun ist uns durch das Leiden und Sterben des Sohnes Gottes der Weg wieder offen, und von den Evangelisten und Aposteln angewiesen worden, durch welchen wir mit Gott, als unserm Vater, wieder können Gemeinschaft haben. Jesus ist es allein, der unsere Sünden tilgen kann und will; in dem wir wieder Freimüthigkeit bekommen zu Gott, als zu unserm Gott und Vater, zu nahen; außer ihm ist und bleibt Gott dem Sünder schreckhaft und ein verzehrend Feuer. Seine Reinheit und Heiligkeit sind Eigenschaften, die nicht anders als zurückstoßend für ihn seyn können; die aber in unserm großen Mittler, in dem Gott-Menschen gemäßigt werden. — In ihm, und durch ihn, werden die Wirkungen Gottes dem Sünder erträglich, ja süß vergnügend und wonnereich.

Wenn der Sünder durch Christi Blut und Kreuzestod nicht wieder mit Gott versöhnt worden wäre, so hätte er nimmer wieder geheiligt, nie wieder

wieder mit Gott vereinigt werden können. Dieses konnte nicht anders, als durch einen solchen von Gott gesandten Mittler geschehen. Gott liebte die sündige, die rebellische Welt noch also, daß er seinen eingebornen Sohn für sie hingab, damit sie nicht in ihrem verlornen Zustande bleiben, sondern durch denselben wieder zu seiner seligen Gemeinschaft gebracht werden möchte. Es ist auch deßwegen in keinem andern Heil, in keinem andern Namen Seligkeit zu finden, als allein in dem Namen Jesu. Er ist, seiner eigenen Aussage nach, der Weg, die Wahrheit und das Leben; niemand kann zu Gott dem Vater kommen, als durch Ihn.

Durch diesen göttlichen Erlöser, in welchem sich die Gottheit mit der Menschheit vereint, ist denn, zu unserer Wiedervereinigung mit Gott der Weg wieder geöffnet, und der Grund gelegt. Alle, die nun gern zu der Gemeinschaft Gottes gelangen wollen, haben jetzt, so wohl im Leben als im Sterben, einen offenen Weg dazu. Sie können durch Christum in das Heiligthum der hohen göttlichen Gemeinschaft eingehen. Ebr. 10, 19. 20. — Allein, wir müssen denn auch nun kommen, und da hinein zu gehen trachten; müssen nicht dabei stehen bleiben von diesem Wege zu sprechen, zu rühmen und ihn nur zu besehen. Nein! sondern weil Jesus der Weg, die Wahrheit und das Leben ist: so müssen wir auch durch
diesen

diesen Weg zum Vater zu kommen, in ihm, dem wahrhaftigen Lichte, in der Wahrheit zu wandeln suchen, bis er ganz unser Leben wird, und wir also mit Gott wieder vereiniget werden. Dieß war der Zweck, warum uns Gott seinen Sohn zum Erlöser gab: es ist der Zweck des ganzen Erlösungswerks durch Christum. In Ihm ist der Grund zu unserm Heil gelegt; nur auf diesen Grund müßen wir das ganze Gebäude unserer ewigen Glückseligkeit aufführen. Wer nur Meynungen und Vernunftsbehältnisse darauf bauet, dessen Gebäude wird in Noth und Tod nicht Stand halten. Das Feuer wird alles verzehren. Wer aber in dem Versöhnungstode Jesu Vergebung der Sünden erhalten hat, und sich denn mit aller Treue befleißet, Gott, diesen seinen Erlöser und seinen Nächsten von Herzen zu lieben; wer sich mit ganzem Ernste befleisset, durch Gebeth sich zu Jesu zu halten, und Ihm in seinem tugendhaften heiligen und abgeschiedenen Leben nachfolgt und alle Kräfte dazu durchs Gebeth aus der Gnadenfülle Jesu nimmt: der hat sein Haus auf einen Felsen, auf ein unerschütterliches Fundament gegründet; es ist von Silber, Gold und Edelsteinen aufgeführet, und kann die Feuerprobe aushalten. I Kor. 3. 11 — 15.

Ueber die mancherlei Anstöße, über die mannigfaltigen Grübeleien und Zweifeleien, wie zum B. "der Mensch sey nicht gefallen; er sey noch
so,

"so, wie ihn Gott geschaffen habe; er sey so böse
"nicht, als man ihn darstelle, es käme alles auf
"die Erziehung an, u. dgl. m." — über dieses
alles habe ich mich sehr gut wegsetzen und beruhigen können, wenn ich mir nur Gott und seine Eigenschaften, und den Menschen, wie er in der Wahrheit ist, vorgestellt habe: denn hier ward ich durch die Erfahrung eines ganz andern überführet. Diejenigen, welche den Fall Adams läugnen, und die Wahrheit der Erzählung Mosis hievon, durch ihre Trugschlüsse zu untergraben suchen, haben dabei die Absicht, das ganze Erlösungswerk umzustoßen. Denn wenn der Mensch nicht gefallen ist, wenn er noch so ist, wie er aus den Händen des Schöpfers kam: so ist er in der Ordnung Gottes gut; und warum sollte er dann einen Erlöser haben? Auf diese Art geht die verdorbene Vernunft in dieser Sache zu Werke. Und warum? darum, weil sie gern einen gemächlichen Weg haben will, worauf die sündlichen Neigungen, ja selbst die Ausbrüche derselben, erlaubt sind, und für keine sonderliche Sünden und Gebrechen sollen gehalten werden. Einen solchen Weg will die unerleuchtete Vernunft gern; denn der schmale Weg der Selbstverläugnung, der zur Ruhe, zum innern Seelenfrieden und zur Seligkeit führet; der uns von Jesu angewiesen, geöffnet und vorgegangen ist: der ist ihr zu ungemächlich, und der stolzen Eigenliebe zu erniedrigend; den will sie gern vorbeigehen, oder ihn doch ganz breit

haben,

haben, um mit allen unordentlichen Leidenschaften und Sünden darauf durchzukommen.

Stolz und Eigenliebe ist auch vornehmlich mit Schuld daran, daß der Mensch die Anordnungen, welche ihm Gott zu seinem Heil geoffenbaret hat, nicht annehmen will; denn er will alles mit seiner Vernunft durchschauen und begreifen, da er doch bedenken sollte, daß, wie Gott, in sich betrachtet, weit ausser den Gränzen der Vernunft ist, auch die wichtigsten, göttlichen Wahrheiten und Veranstaltungen ausser ihrem Gebiete liegen müssen. *) Ich bin weit entfernt, die Vernunft zu verachten; sie ist eine edle Kraft und Gabe Gottes im Menschen, natürliche Dinge zu betrachten, und aus verhandenen Gegenständen, aus gehabten Erfahrungen sinnlicher Dinge, nützliche und richtige Schlüsse zu ziehen: weiter geht ihr Vermögen nicht. Indessen läßt sie sich brauchen, und ein jeder braucht sie so, wie es seinen verderbten und sündlichen Neigungen gefällig und am angemessensten ist. Ich bin aber gewiß, daß sie Gott und göttliche Dinge nie so er-

---

*) Unbegreiflichkeit ist eine nothwendige Eigenschaft des höchsten Wesens. Der erleuchtete Tersteegen drückt dieß in einem Liede sehr schön aus, mit den Worten: Dir ziemt die Unbegreiflichkeit; und in der Note: Ein begreiflicher Gott ist kein Gott. — Ist es doch selbst der Vernunft gemäß, daß ein endliches Wesen das Unendliche nicht fassen kann! Anm. d. R.

30. Brief.

ergründen, nie so beschauen kann, wie sie in sich selbst sind. Dazu liegt in einem begnadigten Menschen ein ganz anderes Vermögen, welches Paulus erleuchtete Augen des Verstandes nennet. Ephes. 1, 18. Auch sagt er: daß der natürliche — oder auch vernünftige — Mensch die Dinge des Geistes Gottes nicht begreifen könne, sie seyen ihm eine Thorheit; 1 Kor. 2, 15. Erleuchtete Augen des Verstandes müssen es seyn; die nur können Gott und göttliche Dinge erkennen und beschauen, wie sie in sich selber sind. Diese erleuchteten Augen aber müssen uns erst durch den Geist Jesu geschenkt werden.

Daß der Mensch nicht mehr so sey, wie ihn Gott geschaffen hat, lehrt mich die heil. Schrift, die Erfahrung, ja selbst die Vernunft. Folgende Betrachtungen haben mir in dieser Wahrheit sonderlich zur Befestigung gedienet.

Wenn ich mir Gott, als ein weises, gerechtes und gütiges Wesen vorstelle, das unmöglich etwas Böses wollen kann; das sich entschlossen habe, Weltkörper zu schaffen, und solche mit vernünftigen Geschöpfen zu bevölkern: da kann ich mir unmöglich zugleich vorstellen, daß dieses allergerechteste, weiseste und liebvolleste Wesen, Geschöpfe sollte hervorgebracht haben, die einen größern Hang zum Bösen als zum Guten hätten. Gott mußte, seinen Eigenschaften gemäß, entweder den Menschen gut oder doch so schaffen, daß

er

er in einem Gleichgewicht zwischen dem Guten und
Bösen stand; damit er in der Prüfung Freiheit
hätte, das Eine oder das Andere zu wählen.

31. Brief.
Beschluß des vorigen.

Sollte wohl Gott Wesen geschaffen haben, die
einen größern Hang und Neigung zum Bösen als
zum Guten hätten? — Sollte Gott Wohlgefallen daran haben, daß ein Mensch den andern unterdrücke, ihm Leiden mache? daß einer den andern, es sey durch Krieg, oder auf eine andere
Weise — unglücklich und elend mache oder gar
tödte? Sollte Gott solche Eigenschaften dem Menschen anerschaffen haben? — Und, wenn er,
nach seinem ewigen weisen Rath, nicht verhindern wollte, daß der Mensch den Versuchungen
zum Bösen, zu seiner Prüfung, ausgesetzt würde: sollte er denn nicht zugleich eine Kraft in ihn
gelegt haben, die dem Hange zum Bösen das
Gleichgewicht halten konnte — und, wenn sich
sein freier Wille auf die Seite des Guten neigte,
das Uebergewicht bekäme?

Kann man wohl von Gott gedenken, daß er
Menschen geschaffen habe, denen er zwar die
Einsicht gegeben, daß die Tugend gut sey, und
wann er sie ausübe, er sich bei Gott und Menschen

schen angenehm mache; daß hingegen das Laster böse sey, und er sich durch Ausübung desselben bei Gott und Menschen verhaßt mache: daß der Schöpfer aber, ungeachtet dieser geschenkten Einsichten, einen größern Hang im Menschen gelassen, das Laster zu begehen, als die Tugend zu üben? Mit Einem Worte: Sollte ihm Gott ein böses Prinzipium neben dem guten anerschaffen haben? Und sollte jenes von je her mächtiger seyn als dieses?

Wer dürfte wohl den gütigen Schöpfer beschuldigen, daß er den Menschen so böse, und so widersprechend mit Gottes Liebe und Vollkommenheiten erschaffen habe? — Indessen, wenn wir den Menschen betrachten, so wie er in der Wahrheit ist, so liegt das Böse alles so von Natur in ihm; die tägliche Erfahrung lehrt und beweiset uns dieses, obschon nicht alles bei einem jeden zum Ausbruche kommt. — Da nun aber Gott, das höchstvollkommenste Wesen unmöglich das Böse wollen kann: so muß ich ja vernünftig schließen und glauben, daß er ihn gut und nach seinem Bilde geschaffen habe, daß aber der Mensch von dieser ursprünglichen Güte abgefallen seyn müße. — Weil nun hierin die heil. Schrift mit meiner Erfahrung übereinkommt, so glaube ich von Herzen, daß es mit der traurigen Veränderung im Menschen diese, und keine andere Bewandniß habe.

N Ich

31. Brief.

Ich konnte mir zwar auch vorstellen, daß Gott den Menschen im Gleichgewicht zwischen das Gute und Böse hin geschaffen hätte; so daß der Hang zum Guten und zum Bösen gleich stark bei ihm sey. — In diesem Falle müßte man dann auch vernünftig schließen, daß der Mensch eher das Gute als das Böse thun und erwählen würder, weil die Tugend, das Gute, Gott und Menschen angenehm, das Laster, das Böse Gott und Menschen mißfällig ist. Also würde sich der Mensch in einem solchem Schöpfungszustande, so zu reden ohne Anweisung, wie natürlich, zum Guten, zur Tugend neigen, weil es lob=und achtungswürdig ist; dahingegen das Laster, das Böse verächtlich macht. Man wird einwenden, daß durch die Erziehung das im Menschen liegende Gute erweckt und hervor gebracht werde. — Gegen gute Erziehungen will ich nichts sagen: Sie sind löblich und ynumgänglich nöthig. Aber, wenn der Mensch gut ist, was brauchts denn so viel Anstalten, so viel Mühe ihn zu erziehen, ihn zu bessern? Gewiß würde dann nur wenig erfodert werden, ihn auf den Weg der Tugend zu leiten.

Die Erfahrung lehrt es uns, daß die besten Erziehungen das nicht bewirken, was sie sollen; und daß viele, wann sie aus den Händen ihrer Erzieher kommen, oft die ausgelaßensten Menschen werden.

Man

31. Brief.

Man hat vom Anfange der Welt an, am Menschen erzogen, ihn zum Guten ermahnt, ihn vor dem Bösen, vor dem Laster gewarnt; ihm gesagt, daß ihn dasselbe zeitlich und ewig unglücklich machen würde: Ist aber dadurch der Hang, die Neigung zum Bösen geschwächt worden? Ist der Grund der Verdorbenheit dadurch gehoben worden?

Ich glaube daß der Mensch, wenn er noch so wäre, wie er aus der Hand des Schöpfers kam, sich von Natur zum Guten neigen würde; so, wie er sich jetzt natürlich zum Bösen neiget. Die Erfahrung lehret mich dieß letztere, deßwegen muß ich schließen, daß er von seiner ursprünglichen Güte abgefallen sey. — Dieses lehrt mich auch nun die h. Schrift, und derselben glaube ich. Sie belehret mich, mit einer zuverläßigen Gewißheit, nicht nur von dem Falle, sondern auch von der Wiederaufrichtung des Menschen durch Christum.

Diese Einsichten, daß der Mensch nicht mehr sey, was er bei der Schöpfung war; daß Gott, als Gott, sich nicht mehr zu gefallenen sündigen Menschen nahen könne, und, aus großer Liebe zu ihm, um ihn wieder herzustellen, seinen Sohn zum Mittler und Erlöser in die Welt gesandt habe, damit er sich in demselben dem Menschen wieder nahen, und durch ihn wieder mit sich vereinigen möchte; und dann die vielen Wohlthaten, die besonderen Begnadigungen, die mir durch diesen göttlichen Erlöser zu Theil wurden: diese Einsichten und Erfahrungen, verschafften mir in den dunkeln Stunden, bei dem Zustoßen mancher Zweifel, in harten Leidens und Prüfungswegen solche Gründe, die mir die menschliche Vernunft mit allen ihren Zweifeleien nie umstoßen konnte.

Ich habe gefunden, daß der Weg, den mir der gute Gott in seinem Worte angewiesen und offenbaret, den mir Jesus durch sein Verdienst, durch sein Leiden und Sterben wieder geöffnet hat, das einzige Mittel ist, zur Beruhigung und Befriedigung meiner Seele, zur Vereinigung mit Gott, in welchem für meinen ewigen Geist allein Ruhe, Friede und Seligkeit zu finden ist, zu gelangen. — In diesem Glauben, auf diesem Grund, kann ich, wie ich hoffe, ruhig und getrost einer seligen Ewigkeit entgegen sehen, kann zuversichtlich hoffen, daß mein ewiger Geist in der Urquelle seines Daseyns ewige Befriedigung und Seligkeit genießen werde. In diesem Glauben, auf diesem Grunde gedenke ich, durch Gottes Gnade, meine Laufbahn zu enden, mein Leben zu beschließen, und, durch die gnädige Unterstützung meines Erlösers, der großen Ewigkeit getrost entgegen zu gehen.

---

32. Brief.

32. Brief.

Die Verschiedenheit der Wege Gottes soll niemand Anstoß noch Scrupel erwecken. — Abermaliger Besuch des Verfassers bei Tersteegen. — Erhabner Gemüthszustand, der ganz vom Sinnlichen geschieden ist. — Sehr geistige Mittheilungen. Die Grundverdorbenheit wird dadurch immer mehr und gründlicher aufgedeckt. Schreckliche Tiefen der Eigenliebe, die sich auch in alles Gute mischt. — Ganz unbedingte Uebergabe.

Es wäre vielleicht gut gewesen, daß ich die Erzählung meiner Lebensgeschichte mit dem 31sten Briefe geschlossen hätte; denn je weiter ich hinein komme, je unbegreiflicher wird sie denen seyn, welche keine Erfahrung von demjenigen haben, was ich noch zu sagen habe. Ja selbst manchen begnadigten, guten Seelen, die solche Wege nicht kennen, wird vieles unbegreiflich und gar anstößig bleiben: denn es gibt deren zu jeder Zeit nur wenige, die es dem Herrn gefällt dergleichen Wege zu führen, wovon nun noch weiter vorkommen wird. Der Weg, worauf man in der Leidensgemeinschaft mit Jesu *) sich selbst und allem absterben muß, ist so allgemein nicht. Es ist der Weg, welcher dahin führet, wo man gestorben, und unser Leben mit Christo in Gott verborgen ist: **) und dieser erfodert von Seiten Gottes

---

*) Philip. 3, 10.
**) Col. 3, 3.

32. Brief.

Gottes einen besondern Ruf, und besondere Mittheilungen seiner Gnade; aber von Seiten der Seele auch große Treue, denselben zu bewandeln. Indessen hat der Leib (die Gemeine) Christi mancherlei Glieder, und der Tempel Gottes ist aus mancherlei Steinen und Baumaterialien zusammengefügt. Ein jedes Glied des Leibes ist gut und nöthig. Die Hand oder der Fuß können nicht neidisch seyn, daß sie keine Augen sind, obschon der Bau der Augen viel künstlicher ist, als der ihrige. Alle Materialien zu einem schönen Tempel können nicht einerlei seyn: wenn aber jedes an seinen rechten Ort gebracht wird, so wird ein schönes Ganzes daraus. — Eben also ist es auch im Geistlichen; Wenn ein jeder seinem Rufe treulich folgt; die Gnade, welche ihm der Herr zu seiner Förderung schenkt, mit aller Treue anwendet; so wird er durch den Geist der Gnaden so bearbeitet und zugerichtet, daß er an dem Theile des geistlichen Leibes, oder, (welches einerlei bedeutet) an der Stelle des geistlichen Tempelgebäudes paßt, der sich gerade für ihn am beßten schickt; er erreicht das Ziel, wozu ihn Gott beruffen hat, und wird mit seinem Zustande zufrieden und selig seyn. — Man lese I Kor. 12.

Im Sommer 1767 besuchte ich abermal den lieben Tersteegen. Auf dieser Reise ward ich noch mit vielen Freunden aus Solingen, Wald, Elberfeld, Barmen u. a. m. bekannt, welche mir alle

alle viel Liebe und Freundschaft bewiesen. Der sel. Tersteegen nahm mich sonderlich liebreich und herzlich auf, und ich brachte bei ihm acht Tage lang, mit besonderm Vergnügen zu. Denn weil ich in allem ganz offen und vertraulich gegen ihn war, so nahm er auch liebend und herzlich Antheil an allen meinen Gemüthsumständen, und diese Reise war mir sehr gesegnet.

In diesem Sommer hatte ich einen erhabenen Gemüthsstand. Mein geistiges Theil war so sehr vom sinnlichen geschieden, daß es mir schien, als ob zwei ganz entgegengesetzte Wesen in mir wären. Diese Gemüthsgestalt fing nach meinem, vorher beschriebenen, drei monatlichen Leidensstande an. Das geistige Theil ward, nach dem Maße, daß ich ihm mehr Raum gab, und dem Sinnlichen, durch die mir mitgetheilte Glaubenskraft suchte abzusterben, immer mehr erweitert. Hier war das Sinnliche oft in außerordentlichen Leiden, während mein Geist, oder das geistige Theil über alle Leiden und Zufälle erhaben war, und sein Vergnügen daran hatte, jenes leiden zu sehen. Ja das geistige Leben brachte das sinnliche oft so in die Enge, und herrschte so ganz über dasselbe, daß dieses, weil ihm in nichts Vergnügen noch Leben gelassen wurde, sich dem Tode und Sterben hingab. — Auf diesem Wege, dachte ich, wirst du endlich dein sinnliches Theil in den Tod bringen, oder es doch durch

diese

32. Brief.

dieſe Glaubensgnade ſo feſſeln, daß es dir weiter keine Noth mehr machen wird. Aber, es ging weit anders, als ich mir hätte vorſtellen können; und die Wege, welche der gute Gott mit mir einſchlug, um mich ihm ganz zu unterordnen, waren meinen Begriffen ganz entgegen, wie wir hernach ſehen werden.

Es gab in dieſem Stande oft Mittheilungen, die ſo geiſtig ſo erhaben waren, daß ich ſie kaum ertragen konnte. Oft dachte ich: Wenn dein Herz nicht erweitert wird, ſo kannſt du unmöglich dieſe Wirkungen länger aushalten; und dieß ſagte ich auch öfter zu dem, der ſie in mir hervor brachte. Allein, der Herr weiß wohl, wie weit er mit einer jeden Seele hierin gehen kann. Er wird allezeit, ſowohl die Wirkungen, als auch die Leiden, die er über eine jede Seele kommen läßt, ſo erträglich machen, daß ſie unter allem aushalten kann. — Wenn ich dieſen Wirkungen einen Namen geben ſollte, ſo müßte ich ſie eingegoſſene oder überſtrömende Mittheilungen nennen.

In Betrachtung dieſer Materie muß ich noch die Bemerkung machen, daß dieſe Mittheilungen ſehr deutlich, und mit einer Sprache des Geiſtes verbunden ſind, die zwar nicht in Worten beſtehet, aber doch eben ſo vernehmlich iſt, als die Worte, die von Mund zu Munde geſagt werden.

den. *) Es ist aber dabei weiter nichts Außerordentliches, als in so fern man alle Gnadenwirkungen des heiligen Geistes außerordentlich nennen kann: ich will hiemit nur sagen, daß man, bei diesen innern Empfindungen, im Aeußern nichts Außerordentliches siehet, und daß im sinnlichen Gefühle nichts dabei vorgeht, deßwegen können auch unter Geschäfften, wobei der Verstand wirksam seyn muß, solche Mittheilungen vorgehen,

*) Ich kann mir wohl vorstellen, daß ich bei diesen Aeußerungen, wie auch an manchen Orten dieser Geschichte, für einen Schwärmer werde gehalten werden. Allein beim Sokrates bestreitet man es nicht, und er wird deswegen für keinen Schwärmer gehalten; ungeachtet er oft sagt: "Mein "Genius, die göttliche Stimme hat sich von meiner Kindheit an zu mir gehalten" ꝛc. ꝛc. Hatte Sokrates einen Genius, eine göttliche Stimme, und läßt man ihm dieses gelten: warum will man denn so etwas ähnliches einem Christen nicht gelten lassen? — Dieses wollte ich nur für die anmerken, die an keine Offenbarung glauben. Denjenigen aber, die daran glauben, will ich nur sagen: daß der Geist Gottes unserem Geiste Zeugniß giebt; (Rom. 8, 16.) daß er Kinder Gottes treibt; (Vers 14.) daß die Salbung alles lehrt. (1 Joh. 2, 27.) Wo der Geist Gottes unserem Geist Zeugniß gibt; wo er antreibt; wo dieser Salbungs-Geist belehrt: davon muß der Geist, der Zeugniß bekommt, der angetrieben, oder belehrt wird, doch auch etwas vernehmen, sonst wären diese Aussprüche der h. Schrift so gut als nichts.

hen, ohne daß sie auf irgend eine Weise das Geschäffte stören. Jedoch muß man auch hier, wenn nur etwas Zeit ersparet werden kann, die Abgeschiedenheit und Einsamkeit suchen, um sich aus aller Zerstreuung zu sammeln.

Eigentlich hab ich in meinem Leben nichts erfahren, das man insbesondere ausserordentlich nennen könnte. Wann aber je etwas Ausserordentliches mit mir vorgegangen ist, so war es dazumal, als mir der treue Gott in dem Versöhnblut meines Erlösers alle meine Sünden vergab, und mich aus dem Stand der Natur in den Gnadenstand versetzte, **) doch blieb ich mir auch dazumal gantz bewußt; und konnten also diese Wirkungen nicht zu den außerordentlichen Dingen gerechnet werden, wo man seiner Sinne entsetzt wird. Bei solchen außerordentlichen Dingen, wozu auch die prophetische Geistesgaben und Einflüsse gehören, ist große Gefahr; und müßen die Seelen, welchen dergleichen mitgetheilt werden, große Wachsamkeit und Behutsamkeit gebrauchen, weil sie dadurch leicht auf geistliche Höhen gerathen können. Ja wenn solche Seelen sich nicht selber mißtrauen, sondern alle ihre Offenbarungen für göttlich halten: so sind sie in Gefahr in allerlei Fantasie und Schwärmereien zu gerathen. Man muß aus dergleichen Besonderheiten nie viel We-

---

**) Siehe den 8. Brief.

Wesens machen. Der Weg des Glaubens, worauf man sich ganz seinem Erlöser anvertrauet, ist der beste, der königliche Weg. Manche Seelen genießen auf demselben zwar auch öfters besondere göttliche Mittheilungen; aber sie sind von solcher Art, daß sie der Seele ihre Fehler, Unvollkommenheiten und Gebrechen immer mehr aufdecken. Diese Mittheilungen beweisen ihren göttlichen Ursprung dadurch, daß sie die Seele auf die Verleugnung ihrer selbst und aller Dinge führen; wodurch sie dann, wenn sie anders dem demüthigen Jesu von Herzen nachzuwandeln suchet, von allen geistlichen Höhen bewahret werden wird.

Diese Wahrheiten habe ich aus lebendiger Erfahrung erkannt. Denn in meinem damaligen Gemüthsstande wurde mir durch diese Mittheilungen meine Grundverdorbenheit immer mehr entdeckt. Auch mußte ich mit Schmerzen erfahren, daß die Eigenliebe, die eigene Anmaßung, so bald ihr im Sinnlichen alle Nahrung abgeschnitten ist, in dem geistigen Theil noch vorzüglich ihre Nahrung findet. Hier sitzet sie am allertiefsten fest, und ist am allergefährlichsten. Sie ist ein Gift, das sich überall mit einschleicht. Aber hier ward auch alles äusserst genau mit mir genommen; und die göttliche Gnade, und sein tiefes Licht entdeckten mir diesen anmaßenden Egoismus oder Ichheit, bis auf den tiefsten Grund meiner Seele. Gegen diesen Feind ging ich so viel an, als Gott Gnade dazu schenkte. Ich konnte es unmöglich ertragen, daß derselbe Gott seine Ehre rauben wollte; deßwegen suchte ich ihn auf alle mögliche Weise zu kreutzigen und in den Tod zu bringen. — Weil der Eigenliebe nun überall die Nahrung entzogen wurde: so schien sie oft getödtet zu seyn; allein es war bei weitem so nicht, sondern sie war nur tiefer versteckt, und suchte auf eine subtile Weise an allem Gutem mit Theil zu nehmen. In der Zeit, wenn dieß Leben der Ichheit todt schien, hatte ich oft Stunden, daß ich in Unschuld so sanft so liebend vor Gott wandeln konnte, als ob ich kein Bewohner dieser Welt mehr wäre. Aber ehe ich es mich versah, that dieses Theil wieder so schröckliche Ausfälle, daß mir angst und bange ward.

Bei solchen Anfällen begab ich mich denn in die Gegenwart dessen, der schon so viel in mir überwunden hatte. Ihm zeigte ich meine Grundverdorbenheit, und bat ihn, mir Gnade und Kräfte zu schenken, diesen Feind zu überwinden, der Ihm, meinem Gott und Heilande, doch so sehr entgegen wäre, und überall im Wege stünde; oder vielmehr, Er selbst möchte dieß so tief eingewurzelte Leben der Eigenheit zum Tode bringen.

Hier aber ging mir ein noch tieferes Licht auf. Der Herr zeigte mir nämlich, daß alles was ich thäte, alle Kräfte und Bestrebungen, die ich

ich anwendete, um dieses feindselige Theil in den Tod zu bringen, — daß dieß alles selbst noch nichts anders sey, als Eigenliebe und Selbstgesuch, weil ich damit nicht so sehr lauterlich auf die Ehre Gottes sähe; als vielmehr mich zu einem frömmern, schönern und tugendhaftern Menschen machen wollte. Dieses Theil in den Tod zu bringen, wäre ganz allein Gottes Werk, und das Geschöpf könne nicht das geringste dazu beitragen.

Hier wußte ich nun nicht mehr, was ich sagen und beginnen sollte. Ich blickte in eine Tiefe, die mir unerklärbar war. — Der Herr foderte von mir, daß ich mich Ihm ohne Beding, ohne einigen Vorbehalt hingeben und aufopfern sollte. Ich that dieses mit ganz aufrichtigem Herzen, in der feierlichsten Stille, nicht nur Ein Mal, sondern wohl hundert Mal. — Nun ward mir im Grunde, wo ein Heiligthum des Herrn war, vorgelegt: "Ob ich mich allem, was nur Gott "gefallen möchte mit mir zu machen, willig un-"terwerfen wollte? Ob ich Armuth und Blöße "von Innen und Außen willig annehmen; — die "Beraubung alles dessen, was er mir geschenkt "hätte, von Herzen gern ertragen; — ob ich Wi-"derspruch, Verachtung und Verstoßung von al-"len, womit ich in Liebe verbunden wäre, erdul-"den wolle? — und ob ich Kreuz, Schmach und "Leiden, von innen und außen, ja alles, was mir
"begeg-

"begegnen möchte, zu übernehmen von Herzen "willig und bereit wäre?" — Ja, mein Gott! war die Antwort: Wenn du nur dadurch verehret und verherrlicht wirst, so will ich mich zu allem herzlich gerne hingeben und aufopfern! — Ohne einigen Vorbehalt opfere ich mich dir auf, zu allem was dir, in Zeit und Ewigkeit, mit mir zu machen gefällt! — Ja, mein Gott! zu allem gebe ich mich dir ganz dahin!

Wenn es mit einer Seele bis hieher gekommen ist; wenn Gott dieß Opfer fodert, und es von ihr geleistet wird: dann wird eine solche Seele, wie ich fest glaube, sich nie wieder vom Herrn abwenden, sollte sie auch ihr ganzes Leben lang in Leidens- und Verlassungswegen wandeln müssen. Gott erhält sie unter allen Versuchungen und Prüfungen und hält sie im Verborgnen fest. Hierhin könnte man die Versiegelung setzen, wo die Glaubigen nie wieder aus der Hand Gottes fallen können.

33. Brief.

Gott allein kann die tief eingewurzelte Ichheit zerstören. — Der Verfasser wird von allen Mittheilungen entblößet, und schweren, innern Versuchungen preis gegeben. Sein Kämpfen und Ringen mit Gott. — Nichts bleibt ihm übrig, als unbedingte Ueberlaßung und Leiden.

Diese

33. Brief.

Diese Aufopferung geschah im Frühjahr 1768, worauf mir noch ungefähr einen Monat lang, manche besondere Begnadigungen mitgetheilt wurden, wobei ich aber auch immer tiefere Einsichten von dem bekam, was Gott von mir haben wollte. Besonders entdeckte mir der Herr nun noch immer mehr, daß alle menschliche Bemühungen, auch in der getreuesten Mitwirkung mit der Gnade, nicht im Stande wären, die sich alles anmaßende Ichheit, die so tief eingewurzelte, und in unser ganzes Wesen eingedrungene Eigenliebe in den Tod zu bringen; dieß sey nur allein Gott selbst möglich; nur durch seine Gottesmacht könnte dieß große Werk vollbracht werden: und er thäte dieß — ohne daß die Seele das Geringste dazu mitwirken oder beitragen könnte — ganz allein, in der Gemeinschaft des Leidens und Sterbens mit Jesu. Philp. 3, 10. Die Wege aber, die dahin führen, und deren sich Gott nach der besondern oder individuellen Beschaffenheit einer jeden Seele bedienet, sind und bleiben der Seele selbst unbekannt.

Aber nun kam die Zeit, wo mich der Herr ganz andere Wege führete. Nun mußte ich manche harte Prüfungen erfahren, und manche schwere Versuchungen stürmten auf mich zu. Dabei verließ mich vor und nach alle Kraft, alle die besondern Gnaden, welche mir der Herr geschenkt hatte und so entblößt ward ich den mancherlei

33. Brief.

Versuchungen und Leiden preis gegeben. — Es ist mir nicht möglich, alles, was mir auf diesem Wege in diesem harten Leidensstande begegnet ist, zu beschreiben. Es wird genug seyn, wenn ich nur so viel davon melde, als nöthig ist, um solchen Seelen, welche es Gott gefallen sollte, diesen Weg zu führen, Aufmunterung zu geben, daß sie nicht verzagen, sondern ihre Leiden geduldig auf sich nehmen möchten; weil sie sehen, daß dergleichen Leiden auch über ihre Brüder ergangen sind, und daß der Herr sie endlich aus allem erlöset hat.

So, wie ich auf der einen Seite von Gaben, Kraft und Gnaden, entblöset ward, so nahmen auf der andern Seite allerlei Versuchungen und Leiden den Platz ein. Ich wurde vor und nach ganz mir selbst überlaßen; alle Leidenschaften, welche ich glaubte überwunden und in den Tod gebracht zu haben, erwachten in meiner Seele aufs neue wieder. Sie war den Gefühlen des Stolzes, des Hochmuths, der Wohllust und anderer Leidenschaften preis gegeben. Dieses Gefühl bringt der Seele ein solches Leiden, welches über alle Beschreibung gehet. Sie muß es sehen, daß das schöne Tugendkleid, woran sie so manches Jahr gearbeitet hatte, und welches sie nun, durch die Mittheilung der vorzüglichen und besondern Gnade vollendet glaubte, ihr vor und nach ohne Barmherzigkeit ausgezogen und abgerißen wurde.

Dieß

33. Brief.

Dieß gibt ihr einen solchen Schmerz, daß sie im Bethen, Ringen und Kämpfen alle Kräfte anwendet um diese Entblößung zu verhindern und ihr schönes Kleid zu behalten. Aber hier ist keine Barmherzigkeit zu hoffen. Nein! eine unerbittliche Gerechtigkeit fordert alle das Ihrige wieder.— Meine Seele war, bei diesem peinlichen Gefühle, oft in einer solchen Lage, daß sie (wenn ich mich dieses Ausdrucks bedienen darf) brüllete, wie eine Löwinn, der man ihre Jungen geraubet hat. — Kurz, die Leiden sind hier über alle Vorstellungen. An dem Lesen gottseliger Schriften, und andern gottseligen Uebungen findet die Seele weder Geschmack noch Nahrung mehr; und, wenn sie sich Gewalt anthun will, in diesen Dingen Nahrung zu suchen: so geschiehts mehrentheils, daß sie vollends eine solche Widrigkeit dagegen fühlt, die dem Eckel gleich kommt. — Gänzliche, unbedingte Leidsamkeit und Ueberlassung an Gott, ist hier das einzige Mittel, um gedulbig in diesen schweren Leidenswegen durchzukommen.

Ich liebte die Reinheit und Keuschheit im höchsten Grade. Wie schmerzlich, wie empfindlich mußte es mir dann nicht fallen, da ich nun in meiner Einbildungskraft die scheußlichsten Bilder der Unkeuschheit sehen, und die schrecklichsten Versuchungen wider die Reinheit fühlen mußte! — Im Anfange, da ich mich in diesen Weg noch

33. Brief.

noch gar nicht schicken konnte, und um Erlösung rang und kämpfte, geschah es bisweilen, daß — wenn die Empfindung meiner Leiden aufs höchste gestiegen war — es Gott gefiel, mich so zu sagen, auf einmal aus dieser Hölle in einen paradiesischen Frieden zu versetzen: in einen Zustand, den ich nie erhabener empfunden hatte. Aber, so wie ich hinein versetzt wurde, verwies mir der Herr meine Unleidsamkeit und mein Lamentiren. Dabei hieß es dann in meinem Inwendigen: Alles, was ich jetzt litte, wäre noch nichts gegen diejenigen Leiden, welche ich noch durchzugehen hätte; und der Grund meines Gemüthes war so, daß ich antwortete: "Ach Herr! ich will gern al-"les tragen, alles leiden, wenn ich nur nicht sün-"dige, wenn ich nur nicht überwunden werde! "Wenn ich nur dir, o Herr! nicht mißfällig wer-"den mag! — Aber lieber sterben als sündigen, "und wider deinen Willen thun!" — So sprach ich aus dem tiefsten Grunde meiner Seele: doch ward mir keine Versicherung hierüber gegeben. Es blieb mir nichts übrig, als ohne irgend eine Stütze zu leiden. Alles, was der Seele nur zur Stütze dienen konnte, ward ihr vor und nach entnommen.

In dieser Zeit schrieb ich dem Lieben Tersteegen, und legte ihm alle meine Leiden und Gefühle offen dar. Aber er antwortete mir nicht. Einige Monate darnach schrieb ich abermal an ihn,

33. Brief.

ihn, und bat ihn, mir doch zu melden, wie ich mich in meinen Leiden zu verhalten hätte. — Dabei meldete ich ihm, daß ich entschlossen wäre, ihn, noch vor dem Winter, zu besuchen. Nun bekam ich folgende Antwort:

"Lieber Bruder. An deinem Leidensstan-
"de nehm' ich brüderlich Theil. Alles, was dir
"darin begegnet, es seyen Leiden, Versuchun-
"gen und Prüfungen von innen und außen —
"das nimm alles leidsam, und, als dir von Gott
"gesandt, an. Thust du das, so hoffe ich, wird
"alles gut gehen. — Zu deiner Ueberkunf. kann
"ich nicht rathen. Am beßten ist es, daß du zu
"Hause bleibest."

So kurz dieses Briefchen war, so dienete mir doch die darin bezeugte Theilnahme dieses gottseligen, erfahrnen Mannes nicht nur damals, sondern auch noch oft hernach, wenn ich mich nur daran erinnern konnte, sehr zur Unterstützung. Es war die einzige Theilnehmung, die mir auf meinem ganzen Leidenswege bewiesen ward; oder doch die einzige, welche Eingang bei mir hatte, und mir einige Unterstützung zuwege brachte.

34. Brief.

34. Brief.

Auf Andringen des dritten Compagnons sieht der Verfasser und sein Vetter sich genöthigt, ihr Geschäfft zu erweitern. Viele Unannehmlichkeiten dabei; Disharmonie mit seinem Vetter. — Reise nach E.... Seine Christlichen Freunde können sich, wegen seines leidenden Zustandes nicht mehr in ihn finden, und glauben, er sey vom rechten Wege verirret. Seine Leiden und Beschämung. Er ist im Innern wie betäubt und im Dunkeln; kann aber im Aeußern seinen Verstand recht gut brauchen. Sein ganzes Thun besteht im Hingeben und Ueberlaßen.

Nun wieder etwas von den äußern Verhältnissen meines Lebens, in diesem für mich so wichtigen Zeitraume.

Weil unsere Fabrik zunahm, so bezogen ich und mein Vetter um diese Zeit ein herrschaftliches Haus, das eben damals unbewohnt war. Der Schwager meines Vetters, der (wie schon oben gemeldet worden) zur Halbscheid in diesem Geschäffte stand, war ein Mann, der sich in der Welt ein Ansehen erwerben wollte; deßwegen drang er bei uns oft darauf, daß wir doch einige Lindtgezauen (Linnenband-Werk-oder Webstühle) aus dem Barmen möchten kommen laßen, damit wir neben den Schnürriemen, auch noch Linnenband machen könnten. Die Ursache, welche er angab, war, daß er in Frankfurt mit Schnürriemen allein nicht zurecht kommen könnte, weil
die

die Käufer diese beiden Artikel bei einander begehrten. — Wir hatten bereits einen großen Vorrath von Schnürriemen; und weil meines Vetters Schwager, so wohl in Rücksicht der beizuschaffenden Materialien, als des Verkaufs der fertigen Waaren sein Versprechen nicht hielt; so kamen wir dadurch in nicht geringe Besorglichkeiten. Wir hielten ihm dieses vor, und seine Antwort war: daß, wenn wir uns entschlössen, Bandstühle anzuschaffen, und Band zu verfertigen, er dann in Frankfurt, besser zurecht kommen könnte, und er dann alles zu verkaufen gedächte. So wohl mein Vetter als ich hatten keine Lust, uns damit einzulaßen, weil wir mit Recht befürchteten, dadurch in allzu große Weitläuftigkeit zu gerathen. Indessen hatte er bei meinem Vetter so lange angehalten, daß derselbe Neigung bekam, sich mit dieser Sache zu befassen. Er sprach mit mir darüber, und gestand mir, daß er Neigung dazu hätte. Ich sagte ihm, daß ich, aus Furcht vor den Weitläuftigkeiten, nicht gern einwilligte; wenn er und sein Schwager aber dächten, daß es nöthig wäre, und daß wir ohne diese neue Unternehmung nicht bestehen könnten: so überließe ich's ihnen, hierin zu thun, wie sie es fürs beste erkenneten.

Hierauf entschloß sich nun mein Vetter, nach Elberfeld zu reisen, und den Bandstuhl oder Lindtgezaue zu kaufen. (Dieses geschah noch ein Jahr vor Beziehung des genannten Hauses, da ich auch noch in einem ganz friedsamen Gemüthstande war.) Man hatte aber in Elberfeld meinem Vetter einen alten sehr schlechten Wirkstuhl aufgehenkt; und wir hatten so wenig Verstand und Einsicht in die Structur einer solchen Maschine, daß, wie diese ankam, wir nicht einmal wußten, sie zusammen zu setzen, geschweige, Band darauf zu machen. Nach vieler Mühe brachten wir doch endlich den Stuhl ein wenig in Ordnung; aber, ihn so einzurichten, daß nicht bei jedem Schuß viele Fäden zerbrachen, war, für ganz Ungelernte keine so leichte Sache. Mein Vetter versuchte indessen, darauf zu arbeiten. Allein, nach vielem Plagen und Bemühen konnte er doch in einem ganzen Tage kaum eine Elle lang fertig machen; und dieß wenige Band war dazu noch so zersetzt, daß es schlechterdings nicht brauchbar war. Nach vierzehntägiger vergeblicher Bemühung gab er die Arbeit auf; und wir sahen solche so gut als verloren an. Einige Tage hernach sagte ich zu meinem Vetter, daß ich auch einmal eine Probe machen wollte, um zu sehen, ob ich den Stuhl nicht in den Gang bringen könnte. Das gefiel ihm. Ich ging ganz langsam und mit Ueberlegung zu Werk, und machte so lange Versuche, bis es mir gelang, die Maschine so weit in Ordnung zu bringen, daß ich recht gutes Band darauf wirken konnte. Hiebei hatte ich aber die Betrübniß, zu sehen, daß mein Vetter

34. Brief.

ter darüber in Leiden gerieth und trübsinnig wurde, da er sah, daß ich etwas zu Stande bringen konnte, worüber er sich so lange den Kopf vergeblich zerbrochen hatte. Er konnte den kleinen Neid, den er deßwegen gegen mich faßte, nicht bergen; weil ich aber dazumal noch in einem sehr befriedigten Zustande war, und es mir daher nicht schwer fiel, ihm überall mit Sanftmuth und Liebe zu begegnen: so konnte dieser Funke damals noch zu keiner Flamme auflodern.

Als nun sein Schwager sah, daß das Band gut wurde, so ward er recht guter Dinge, und wollte gleich noch zwei solcher Wirkstühle bestellen; welches wir aber, obwohl mit vieler Mühe, verhinderten. — Allein, da er einige Zeit hernach auf die Gemärke und der Orten reisete: so bestellte er auf Wichlinghausen noch zwei neue Wirkstühle, welche, nachdem wir das besagte Haus schon bezogen hatten, bei uns eintrafen.

Um diese Zeit that ich eine Reise ins Bergische, nach Elberfeld und da herum, bei welcher Gelegenheit ich die Christlichen Freunde daselbst, wie auch im Barmen, zu Solingen und Wald besuchte. Dieses geschah im Herbst, nachdem sich im Frühjahr vorher mein Zustand so sehr geändert hatte; und ich war nun der ruhige, innige und ausfließende Mann nicht mehr, der ich gewesen war. Zwar genoß ich noch viele Freundschaft, und empfing von manchen lieben

Freun=

Freunden viele Beweise der Zuneigung; aber, daß ich so leidend, so verstört aussah, darein konnten sie sich nicht finden. Hätte ich mich in etwa nach ihnen anommodiren und mich verstellen können, so wäre ich vielleicht besser mit ihnen ausgekommen: allein, Verstellung, um fromm zu scheinen, war mir von je her zuwider. Ich konnte mich also nicht anders darstellen als ich war. Bei verschiedenen Freunden war ich auch offenherzig, und entdeckte ihnen meinen Zustand. Ich erwartete von ihnen brüderliche, mitleidende Theilnahme, und daß sie mich in Liebe fassen würden; allein, ich betrog mich ganz. Sie sahen meinen Gemüthsstand nicht anders als eine Abweichung von Gott an, und gaben mir manche Erinnerungen und Zurechtweisungen, welche mir sehr wehe thaten, ohne daß ich sie so annehmen konnte, wie sie es haben wollten. — Beschämt und mit Schmerzen nahm ich überall Abschied. Das Leiden, welches hiebei meine Eigenliebe fühlte, ist über alle Beschreibung. Da ich alles dran gewagt hatte, um nur ganz für Gott zu leben, um Jesum und die Seinigen von ganzem Herzen zu lieben — und mich nun bei allen so beschämt und zurück gesetzt sah: so gab mir das so empfindliche Schmerzen und Leiden, daß ich es bei den Freunden nicht länger aushalten konnte.

Die Hauptursache meiner Reise war indessen gewesen, mehr Kenntnisse von unserm Geschäfften

34. Brief.

ten zu erlangen; und ich war auch so glücklich, in Elberfeld einen Linnenband-Wirker anzutreffen, der sich geneigt fand, mich zu unterrichten. Durch seinen Unterricht erlangte ich auch so viel Einsichten in dieses Werk, daß ich mir hernach in allem zurecht helfen konnte. — Da ich nun einmal in dieses Geschäffte gesetzt war, und keinen andern Weg offen hatte, in der Welt mein Auskommen zu finden: so sah ich es auch als meine Pflicht an, es fortsetzen zu helfen, und zu dessen Aufnahme alle Mühe anzuwenden, und treulich darin zu arbeiten. — In natürlichen Dingen konnte ich auch, während der ganzen Zeit, daß ich in diesem Leidensstande war, meine Verstandeskräfte ungehindert brauchen; aber in geistlichen Dingen konnte ich mich meines Verstandes gar nicht bedienen: da war mir alles verworren, dunkel und finster in meinem Gemüthe. — Es gereichte mir zu einer großen Erleichterung, wann ich mich beschäfftigen konnte. Denn, da ich mir in meinen Gemüthsumständen nicht mehr zu rathen noch zu helfen wußte: so mußte ich mich in allem, so gut ich konnte, leidsam hingeben. Auch kann eine Seele hier nicht anders zu Werke gehen; denn es ist alles des Herrn Weg, der will sie selbst durchs Leiden vollenden, und sie auf diesem Wege seinem Bilde ähnlich machen. Alles, was sie selbst im Guten unternimmt, wird ihr nicht gelingen; sondern sie macht sich dadurch nur ihre

Leiden

34. Brief.

Leiden größer, und wird in allen Bemühungen zu schanden.

Nach meiner Zurückkunft von dieser Reise bezogen wir das mehr gedachte herrschaftliche Haus, und nicht lange darnach kamen auch die zwei neue Wirkstühle an. Wir setzten sie zusammen und ich brachte sie so in Ordnung, daß ich recht schönes Linnenband darauf machen konnte. Wir setzten nun auch junge Leute an, die Band wirken lernten, und alles hatte, dem äußern Ansehen nach, den besten Erfolg. Aber, an mancherlei harten Leiden und Prüfungen fehlte es keinen Tag, wozu besonders auch mein Vetter nicht wenig beitrug. Denn, er ward täglich mürrischer gegen mich, und dagegen so anhänglich an seine Schwester und Schwager, daß er auch an mich die Forderung machte, mit niemand, als nur diesen, sonderliche Freundschaft zu halten. Wenn ich jemand anders, sonderlich meinen Anverwandten, Freundschaft bewies, oder auch wenn jemand aus meines Vaters Haus mich zu besuchen kam, welches doch sehr selten geschah: so sprach er fast in acht Tagen nicht mit mir, außer, was unumgänglich nöthig war. Er hatte ein unglückliches Temperament; und die Gnade fand nicht Raum genug bei ihm, daß er demselben hätte Meister werden können.

---

35. Brief.

35. Brief.

Der Verfasser kommt in Umgang mit einem Freunde, der in einem Stande empfindlicher Gnadenmittheilungen steht, und ihn überzeugen will, daß er nicht mehr auf dem rechten Wege sey. — Er nimmt die Verantwortung des Verfassers nicht an. Sie harmoniren nicht, und können sich doch nicht dran geben. Der Freund bietet ihm die Hälfte seines Einkommens an, wenn er mit ihm einsam leben will. Der Verfasser lehnt es ab. Er fürchtet, daß es mit dem Freunde kein gutes Ende nehmen werde. Die Folge bestättigt seine Furcht. — Sie trennen sich. — Des Verfassers schmerzhafte Seelenleiden halten an. — Neues Project zu Geschäfften. Es zerschlägt sich. Er kommt darüber in große Verlegenheit.

Du wirst es mir, lieber Bruder, zu gut halten, daß ich in der Erzählung meiner äußern Lebensumstände, etwas ausführlich bin. Es ist nöthig, weil die äußern Begebenheiten so viel Einfluß auf die innere Geschichte des Herzens haben; auch, weil sonst manches nicht im Zusammenhang erscheinen und undeutlich bleiben würde. So würde ich es, zum Beispiel, ohne eine zusammenhängende Erzählung meiner äußern Schicksale, nicht deutlich machen können, was mich zuletzt bewogen hat, nach Amerika zu gehen. Ich fahre also fort.

In unserm Orte wohnte noch ein Christlicher Freund, mit dem ich viel Freundschaft hielt, und

35. Brief.

in Liebe verbunden war: auch war er mein Anverwandter; denn seine Schwester war an meines Vaters Schwestersohn verheirathet. — Er war in Holland erweckt worden, von dannen aber, vor einigen Jahren, zurück gekommen und bei seine Schwester gezogen. Wir wurden bald mit einander bekannt; und weil er das einsame und stille Leben liebte: so gewannen wir uns einander lieb. Er ging oft mit mir in den Wald oder andere einsame Oerter, und ward von meiner eingekehrten innigen Lebensart sehr eingenommen, auch selbst vor und nach vom Herrn in einen innigen Gemüthszustand versetzt. Dieser Freund hatte so viel Kapital, daß er von den Zinsen leben konnte, und miethete bei seinem Schwager ein Paar Kammern, wo er ein einsames Leben führte. Wir waren im Herrn ziemlich genau mit einander verbunden, welche Verbindung aber nun sehr in Abnahme gerieth, da ich ihm so leidend, so verstört und zerstreut vorkam. Er konnte es nicht ertragen, daß wir das große herrschaftliche Haus bezogen, und uns so tief in die weltliche Geschäffte einließen. Dieser Freund machte mir vieles Leiden. Wenn er mich oder ich ihn besuchte, so konnte ich mich allezeit auf eine Menge Verweise gefaßt machen. Er wollte mir durchaus darthun, daß ich vom Herrn abgefallen wäre, und die Welt wieder lieb gewonnen hätte. Denn, sagte er, man sähe ja wohl, daß ich in die weltlichen Dinge zerstreut wäre. Ich sollte

35. Brief.

sollte doch nur einmal bedenken, in welchem ruhigen und friedevollen Zustande ich noch vor einem Jahre gewesen, und wie sehr dieser von meinem jetzigen Zustande verschieden sey! *) — Ich erwiederte dann, daß ich das alles wohl wüßte, und darüber so viel Kummer und Leiden hätte, daß ich oft nicht wüßte, wo ich mich vor Noth laßen sollte; könnte aber an dem allem nichts ändern. Er möchte also doch Geduld mit mir haben, und mich so tragen wie ich wäre. Doch könnte ich ihn versichern, daß mir alles, was nur zu einer Größe in der Welt einen Anschein hätte, nichts als Kreuz und Leiden wäre. Da ich aber mich nun einmal in diese Geschäffte versetzt fände: so sähe ich es auch als Pflicht an, sie mit aller möglichen Treue zu verrichten; und ohne Geschäfftigkeit könnte ichs unmöglich in meinen Leiden aushalten" — Allein dieser Freund ließ sich von dem allen nicht überzeugen; es war bei ihm ausgemacht, daß ich von Gott abgewichen sey, und sah mich so gut als verloren an.

Einsmals kam er zu mir, und drang sehr in mich, alle diese Geschäffte aufzugeben. Ich fragte ihn, wovon ich denn bestehen, und was ich denn sonst anfangen sollte? — Darüber konnte

---

*) Man hat mehrere Beispiele, daß reiche Freunde, die ihr Auskommen in Sicherheit haben, falsch urtheilen über ihre Brüder, die durch Fleiß und Arbeitsamkeit sich solches erwerben müßen.

te er mir nun dieß Mal keine Auskunft geben. Aber nachher kam er eines Tages voll Enthusiasmus zu mir, und sagte: Wenn ich dieses Geschäffte aufgeben wollte, so wollte er sein Einkommen mit mir theilen; wir könnten dann zusammen wohnen, und uns so einschränken, daß wir davon gnug zu leben hätten. — Ich erwiederte:" Dann würden wir beide, und besonders ich, oft in die größeste Noth kommen, weil wir davon nicht bestehen könnten. Dabei geschähe dieses Anerbieten jetzt im Enthusiasmus, der bald wieder verrauchen würde; wenn es denn einmal zur Ausführung kommen sollte, so würde es hundert Schwierigkeiten absetzen. Weil übrigens der Herr mir Kräfte und Verstand gegeben hätte, um durch meiner Hände Arbeit mein Brod zu erwerben: so würde ich so etwas von ihm nicht annehmen können." — Er hörte dessen ungeachtet nicht auf, in mich zu bringen, daß ich dieses Geschäffte dran geben möchte, weil es doch die Haupturfache wäre, daß ich mein Gutes verloren hätte. — Ich hielt ihm oftmals vor:" daß er ja selbst wohl wüßte, wie ich mich anfänglich nur darum in diese Unternehmung eingelaßen hätte, damit ich, als ein gottseliger Mensch, in der Stille mich durch die Welt bringen möchte; auch sey ihm ja bekannt, daß ich an der Weitläuftigkeit desselben nicht Schuld wäre. Ich könnte also nicht anders glauben, als daß Gott mich in dieses Geschäffte gesetzet habe, zumal, da er mir unter demselben

tausend

35. Brief.

tausend Gnaden geschenket hätte. Deßwegen würde ich auch nun so lang, als es dem Herrn gefiel, treu darin aushalten, und alles thun, was nur meine Pflicht darin von mir forderte. Wenn es aber Gott gefiele mich daraus zu setzen, oder daß er alles zu Trümmern gehen ließ: so hoffete ich, Er würde mir Gnade schencken, mich in seine Schickung willig zu ergeben." — Allein mit allen meinen Erklärungen war dieser Freund nicht zufrieden.

Wie er sah, daß sein bringendes Zureden, meinem Geschäffte zu entsagen, auch bei mir vergebens war: so fing er nun an, in mich zu dringen, daß ich Tersteegen besuchen möchte: denn er glaubte, dieser würde dann meinen Zustand besser einsehen und mir anders rathen. — Ich schrieb darauf an Tersteegen, und legte ihm mein ganzes Gemüth offen dar, entdeckte ihm auch etwas von den Leiden, welche mir der besagte Freund verursachte; auch, daß er es wäre, der mich antrieb, ihn, Tersteegen, zu besuchen; und daß ich mich deßwegen entschlossen hätte, diesen Besuch noch im Herbste vorzunehmen. — Er antwortete mir hierauf nicht selbst, sondern ließ mir durch einen andern Freund melden: "Er sähe gern, und "hielt' es auch fürs beßte, daß ich zu Hause bliebe." Das war alles, was ich von ihm zur Antwort erhielt. Ich ließ sie den Freund lesen, und seine Aeußerung darauf war: "Daß Tersteegen

ohne

35. Brief.

ohne Zweifel darum so kurz geantwortet und meinen Besuch abgelehnt hätte, weil er einsähe, daß mit mir nichts anzufangen wäre." — Ich mußte schweigen, mein Kreuz auf mich nehmen, und dem Herrn Jesu nachfolgen.

Diesen Freund konnte ich so wenig aufgeben, als er mich aufgeben konnte, obschon wir nicht mit einander harmonirten, und bei unsern Zusammenkünften und Unterredungen ein beständiger Widerspruch unter uns herrschte. Es konnte auch nicht wohl anders seyn; denn unser beider Zustand war sehr verschieden. Er war um diese Zeit in einem innigen, sehr geschmackvollen Gemüthsstande, den ich auch sehr wohl einsah, weil ich selbst darin gewesen war. Ich konnte also, ungeachtet der Dunckelheit, und des leidenden, elendsvollen Zustandes meines Gemüths, große Gebrechen an ihm wahrnehmen, die ich nie hatte hegen dürfen, wie ich in dem nämlichen Stande war. Er aber überließ sich denselben ohne Widerstand. Die besonderen Mittheilungen der Gnade hielt er sehr fest, und zeigte sich dabei oft in einer Innigkeit, die er (wie es mir vorkam) für die Zeit nicht hatte. Und, wenn er sie auch wirklich so gehabt hätte, so war es doch nicht gut, daß er sie ausleuchten ließ, und sich darauf etwas zu gut that. Dadurch bewies er, daß sein geistlicher Stolz bereits einen ziemlichen Grad erreicht hatte; und ich fing an zu

fürchten,

35. Brief.

fürchten, daß es zuletzt kein gutes Ende mit ihm nehmen möchte. In der Zeit, da mir Gott dergleichen Gnaden schenkte, hätte ichs nie wagen dürfen, sie mit Willen auszuleuchten zu laßen. Wollte sich aber bei mir die geringste Frommstellung oder Innigkeit von außen zeigen: so fühlte ich gleich die strengsten Verweise und Bestrafungen darüber in meinem Inwendigen. — Bei dem obgedachten Freunde aber sah ich das Gegentheil, und dachte oft, daß, wenn es nicht mit ihm durch Prüfungen und Demüthigungen ginge, sein Weg kein gutes Ende nehmen könnte. — Ich bemerkte aber auch oft deutlich, daß dieses Freundes Eifer in den Zurechtweisungen, die er mir gab, nicht immer aus einer lautern Quelle kam; sondern daß er nur zu oft gern den Meister über mich spielen wollte. — Leider! sind die Ahndungen, die ich über ihn hatte, eingetroffen; denn er that einige Jahre hernach einen schweren Fall, wovon er sich kaum wieder aufgerichtet hat.

Um Neujahr 1769 stieg unsere Disharmonie auf den höchsten Grad. Er wollte nun nichts mehr mit mir zu thun haben; wir waren so gut als geschieden, und ich mußte es gehen laßen, wie es ging. — Im Januar schrieb ich nochmal an Tersteegen; und da gemeldter Freund ihm und allen dortigen Freunden bekannt war, und von ihnen geliebt wurde, weil er sie verschiedene Mal besucht hatte; so meldete ich dem lieben Tersteegen

gen Unterschiedliches von unserer Disharmonie, und von dem, was zwischen uns vorgegangen war, und bat ihn, uns doch zu beruhigen, und mir zu melden, was ich bei so bewandten Umständen thun sollte. — Gegen das Ende des Februars (einen starken Monat vor dem seligen Hingang des theuren Mannes) erhielt ich eine Antwort von ihm, die aber kurz war. — Das Wesentliche daraus war folgendes: "Für dich, lieber "Bruder! ist es gut, daß du Geschäffte hast; "doch mußt du dich oft still und leidsam vor dem "Herrn halten. — Dein und des Bruder M. "Gemüthsstand sind ganz verschieden. Du mußt "ihn, und er muß dich tragen; und wo einer "nicht kann wie der andere, da müßet Ihr brü-"derlich Geduld mit einander haben. — Am "Schlusse sagte er noch: Liebet euch und traget "euch untereinander. Einer halte den andern hö-"her als sich selbst, so wird es endlich gut gehen."

Im Frühjahr, als Tersteegen gestorben war, fand ich Neigung, die dort herum wohnende Brüder und Freunde nochmal zu besuchen. — Aber das war eine Reise! Die Demüthigungen, welche mir während derselben bei den lieben Freunden überall begegneten, machten mich so schüchtern, wie ein gejagtes Rehe, und so beschämt, daß ich mich vor ihnen in eine Wüste hätte verbergen mögen. Schon vorher waren sie in etwa wider mich eingenommen; und der oft besagte

Freund

35. Brief.

Freund hatte mich in einen noch schlechtern Ruf bei ihnen gebracht. Und, da ich mich nicht verstellen konnte, sondern mich so zeigte, wie ich war; meine Umstände aber so beschaffen waren, daß diejenigen, welche keine Erfahrung davon hatten, unmöglich mit mir zufrieden seyn konnten: so folgte natürlich daraus, daß die Freunde durch meinen persönlichen Umgang in ihrer schlechten Meynung von mir noch mehr bestärkt wurden; und daß ich bei ihnen nichts als Verweise, Belehrungen und Zurechtweisungen einzunehmen hatte. Aber; es folgte eben so natürlich aus ihrer Unbekanntheit mit den eigentlichen Umständen meines Gemüths, daß auch ich ihre Belehrungen und Zurechtweisungen unmöglich auf meinen Zustand anwendbar finden konnte. Darum war fast überall, wo ich hinkam, nichts als Mißverstand, Unwillen und Unzufriedenheit mit mir, zu hoffen; welches mein Herz in eine so peinliche Lage versetzte, daß der bloße Gedanke, jemanden zu besuchen, meine Leiden verdoppelte; und meine Beschämung war so groß, daß ich mich, so viel möglich, verborgen hielt, um neuen Demüthigungen auszuweichen. — Also, anstatt mich durch diese Reise bei den lieben Freunden zu erquicken, hatte ich mir die Bürden nur noch schwerer gemacht, und mußte so trostlos — wo nicht noch trostloser — nach Hause reisen, als ich gekommen war.

In dieser Leidenszeit ging ich noch allezeit, wenn es gut Wetter war, auf die vorhin gemel-

35. Brief.

dete felsigte Anhöhe, in das Wäldchen, wo mir der Herr so viele Gnaden geschenckt, *) und wo ich Ihm auch das ganze Opfer, mit mir in Zeit und Ewigkeit zu machen was Ihm wohlgefällig wäre, in der feierlichsten Stille gebracht hatte. Dieses Wäldchen war auch noch jetzt der Ort, wohin ich oft spaziren ging; allein, es war daselbst keine Seligkeit mehr für mich zu finden, sondern an deren Statt Leiden über Leiden, und in denselben solche Kämpfe, daß ich dachte, ich würde darunter zu Grunde gehen. Weil nun weder im Himmel noch auf Erden Trost und Hülfe für mich zu finden war; so war kein anderer Ausweg mehr übrig, als mich zu überlaßen, wie ich war. Auch gab ich mich hier noch oft dem guten Gott mit allen meinen Leiden hin, um mit mir ferner zu machen, was ihm gefiele. — Für diesen Ort hab ich hernach immer eine Vorliebe behalten; und es that mir leid, wie ich, nach meiner Zurückkunft aus Amerika sah, daß dieß Wäldchen umgehauen, und der Boden urbar gemacht war. Dennoch walfahrtete ich noch oft auf diese Anhöhe, wo mich auch jedes Mal ein kindlicher Dank anwandelte, daß mich der Herr so wunderbar, aber doch so gut und selig geführet hatte. Solche Zurückerinnerungen geben dem Pilger oft recht beseligende Augenblicke.

In unsern Geschäfften gab es nicht wenig leidensvolle Augenblicke; und, wenn ich einen Blick

*) Siehe den 27 Brief.

35. Brief.

Blick in die Zukunft wagte: so sah ich ebenfalls nichts als Kreuz und Leiden für mich. — Da das Geschäffte sich nun schon ziemlich ausgebreitet hatte, so wurden auch viele Kosten und Auslagen erfordert, um es im Stande zu halten. Der Schwager meines Vettern aber — der, wie schon gesagt worden, sich verbindlich gemacht hatte, alle Materialien herbei zu schaffen, und die fertigen Waaren zu verkaufen — ließ uns die mehreste Zeit im Stiche; so daß ich fast vermuthen mußte, daß er es darauf anzulegen suchte, uns in der Sache müde zu machen, um die Fabrik für sich allein zu behalten. — Wenn denn mein Vetter und ich, wie nicht selten geschah, unzufrieden waren, daß er uns so stecken ließ, und ich meinem Vetter solche Bemerkungen machte, welche klärlich zeigten, daß es in der Zukunft nicht gut mit der Sache gehen würde, so war er wohl eine Zeit lang wider seinen Schwager eingenommen. — Weil wir indessen auch wohl begreifen konnten, daß dieser, bei seinen eigenen Geschäfften die unsrigen nicht wohl mit besorgen konnte: so überlegten wir, was wohl am besten in dieser Sache für uns zu thun wäre; und kamen endlich darin überein, daß wir einen vierten Mann annehmen wollten, der den Einkauf der Materialien und den Verkauf der fertigen Waaren mit seinem Schwager gemeinschaftlich übernähme: denn unser Vorsatz war allezeit, daß wir bloß dafür sorgen wollten, gute und verkäufliche Waare zu ver-

fertigen;

fertigen; mit dem Handel von außen aber wollten wir uns keinesweges befassen. Dieses Geschäffte sollte meines Vettern Schwager nach wie vor — aber (wie wir's so unter uns beiden abgeredet hatten) nunmehr in Gesellschaft eines Compagnons betreiben; und, da er vorher die Hälfte des ganzen Gewinns zog: so sollte er nun seine Hälfte mit diesem Compagnon theilen, so, daß der ganze Gewinn in vier gleiche Theile getheilt würde. — Der Gesellschafter, den wir im Auge hatten, war noch unverheirathet, und uns beiden gleich nahe verwandt, weil auch sein Vater der vermögendste Mann im Ort war, so dachten wir, er würde sich recht gut dazu schicken, besonders, da wir gehöret hatten, daß sein Vater ihn gern in irgend einem Geschäffte möchte angestellt wissen. Wir zweifelten also nicht, daß, wenn wir ihm nur unser Vorhaben bekannt machten, er keine Schwierigkeit machen würde, beizutreten.

Der Plan war also zwischen mir und meinem Vetter völlig abgeredet und zum Schlusse gekommen; es war also noch übrig, auch seinen Schwager, als den dritten Mann, zu dessen Annahme zu vermögen. Mein Vetter übernahm dieß, und ging in dieser Absicht zu ihm. Allein, bei seiner Zurückkunft merkte ich gleich, daß er in seiner Unternehmung nicht allein nicht glücklich gewesen war, sondern, daß sein Schwager ihn auch selbst umgestimmt und dawider eingenommen hatte. Zu mir aber

aber sagte er nur, daß sein Schwager diesen Plan nicht eingehen wollte, und daß auch er, für seine Person, es für's Beßte hielte, die Fabrik, so wie bisher, fortzusetzen. — Ich konnte nun keine weitere Gegenvorstellungen machen, welche auch vergeblich gewesen wären; schickte mich also in alles, so gut ich konnte, und überließ es der Führung Gottes, obschon ich hiebei einer, für mein äußers Bestehen, kummervollen und dunkeln Zukunft entgegen sah.

Mein Vetter hatte überhaupt viel Liebe für mich, aber auch eine ausserordentliche Anhänglichkeit an seine Schwester und deren Kinder, und dadurch auch an seinen Schwager; daher es auch kam, daß dieser mit ihm machen konnte was er wollte. Es war also natürlich, daß er dessen Nutzen dem meinigen vorzog; und seine so nahe Anverwandten glücklich zu machen, und sie in der Welt empor zu bringen suchte. *) Er war aber dennoch ein Freund der Gottseligkeit, und dieses waren

*) Indessen ist ihm dieses nicht allein ganz mißlungen, sondern auch noch sehr verbittert worden. Er hatte, während dem ich noch in Amerika war, schon die Fabrik verlaßen, und war mit seinem Schwager gänzlich zerfallen. Die Streitigkeiten mit demselben dauerten noch, wie ich aus Amerika zurück gekommen war. Und weil sein Schwager keine rechte Fabrickkenntniße hatte, so kam

das

35. Brief.

waren Schwachheiten, die noch in den Prüfungen abgethan werden mußten. Er lebt noch, und hat dieses auch noch auf mancherlei Art reichlich erfahren müssen. Dennoch aber sind wir bis auf diese Stunde verbundene Freunde geblieben, und unsere Freundschaft und Liebe ist durch alle diese Begebenheiten nicht aufgehoben worden.

Im Herbste dieses Jahres kam der Vater des jungen Mannes, den wir mit in unsere Fabrik zu nehmen gedacht hatten, zu uns ins Haus, um die Einrichtungen zu sehen, die wir gemacht hatten. Nachdem er alles in Augenschein genommen hatte, und sich darauf mit mir insbesondre unterhielt, so sagte er: Wenn wir seinen Sohn mit in das Geschäffte nehmen wollten, so wäre er erbötig, 3000 Rthlr. auf drei Jahre ohne Zinsen dazu herzuschießen; auch würde er sonst noch Geld zur Aufnahme der Fabrik hergeben, wenn es nöthig wäre. (Er wußte nichts von dem, was mein Vetter und ich bereits über diese Sache abgeredet hatten.) — Ich antwortete ihm, daß wir beide schon einmal eins gewesen wären, seinen Sohn mit in Compagnie zu nehmen; aber, weil der Schwager meines Vettern dawider gewesen,

das Geschäfft nicht empor, und lag bei meiner Zurückkunft fast ganz darnieder. — Bei Andern aber, die dort dieses nämliche Geschäfft angefangen hatten, kam es in Aufnahme, und ist bis jetzt im Gange geblieben.

wesen, und auch diesen dagegen eingekommen hätte: so wäre unser Vorsatz ohne weitern Effect geblieben. — Ich wollte ihnen doch dieses sein Anerbieten vorstellen; hätte aber wenig Hoffnung, besonders bei meines Vettern Schwager, Gehör zu finden u. s. w. Hierauf erklärte er: Wenn es auch die beiden andern nicht eingehen wollten, so wollte er die genannte Summe nebst erforderlichen Nachschüssen auch mir in das Geschäffte geben, wenn ich mich verbände, solches mit seinem Sohne allein in Gesellschaft zu treiben.

Da ich wußte, daß mein Vetter das Drückende der Verbindung mit seinem Schwager oft genug fühlte, so hatte ich Hoffnung, daß dieses, (mir sehr willkommene) Anerbieten bei ihm wenigstens Beifall finden würde; fürchtete aber doch, daß auch jetzt, wenn sein Schwager anderer Meinung wäre, seine sinnliche Anhänglichkeit wieder alles verderben würde. Und wie ich fürchtete, so geschah es. — Wir ließen nun seinen Schwager zu uns kommen. Als er meine Vorstellung angehört hatte, so sagte er: dieß Anerbieten sey freilich nicht so schlechterdings zu verwerfen; aber erst müßte er es doch in Ueberlegung nehmen. — Ich sah nun schon zum voraus, daß aus der ganzen Sache nichts werden würde; auch hatte er unter der Hand meinen Vetter ganz dawider einzunehmen, und völlig auf seine Seite zu bringen gewußt. Dieser sagte also, nach einigen

35. Brief.

gen Tagen, zu mir: daß sein Schwager in die Aufnahme des jungen Mannes nicht willigen wollte, und daß auch er es für gut ansähe, daß wir das Geschäffte so wie bisher fortsetzten. Ich konnte also nichts weiter hierin thun. Wäre mein Vetter auf meiner Seite gewesen, so hätte er, wenn wir durchaus darauf bestanden hätten, sich's wohl müßen gefallen laßen; denn, Contracte hatten wir nicht geschloßen, und ging alles auf guten Glauben. Da er nun sein Versprechen nicht hielt, und wir, wie schon gesagt worden, die mehreste Zeit, durch seine Schuld, mit dem Absatz der fertigen Waaren so wohl, als mit Herbeischaffung der Materialien im Gedränge saßen: so hätte er sich, wenn wir gewollt, dazu verstehen, oder aus der Gesellschaft scheiden müßen. — Es war nun einmal Disharmonie unter uns, und die Zukunft zeigte meinem Gemüthe nichts als Unannehmlichkeiten und Leiden, die unserm Geschäffte beständig folgen würden.

Ich ging indeßen zu dem eben angeführten Manne, der das großmüthige Anerbieten gemacht hatte, und sagte ihm, daß aus der Sache nichts werden würde, weil mein Vetter und sein Schwager ganz dagegen wären. Er kam nun wieder auf seinen mir gethanen zweiten Vorschlag zurück: Ob ich denn nicht Neigung hätte, mit seinem Sohne allein das nemliche Geschäfft anzufangen? Was er mir in diesem Falle versprochen hätte,

35. Brief.

hätte, wäre er auch noch Willens zu thun. Das benannte Geld wollte er vorab hergeben; und wenn ferner etwas fehlen sollte, wollte er auch dafür sorgen. — Ich gestand ihm, daß ich wohl Neigung hätte, seinen Vorschlag einzugehen, weil ich leicht einsähe, daß meine jetzige Verbindung in die Länge nicht Stand halten könnte. Aber, ich müßte mich, wenn ich mich davon lossagte, fest auf sein Wort verlassen können. Er erwiederte mir, daß ich mich ganz fest darauf verlaßen könnte. — Weil ich in allen meinen Worten und Handlungen aufrichtig seyn wollte, so dachte ich, andere wären es auch; deßwegen ich mich nach einiger Ueberlegung entschloß, die neue Verbindung einzugehen: allein wie ich mich in meinem Zutrauen auf Menschen, schon oft betrogen gefunden hatte, so ging es mir auch dieses Mal. Doch ich will den weiteren Hergang kurz erzählen.

Nachdem ich mit meinem Vetter und seinem Schwager mich über das, was die Fabrik anging abgefunden und ihnen alles, was dazu gehörte (weil sehr viel alte Sachen darunter waren) überlaßen hatte: so begab ich mich in meines Vaters Haus, in dem Vorsatze, nun mit dem neuen Compagnon das Geschäffte anzufangen. Ich ging also zu seinem Vater, den Contract darüber zu schließen, und alles vorher ins Reine zu bringen. Allein, dem Vater waren nunmehr Bedenklichkeiten

35. Brief.

ten in den Weg gekommen; er machte allerhand Schwierigkeiten — und, daß ichs kurz mache: er zog sich zurück, und aus dem ganzen schönen Projecte ward am Ende — nichts! — Ich hatte mich also, wie man zu sagen pflegt, zwischen zween Stühle nieder gesetzt, und meine Lage war traurig: auch kann ich die Empfindungen, welche mich jetzt bestürmten, nicht beschreiben. Sie mußten desto peinlicher werden, weil ich nicht einmal den Trost hatte, zu glauben und überzeugt zu seyn, daß es also der Weg der göttlichen Fürsehung über mich wäre. Ich war auch durch meine Leiden so nieder gedrückt und betäubt, und es war so dunkel in meiner Seele, daß sich mein Geist bis zu diesem tröstlichen Gedanken nicht erheben konnte. Ich ergab mich aber doch unter alles so gut und leidsam, als mir nur möglich war. — Damals konnte es wohl zu mir heißen: "Was ich thue, das weißest du jetzt nicht; du wirst es aber hernach erfahren" (Joh. 13, 7.) — O wahrlich! ich hab es hernach erfahren; — und besonders erkenne ich es jetzt mit Dank und Anbetung, daß alles eine weise und gütige Leitung der göttlichen Fürsehung über mich war.

---

36. Brief.

36. Brief.

Der Verfaßer ist ohne Geschäffte. Seine Demüthigungen und Leiden halten an. Er sucht ein neues Geschäffte, um sich fortzuhelfen; nichts will ihm gelingen. Seine Christlichen Brüder halten ihn für einen Weltmenschen, und geben ihm Ermahnungen. Ein Brief zum Beweise. Er weiß sich nicht mehr zu rathen noch zu helfen, und findet keinen Freund, dem er sich entdecken darf. Bei seinem unaussprechlichen Schmerz geht sein ganzes Bestreben allein dahin, nur für Gott zu leben.

Da nun mein Vater sah, daß die neue Verbindung rückgängig geworden, und ich deßwegen außer aller Thätigkeit gesetzt war: so ward er sehr verdrießlich, und sagte: "Ich wäre ja in der Welt zu nichts nütze; denn, alles, was ich anfinge, mißlänge mir. Was ich wohl dächte, daß endlich noch aus mir werden würde?" — Ich bat ihn, daß er doch Geduld mit mir haben, und mir einstweilen erlauben möchte, den Winter über in seinem Hause zu wohnen. Dieses letztere konnte er nun nicht wohl abschlagen, und gab es zu.

Bei weiterm Nachdenken über meine gegenwärtige Situation, und was ich denn nun beginnen sollte, fiel mir ein, daß es vielleicht am beßten für mich seyn möchte, wenn ich mich nach der Gemarcke ins Barmen begäbe, und daselbst das Schnürriemenmachen triebe, weil mein Vermögen

36. Brief.

gen hinreichend wäre, dieß Geschäffte in Gang zu bringen. Ich hoffte um desto mehr, dabei mein Auskommen zu finden, weil in dieser Zeit solche Arbeit noch nicht allgemein bekannt war. Uebrigens wollte ich in allen Leiden geduldig aushalten, in der Hoffnung, der treue Gott werde es noch endlich alles wohl mit mir machen. Wenn ich aber dachte, was die Freunde daselbst von mir denken, und wie sie mich aufnehmen würden: so sah ich nichts als Beschämung und Leiden für mich voraus. Nach langem hin und her Denken und Ueberlegen, was zu thun sey, entschloß ich mich, an einen dasigen Freund zu schreiben, und so weit es thunlich war, ihm meine gegenwärtige Lage darzulegen. Ich that es; — allein, die Antwort, welche ich erhielt, war so abgefaßt, daß sie mir nothwendig alle Lust benehmen mußte, dorthin zu ziehen. Dieser Brief ist mir in Amerika verloren gegangen: Weil ich aber, einige Tage vor meiner Abreise nach Amerika, noch eine Abschrift, nebst meinen Anmerckungen dabei, an den lieben Fr. d. W. W. *) sandte; so ist mir solche nach dessen Tode, für etwa 12 Jahren, von dessen Vetter, der ein lieber Freund von mir ist, nebst allen meinen anderen vorgefundenen

Brie-

---

*) Dieser Freund, welcher in der Gegend von Waltz bei Solingen, wohnte, war auch nicht ganz mit mir zufrieden, trug aber doch Geduld mit mir; weßwegen ich auch das mehreste Zutrauen zu ihm hatte.

36. Brief.

Briefen, wieder eingehändiget worden. Daher bin ich im Stand diesen Brief des Gemarcker Freundes, nebst meinen Bemerckungen dabei, hier wörtlich einzurücken. Hier ist er:

"Lieber Bruder St.... — Es ist mir kürz-
"lich kein Schreiben so verwunderlich vorkom-
"men, als dein letzter Bericht. Vielleicht will Gott
"noch deine Seele retten. — O, der Herr Jesus
"ruft dir und mir kräftig ins Herz: Was hülf's
"dem Menschen, so er die ganze Welt gewön-
"ne, und nähme doch Schaden an seiner See-
"le! Ach! l. Br. viel lieber bettelarm und reich
"in Gott, als reich in der Welt und so arm an
"Gott seyn. Es kann doch nicht beisammen seyn,
"sonst hätten uns Jesus und seine wahren Jün-
"ger hievon eine andere Lehre gegeben. O, laß
"uns doch die Lehre Jesu so nicht beugen, daß
"wir hingehen sollten, und verzehren alle Kräf-
"te Leibes und der Seele in diesen schlechten Din-
"gen. Der liebe Gott hat dir ein solches Talent
"von Weisheit, Verstand und so manchen edeln
"Gemüthsgaben anvertrauet: — und du solltest
"das dem Weltgeiste geben! — O Bruder! be-
"sinne dich! du betrübest Gott und seine Kinder
"dadurch; und ich muß dir sagen, daß viele mit
"innigster Wehmuth öfters an dich gedacht und
"von dir gesprochen haben, weil sie sahen, daß
"du wacker wieder nach Sodom eiltest, wo doch
"nur Hölle und Tod zu finden ist. — Nicht län-
"ger

36. Brief.

"ger, m. l. Bruder deine Seele verkauft um ein
"schlechtes Linsengericht! O nein! Jetzt fasset
"dich noch ein Engel an der Hand, und ruft dir
"zu: Eile und errette deine Seele! Und hiezu
"wünsche ich dir von Herzen ein folgsames Herz,
"und daß du mehr der Stimme des Herrn gehor-
"chen mögest. Und, willst du wissen, wie du
"dich derselben gehorsamlich unterwerfen sollst:
"so bethe mit dem frommen Könige David: Herr!
"lehre mich thun nach deinem Wohlgefallen!
"Nicht wahr, l. B. dem Eigenwillen und der
"Natur gefolgt! die verführen uns, wie du denn
"davon gnug versichert bist. O bedaure deine
"Seele, daß du so gethan hast! — Laß uns kei-
"nem Geiste trauen, der uns zum Weltmann ma-
"chen will. Der Satan hat mich tausendmal da-
"mit zu sichten gesucht: Siehe! das und das will
"ich dir geben, so du niederfällest und mich an-
"bethest. Siehe! das thut doch der und der;
"und die wollen doch auch in den Himmel kom-
"men u. s. w. Wenn ich nun gefolgt hätte, so hät-
"te der Satan wieder andre auf mich gewiesen;
"ich wäre andern wieder ein Vorgänger gewor-
"den, sich zur Welt und Sünde zu wenden. Sie-
"he, so verführen wir noch andere mit, durch
"unsern unchristlichen Wandel. Laß uns nicht
"mehr so thun; wir werden sonst einst hören müs-
"sen: O du Verführer meines Volks! — Der
"Herr Jesus bewahre uns davor, und erleuchte
"unsere Augen, um den Betrieger zu entdecken,

der

"der so gern unsere Seele verschlingen will! —
"O l. Br.! laß uns doch die Augen verschließen
"vor der Welt und der Eitelkeit! — Lange genug
"so gewirkt! — Laß uns die wenigen Augenblicke
"Zeit, die wir noch auf die Ewigkeit zu leben ha-
"ben, ganz für Gott zubringen. Vielleicht ist sie
"bald verstrichen! — Und, l. Br. wie beschä-
"mend ist es nicht für uns, daß wir so weit zurück
"bleiben, da andere neben uns so weit gefördert
"sind, und die wir so oft durch unsern untreuen
"Wandel betrübt, und ihnen so manchen Seuf-
"zer ausgepreßt haben. — O! laß uns Buß-
"und Bethtage anstellen, um uns vor Gott und
"Menschen zu beugen, und abzubitten, wo wir
"ärgerlich gewesen sind! So geben wir Gott die
"Ehre, und seine Kinder, welche wir beleidiget
"haben, werden dann zum Loben und Danken
"bewogen werden, daß Gott ein solch verirrtes
"Schaf wieder zurecht gebracht hat ꝛc. E. L.

Barmen, den 2 Novembr. 1769.

Diesen Brief schickte ich, wie gesagt, copei-
lich an den Br. W. und begleitete solchen mit folgenden Zeilen:

"Etwas will ich dir, l. Br. hiebei anmer-
"ken. — Dem l. Br. L. danke ich herzlich für
"seine wohl gemeynte und gute Erinnerung; wie
"ich denn auch solches durch ein kleines Briefchen
"schon schriftlich gegen ihn bezeugt habe. Ich
"erkenne mich von Herzen in allem schuldig, und
"bitte,

"bitte, um der Liebe Jesu willen um Vergebung,
"wo ich jemanden zum Aergerniß gewesen bin.
"Aber, auf eine wirksame Art meine Fehler zu
"verbessern, kann ich nicht; und hierin muß man
"auch Geduld mit mir haben, wie Gott mit uns
"allen Geduld hat. Was mich noch besonders
"schmerzt, ist, daß ich andern noch ein böses
"Exempel geben muß. Ich kann aber nicht hel=
"fen: man muß mir denn nicht nachfolgen. Ich
"habe doch allezeit gemeynt, ich hätte, das von
"meiner ersten Bekehrung an, auch noch bis jetzt,
"zwar meistens sehr gebrechlich, aber im Wesent=
"lichen aufrichtig, mich ohne Vorbehalt an Gott
"übergeben. Der muß nun selbst — weil ich
"es nicht kann — das Böse wegthun, und das
"Gute, welches ihm wohlgefällt, mir zu geben;
"bei denen wieder in Aufnahme bringen, wel=
"che ich, doch ohne meinen Willen, betrübt und
"beleidiget habe.

"Im übrigen ist mir bisher der Weltgeist
"noch wenig günstig gewesen; und wie es das
"Ansehen hat, wird er mir nie günstig werden.
"Wenn mein Glück in der Welt so fortgeht, wie
"es jetzt thut, so wird es nicht lange anstehen,
"daß ich mein Brod vor anderer Leute Thüren su=
"chen muß. Aber ich vertraue von ganzem Her=
"zen auf Gott; und der wird auch alles wohl
"und gut machen. Er wird hier und ewig mein
"Theil und Erretter bleiben.

"Um

36. Brief.

„Um dir nun, m. l. Br. noch in etwa meine
„äußern Gesinnungen zu melden, so dachte ich:
„weil ich Schnürriemen=Maschinen im Grunde
„kenne, und mehrentheils selbst machen kann,
„auch weil dieselben noch zur Zeit nicht allgemein
„bekannt sind, daß, wenn ich ins Barmen auf
„die Gemarke zöge, ich mich daselbst vom Schnür-
„riemen machen, als ein Pilger, nähren könnte.
„Dieß waren meine Gedanken; da ich aber den
„obigen Brief erhielt, fiel mir das alles weg.
„Aber, dachte ich, wo willst du dich denn nun
„hinauswenden? Den lieben Freunden bist du
„anstößig; und die wolltest du doch nicht gern
„betrüben. Es kam mir unter vielen Leiden man-
„ches in die Gedanken. Endlich ist der End-
„schluß bei mir befestiget worden: daß ich, mit
„Gottes Hülfe, von hier nach Holland, dann
„vielleich nach England — vielleicht gar nach
„Amerika reisen werde. Dieser Endschluß wird
„nun, so Gott will! in einigen Tagen ausgeführet
„werden.

„Ich grüße dich, lieber Bruder! herzlich,
„und empfehle mich deinem Andenken der Liebe
„vor dem Herrn. Sehen wir uns auch hier in
„der Zeit nicht wieder, so hoffe ich, daß wir
„uns in der frohen Ewigkeit dereinst wieder se-
„hen werden 2c. 2c.   J. Chr. St.

Freudenberg, den 10. März, 1770.

36. Brief.

Meine Gemüthsumstände waren unter allem so, daß ich mir in nichts mehr zu rathen noch zu helfen wußte. Alle die lieben Freunde hielten mich für einen, der wieder vom Herrn abgewichen wäre, und gaben mir Rath und Lehre, wovon ich das wenigste annehmen konnte, wie gern ich auch ihren Zurechtweisungen gefolgt hätte. Ich hatte nichts, woran ich mich hätte halten können. Mein Zustand war hart, und ich fand mich von allen Seiten verlaßen. Ich mußte mich oft ansehen, als einen, der zwischen Himmel und Erde hängt, der weder oben noch unten eine Stütze mehr hat. Wenn mir der Gedanke einkam, ich sey vom Herrn abgefallen, und ich mich damit etwas weit einließ: dann empfand ich solche schreckliche Leiden, als ob ich in der Hölle wäre. Mein Zustand war dann fast rasend, weil ich mir in nichts mehr helfen konnte. Wollte ich mich allen den Leiden, die mir begegneten, nicht geduldig und leidsam unterwerfen, und strengte meine Kräfte an, sie zu überwinden: so gerieth ich in einen Zustand, der nicht viel besser war. Wenn ich mich aber unter alles geduldig und leidsam beugte, und zum Leiden hingab, so war mein Zustand noch als erträglich, und ich konnte in allem aushalten. — Hätte ich nur noch einen Freund gehabt, der mich in Liebe gefaßt; der den Weg, welchen ich geführet ward, als einen Weg, worin mich der Herr geleitet, angesehen, und mir brüderlich gera-

gerathen hätte, in allen schweren Leiden und Proben mich dem Willen Gottes geduldig und gelaßen zu unterwerfen: O, das wäre mir ein Freund gewesen, der Balsam in meine Wunden gegossen hätte! — Aber es gefiel dem Herrn nicht, mir einen solchen zu geben. Meine Freunde, welche mich vorhin gekannt hatten, und mich in meinem jetzigen Zustande, und in meinen Handlungen betrachteten, konnten auch nicht wohl anders von mir urtheilen als sie thäten. Es war natürlich, daß ihnen meine ganze Lage und Wesen so vorkommen mußte, als ob ich vom Herrn abgewichen wäre, da sie meinen vorigen von Licht und Munterkeit, von Gaben und Tugenden ausfließenden Zustand, mit meinem jetzigen trübseligen, niedergeschlagenen, von allem Licht und Frohsinn entblößten Wesen, verglichen. Es gehöret aber auch viel Erfahrung und Prüfungskraft dazu, einen solchen Stand einzusehen, und nach bewandten Umständen darinn zu rathen. — Glücklich ist die Seele, welche in einem solchen Stande einen so erfahrnen Freund hat! Wie oft dachte ich dazumal: Ach! lebte der Liebe Tersteegen noch, der würde dich doch nicht verstoßen, sondern dich, wie elend du auch bist, in Liebe aufnehmen! — Aber diese Stütze war mir durch seinen Tod entrissen.

Daß ich voll Fehler und Gebrechen war, und nichts Gutes mehr hatte, sah ich selbst wohl ein;

aber,

37. Brief.

aber, meine Bemühungen, mein Bitten und Flehen zum Erlöser, mir zu helfen, mir Gnade und Kräfte zu schenken, vor Ihm wohlgefällig zu leben, schien alles vergebens zu seyn. In allem, was ich that, in allem, wo ich mich nicht leidsam unterwarf, gab es nicht allein keine Hülfe, sondern meine Leiden stiegen noch desto höher. Ich mußte mich also Preiß geben, weil ich nicht mehr gegen den Strom an schwimmen konnte; und die Leiden meiner Seele nahmen mich, gleichsam wie ein Strom, aus einer Tiefe in die andere mit sich fort. — Ach! welches Leiden, welchen Kummer für eine Seele, die sich aus allen Kräften bestrebte, ganz allein für Gott zu leben, und sich so weit von Ihm entfernt sehen muß! — Ach! sie verliert endlich alle Hoffnung, sein holdes, sein freundliches und friedevolles Angesicht je wieder zu erbliken.

---

37. Brief.

Einige Erläuterungen des Verfassers über seinen damaligen leidensvollen Zustand. — In seiner Rathlosigkeit fällt ihm ein, daß vielleicht in Nordamerika ein Platz für ihn sey, wo er sich fort helfen könnte. — Er entschließt sich, dahin zu reisen. — Er reiset nach Rotterdam und von dannen nach London, von wannen er, nach einem zwei monathlichen (gezwungenen) Aufenthalt nach Philadelphia abgesegelt. Erzählung der Seereise.

Ehe

37. Brief.

Ehe ich weiter gehe, finde ich nöthig anzumerken, daß ich keine Fehler und Gebrechen an mir hatte, die man im Allgemeinen für Sünde hätte ansehen können. Nein, davor bewahre mich der Herr. Aber, weil mir das von Gott aus Gnaden geschenckte Gute entzogen war, und mein Leben also keine ausleuchtende Tugenden noch Frömmigkeit hatte: so kamen den Freunden meine Handlungen als die eines Weltmenschen vor; und folglich mußten meine Bemühungen, mir ein hinreichliches Auskommen zu verschaffen, in ihren Augen als ein Bestreben erschienen, wodurch ich nur Reichthum und Ansehen in der Welt zu erwerben suchte. Weil ich mich über dieß auf eine herzliche Art von der Gottseligkeit nicht mit ihnen unterhalten konnte, und sie mich nach meinem Grunde nicht kannten: so war es gantz natürlich, daß sie mich als einen gäntzlich wieder abgefallenen und zur Welt zurück gekehrten Menschen betrachteten, und daß ihre Liebe gegen mich abnehmen mußte. Dieß alles wußte ich wohl, und empfand es schmerzlich; aber ich konnte nichts daran ändern.

Ich glaube indessen nicht, daß der Herr jemals zulassen werde, daß eine Seele, die sich ihm so ganz ergeben hat, in würckliche Sünden fallen sollte. Wenn es schon der Seele oft selbst so vor kommt, als ob sie sündigte: *) so ist dem doch nicht also; denn das Gewissen klagt sie darüber nicht an. Dabei wird sie vor und nach völlig überzeugt, daß sie nicht anders seyn und nicht anders handeln kann, als sie ist und handelt.—Sie fühlt sich von allem, durch die Gnade ihr geschenkten Guten entblößt, und von aller Kraft, womit sie dem Bösen widerstand, und die Leidenschaften unterdrückte und gefangen hielte, gänzlich verlassen; alle Leidenschaften der Seele erwachen aufs neue, und drohen, ihre Herrschaft mehr als jemals zu behaupten: allein, sie können hier nichts thun, als uns dahin zu bringen, daß wir uns ganz unter Gott und unsern Erlöser beugen. Ja alles bringt uns endlich dahin, in Demuth zu bekennen: Daß Gott in Jesu nur allein gut, und alles was das Geschöpfe ist und hat, böse und nichts sey. Hier bekommt Gott erst recht in allem die Ehre; und um diese wahrhaft demüthige Seelengestalt hervor zu bringen, braucht oft der treue Erlöser, selbst die Sünden, Gebrechen und Schwachheiten, welche noch in den Begnadigten sind. Er bedient sich des Gifts zu einer beseligenden Arznei, zur wahren Gesundheit der Seele. Denen, die Gott lieben, müssen alle Dinge zum Besten mitwirken.

Wo

*) D. i. solche Sünden, die wircklich andern ein Aergerniß gäben, oder welche das Gewissen beflecken. Von Fehlern und Schwachheiten ist deswegen die Seele in ihrer Unvollkommenheit nicht frei. Anm. d. R.

37. Brief.

Wo der Herr große Kraft und besondere Begnadigungen geschenckt hat, da ist es nothwendig, daß er auch große Demüthigungen dabei erfolgen laße; sonst würde die Seele dem Herrn nicht ganz untergeordnet werden können. Sie würde mit der Kraft und den besondern Begnadigungen in sich selbst steigen, und in dem Gefühl ihres Vermögens und in dem Anschauen der Tugenden, womit sie bekleidet ist, stolz werden. Wahr ist es, man will in solchem Stande auch wohl gern demüthig seyn; denn man sieht wohl ein, daß alles des Herrn ist. Aber, wie gut man dieses auch einsieht, wie gern man auch demüthig seyn will: so zeigt doch Gott in seinem Lichte, daß, ohne Kreuz und Demüthigungen überall Stolz, Hochmuth und Selbstgröße bleiben, und die Eigenliebe sich alles Guten mit anmaßen würde. Ja, er läßt die Seele einsehen, daß sie bei so ausgezeichneten Begnadigungen vor und nach, wie Lucifer, dermaßen steigen würde, daß sie der Herr endlich los laßen müßte, wenn er nicht zu gleicher Zeit große Demüthigungen, Tod und Gericht über sie ergehen ließe: und dann würde ihr Schicksal mit jenem gefallenen Geiste fast unwiederbringlich seyn. — Dieses sind Wahrheiten, die in der Erfahrung gegründet sind, die aber auch nur durch die Erfahrung erkannt werden.

Ich kehre wieder zu der Geschichte meines äußern Lebens zurück.

37. Brief.

Meine Geschäffte waren mir also nun, ohne meinen Willen, aus den Händen genommen; und, obschon ich mich den ganzen Winter durch noch sehr bemühete, wieder in Geschäffte zu kommen, so wollte mirs doch nirgend gelingen, und alle meine Mühe war vergebens. In dem Hause meines Vaters war auch meines Bleibens nicht länger. Er überhäufte mich mit Verweisen, und sagte: ich möchte nun selbst zusehen, wie ich durch die Welt käme; ich sey alt genug, für mich selbst zu sorgen. Ich müßte mich zu etwas entschließen, es sey auch, was es wollte. — Nach vielem hin und her Denken und Ueberlegen, blieb mir mehrentheils zuletzt der Gedanke am annehmlichsten: "daß vielleicht Nordamerika der Ort für "mich sey, wo ich mein Auskommen finden könn= "te. Ich würde daselbst auch außer aller Verbin= "dung leben, und abwarten können, was dem "Herrn gefiele, endlich aus mir zu machen." Als ich gegen meinen Vater etwas von meiner Neigung äußerte, dahin zu reisen, so antwortete er mir: Ob ich nun dahin gehen wollte, wohin alles Lumpengesindel reisete? — Ich hütete mich also, ferner etwas davon gegen ihn zu erwähnen. Einige Zeit darnach sagte ich zu ihm, daß ich wohl wieder nach Holland reisen wollte; denn ich dachte, es würde da Gelegenheit geben, mein Auskommen zu finden. Hiegegen hatte er nichts einzuwenden, und sagte nur. Ich müßte selbst wissen, was am beßten für mich sey. Hiebei blieb es, es. — Meine Aeltern und Geschwister waren meinetwegen zwar bekümmert und verlegen, und hätten lieber gesehen, daß ich da geblieben wäre und ein Geschäfft betrieben hätte; weil aber dazu keine Aussicht für mich war: so überließen sie mich Gott und meinem Schicksal.

Im Anfange des Märzmonats brachte ich denn meine Sachen in Ordnung und sandte sie nach Köln; und den 13ten März 1770, nahm ich, nach genommenem, herzlichem Abschiede von Vater, Mutter und Geschwistern, nochmals den Reisestab in die Hand, empfahl meine Freunde und Verwandten dem Herrn, und mich in dessen Schutz und Leitung, und wanderte auf Holland zu. — Mein Vorsatz, nach Amerika zu reisen, war indessen so fest nicht, daß ich nicht lieber noch eine andere Versorgung, wenn unterwegens sich etwa eine Thür dazu öffnete, annehmen wollte.

In diesem Vorsatze nahm ich erst meinen Weg auf Rotterdam, wo ich glücklich ankam, und hielt mich daselbst vierzehn Tage auf. Obschon ich wohl wußte, daß da Freunde wohneten, die ich auch dem Namen nach kannte; so wagte ichs, aus allzu großer Schüchternheit, doch jetzt nicht, sie aufzusuchen. Denn, wenn sie mir hart begegnet, oder mich nicht liebreich aufgenommen hätten: so würde dieß die Last meiner Leiden noch vergrößert haben; und ich hatte schon so viel, ja fast mehr zu leiden, als ich tragen konnte.

37. Brief.

te. Da ich kein Gutes mehr in mir sah, und es mir auch unmöglich war, viel von der Gottseligkeit zu sprechen: so war ich darüber so beschämt und mit Schmerz angethan, daß ichs nirgend aushalten konnte; sonderlich, wann ich mich bei Christlichen Freunden befand, welche Forderungen an mich machten, die ich doch zu befriedigen nicht im Stande war. In solchen Augenblicken empfand ich die Armut und Blösse an allem Guten so schmertzlich tief, und dieses Gefühl setzte mich in eine so beschämende, beklemte und peinliche Lage, daß ich mich gern in eine Wüste versteckt hätte: auch hielte ich mich vor allen Freunden, besonders vor denen, die mich kannten, oder von mir gehört hatten, aus diesem Grunde so verborgen als mir nur möglich war. — Wie schmerzhaft und tief eingreifend diese Leiden sind, ist nur denen bekannt, die der gute Gott dadurch geführet hat. Hätte ich jemand gefunden, der meinen Stand gekannt; der mich in Liebe gefaßt und Theil an meinen Leiden genommen hätte: O! vor einem solchen Freunde wäre ich gewiß nicht geflohen, wäre nicht beschämt noch schüchtern vor ihm gewesen; sondern ich würde vielmehr mein ganzes Herz in seinen Schooß ausgeschüttet haben; — aber, eine solche Stütze, so süsse Erquickung sollte mir nicht zu Theil werden!

Weil

37. Brief.

Weil ich in Rotterdam keine Bleibstätte für mich fand, so fuhr ich nach Helvoetsluis, und segelte von dannen mit dem Englischen Packetbooten nach Harwich. Hier setzte ich mich in die Postkutsche, und fuhr — noch zwei und siebenzig (Englische) Meilen über Land nach London. Es kostete alles viel Geld, das ich hingeben mußte, ohne die mindeste Aussicht auf die Zukunft zu haben, wo ich wieder etwas verdienen könnte. Hierüber wandelte mich freilich zuweilen eine grosse Sorglichkeit an; aber oft war es mir so, daß es mit mir dahin kommen müßte und auch kommen würde, wo ich nichts mehr hätte und die drückende Armut würde empfinden müßen. Weil ich mich diesem Loos preis geben mußte, so gab ich willig Geld her, wo es nur von mir gefodert wurde. Der Landessprache war ich noch nicht kundig, und also nur besto mehr den Betriegereien und Gelderpressungen solcher Menschen ausgesetzt, die von diesem Umstande trefflich zu profitiren wissen, und pressen, wo sie nur können. — Nach unserer Ankunft in London kam ein Jude an die Kutsche, der Deutsch sprach. Ich fragte ihn um eine gute Herberge, und er führte mich in ein Logis, wohin er auch zugleich meine Bagage brachte, sich aber für diese Dienstfertigkeit übermäßig bezahlen ließ.

Ich blieb über zwei Monate in London, und sah mich Anfangs ein wenig um, ob ich etwa
ein

37. Brief.

ein Geschäffte für mich finden möchte, wovon ich mein Auskommen haben könnte; aß ich fand keine Gelegenheit. Die Wahrheit zu sagen, so gab ich mir auch eben keine sonderliche Mühe, in London unter zu kommen, weil mein Hang nach Amerika schon ein entschiedenes Uebergewicht hatte. Es gingen aber so bald noch keine Schiffe dahin ab; denn weil schon vor einigen Jahren der Zwist wegen der Stempelacte seinen Anfang genommen hatte, der vier Jahre hernach in vollen Flammen ausbrach: da nun von den Amerikanern beschlossen war, keine Waaren von den Engländer zu nehmen, so war keine Ladung dahin, und die Schiffahrt nach Amerika ging äusserst schwach. Ich ging täglich auf die Börse, um zu sehen, ob noch keine Ankündigung von einem nach Philadelphia abgehenten Schiff angeschlagen wäre, aber lange Zeit vergebens.

Da ich die schönste Jahreszeit in London zubringen mußte, so ging ich oft aufs Land, aber auch oft in der Stadt herum, um die Merkwürdigkeiten derselben zu sehen. — Wenn ich des Sonntags außer der Stadt ging, so fand ich allemal einen Mann, der im freien Felde, auf einem Tische stehend, den Vorübergehenden eine Predigt hielt. Ich ging dann als mit unter die Zuhörer stehen, und hörete eine Weile zu, begriff aber wenig von dem was er sagte, weil ich die Sprache nicht verstand. So viel konnte ich aber verstehen, daß er mehrentheils Erweckungs-
mate-

37. Brief.

materien zu seinem Texte hatte, als z. B. Jerusalem! Jerusalem! wie oft habe ich dich versammlet u. ꝛc. Wenn du wüßtest was zu deinem Frieden diente, u. s. w. Viele höreten andächtig zu; andere aber lachten und spotteten über ihn. — Nach der Zeit hab ich mehrern Umgang mit dergleichen Männern gehabt, und erfuhr, daß es Methodisten-Prediger gewesen wären, die ich so im freien Felde hatte predigen gehöret.

Indessen wünschte ich sehnlich, daß doch bald ein Schiff nach Amerika abgehen möchte, damit ich hier weg käme. Nach öftern vergeblichen Erkundigungen und Gängen auf die Börse, sah ich endlich einmal angeschlagen, daß ein Schiff nach Philadelphia angelegt wäre. Ich meldete mich also bei dem Capitain des Schiffes als Passagier nach der besagten Stadt, und accordirte die Fracht für die Ueberfahrt, die ich ihm auch zugleich, wie gewöhnlich geschieht, zum voraus bezahlte.

Anfangs Junii gingen wir an Bord, und auch bald darauf unter Segel: Wir hatten eine ungewöhnlich lange Reise, denn sie währete eilf Wochen, und wir kamen erst im August in Philadelphia an. Die Ursache hievon war, daß der Capitain gerad aus westlich seinen Cours nahm. Denn weil es Sommer war, und östliche Winde zu hoffen waren, so dachte er desto ehender über zu kommen, wenn er seinen Weg gerade zu nähme; aber er hatte sich sehr verrechnet. Die meisten nach Amerika fahrenden Schiffe nehmen

einen

37. Brief.

einen großen Umweg, und segeln sehr südlich, bis über 25 Grade hin, wo sie die Passatwinde antreffen, welche allezeit östlich sind. Mit diesen Winden segeln sie bis ganz nahe an die Amerikanische Küste hin, und wenden sich dann nördlich, bis auf die Höhe des Orts, wohin sie bestimmt sind. Dieser Weg ist wohl sehr weit um, aber viel sicherer, um guten Wind zu haben, als der Weg, den man gerade aus nimmt. Weil es Sommer war, so hatten wir auf dieser Reise zwar keinen Sturm auszustehen; aber an sonstigen Unannehmlichkeiten fehlte es uns doch nicht. Unser Capitain hatte diese Reise noch niemals gemacht, und war deßwegen noch sehr unkundig in Ansehung der Meeres-Strömung, welche zu gewissen Zeiten die Schiffe von der Küste zurück setzt. Seiner Längen-Berechnung nach, glaubte er, nach einer achtwöchigen Reise, schon an der Küste zu seyn; allein er hatte die Meeres-Strömung nicht in Anschlag gebracht, die uns bei all unserm Laviren (denn, wir hatten fast nicht einmal guten Wind) sehr zurück gesetzt hatte.

Es waren etliche und zwanzig Passagier auf dem Schiffe, worunter sich ein Colonel oder Oberster und acht Lieutenants befanden, die sich zu ihren, in Amerika liegenden Regimentern, wegen der dortigen Unruhen, begeben mußten. Der Colonel war ein religiöser Mann, aber auch übrigens ein Mann, der eine gewisse Seelengröße in sei-

37. Brief.

seinem Betragen zeigte, und sich mit niemand einließ. Des Morgens, wann er aus seinem Zimmer kam, beugte er sich vor uns allen und sagte: Guten Morgen! — Dann sprach er aber auch den ganzen Tag mit niemand weiter, ausgenommen, dann und wann einiges mit dem Capitain. Des Abends wünschte er uns eben so eine gute Nacht. Die Lieutenants aber waren junge, wilde, — kurz, sehr ausgelaßene und gottlose Menschen. Weil der Capitain täglich hoffte, Land zu sehen: so ließ er von der gewöhnlichen Portion an Speis und Trank der Equipage nichts abgehen. Da er sich nun in seiner Rechnung so sehr betrogen hatte, und die Reise so lange währete: so schmolz unser Vorrath so sehr zusammen, daß zuletzt kein Sparen mehr würde geholfen haben, wenn wir nicht von einem andern Schiffe über unsere eigentliche Lage noch eben, aber kaum früh genug (um nicht Hungers zu sterben) Bericht erhalten hätten. Dieß Schiff segelte unter dem Winde, und schien von Amerika zu kommen. Wir gaben ihm Zeichen, auf uns zu warten, und setzten alle Segel bei, um es zu erreichen. Als wir nahe genug waren, um verstanden zu werden, fragte unser Capitain den Capitain des andern Schiffes: Wie lange sie schon die Amerikanische Küste verlaßen, und wie weit wir noch bis dahin hätten? Die Antwort war, daß sie schon seit acht Tagen die Amerikanischen Küsten mit gutem Winde verlaßen

R hätten,

hätten, und daß wir jetzt auf der und der Länge und Breite wären. Durch diesen Bericht kam alles in die größeste Verlegenheit, sonderlich deßwegen, weil die Lebensmittel so nahe beigegangen waren. Unser Capitain fragte den andern, ob er uns nicht einiges Wasser und Proviant abstehen wollte? Aber, der fing an zu fluchen, und sagte, warum er sich nicht mit genugsamen Proviant versehen hätte? — setzte darauf alle Segel wieder bei, und setzte seine Fahrt weiter fort. — Durch diese Ungefälligkeit ward nun natürlicher Weise unsere Verlegenheit sehr vergrößert. Unser Vorrath reichte nur noch auf einige Tage hin; nur an Zwieback war etwas mehr vorräthig. Am schlimmsten war es, daß als wir dem Wasser-Vorrath nachsahen, sich nur noch ein Faß Wasser vorräthig fand. Man ging deßwegen sehr sparsam damit um, und auf den Mann ward täglich nur ein Pintchen davon ausgetheilet, dabei bekam er etwas Zwieback und Mittags ein wenig Fleisch.

Indessen war uns der Wind noch immer entgegen, und die Noth stieg aufs höchste. Der oben erwähnte Colonel ward nun unser Geistlicher. Er nahm das Englische Kirchen-Gebethbuch Liturgy genannt, und hielt Bethstunden mit uns, wobei wir uns alle versammeln mußten. Ich hörte als mit zu, wiewohl ich wenig von allem verstand, und kniete mit nieder, wann die
andern

37. Brief.

andern unterm Gebethe niederknieten. Ich sah hier nochmals, was die Noth bei dem Menschen ausrichten kann. Die Lieutenants, welche vorhin so ausgelaßen, wild und tobend waren, und die weder an Gott, noch an Himmel und Hölle glauben wollten, waren nun wie die Lämmer; jetzt, da es schien, sie würden Hungers sterben müßen, wollten sie gern wieder religiös seyn.

In diesem Zustande waren wir ungefähr acht Tage, und unser Waßer war beinah alles aufgezehrt: ein äußerst beunruhigender Umstand für uns! Eines Morgens stieg ein Gewitter auf. Wir machten alle nöthige Anstalten, um Waßer aufzufangen, wenn, wie wir hoffeten und vermutheten, Regen dabei fallen sollte. Das Gewitter ward sehr stark, und brachte einen überflüßigen Regen mit, so daß wir ein Faß Waßer davon erhielten. Da auch mit dem Gewitter sich der Wind änderte, und gut für uns ward, so wurden wir alle wieder gutes Muths. Nach einigen Tagen erblickten wir ein Schiff unter dem Winde, das mit uns einerlei Weg zu gehen schien. Wir setzten alle Segel bei, und erreichten es gegen Mittag. Wir vernahmen, daß es von Lißabon kam, mit Wein beladen, und auch nach Philadelpia bestimmt war. Unser Capitain ersuchte um einige Anker Wein und etwas Proviant, mit dem Versprechen, solches in Philadelphia zu bezahlen. Alles wurde gleich bewilligt, und unverzüglich bei uns an Bord gebracht. Da wir aber drei Tage hernach das Land sahen, und auch schon am Abend in der Mündung der Delaware ankerten: so wünschte ich, daß das Schiff nie bei uns gekommen wäre. Denn, weil noch viel Wein übrig war, welcher den Passagiers preis gegeben ward: so gab es eine unruhige Nacht, und nun fingen sonderlich die obgesagten Lieutenants an, das Land mit Saufen zu bewillkommen. Sie wurden trunken, rauften und schlugen sich bis an den Morgen herum, verfluchten und verdämmten sich vom Kopf bis auf die Füße. Diese Nacht war mir die beschwerlichste, die ich noch auf der ganze Reise gehabt hatte. Unter allem diesem Getöse dankte ich aber Gott mit gebeugtem Herzen, daß er mich bis hieher gebracht, und so gesund und gnädig bewahret hatte.

38. Brief.

Des Verfassers Ankunft in Philadelphia. Uebergabe an seinen Erlöser und dessen alleinige Führung. Er findet einen Landsmann und Freund in einem dasigen Schullehrer. Er verfertigt Schnürriemen-Maschinen und arbeitet darauf, kann aber nicht davon bestehen. — Erweckung in Philadelphia durch einen Methodisten-Prediger aus England.— Der Verfasser wird mit den zween rechtschaffenen Protestantischen Predigern bekannt. Er bemüht sich vergebens, bei einem Kaufmann in Geschäfte zu kommen.

Des

38. Brief.

Des andern Tages segelten wie die Delaware hinauf bis Philadelphia, wo ich in eine Herberge ging. — Hier gab ich mich meinem göttlichen Erlöser mit allem meinem elenden Zustande aufs neue ganz über, und bat Ihn, daß er doch in diesem Lande auch mein Führer, Lehrer und Rathgeber seyn wolle; denn er wüßte wohl, daß ich, für mich selbst, mir nicht mehr zu rathen noch zu helfen wüßte. Weil ich mir nun selbst ganz überlaßen war, ausgenommen, daß mich der Herr durchs Leiden fest hielt: so konnte ich unter allen Leiden und Begebenheiten noch gelaßen aushalten, und mich noch als selbst gut tragen. *) Aber in diesem Lande wollte nun der Herr eine neue Leidensperiode mit mir durchgehen.

Nach einigen Tagen fand ich einen Landsmann, der Reformirter Schulmeister hieselbst war, und der meine Aeltern gut kannte. Er war während meiner Ostindischen Reise hieher gezogen; von Person kannten wir uns aber einander beide nicht; doch waren ihm die Begebenheiten, die vor dieser Reise mit mir vorgefallen waren, gut bekannt, und er nahm sich recht freundschaftlich meiner an.

---

*) Wer es erfahren hat, der weiß es allein, was das für grausames Leiden ist, sich selbst nicht tragen können. Ohne göttliche Gnade endigt ein solcher Zustand mit der Verzweifelung. A. d. R.

38. Brief.

Wir überlegten nun mit einander, was wohl am beßten für mich anzufangen wäre. Ich sagte ihm von den Schnürriemen-Maschinen, und daß ich dieselben angeben, auch vieles dazu gehörige selbst machen könnte. Daß ich vielleicht in diesem Geschäffte mein Auskommen fände. Indessen trauete ich demselben so ganz nicht, indem ich bemerkt hatte, daß sie hier wenig gebraucht würden, weil die Frauenspersonen ihre Kleidung mit Stecknadeln über einander gestochen trugen. Doch sah ich noch einige, die Gebruach von den Schnürriemen machten: besonders aber wurden viele Seidenriemen in die Schnürbrüste gebraucht, die aber dick und rund waren. Da ich nun keine andere als platte Riemen machen konnte, so war ich besorgt, die Sache würde nicht gut gehen. Der Freund aber rieth mir dennoch, dieß Geschäfft einmal zu versuchen. Ich miethete also zwo Kammern in seiner Nachbarschaft in einem obern Stockwerke, und ging bei ihm in die Kost. Nun verfertigte ich zwo Schnürriemen-Maschinen, und fing an darauf zu arbeiten. Aber, ehe ein halb Jahr um war, und ich schon einen ziemlichen Vorrath von Schnürriemen hatte, merkte ich an dem gar geringen Abgange derselben wohl, daß ich mit diesem Geschäffte nicht durchkommen würde. Weil nun immer nach runden seidenen Riemen gefragt wurde: so dachte ich, wenn ich derselben machen könnte, würde es besser gehen. Ich dachte also über eine Maschine, worauf ich

sie

38. Brief.

sie verfertigen könnte, so lange nach, bis ich mir eine vorstellen konnte. Ich machte denn eine Maschine, die mit sechszehn Fäden runde Riemen knüpfelte, und der Sache ein Genüge that. In kurzer Zeit hatte ich derselben auch wieder einen ansehnlichen Vorrath fertig; fand aber auch hiebei nicht Käufer genug, um von meiner Arbeit bestehen zu können. — Dieß gab denn äußerlich und innerlich viel zu leiden, und die Sorgen für meinen leiblichen Unterhalt fingen an sehr quälend für mich zu werden; denn, nachdem ich über ein Jahr in diesem Geschäffte zugebracht, viel Geld ausgegeben und wenig eingenommen hatte: so ging mein Vermögen sehr auf die Neige; und ich konnte den Ueberschlag machen, daß es kaum noch ein Jahr hinreichen würde.

Unter dieser Zeit war ich mit manchen hiesigen Frommen bekannt worden. — Auch war um diese Zeit hier in Philadelphia eine große Erweckung unter den Leuten. Der Reformirte und auch der Lutherische Prediger waren beide ernstliche Männer, die ihren Zuhörern in ihren Predigten die Gottseligkeit mit großem Ernst und Andrang ans Herz legten, und die gute Sache aus allen Kräften zu befördern suchten. Das erste Feuer zu dieser Erweckung, war durch einige Methodisten-Prediger, welche vor einigen Jahren aus England hieher gekommen waren, angezündet worden, und die auch noch mit vielem Segen unter

ter hier wohnenden Engländern ihre Arbeit
fortsetzten. — Zwischen meiner Wohnung und dem
Hause des Reformirten Predigers stand nur noch
ein Haus, folglich waren wir Nachbarn; und
da er ein ernstlicher und gottseliger Mann war,
so besuchte ich ihn öfters, welches ihm sehr angenehm war. Er ward mein Freund, und nahm
vielen Antheil an meinen Umständen. Weil mir
meine Geschäffte kein Auskommen verschaffen wollten, und ich daher suchte, irgend bei einem Kaufmann angestellt zu werden; so gab er mir dazu
allen möglichen Rath und Anweisung, und that,
was er vermochte, um mir zu meinem Zwecke
zu verhelfen. Aber es gingen Monate hin, ohne daß ich dazu gelangen konnte.

---

39. Brief.

*Der Reformirte Prediger, Hr. Weyberg, räth dem
Verfasser, sich dem Predigtamte zu widmen: die-
ser hält sich dazu für ungeschikt; nimmt sich aber
Bedenkzeit, und trägt dem Herrn die Sache vor.*

Als ich mich eines Abends bei dem gemeldeten
Prediger befand (sein Name war Weyberg) und
wir uns über meine Lage unterhielten, die noch
immer ohne Aussicht auf irgend eine Versorgung,
und also sehr drückend war, so sagte er: Er wollte mir einen Gedanken eröffnen, den er meinetwegen

39. Brief.

wegen gehabt hätte; und dieser wäre: daß ich mich gut zu einem Prediger schiken würde. Denn, weil die aus Europa gesandten Prediger nicht hinreichend (auch nicht allezeit die besten) wären, die Stellen zu besetzen, und also viele derselben im Lande fehlten: so wäre es leicht für mich, in diesem Fache eine Versorgung zu finden. Er dächte, fuhr er fort, daß — wenn ich mich entschlösse, einige Jahre mich bei einem Prediger aufzuhalten, der mir zu diesem Amte hinlänglichen Unterricht gäbe, und mich unterdessen in öffentlichen Vorträgen übte — ich mich dann recht gut zum Prediger würde qualificiren können. — Dieser Vorschlag war mir unerwartet, und schien mir Anfangs ganz unannehmbar, zumal in meinem jetzigen leidensvollen Zustande, der aber diesem Freunde unbekannt war, und den ich ihm auch, so wie er war, nicht entdecken konnte. — Ich erwiederte ihm also: daß, so wie ich mich kennete und befände, ich mich zu nichts weniger, als zu einem Prediger schicken würde. Er sagte mir aber, daß er ganz anders von mir dächte; denn, er hätte mich oft bewundern müssen, wenn er meine Einsichten und Erfahrungen in die practische Theologie bemerkt hätte. Ich sollte nur einmal über seinen Vorschlag nachdenken, und ihn vor dem Herrn in Erwägung ziehen. Ich versetzte; daß ich nicht wüßte, was ich darauf antworten sollte, wollte aber einen Monat Bedenkzeit darüber nehmen; würde mir der Herr in

39. Brief.

dieſer Zeit keine andere Thür öffnen; ſo wollten wir, wenns ihm ſo gefiele, das Weitere mit einander überlegen.

Als ich zu Hauſe war, und der Sache in der Stille nachdachte, kam mir in die Gedanken; "Wie? du Prediger werden, da du nichts von "Gottſeligkeit mehr im Kopfe haſt! da du nichts "von dergleichen Dingen überlegen kannſt! Und "an allem, was du noch davon überlegſt, was "du noch durch Betrachtungen mit dem Verſtan "de feſt hälſt, an allem dieſem hat dein Herz nicht "die mindeſte Nahrung, hat keinen Theil daran— "ja es eckelt ihm faſt davor, und ſtößt es von "ſich. *) Nein! nimmermehr kann das gut gehen!

---

*) Mann muß dem, was hier der Autor von ſeinen damaligen Gefühlen ſagt, keine falſche Deutung geben, und ja nicht dencken, daß ſein Herz einen wirklichen Eckel an den Wahrheiten der Gottſeligkeit gehabt habe. Vielmehr war es ſein gerader Sinn, ſein tiefes Wahrheitsgefühl, und ſein unüberwindlicher Haß wider alles, was Heuchelei und bloßer Schein war, oder was auch nur Aehnlichkeit damit hatte, welches ſeinem Herzen dieſe Empfindung des Widerwillens beibrachte. Denn der Gedanke war ihm unausſtehlich, daß ſein Mund etwas ſagen, und ſein Verſtand etwas überlegen ſollte, wovon ſein Herz nichts empfände. In ſeinem damaligen leidensvollen Zuſtande, worein ihn Gott, zur tiefen und gründlichen Läuterung von aller eigenen Anmaßung, geſetzt hatte, beſtand ſein ganzes Thun und Wirken im Leiden und Ueberlaßen. Er mußte alſo nothwen

"Du mußt alles anwenden, um in ein anderes
"Geschäfft zu kommen. u. s. w."

Dieser meiner Gesinnung zufolge, setzte ich
denn von neuem alle Triebfedern in Bewegung,
um bei einem Kaufmanne unterzukommen; denn,
da ich kein Handwerk gelernt hatte, so konnte ich
auf der Seite kein Unterkommen hoffen. Aber
zu Kaufmannsgeschäfften hätte ich mich geschickt;
in dergleichen Dingen hatte ich meinen Verstand
frei, und konnte ihn gebrauchen; wenn ich denselben aber in Sachen der Gottseligkeit brauchen
wollte, als, mündliche Gebethe thun und dgl.
so fand ich solches fast unmöglich. Ich kam dabei in die größeste Noth und Leiden; und wenn
ich mich dazu zwingen wollte, so stieß mein Herz
alles mit Widerwillen hinweg. **) In einem
solchen

dig vor der Arbeit erschrecken, womit sich sein
Verstand, dem schon so lange die Kraft zu Speculationen und Betrachtungen dieser Art benommen
war, an Dinge geben sollte, die seinem Herzen
für diese Zeit fern waren, und es war kein
Wunder, daß das letztere einen solchen Widerwillen dagegen empfand. — Wie sehr ist der
Verfasser nicht unterschieden, von so vielen Kan-
zelrednern, die ohne Bedenken Wahrheiten
declamiren, und lehren, wovon ihr Herz nie etwas empfunden hat! — ja manchmal solche,
die sie nicht einmal glauben. A. d. R.

**) Hier ist noch ein Grund von dem Widerwillen,
nämlich der Zwang. — Wer sich und seinen
Willen ganz an Gott ergeben hat, dessen Uebungen

39. Brief.

solchen Zustande Prediger zu werden, würde mich, wie ich zum voraus einsah, in sehr große Noth und Verlegenheit bringen, wenn mich Gott nicht auf eine wunderbare Weise stärkte und bequem machte. — Allein der Monat, den ich zur Bedenkzeit genommen hatte, ging zu Ende, ohne daß mir die mindeste Aussicht zu irgend einem Geschäfte geöffnet wurde. Eine Hauptschwierigkeit dabei war noch die, daß ich das Englische weder fertig reden noch schreiben konnte; denn in dieser Sprache werden die mehresten Geschäffte betrieben. — Ich erbot mich, zwei, auch drei Jahre ohne Lohn zu dienen; aber, alles war vergebens; nach vieler Mühe und Sorge blieb meine Lage, wie sie war, und ich wußte nicht mehr, was ich thun noch beginnen sollte.

Unter der Zeit hatte ich dem Herrn meine Lage in tiefster Beugung meines Herzens dargelegt, und bat ihn, daß er mich doch so leiten und führen, und alles so lenken möchte, wie er wüßte, daß es am beßten und heilsamsten wäre, auf daß er

gen müßen aus der Freiheit geschehen, die eine herrliche Freiheit der Kinder Gottes genannt wird; also kindlich und ohne Zwang. — Ein anderes ist es mit den sündlichen Neigungen, Lüsten und Begierden; die müßen bekämpft werden; und der öftern Trägheit und Unlust zum Guten (zum Gebeth u. dgl.) die aus der alten Geburt entsteht — muß man Gewalt oder Zwang anthun. A. d. R.

er durch mich Elenden doch noch endlich einmal verherrlicht werden möchte. — Er wüßte ja wohl, daß ich, ungeachtet aller meiner Elenden, Schwachheiten und Gebrechen, Ihn dennoch allein lieben, und ganz sein Eigenthum seyn und bleiben wollte. — Mit meiner ganzen Lage gäbe ich mich Ihm über; und da ich mir in nichts mehr zu rathen noch zu helfen wüßte, so möchte er doch selbst allerwegen mein Führer und Rathgeber und Helfer seyn!

---

40. Brief.

Der Verfasser wird mit vielen Frommen bekannt. Seine Prüfungsgabe. Nähere Bekanntschaft mit dem evang. Lutherischen Prediger, welchem sein Vorurtheil gegen Tersteegen benommen wird. — Der Verfasser muß, ohne irgend eine wahrnehmliche Stütze, im entblößten, nackten Glauben, seine Leiden tragen.

Ehe ich weiter gehe, und von meiner Entschließung, Prediger zu werden, Rechenschaft gebe, will ich noch etwas von den Bekanntschaften erwähnen, die ich hier machte.

Vor und nach war ich mit verschiedenen gottseligen Freunden in Bekanntschaft und Umgang gerathen; und von vielen unter ihnen, womit ich öftern Umgang pflegte, konnte ich die Gemüthsumstände, ihren Ruf und Treue, in Ansehung

40. Brief.

hung der ihnen geschenkten Gnade prüfen und einsehen; oder eigentlicher zu reden: es lagen mir, im Umgang mit andern, alle ihre Gemüthsumstände offen und bloß. Es ist nicht so wohl ein Prüfen, als vielmehr eine Erfahrungserkenntniß, die einem wie natürlich ist; ein Sehen und Wahrnehmen, ohne sehen und wahrnehmen zu wollen. In dieser Rücksicht nahm die Erkenntniß meines Geistes, bei aller meiner Armuth, Elend und Leiden immer mehr zu. Ich konnte manchen dieser Freunde oft ihre Gemüthsumstände, und das, was der Herr, nach ihrem Stande, von ihnen foderte, so klar und überzeugend darlegen und aufdecken, daß sie darüber betroffen wurden, und eine große Hochachtung gegen mich faßten. Aber mein Gemüth durfte ich ihnen nie ganz entdecken, noch einen Versuch machen, mein leidendes Herz in das ihrige übergehen zu laßen, damit sie an meinem Leiden Theil nehmen möchten. Wenn ich nur von weitem so etwas wagte, so schauderten sie, wegen des leidenden Mitgefühls, das darüber in ihrem Herzen rege ward, von mir zurück. — Ich mußte also die Last meiner Leiden allein tragen.

Mit dem Lutherischen Prediger K. kam ich auch um diese Zeit in nähere Bekannt- und Freundschaft. Er war ein sanfter, lieber Mann, dem der gute Gott viel Gaben und Gnaden geschenket hatte, und der auch hier im Segen arbeitete.

40. Brief.

beltete. Ich hatte oft Gelegenheit, in einem gewissen Hause (in welchem der Mann reformirt und die Frau lutherisch war) in seiner Gesellschaft zu seyn: wo wir uns denn gemeiniglich von dem Guten unterhielten, das Gott in Europa, und auch jetzt hier, in Amerika, wirkte. Gelegentlich erzählte ich ihm dann auch etwas von Tersteegen, was das für ein Mann gewesen sey, und mit welchem großen Segen er gearbeitet habe. Allein, er war gegen diesen Mann und gegen seine Schriften, — die er doch, seinem eigenen Geständnisse nach, nicht gelesen hatte — mit großen Vorurtheilen eingenommen. Ich zog mich denn, wie ich das merkte, in der Unterredung wieder zurück, weil ich am Disputiren keinen Gefallen hatte. Auch konnte ich wohl begreifen, und wußte es aus Erfahrung, daß es schwer hielte, einem Manne, der selbst ein Lehrer anderer ist, Vorurtheile zu benehmen, die er gegen jemanden gefaßt hat. Eines Tages, als wir in dem gemeldeten Hause beisammen waren, zeigte er uns ein kleines Büchlein, das aus kurzen Reimen bestand, deren er uns einige vorlas. Diese Reimen gefielen ihm und uns allen, wegen ihres geistreichen Inhalts sehr wohl. Ich fragte ihn, ob er wüßte, wer der Verfasser dieser schönen Reimen wäre? — Er erwiederte, daß er es nicht wüßte, daß es aber ein sonderlich begnadigter und in den Wegen Gottes erfahrner Mann seyn müßte. Da ich nun diese Reimen

sehr

sehr gut kannte (es war aus T. St. Frommen Lotterie:) so sagte ich ihm, daß Lerseegen der Verfasser davon wäre. Hierüber bezeigte er seine Verwunderung, und bekannte, daß dieser Mann doch sehr viel Gutes gehabt haben müßte. — So voll Vorurtheile können auch noch oft gute und begnadigte Menschen seyn! Möchten doch einmal alle diejenigen, welche in Jesu Begnadigung erlangt haben, alle Parteilichkeit ablegen, und alles das für gut und Gott verherrlichend ansehen, was Jesus durch seinen Geist gewirkt hat, es mag nun kommen, woher es wolle: es sey von der Reformirten oder Lutherischen von der mährischen Länder, Methodisten oder Mennonisten-Gemeinschaft, es sey von der Römischkatholischen oder Griechischen Kirchenpartei: denn, wo der Geist Jesu ist, wo der sich offenbaret, da ist auch seine wahre Kirche. Wo zwei oder drei in seinem Namen beisammen sind, da verheißt er, in ihrer Mitte zu seyn. — Dem guten Gott sey es herzlich gedankt, daß die Parteilichkeit und Parteischaft unter gottseligen Gemüthern zu unsern Zeiten immer mehr abnimmt, daß sie sich immer näher an einander schließen, und in Einem Geist Eine allgemeine Christliche Kirche ausmachen; wobei dennoch ein jeder seine äußere Religions-Partei, worin er geboren und erzogen ist, nicht zu verlaßen braucht.

Auch hier in Philadelphia besuchte ich gern die einsamen Oerter, besonders die zunächst gelegenen Wälder, um als einmal meinem gepreßten Herzen

40. Brief.

Herzen Luft zu machen, indem ich's vor meinem Heilande ausschüttete. Aber alles, was mir im Hinzunahen zum göttlichen Erlöser mitgetheilet wurde, waren verzehrende Leiden. Trug ich dieselben leidsam und geduldig, dann konnte ich es in meinem Zustande noch als aushalten; wenn ich mich aber nicht leidsam ergeben wollte, und meine Sehnsucht und Verlangen ganz auf meinen Erlöser also richtete, daß er mich aus meinen Leiden erlösen, und sein gnädiges Angesicht wieder zu mir wenden möchte; wenn ich auf diese Art stehend vor Ihm stehen blieb, und nicht weichen wollte, weil seine Gnade und Hülfe so höchst nöthig wäre: dann kam ich in einen gewaltsamen Zustand, in einen Stand, der nicht auszudrücken ist. — Wenn ich mich durch meine Unleidsamkeit in einen solchen Zustand versetzt sah, dann sagte ich zum Herrn! Ach Herr! mein Gott! mein Erlöser! ich will nichts! Laß mich nur wieder in meinen vorigen Zustand zurück kommen! — Ach, ich begehre nichts! Ich will gern zufrieden seyn in dem Stande, worein es dir gefällt, mich Armen zu versetzen. — Wenn ich mich auf diese Art wieder leidsam, und in sein Wohlgefallen mich einsenkend übergab: so kam ich vor und nach in meinen gewohnten leidenten Zustand zurück. Die größte Tugend, die ich hier ausüben konnte, war, daß ich mich selbst mit allen meinen Leiden geduldig trug. Wenn ich ungeduldig und unträgsam gegen mich selbst war;

dann

dann sagte oft eine geheime aber starke Stimme in mir: O meine Seele, habe Geduld! habe Tragsamkeit mit deiner Ungeduld! Harre auf Gott; Er kann und will einmal alles wohl machen!

Oftmals hub ich meine Augen gen Himmel, und sagte in meinem Drucke zum Herrn: Ach mein Gott! mein Erlöser! du hast dein holdes, dein liebreiches Angesicht ganz vor mir verborgen! Du hast mir weder im Himmel noch auf der Erde etwas übrig gelaßen, woran ich mich trösten und aufrichten könnte! — Wenn ich nur noch Ein Geschöpf in der Welt fände, das mich verstünde, das an meinem Schmerze Theil nähme: o! dann würde ich doch noch in etwa Labsal und Erquickung finden! — Aber nichts, gar nichts hast du mir übrig gelaßen! Nichts, als Verlaßung, Armuth und Blöße von außen und innen!

In der Welt und den weltlichen Dingen hatte ich nichts, was mir einiger Maßen Lust, Vergnügen oder Nahrung für mein Herz und Gemüth hätte geben können. — Sah ich mich selbst an, so dachte ich oft: Du hast nichts mehr, und bist nichts mehr, als ein natürlicher, unbekehrter Mensch. Der einzige Unterschied, den ich noch bemerken konnte, war: daß natürliche Menschen doch noch ihr Vergnügen in der Welt haben; daß sie sich in ihrer Lage doch noch manche Freude machen können. Das konnte ich ja doch

nicht

nicht. Die ganze Welt hatte nicht das geringste Vergnügen, nicht die mindeste Befriedigung für mich. Dieß war der einzige Unterschied, den ich zwischen mir und einem natürlichen Menschen finden konnte.

So lange ich noch Kräfte hatte, den Leiden und Stürmen zu widerstehen, so lange hatte ich hieran noch eine Stütze. Aber diese Kräfte nahmen ab, und wurden nach und nach schwächer. Mein dunkeler und immer mehr entblößt werdender Zustand, oder der dunkele, entblößende Glaube ging nach und nach in einen ganz nackenden Glauben über,*) worin ich mich allen Leiden preis geben mußte; wo endlich alle Hoffnung verloren ging, je wieder das freundliche Angesicht des Erlösers zu sehen. Solcher Zeiten gibt es in diesem Stande; doch kommen auch wohl Zwischenzeiten, wo etwas Hoffnung wieder auflebt. — Die Seele kommt hier endlich dahin, daß ihr alles, alles hinweg fällt, so daß sie auf Gnade und Ungnade hinsinken und sich übergeben muß. Ihr Zustand ist so, daß sie ihrerseits alle Hoffnung aufgeben und alles Gott unbedingt überlaßen muß. Weil sie auch überzeugend einsieht und weiß, daß sie nichts kann, nichts hat, nichts vermag: so läßt sie sich endlich los. Hier,

---

*) Von diesem nackenden Glauben siehe Stillings Heimweh, zweiter Band pag. 75, bis zu Ende der Gefangenschaft des Eugenius in Egypten; und die Auslegung hievon in dem Schlüssel dieses Heimweh pag. 104 bis 110.

wo man in sich selbst ganz verloren ist, wird man erst recht, und im eigentlichen Verstande, aus Gnaden selig. — Man spricht wohl oft davon, daß man aus Gnaden selig werden müße; aber dieses, in der Wahrheit zu erfahren, will weit ein mehreres sagen.

In diesem nackenden und von allen Stützen völlig entblößten Glauben sind die Leiden noch tiefer; sie durchdringen Geist, Seel und Leib. Hier ist das Wort von Gott im höchsten Grad ein zweischneidig Schwert, und schneidet Seel und Geist, durchdringet Mark und Bein, und ist ein Richter der Gedanken und Sinnen des Herzens. Ebr. 4, 12. — Hier sinkt Kraft und alles Vermögen hinweg. Hier führt Gott die Seele durch die Geschöpfe und durch Zufälle, die sich von Augenblick zu Augenblick eräugen, und ihr wie ganz natürlich scheinen und auch sind. Wenn ihr aber hernach Gott die Augen wieder öffnet, dann sieht sie erst ein, daß sie durch die gnädige Hand des Herrn durch alle Begebenheiten von Augenblick zu Augenblick fest gehalten, und durch ihn selbst geführet worden ist. Auch hab ich es erst hernach erkannt, warum es der Herr zugelaßen habe, daß ich (wie aus dem Verfolg erhellen wird) ein Prediger werden mußte. Wäre ich in weltliche Geschäffte gekommen, so hätte ich noch etwas gehabt, worin ich meinen Verstand hätte brauchen können, und

die

die Geschäffte wären mir zur Erleichterung gewesen. Aber, es gefiel dem Herrn, mich ganz andere Wege, wider meine Neigung zu führen. Er konnte mich nirgend fester setzen, mich nicht besser dazu bringen, mich auf Gnade und Ungnade zu ergeben, als in dem Stande eines Predigers. Zu diesem Zweck war solcher Stand für meine Umstände, der ausgesuchteste; deßwegen, wie ich jetzt nicht anders glaube, ließ mich Gott in denselben kommen. Da du jünger warest, (konnte es auch zu mir heißen) da gürtetest du dich selbst, und wandeltest, wohin du wolltest; wann du aber alt seyn wirst, so wirst du deine Hände ausstrecken, und ein anderer wird dich gürten und führen, wo du nicht hin willst. Joh. 21. —

41. Brief.

Der Verfasser entschließt sich endlich, Prediger zu werden. Seine Vorbereitung zu diesem Amte und erste Predigten während derselben. — Hr. Weysberg räth ihm, sich examiniren zu laßen; er kann sich aber noch nicht dazu entschließen. — Tiefes Gefühl seiner Armuth, und seines verlaßnen innern Zustandes.

Indessen ging der Monat, den ich mir zur Bedenkzeit vorbehalten hatte, zu Ende und ich war, meinem Versprechen gemäß, verbunden mit obgemeld-

41. Brief.

gemeldtem Reformirten Prediger, Herrn Weyberg, näher über seinen Vorschlag zu reden. Ich überlegte also bei mir selbst, wozu ich mich entschlußen sollte. "Du kannst, dachte ich, nirgend unterkommen, wie sehr du dich auch bemühet hast; und da dir das Predigtamt angetragen wird, so mußt du es auf die Hülfe und den Beistand Gottes wagen, und es annehmen." Dabei hoffte ich, weil ich ganz wider meine Neigung dazu käme, und doch vermuthen mußte, daß es sey ein Weg der Fürsehung über mich, daß mich der Herr in der Zeit, wo ich auf dieß Amt zubereitet werden sollte, aufs neue mit seiner Gnade und Liebe beleben würde; und dann hoffte ich, zu seiner Ehre und zur Verherrlichung zu arbeiten. — Aber, erst in diesem Stande sollten mir die härtesten Prüfungen und Leiden begegnen — und dann doch am Ende alles gut gehen.

Ich besuchte also den Herrn Weyberg, und als er von dieser Sache wieder anfing, so sagte ich ihm: Weil mir alle Wege verschlossen würden, in irgend ein Geschäfft zu kommen; so mußte ich es als einen Weg der Fürsehung über mich ansehen, welche wollte, daß ich ein Prediger des Evangeliums werden sollte. Und da er mein erster Rathgeber in dieser Sache gewesen wäre: so hätte ich auch das Zutrauen zu ihm, daß er mir an einen Ort verhelfen würde, der sich zu meiner Zubereitung zu diesem Amt am besten für mich schickte.

41. Brief.

schickte. — Er überlegte nun weiter mit mir, was zur Förderung der Sache zu thun sey, und fragte mich: wie weit mein Vermögen noch wohl reichen würde? — Kaum ein Jahr, versetzte ich, würde ich noch damit auskommen. — Er untheilte also vorläufig fürs beste, daß ich da, wo ich wohnte, einstweilen noch ferner wohnen bliebe, und täglich einige Stunden zu ihm käme, um in den nöthigen Kenntnissen zur Führung meines Amts unterrichtet zu werden. — Da ich in der Jugend etwas Latein gelern hatte, so wollte er mir zugleich hierin noch ferner Unterricht geben. Ich kam auch so weit damit, daß ich einen Lateinischen Autoren so ziemlich verstehen konnte. Weil aber das Studium dieser Sprache zu viel Zeit wegnahm, und er dieselbe auch nicht für durchaus nothwendig hielt: so gab er den Unterricht in derselben mit mir auf, und unterrichtete mich in Deutscher Sprache in der Theologie, wobei er Stapfers Werk über diesen Gegenstand, zum Grunde legte. — Weil um diese Zeit der Coetus (so heißt die Versammlung der Amerikanischen Reformirten Prediger, die unter der Holländischen Synode stehen, wenigstens damals noch stunden) hier gehalten wurde: so mußte ich mich den Herren Predigern darstellen und, auf Herrn Weybergs Vorstellung, ward es einhällig für gut erkannt, daß er selbst mich zu dem Predigtamte vorbereiten sollte. Dieser Schluß ward mit den Acten des Coetus an die Holländische Synobe gesandt, um deren Einwilligung zu erhalten, die auch das folgende Jahr, ohne die mindeste Einwendung erfolgte.

Nachdem ich ungefähr ein Jahr im Unterichte zugebracht, und auch schon einige Texte ausgearbeitet hatte, gab es Gelegenheit, daß ich zu Frankfurt, zwei Stunden von Philadelphia, predigen sollte. Auf Herrn Weybergs Anrathen mußte ich mich dazu entschießen, und redete über die Worte: (Matth. 11.) Kommet her zu mir, alle, die ihr mühselig und beladen seyd! ich will euch erquicken. — Manche Freunde aus Philadelphia waren mit dahin geritten. Nach der Predigt wünschten sie mir Glück, und sagten, daß ihnen mein Vortrag sehr gut gefallen hätte, und erbaulich gewesen wäre. Aber mir gefiel die Predigt nicht: mein Herz hätte an allem, was ich sagte kein Interesse, und es hatte mich viel Mühe gekostet, diese Predigt im Kopfe zu behalten. An allem, was ich mit dem Kopfe im Guten arbeitete, hatte mein Herz keinen Theil; darum war auch kein Geist noch Leben darin. *) Einen Text konnte ich noch wohl ausarbeiten;
aber,

---

*) Man muß hier und an manchen anderen Oertern meiner Geschichte nicht urtheilen, daß ich an der Wahrheit und dem Wesentlichen der Gottseligkeit, in meinem Herzen einen Widerwillen oder Eckel je gehabt hätte. Nein! und das Gegentheil beweißt meine ganze Geschichte, weil ich
beständig

aber, weil mein Kopf und Herz alle Bilder und Ideen vom Guten nicht annehmen wollten: so fiel es mir überaus schwer, die Materie im Gedächtnisse zu behalten; und das Predigen ward daher eine der allerhärtesten und demüthigendsten Arbeiten für mich. — Wäre ich in meinen vormaligen Gemüths-Umständen *) zu einem Prediger berufen worden: o! da würde Herz und Kopf mit einander zur Beförderung der Ehre Gottes gearbeitet haben, und das Predigen würde mir leicht, ja, ein Vergnügen gewesen seyn. Aber jetzt hing meine Harfe an der Weide, und doch sollte ich sie ertönen lassen, ungeachtet ich (gleichsam) an einem Verbannungsorte gefangen lag. — Ach! welch eine Noth! welch ein demüthigender Zustand für mich!

Nachdem ich nun über anderthalb Jahr bei Herrn Weyberg Unterricht gehabt, und schon verschiedene Male in diesen Gegenden geprediget hatte;

beständig daran fest gehalten habe. Aber die Bilder, die ich mir im Kopf, von der Wahrheit, und der Gottseligkeit machte, die verwarf, in dieser ganzen Leidenszeit mein Herze und hatte einen Widerwillen dagegen; daraus kam denn auch die Beschwerlichkeit, mit dem Kopf in gottseligen Dingen zu arbeiten; und dieses machte mir auch das Predigen beschwerlich. Wo das Original, oder das Wesen einer Sache dargestellt werden soll, da muß das Bild, für die Zeit, hinweg fallen.

*) Siehe den 27. und 28. Brief.

hatte: so urtheilte derselbe, daß ich im Examen wohl würde bestehen können, und wollte, daß ich mich auf dem nächsten Cötus sollte examiniren lassen; ich würde mich dann in eine Gemeine begeben können, wo die Ordination dann schon folgen würde. Allein, ich sah es ganz klar ein, daß es mir, bei meinen noch immer gleichen Gemüthsumständen, jetzt noch nicht möglich wäre, mich in dieses Amt zu begeben, weil ich dazu noch nicht gnug vorgearbeitet hätte; und daß ich, wenn ichs thäte, mich in noch größere Noth und Leiden versetzen würde. Wer sich nur in etwa meine damalige Lage vorstellen kann, der würde es auch einiger Maßen begreifen können, wie mir in allen diesen Umständen zu Muthe war. Ich litt außerdentlich, und sah nirgend Rath noch Ausweg für mich. Mein Vermögen war schon lange aufgezehrt, und hatte keine Freiheit im Gemüthe, von Freunden etwas zu fodern; die Fürsehung ließ mir auch sehr wenig zufließen; das Wenige, was sie mir zukommen ließ, war nicht hinreichend, die Hälfte meiner Bedürfnisse zu erfüllen. Alles, woran ich die geringste Stütze hätte haben können, ward mir entnommen; nichts blieb mir übrig als, Armuth, Elend, Leiden und Blöße von innen und außen. Wendete ich mich zu dem, der mich allein erlösen konnte, und legte demselben in tiefster Demuth und Beugung meines Herzens alle meine Umstände dar; zeigte ich Ihm, welch ein Mühseliger und Beladener ich wäre,

und

41. Brief.

und flehete ihn an, er möchte doch seine befriedigende Gnade aufs neue in mein Herz fließen lassen. Ach! so floß nichts als verzehrende Empfindung des Leidens in mein verlangendes Herz. Wollte ich mich dann nicht in allem preis geben; blieb ich mit allem meinem Jammer und Elende vor dem Erlöser stehen, und zeigte ihm wehmüthig, wie nothwendig und unentbehrlich mir in meiner Lage seine Hülfe, sein gnädiger Beistand und Zufluß sey — dann ward meine Seele noch heftiger mit Leiden bestürmt. Wollte ich dennoch nicht ablaßen noch mich zufrieden geben, und meinen schmerzhaften Zustand nicht leidsam und geduldig tragen: so kam ich in einen so gewaltsamen Zustand, der die Hölle selbst war: Und dann hatte ich genug zu thun, bis ich wieder unter die Ordnung Gottes gebeugt stunde. Mein Zustand war in meinen eigenen Augen so demüthigend und beschämend, daß ich mich in eine Wüste hätte verkriechen mögen. — Mein ganzes Wesen sagte oft mit dem seligen Tersteegen: *)

> Ach! ich werd' so matt und müd, solchen Kreuzesweg zu gehen,
> Durch die dürre Wüstenei, da kein Weg noch Steg zu sehen. —
> Arm und bloß und hungerig, ganz bekümmert und betrübt;
> Weil ich mich so fern noch seh, von dem, den mein Herze liebt.

Fol-

*) Geistl. Blumengärtlein, 2 Büchlein, p. 204 u. 205.

Folgendes, was zu dieser Betrachtung noch gehört, konnte ich mir gegenwärtig kaum zueignen.

>Müde Seele, sey getrost! Gott erquickt
>   mit tausend Gaben;
>Ja du sollst noch werden satt, wann du ihn
>   wirst selber haben:
>Nur entsink der Kreatur; schlaf in diesen
>   Tod dann ein,
>Bis dein Geist in Gott erwacht: **) ja, der
>   Schlaf wird süße seyn.

---

42. Brief.

Der Verfasser wird Hauslehrer; seine beschwerliche Lage und leidsames Betragen in dieser Condition. Er sieht ein, daß seines Bleibens nicht länger darinnen ist. — Seine Bekanntschaft mit dem Prediger Otterbein.

Ich war in einem Hause bekannt worden, wo der Mann und die Frau der Gottseligkeit von Herzen ergeben waren. Der Frauen Schwester war an einen Richter verheirathet, der in dem, ungefähr 80 Englische Meilen von hier entlegenen Städtchen Libanon wohnte. Der Richter kam oft hieher, und ich hatte ihn in diesem Hause persönlich kennen gelernt. Wie ich nun eines Tages hinkam, und dieser Richter auch eben wieder zum

---

**) Psalm 17, 15.

42. Brief.

Besuche da war, so gab es Gelegenheit von meinen Umständen zu reden, wobei ich den Wunsch äußerte, irgendwo einen Ort im Lande zu haben, wo ich mich noch einige Zeit aufhalten könnte. Hierauf sagte der Richter, daß er noch einen Sohn hätte, der einer guten Erziehung bedürfe, und den er auch gern noch etwas mehr wollte lernen lassen, als er dort lernen könnte. Wenn ich mich damit abgeben wollte, so wär es ihm lieb; und ich könnte, weil er niemand in seiner Kutsche hätte, gleich mit ihm nach Libanon fahren. — Ein solches Anerbieten konnte mir in meiner Lage nicht anders als erwünscht seyn. Ich antwortete ihm, daß ich mit Hrn. Weyberg darüber sprechen wollte. Dieser fand diesen Anschlag recht gut und schicklich für mich, um desto mehr, weil ich dort im Lande herum mich noch im Predigen üben könnte. Ich fuhr also in Gottes Namen mit nach Libanon, und bekam nun im Aeußern, in Hinsicht auf mein leibliches Auskommen und Nahrungssorgen, wieder Erleichterung. Meine innern Leiden blieben aber, obschon sie erträglicher wurden, noch immer meine treuen Gefährten.

Nachdem ich in Libanon angekommen, und mit den Kindern des Richters (er hatte deren nur zwei, einen Sohn und eine Tochter) ein wenig bekannt worden war: so fand ich seine Aussage, daß sein Sohn eine gute Erziehung nöthig hätte, nur allzu gegründet; denn eine schlechtere Erziehung

hung habe ich in meinem Leben nicht gesehen. Wie ich das Benehmen der Aeltern gegen die Kinder, und dieser gegen die Aeltern ein wenig beobachtet hatte, dachte ich: hier wirst du nicht allein nichts ausrichten, sondern wirst auch, wenn du deine Pflicht nur halb thun willst, bald genöthigt seyn, den Wanderstab wieder in die Hand zu nehmen. — Gleich Anfangs that ich alles mögliche, um das Zutrauen der Aeltern zu gewinnen; bewarb mich auch, so viel es ohne Verletzung meiner Pflicht geschehen konnte, um die Liebe der Kinder. Diese — besonders der Sohn, der etwa zwölf Jahr alt seyn mochte, waren so verzogen und so frech, daß sie den Aeltern in allem widersprachen, ja, denselben anzügliche und spöttische Namen gaben; und diese waren in so hohem Grade mit einer närrischen Liebe verblendet, daß sie dabei gleichgültig blieben, zum Erstaunen und Aergerniß derjenigen, die es ansehen mußten. Es währete nicht lange, so versuchten sie es, auch über mich den Meister zu spielen; allein, durch den Ernst, den ich gegen sie beobachtete, wurden sie doch zurück und so ziemlich in Ehrfurcht gehalten. — Redete ich mit den Aeltern, daß sie ihr Ansehen besser gegen ihre Kinder behaupten müßten, so predigte ich tauben Ohren, ihre närrische Liebe war zu groß dazu, als daß sie auf solche vernünftige Vorstellungen achten sollten; und man konnte gleich fühlen, daß man ihnen damit beschwerlich fiel. Was ich die Kinder

lehren

42. Brief.

lehren sollte, mußte alles ihrem eigenen Gutfinden unterworfen seyn. Ich sah also, daß hier nichts zu machen sey, und gab mich so gut drein, als ich konnte.

Der Reformirte Prediger hieselbst, ein Schweizer von Geburt, war im siebenjährigen Kriege Lieutenant unter den Amerikanischen Provinzial-Truppen gewesen. Er hatte in der Jugend die Theologie studiren sollen; war aber aus der Schule in Holländische Kriegsdienste gegangen. Weil in dem genannten Kriege bei Errichtung der Provinzial-Armee erfahrne Officiers fehlten, und die Engländer den Holländischen Offiziers, mit Erhöhung ihres Standes Dienste angeboten hatten: so waren natürlicher Weise sehr viele dadurch angelockt worden bei den Engländern Dienste zu nehmen. Und durch diesen Weg war er, wie auch der Richter, welcher Major gewesen war, nach Amerika gekommen. Da aber nach Endigung des Krieges die Truppen dieser Armee — wie gewöhnlich geschieht — abgedankt wurden: so waren sie dadurch außer Dienst gesetzt; und dieser Mann hatte daher, um sich fortzuhelfen, in diesen Gegenden das Predigtamt ergriffen, und war auch in demselben ordinirt worden. Er erlaubte mir nicht allein, in seinen Gemeinden so vielmal zu predigen, als ich nur wollte; sondern er drang deßwegen mehr in mich, als

mir

mir lieb war, weil er selbst keine Neigung hatte, viel zu predigen.

Ich suchte mich indessen in meine Lage so gut zu schicken, als ich konnte, sah aber wohl ein, daß in diesem Hause meines Bleibens nicht lange wäre; denn, mit den Kindern war durchaus nichts zu machen, und ich bemerkte dabei auch oft, daß ihre Aeltern wünschten, meiner auf eine gute Art wider los zu werden; und was mich betraf, so wünschte ich herzlich, daß mir der Herr eine Thüre öffnete, Damit ich dieses Haus wieder verlassen könnte. Aber wohin sollte ich mich wenden? Das wußte ich nicht, und sah auch gar keinen Ausweg für mich.

Im Frühjahr kam Herr Prediger Otterbein nach Libanon, um einen hiesigen Freund, Namens Stoy, zu besuchen, der als Theolog mit ihm in dieses Land gekommen, jetzt aber ausübender Arzt war. Da ich mit dem Herrn Doctor Stoy gut bekannt war; und ihn zuweilen besuchte, so traf ich den Herrn Otterbein bei ihm, und lernte ihn hier zum ersten Mal persönlich kennen. Er war ein recht leutseliger und freundschaftlicher Mann, und wegen seines frommen und gottseligen Wandels im ganzen Lande bekannt und hochgeschätzt. — Auch mir hat er, seit dem ich das Glück hatte, mit ihm in Bekanntschaft zu stehen, sehr viele Freundschaft und Gewogenheit

42. Brief.

heit bewiesen, wofür ich ihm auch hier noch öffentlich meine herzliche Erkenntlichkeit bezeuge. Er ists auch allein in diesem Lande, mit dem ich gegenwärtig noch im Briefwechsel stehe. — Nachdem ich mich nun eine Zeit lang mit ihm unterhalten, und durch sein freundschaftliches Bezeigen Zutrauen zu ihm gewonnen hatte: so entdeckte ich ihm meine äußern, und auch in etwa meine innern Umstände. Er nahm aufrichtigen Antheil an denselben; und weil er auch das Haus kannte, worin ich war: so hielt ers nicht für gut, daß ich länger darinnen bliebe, und sagte mir, ich möchte nach seiner Abreise zu ihm nach Yorktown kommen, (wo er jetzt als Prediger stand) so wollten wir überlegen, was am besten für mich zu thun sey.

Meine Gemüthsumstände konnte ich niemanden mehr ganz entdecken, denn sie waren so, daß ich sie selbst nicht mehr kannte. In den vielen Stürmen hatte ich Segel und Masten, Ruder und Compaß verloren, und mein Schiff ward auf einem ungestümmen Meer herum getrieben. — Allein, der Steuermann war, ungeachtet ich es selbst kaum mehr ahndete, noch immer im Schiffe; und derselbe wußte es alles so zu lenken und zu regieren, daß es zuletzt in den verlangten und sichern Hafen einlief.

43. Brief.

43. Brief.

Der Verfasser verläßt das Haus, worin er Informator war, und zieht nach Yorktown zu Herrn Otterbein; nachher zu dem Pred. Hendel in Tolpihacon, dessen Kinder er unterrichtet und in dessen Gemeinen er oft prediget. — Man will ihn nach Germantown als Prediger haben, und bringt deßwegen sehr in ihn: Er schlägt es aber ab.

Nachdem nun Herr Otterbein abgereiset war, brachte ich alle meine Sachen in Ordnung, nahm von dem Richter und seinem Hause einen freundschaftlichen Abschied, und ging nach einem sechsmonatlichen Aufenthalt von dannen nach Yorktown.

Ich war über sechs Wochen bei dem Herrn Otterbein, und predigte zweimal in der Stadt und einmal auf dem Lande, allein, noch immer in einer leidenden Gemüthslage. Ich gab dem Herrn Otterbein zu verstehen, daß, so viel ich mich kennte, ich mich jetzt noch nicht wohl ins Predigtamt begeben könnte, weil ich dazu noch keine Freiheit in mir fände. Er sagte, daß ich mich auch, ohne völlige Gemüthsfreiheit, nicht darin begeben müßte. Er hätte gedacht, daß, wenn es Herr Hendel, Prediger in Tolpihacon, genehmigte, ich bei denselben wohnen ginge; da wäre wohl gegenwärtig der beste Ort für mich, weil er in einem weitläuftigen Bezirke wohne, worin er neun Gemeinen zu bedienen hätte, und da wäre

wäre Gelegenheit mich im Predigen zu üben; dabei würde er auch wohl jemand zum Unterricht seiner Kinder nöthig haben. — Dieser Vorschlag war mir sehr angenehm, wenn nur Herr Hendel darein willigen würde. Herr Otterbein schrieb an ihn, und die Antwort entsprach unserer Hoffnung vollkommen; denn er schrieb, daß ich nur gleich zu ihm kommen möchte.

Herr Hendel war mir schon, während meinem Aufenthalt in Libanon, gut bekannt; denn, weil Tolpihacon nur vier Stunden von dannen liegt, so hatte ich ihn von da aus schon besucht.— Dieser Mann ist einer der besten Prediger, die ich in Amerika habe kennen lernen. Er war ein Pfälzer von Geburt, und vor vielen Jahren als Prediger in dieß Land gekommen. Er besaß viel Kenntnisse und Wissenschaften, und war von Herzen, ohne Secten- und Parteigeist, der Gottseligkeit ergeben. Aus einem Briefe von Herrn Otterbein habe ich vernommen, daß er jetzt Prediger in Philadelphia ist. — Herr Hendel hatte einige Kinder, die ich unterrichtete, welches hier besser ging, als in des Richters Hause zu Libanon, weil hier ein anderer Geist wehete. Dem Aeußern nach lebte ich hier ruhig und zufrieden, genoß einen vergnügten, freundschaftlichen Umgang mit Herrn Hendel, und predigte oft in seinen Gemeinen. Ich dachte: Hier bleibst du, bis

43. Brief.

es dem Herrn gefällt, deine Gemüthsumstände zu ändern.

Während meinem hiesigen Aufenthalte ward ich an mehrere Orte zum Prediger gewählet und berufen, aber ich lehnte alles ab. Unter andern verlangte man mich auch zu Germantown, wo ich, durch die, in der Anmerkung beschriebene Veranlaßung, gepredigt hatte. *) Da ich den Brief welchen der dortige Prediger, Herr Helffenstein, deßwegen an mich schrieb, noch in Original besitze, so will ich denselben hier wörtlich mittheilen.

"Geliebter Freund im Herrn.

"Ich habe mich vor einiger Zeit entschlossen, "und den Beruf der Gemeine in Lancaster, wel= "chen sie an mich gemacht hat, angenommen, wer= "de auch, so der Herr will! in Zeit von drei Wo= "chen

*) Herr Helffenstein hatte aus dem nämlichen Hause in Philadelphia, wo ich den Richter aus Libanon hatte kennen lernen, die Tochter geheirathet, und daher war dieser Richter sein Oheim, bei welchem er, auf einem Besuche, tödtlich krank wurde. Weil er ein werther Freund von mir war, so besuchte ich ihn, von Tolpihacon aus, einige Mal in seiner Krankheit. Wie er auf der Beßrung war, bat er mich, doch nach Germantown zu reiten, und für ihn zu predigen. Ich erfüllte sein Verlangen. Und daher kam es, daß sie mich dahin haben wollten.

"chen dahin abgehen. Die Gemeine in German-
"town wird also ohne einen ordentlichen Predi-
"ger seyn. Und ob sich schon ein sicherer Prediger
"selbst angebotten, ihr zu dienen: so hat jedoch
"der vornehmste Theil des Kirchenraths nicht auf
"äußere Vorzüge allein, sondern vornehmlich
"dahin gesehen, daß sie wieder einen Mann erhal-
"ten möchten, der nicht nur eine schöne Stimme
"mit einem todten Buchstaben hören ließe, son-
"dern von welchem ihnen das Wort des Herrn
"aus einem erfahrnen Herzen, in der Kraft des
"Geistes verkündiget würde. In dieser Absicht ha-
"ben sie sich auf Ihre Person mit einander ver-
"einigt, und mich ersucht, im Namen des gan-
"zen Kirchenraths bei Ihnen die Nachfrage zu
"thun: Ob Sie sich entschließen wollten, einen
"Beruf von der Gemeine anzunehmen? und deß-
"wegen, so bald als möglich, herunter zu kom-
"men, und zu predigen, und dann hernach das
"Weitere mit dem Kirchenrath zu verabreden. Sie
"haben hier geprediget, als es dem Herrn gefiel
"mich in Libanon mit einer so harten und lang-
"wierigen Krankheit heimzusuchen. Sie haben
"Beifall gefunden, bei allen Seelen, die nur ei-
"niges Gefühl für das Gute hatten: und eben
"dieses hat den Kirchenrath bewogen, mir gegen-
"wärtigen Auftrag an Sie zu geben. Ich habe
"dieses Geschäfft um desto williger übernommen,
"weil ich mich selbst überzeugt hatte, daß Sie der
"Mann sind, der, durch die Gnade von oben, et-
"was

43. Brief.

"was Gutes, zur Ausbreitung des Reichs Jesu
"stiften kann, Sie mögen sich übrigens selbst für
"so untüchtig halten, als Sie immer wollen.

"Ich fordere Sie demnach auf im Namen
"Jesu, der Ihnen durch diese Männer wieder ei-
"ne neue Gelegenheit darbeut, mit Segen in sei-
"nem Weinberge zu arbeiten. Seyn Sie nicht
"immer der Furchtsame, der an sich selbst Verza-
"gende; sondern werden Sie wieder geistlich kühn,
"und lernen aufs neue etwas wagen, auf die
"Hülfe dessen, der Ihnen bis dahin so wunderbar
"geholfen hat. Ich will Ihnen eben nicht ra-
"then, ganz blindlings hinzufahren: nein! prü-
"fen Sie die Sache genau und sorgfältig vor dem
"Angesichte des Herrn. — Allein, seyn Sie auch
"nicht zu verzagt, sondern muthig und getrost auf
"den Herrn, der helfen kann, will und wird:
"welches alles ist, woran Sie bis daher im Grun-
"de gehalten haben. Was äußere Umstände an-
"geht, als die Einwilligung des Coetus, die
"Ordination 2c. solche werden bald ihre Richtig-
"keit haben, wenn Sie nur in sich entschlossen
"sind.

"Entweder Sie, in eigener Person, oder
"ein Schreiben von Ihnen, wird hier so bald als
"möglich von Ihnen erwartet.

"Ich empfehle Sie übrigens der Gnade des-
"sen, der die Seinigen selbst in alle Wahrheit
"leitet, und der Ihnen allemal zu seiner Zeit
"gibt

"gibt, was und wie Sie reden sollen, und bin
"Dero aufrichtiger Freund und Bruder in dem
"Herrn

  A. Helffenstein.

"Germantown, den 5ten Jannar,
1775.

Dieser Brief machte eine starke Sensation auf mein Gemüth, und ich wußte anfänglich nicht, wozu ich mich entschließen sollte, nachdem ich aber mich selbst und die ganze Sache vor dem Herrn geprüft, auch mit Herrn Hendel mich darüber berathen hate: fand ich es für mich am rathsamsten, nicht nach Germantown zu reisen. Ich schrieb also an Herrn Helffenstein: "Daß ich Ihm für sei-
"ne freundschaftliche Liebe dankte, und ihn bäte,
"auch den Gliedern des Ehrw. Kirchenraths in
"meinem Namen, für alle ihr Liebe, Achtung
"und Zutrauen, meinen Dank abzustatten. Weil
"ich aber empfände, daß meine Kräfte gegenwär-
"tig, noch zu schwach wären, eine solche Gemei-
"ne, als die Ihrige, zu bedienen; so dürfte ich
"Ihren geneigten Antrag nicht annehmen; hoffte
"und wünschte aber, daß der Herr Sie einen
"Mann, von größern Gaben und Kräften, als
"ich hätte, finden ließe, der ihnen das Wort Got-
"tes verkündigen, und im Segen unter ihnen
"arbeiten möchte." — Ich glaubte nun die Sache beendigt; allein, nach einem Monate kam einer der Vorsteher dieser Gemeine zu mir, und
suchte

suchte mich zu bereden, den Ruf zu ihnen anzunehmen. Ich blieb aber bei meinem einmal geprüften und gefaßten Entschlusse. Nun ersuchte mich derselbe, daß ich denn doch auf Ostern dorthin kommen und ihnen predigen möchte. Sie hätten, sagte er, schon mit Herrn Weyberg abgeredet, daß derselbe auf Ostermontag das heil. Abendmahl bei ihnen austheilen sollte; dessen müßte ich auf diesem Tag in Philadelphia (welches nur drei Stunden von Germantown, ist) für ihn predigen. — Dieses bewilligte ich, ritt auf die bestimmte Zeit dahin, und predigte an beiden Orten. — Ich kam aber darüber nochmal ins Gedränge; denn es ward mir sehr stark zugeredet, in Germantown zu bleiben; und Herr Weyberg war ziemlich unzufrieden mit mir, daß ich es nicht thun wollte. Aber ich hatte keine Freiheit im Gemüthe dazu; suchte mich so freundschaftlich von ihnen los zu winden als ich nur konnte und reisete nach Tolpihacon zurück.

44. Brief.

Der Verfasser wird Prediger in sieben zerstreueten Landgemeinen, und läßt sich examiniren. Tragsamkeit und Sanftmuth im Umgang mit allerlei Religionsverwandten. Er beschränkt sich in seinen Vorträgen auf die Hauptsache des Christenthums. — Ausgebreitete Religionsfreiheit in Nord-

44. Brief.

Nordamerika. — Des Verfassers Bekanntschaft und Umgang mit den Methodisten. Sie haben viel Nutzen und Segen gestiftet. — Quaker, Taucher und andere Secten: ihr erster Ernst hat nachgelassen. — Der Krieg mit den Engländern bricht aus. Des Verfassers Betragen unter den Parteien für oder wider die Engländer.

Nachdem ich mich etwas über zwei Jahre in diesen Gegenden aufgehalten hatte, ward Herr Otterbein nach Baltimore berufen, welchem Rufe er auch folgte; und Herr Wagener, der in diesem County (Grafschaft) Prediger auf dem Lande war, wurde an Herrn Otterbeins Stelle nach Yorktown berufen. — Nun waren also die Gemeinen auf dem Lande ohne Prediger. Herr Wagener, mit dem ich bei meinem Aufenthalt in York, in genauer Freundschaft gekommen war, hielt so lange bei mir an, bis ich mich entschloß, diese Land-Gemeinen anzunehmen. Es waren ihrer sieben, die ich bedienen mußte; alle Reisen dahin werden aber zu Pferde gemacht. — Weil nun diese Gemeinen um Yorktown herum lagen, und diese Stadt gleichsam der Mittelpunkt davon war, so schlug ich meine Wohnung in derselben auf. Der Cötus ward dieß Jahr in Lancaster gehalten. Ich ging also dahin, um mich examiniren zu laßen. Nachdem dieses geschehen war, bekamen die Herren Prediger Helffenstein und Wagener den Auftrag, mich in Yorktown zu ordiniren, welches auch, in Gegenwart der Vorsteher

her von den Gemeinen, die ich bedienen sollte, und aller Gemeinsglieder, die nur dahin hatten kommen wollen, von diesen Predigern feierlich geschah.

So war ich denn nun ein ordinirter Reformirter Prediger, und bediente die genannten, mir anvertraueten Gemeinen, nach der mir vom Herrn geschenkten Gnade, treu und gewissenhaft. Meine Gemüthsumstände waren freilich noch immer voll Leiden; trug ich aber alles, was mir der Herr von Augenblick zu Augenblick begegnen ließ, gedultig und leidsam, so kam ich noch als durch alles gut hindurch. Auf das Predigt-Amt hatte ich mich auch nun schon so lange und viel vorbereitet, daß ich solches mit Beifall verwaltete. In meinem Umgange mit andern, war es mir durch die Gnade zur Natur geworden, mich gegen alle Menschen liebreich, verträglich und freundlich zu betragen. Alles Harte und Störrige war durch manches und vielfältiges Feilen und Poliren der Leiden abgestoßen. Weil ich ein tragsames und ganz unparteiisches Gemüth hatte: so konnte ich auch mit allerlei Religionsverwandten umgehen. Ich ließ einem jeden seinen äußern Meynungskram unangetastet stehen, und wies nur auf die Hauptsache, nämlich, in Jesu Vergebung der Sünden, Begnadigung, und Kräfte zu einem gottseligen Leben zu suchen und zu finden. Weil ich nun einem jeden seine besonsondern Meynungen unangefochten ließ, und gegen ein jedes Gute, ich mochte es finden wo ich wollte, Achtung bezeugte: so erwarb mir dieß mein Betragen eine allgemeine Hochachtung, und ich hatte deßwegen, wann ich predigte, Zuhörer von allerlei Religionsparteien in der Kirche.

Weil in diesem Lande die ausgebreitetste Religionsfreiheit herrschet: so waren eine große Menge solcher Leute, die in Europa, der Religions-Meinungen wegen, verfolgt wurden, hieher gezogen; und darum gab es hier so viele Menschen von mancherlei religiösen Meynungen; und ich hatte häufig Gelegenheit, mit ihnen umzugehen. Unter allen meinen Leiden, Elend, Armuth und Entblößungen hatte mir der Herr besondere Einsichten und Erfahrungen mitgetheilt. Die Einsichten in die Umstände der Gemüther waren mir, durch mancherlei Erfahrungen, so zu sagen, zur Natur geworden. Ich sah, wußte und empfand, ohne sehen, wissen und empfinden zu wollen: alles lag vor den Augen meines Gemüths gleichsam offen da. Ging ich mit Menschen von andern Parteien um, die Gutes hatten, so sah ich gar nicht auf ihre besondern Meynungen, und zeigte ihnen, daß sie mir lieb und werth waren. Warens aber solche, die in ihren Meynungen hoch stunden, und sich viel damit wußten: so suchte ich sie freundschaftlich zu überzeugen, daß das wahre Christenthum darin nicht bestün-

bes

de; daß derjenige, welcher sich mit besondern zum Wesen der wahren Gottseligkeit nicht gehörigen Dingen und Meynungen aufhielte, nur alle Gnadenkräfte unnützer Weise verschwendete, und am Tage der Noth und Prüfung seine Hände leer finden würde; und daß alle Kraft zum gottseligen Wandel und zum Fortgang in der Heiligung, über dem Streit von Meynungen vor und nach verloren ginge. Ich bewies ihnen, daß der Mensch dadurch ganz und gar nicht gebessert, sondern vielmehr im Guten lau und kalt würde; denn es seyen Dinge, die sich unter den Händen verzehrten. Wir erreichten, über dem Aufenthalte darin, nie das Ziel, wozu uns Gott geschaffen und sein Sohn so theuer erlöset und erkaufet hätte. — Wenn wir wahrhaft begnadigt wären, so müßten wir das Wesen des Christenthums nur darein setzen, durch die Gnadenkraft Jesu und seines Geistes uns selbst mit allen unsern Bildern und Meynungen zu verläugnen, uns im Gebethe und in einem kindlichen Wandel vor seinem Angesichte zu üben, und dem, der uns erkauft hat, anzuhangen, um Ein Geist mit Ihm zu werden. (1 Korinth. 6, 17.) Seinem Demuthsbilde sollten und müßten wir ähnlich werden: Dieses wäre die Hauptsache, die dem Begnadigten auflöge; dieses wäre das Ziel, der Endzweck, warum uns Gott geschaffen und sein Sohn, unser Herr Jesus Christus, so theuer erlöset hätte: alles andere wäre Meynung, Tand und Schein;

44. Brief.

Schein; es hielt in Noth und Tod nicht Stand; man bliebe dabei in Leidenschaften gefangen liegen, und Gott und die Ewigkeit blieb uns dabei fremd und unbekannt.

Ich hatte auch, besonders wie ich noch in Philadelphia wohnte, vielen Umgang mit Methodisten und ihrem Prediger gehabt. Dort hatte ich bereits die Englische Sprache schon so viel innen, daß ich sie nicht nur gut verstehen, sondern mich auch verständlich in derselben ausdrücken konnte. — Die gute Gelegenheit, welche ich in Philadelphia hatte, machte, daß ich mich mit diesen Leuten und ihrem Prediger sehr oft unterhielt. Dadurch bekam ich dann alles mit zu lesen, was ihre Stifter Wesley und Whitefield, wie auch andere, in Ansehung dieser Gesellschaft herausgegeben hatten. Diese Leute haben, nicht nur in England, sondern auch in Amerika viel Gutes gestiftet.*) Unter den Engländern, besonders in Maryland und Virginien, war in Rücksicht auf das Christenthum, wenig Leben zu finden. Die Methodisten-Prediger aber, welche rechtschaffene und thätige Männer waren, wurden ein Mittel in der Hand des Herrn, daß nicht allein unter dem rohen Haufen, sondern auch

---

*) Wer die Methodisten will kennen lernen, der lese: Geschichte der Methodisten von J. G. Burkhardt, Deutscher, Lutherischer Prediger in der Savoy-Gemeinde zu London. Nürnberg in der Raw'schen Buchhandlung.

auch unter vielen Vornehmen, eine große und gesegnete Bewegung entstand, und viele ganz verändert wurden. — Wegen der andern Parteien und Secten, die sich hier befinden, und alle einer vollkommenen Freiheit genießen, will ich nur noch folgendes anführen.

Die Quaker in diesem Lande, und auch besonders in Philadelphia, waren durch ihre besondern Meynungen von der Gottseligkeit abgewichen, und so tief in den Handel verwickelt, daß sie von dem alten Ernste ihrer Vorgänger nicht viel mehr übrig hatten. — Die Parteien unter den Deutschen, als Mennoniten, Taucher ꝛc. haben einen Glaubensartikel, nach welchem sie ihre erwachsene Kinder, oder auch diejenigen, welche zu ihrer Partei übergehen, durchs Untertauchen ins Wasser taufen. Die Ephrataer, welche ihre Abstammung und Namen von einem Kloster haben, das Ephrata heißt, wo auch noch ihr Hauptsitz ist, haben den Sonntag wieder auf den Samstag verlegt, damit sie, nach ihrer Meynung, den eigentlichen Sabbath des Herrn feiern mögen. Außer diesen gibt es Separatisten, die sich von allen kirchlichen Parteien und öffentlichen Uebungen absondern, um ihrer Meynung nach, heiliger leben zu können. — Indessen hatten diese meistens alle, das Gute, welches bei Aufrichtung ihrer Partei ihren Eifer so sehr belebt hatte, wieder verloren. Die mehresten lebten schlechter und

und unmoralischer als diejenigen, von welchen sie sich, wegen unchristlicher Lebensart abgesondert hatten. Die Freiheit, daß ein jeder in diesem Lande — in Hinsicht auf Religionsbegriffe und Gottesverehrung — leben kann wie er will, und daß die kirchlichen Gesetze für niemand weiter bindend sind, als in so weit sich einer daran binden will; diese Freiheit hat auf die Moralität vieler Inwohner einen sehr nachtheiligen Einfluß, sonderlich der Mitglieder der neuen und kleinen Parteien, die noch weniger als die großen gebunden sind. Denn da ihre Partei nichts sonderlich Bindendes für sie hat; da sie durchgehends wenig Erziehung und Lebensart haben, und dabei mehrentheils wohlhabend und reich sind: so vereinigen sich alle diese Ursachen, um die Immoralität bei ihnen zu vergrößern. — Ich erkannte hiebei augenscheinlich, daß äußere Ordnung, und eine gute kirchliche Verfassung (wobei man ohne Partei, Setten und Verfolgungs-Geist ist) einen großen Einfluß auf den moralischen Charakter der Menschen haben. Es gab indessen auch freilich noch viel wahre Christen unter den mancherlei Parteien, die mit Wemuth den Verfall ihrer Brüder beweinten und alles Mögliche beitrugen, dem Verderben zu steuren.

Inzwischen ward der mit den Engländern ausgebrochene Krieg vor und nach immer heftiger. Von Seiten Englandes ward alles angewandt,

wandt, die Provinzen wieder zu einer unbedingten Unterwerfung zu zwingen. — Die Amerikaner ihrer Seits strengten nicht weniger alle ihre Kräfte an, das Joch abzuschütteln, und sich Freiheit und Unabhängigkeit zu erkämpfen. So bald sich die Provinzen öffentlich für unabhängig erklärt hatten, konnte wohl ein jeder, der nur einige Staats- und Menschenkenntniß hatte, völlig einsehen, daß in Amerika die Herstellung einer festen Ruhe nicht zu hoffen wäre, es sey denn, daß sie ihren Zweck erreichten. Wäre es England gelungen, sie zur unbedingten Unterwürfigkeit zu bringen, so würde keine Ruhe mehr zu hoffen gewesen seyn. Denn, weil die Amerikaner der Freiheit gewohnt, und nun zur Unabhängigkeit gestimmt waren: so würde bei der ersten Gelegenheit, falls England in einen Krieg wäre verwickelt worden, die Revolution aufs neue ausgebrochen seyn; und dann würde das Elend und der Jammer kein Ende gehabt haben. Ein jeder, der nur in etwa den Gemeingeist in diesem Lande, oder die allgemeine Grundstimmung der Nation kannte, sahe dieses als eine gewisse Folge voraus. Deßwegen war auch ich, für meine Person, jetzt, da es schon so weit gekommen war, daß eine von beiden Parteien unterliegen mußte (denn an einen Vergleich mit gewissen Bedingungen und Einschränkungen, war nicht mehr zu gedenken) mehr für die Amerikanische als Englische Partei gestimmt. Ehe die Unabhängigkeit erklärt

klärt war, so wünschte ich sehr, und hoffte auch noch, daß die streitenden Parteien sich noch vergleichen möchten; aber, so bald dieser bedeutende Schritt einmal geschehen war, so sah ich auch wohl ein, daß alle Ruhe auf immer, oder doch auf viele Jahre dahin sey, wenn die Amerikaner ihre Unabhängigkeit nicht behaupteten. Ich war also ihrer Partei aus vernünftigen Gründen zugethan. Zudem hatte ich eine starke Vorliebe für dieß Land, und es gefiel mir in demselben besser als irgend in einem andern, wo ich gewesen war, weßwegen ich auch anders nicht dachte, als meine Tage darin zu beschließen. Da ich's also nicht anders, als mein irdisches Vaterland und lebenslänglichen Aufenthalt ansah: so war es ganz natürlich, daß ich wünschte, es möchte demselben in Zukunft wohl gehen. — Diese Vorliebe ist mir beigeblieben; und wenn die Fürsehung durch besondere Wege mich hieselbst nicht so sehr gebunden gehalten hätte, so wäre ich wohl längst wieder in dieses Land zurück gekehret.

❦

―――――

45. Brief.

Des Verfassers Gemüthsumstände werden durch seine gänzliche Ueberlaßung an Gott ruhig und befriedigt. — Die Kriegsumstände bringen ihn zu dem Entschluß, Amerika für einige Zeit zu verlaßen.

45. Brief.

Von meinen Gemüthsumständen kann und werde ich insbesondre nicht viel mehr melden. Gott unterstützte mich im Verborgnen, daß ich mein Kreuz und Leiden, die ich jetzt noch hatte, mit Leidsamkeit und stiller Geduld tragen konnte. Ich fühlte mich so ganz unbedingt hingegeben und überlaßen, zu allem, was dem Herrn gefallen möchte mit mir zu machen. — Mein Gemüthsstand kam mir (um mich einer bildlichen Vorstellung zu bedienen) oft so vor, als wenn mein Ganzes eine Festung gewesen wäre, worein sich Stolz, Eigenliebe, anmaßliche Selbstgröße — kurz, meine ganze Ichheit, so fest verschanzt hätte, daß ich einsah, es sey nur einer Gottesmacht möglich, diese Festung zu zerstören, und sich alle diese Feinde unterwürfig zu machen. Indessen waren die Werker so fest und die Mauern so stark, daß anfänglich alles daran zurück prallte; und daß ich oft (wann ich mir mit allem meinem Eigenen zu Gesichte kam) dachte: Gott wird wohl nie den Sieg über deine Eigenheit oder dein eignes Leben davon tragen; denn, je mehr er dich demüthiget, je stolzer wirst du! — Allein der Stärkere kam über den Starken; er hatte so viel und mancherlei Belagerungsgeschütz, daß vor und nach die Mauren anfingen zu weichen und endlich sammt allen Befestigungen und Bollwerken, danieder getrümmert und zusammen geschossen wurden. Die Feinde zeigten sich oft schwächer, oft auch stärker als jemals: — Endlich,

da

da alles in Schutt und Trümmer zusammen gestürzt, und nirgend mehr Kraft zum Widerstand war, da gab es Ruhe, es ward Friede. Der Grund, wo die Festung gestanden hatte, wurde geebnet, so daß — weil nun kein Widerstand mehr war — die Leidenspfeile oder Leidenskugeln über diesen geebneten Grund sanft hinweg strichen. — Er, der das gute Werk in mir angefangen hatte, wollte es nicht stecken laßen: er setzte es fort, bis er sich alles unterthänig gemacht, und alle seine Feinde überwunden hatte. Den Stolz, die Eigenliebe, deren Anmaßungen im Gnadenwerk einer der schrecklichsten und schädlichsten Feinde ist, konnte er nur durch Wege, die Er allein kannte, überwinden. Etwas über ein Jahr vorher, ehe ich Amerika verließ, wurden meine Gemüthsumstände vor und nach ruhig und befriedigt. — Aeußere Unruhen und Unannehmlichkeiten bewogen mich endlich, Amerika, aber nur (wie ich damals glaubte) für einige Zeit zu verlaßen.

46. Brief.

Beschreibung der damaligen politischen, sonderlich aber kirchlichen Lage von Nordamerika. — Des Verfaßers vorsichtiges und christliches Betragen zwischen seinen königlich- und freiheitsgesinnten Gemeinsgliedern.

46. Brief.

Ehe ich von meiner wirklichen Abreise aus Amerika rede, muß ich noch ein und anderes über die politische und kirchliche Lage dieses Landes sagen, so wie sie damals wenigstens noch bestand.

In Pensylvanien ist keine herrschende Kirche. Der Staat läßt einem jeden Freiheit eine solche religiöse Meinung anzunehmen, als er nach seiner Ueberzeugung und Denkungsart gut findet. Der Staat schützt auch eine jede religiöse Gesellschaft; niemand darf sie auf irgend eine Weise stören, noch beunruhigen; die Gesetze legen eine harte Strafe auf denjenigen, der es thut: dagegen bekümmert sich aber auch der Staat um die Besoldung des Lehrers irgend einer religiösen Gesellschaft gar nicht. Wer Kirchen oder Versammlungshäuser haben will, muß dafür sorgen, daß sie aufgebauet — wer Prediger darein verlangt, muß auch sorgen, daß sie unterhalten werden. Pen hat dieses, bei Einrichtung dieser Provinz zu einem Grundgesetz gemacht, um allen Religionszänkereien dadurch vorzubeugen. Indessen sind schon in Philadelphia und andern Städten von den Gemeinen verschiedene Aenderungen in diesen Anordnungen gemacht worden; auf dem Lande aber müssen die Gemeinen die Prediger, welche sie bedienen, auch unterhalten. Da nun allerlei Religionsverwandte durcheinander wohnen; da ein Bauerhof einem Reformirten, ein anderer einem Lutheraner, ein dritter einem

einem Mennoniten oder einem Mährischen Bruder, einem Taucher oder einem Separatisten u. s. w. gehöret: so werden sehr weitläufige Gegenden dazu erfordert, ehe mehrere Gemeinen von einerlei Bekenntniß zusammen gebracht werden können, die den Aufwand von Kirche und Prediger bestreiten. Gemeinlich haben die Reformirten und Lutherischen auf dem Lande die Kirchen gemeinschaftlich aufgebauet, worin dann auch von den Predigern beider Confessionen, wechselsweise einen Sontag um den andern geprediget wird. — Ein Prediger muß alle Sonntage zwei Kirchen, die eine Vor- die andere Nachmittags bedienen, obschon sie oft zwei Stunden von einander entfernet liegen. Doch wird auch in einigen Kirchen nur alle vier - auch wohl in sechs Wochen nur einmal geprediget. *)

Wenn ein Prediger in eine Gemeine berufen wird, so fordern die Vorsteher die Glieder derselben zusammen, und stellen ihnen vor, daß ein Gehalt für denselben müßte ausgeworfen werden. Ein jeder unterschreibt sich dann, was er für

---

*) In manchen Gegenden von Pensilvanien sind alle Einwohner Deutsche, und reden auch keine andere als die deutsche Sprache: Auch in der Kirchlichen Verfassung, kommen sowohl die Reformirte als auch Lutherische mit der hiesigen Deutschen überein. Die Reformirte bedienen sich dort der nemlichen Formularen bei Tauf und Abendmal, wie hier.

für das Jahr zu dem Predigergehalt hergeben will; und dieß geschieht alle Jahr aufs neue, weil sich niemand länger verbindlich machen will. Wozu sich einer verbunden hat, das muß er bezahlen; will er sich aber der Kirche entziehen, so kann ihn niemand zwingen, etwas weiter zu geben. — Wenn der Prediger die subscribirten Posten durchgesehen hat, und nachdem er die Summe für sich zuträglich oder nicht zuträglich befindet, nachdem sagt er ihnen zu, alle vierzehn Tage oder alle vier Wochen einmal zu predigen. — Will eine oder zwo Gemeinen einen Prediger für sich haben, so müßen sie so viel aufbringen, daß er bestehen kann. — Nach den dortigen Kirchengesetzen der Reformirten, hat ein Prediger das Recht, sein festes Gehalt auf drei hundert Reichsthaler zu bringen; deßwegen nimmt er so viel Gemeinen an, bis diese Summe heraus kommt. Die Folgen von diesem allem sind für einen Prediger, der mit seinen Gemeinen in Mißhälligkeiten geräth, sehr mißlich. Denn, wenn dieselben aufhören, ein Gehalt für ihn auszuwerfen, so hat auch sein Dienst ein Ende. Zwar ist dieses ein seltener Fall, aber nicht ohne Beispiel. Wird nun der Prediger auf dem Eölus gerechtfertigt, so bekommen solche Gemeinen keinen Prediger mehr, und werden aus der Kirchengemeinschaft ausgeschlossen. Sollten sie sich aber in der Folge beugen, und bekennen, daß sie gefehlt hätten, mit dem Versprechen, ich künftig

tig besser gegen ihren Prediger zu betragen: so werden sie wieder aufgenommen, und erhalten einen Prediger. Hat aber dieser so gehandelt, daß ihn der Cötus nicht rechtfertigen kann; so wählen sich die Gemeinen einen andern, und er kann sehen, wie er zurecht kommt. Durchgängig hab ich indessen angemerkt, daß, wenn sich ein Prediger gut, und seinem Amte würdig beträgt, er hier solche Achtung hat, und so gut bestehen kann als in Europa. In Ansehung des letzten Puncts muß ich aber die Zeit des damaligen Kriegs ausnehmen. Dieser war für die Prediger, auch besonders deßwegen, nachtheilig, weil kein anderes als Papiergeld circulirte, das vom Congreß ausgegeben ward, und von jedermann mußte angenommen werden. Es ging aber damit, wie in unsern Tagen mit den Französischen Assignaten. Wenn auch eine große Summe für den Prediger aufgeschrieben wurde, so war, ehe das Jahr um war (wo die Auszahlung erst geschah) der Werth des Papiergeldes um zwei Drittheil gefallen, so daß er eigentlich nur eine sehr geringe Summe zog; dabei waren alle Kleidungsstücke auf einem außerordentlich hohen Preise.

Es gab wegen dieses Papiergeldes viele verdrießliche Auftritte. Mehr Verdruß und Verwirrung aber machte noch, daß, bei einem jeden Aufgebot, ein jeder, der nur Waffen tragen konnte, gegen den Feind marschiren mußte, welches besonders den Königlichgesinnten sehr hart fiel; und derselben gab es eine große Anzahl; auch in zweien meiner einträglichsten Gemeinen. — Als Prediger, sie mochten von einer Partei seyn, von sie wollten, mußten, nach einem Befehl der Regierung, den Eid ablegen, daß sie den vereinigten Staaten getreu und unterthänig seyn wollten. Konnten oder wollten sie das nicht thun, so mußten sie ihr Amt niederlegen. Ich sprach um diese Zeit mit einem Richter, mit dem ich in vertraulicher Freundschaft stand, über die Angelegenheiten des Landes, und erklärte mich für dasselbe. Als ich ihm auf Befragen, ob das mein wahrer Ernst sey? mit Ja antwortete: so sagte er, dann könnte er mir auch einen Schein geben, daß ich den Staaten den Eid der Treue geleistet hätte. Da ich nun dieß Anerbieten gern annahm, (weil ein jeder Prediger einen solchen Schein der Wohlfahrts-Committee bei Gelegenheit vorzeigen mußte) und also nunmehr so gut als durch einen Eid verpflichtet war: so fand ich mich auch verbunden, wo es erforderlich war, diesen Staaten das Wort zu reden. Indessen betrug ich mich mit äußerster Vorsichtigkeit, um meinen königlichgesinnten Gemeinsgliedern nicht anstößig zu werden. Allein, man kann, sonderlich in der Zeit, wo der Parteigeist herrschet, unmöglich lange verborgen bleiben. Viele von diesen Leuten wollten, daß ich so denken sollte wie sie; das konnte und dorfte ich aber nicht: dadurch

durch kam ich mit ihnen in Disharmonie. — Um diese Zeit kam ein allgemeines Aufgebot, wider den Feind zu ziehen; dadurch ward die Verwirrung äußerst groß. Ich konnte nicht anders rathen, als sich in gegenwärtigen Umständen so gut als möglich zu fassen, weil man der Obrigkeit, die Gewalt über uns hat, in allen Fällen, die nicht wider das Gewissen wären, unterthan seyn müßte. Ich bezeugte, daß es mir sehr nahe ginge, daß sie ihre Familien verlaßen, und so vielen Ungemächlichkeiten, ja selbst der Lebensgefahr entgegen gehen müßten; daß ich aber in allen diesen Dingen nichts ändern könnte. Die Ermahnungen, die ich ihnen oft gegeben, wären auch noch in gegenwärtigen Umständen dieselben. Sie möchten sich in allen Fällen ganz dem Herrn ergeben; sich im Gefühl ihres Sünden-Elendes, und in allen drückenden Umständen, zu Jesu, als einem Erlöser aus allem Elende, hinwenden. Der könnte helfen, der könnte und würde seinen getreuen Anhängern überall ein gefaßtes und beruhigtes Herz geben, und in allen Gefahren kräftigen Beistand leisten und durchhelfen.

Diejenigen, welche ihre Wuth über den Congreß ausschütteten, waren nicht mit mir zufrieden, wenn ich ihnen hierin keinen Beifall geben wollte. Ich warnte sie dann: "daß sie sich nicht "unglücklich machen möchten, weil der Congreß "gegenwärtig die höchste Obrigkeit wäre: sie "müß-

47. Brief.

"mußten ja wohl, daß, wenn sie wider desselben
"Gesetze handelten, ihr Vermögen, ja selbst, nach
"bewandten Umständen, ihr Leben in Gefahr wä=
"re. Derjenige, welcher Macht über unser Le=
"ben hätte, führte das Schwert; und demselben
"müßten wir, nach der Lehre Christi und seiner
"Apostel, unterthänig seyn. Ein Christ — wenn
"er auch gern seine gehabte Obrigkeit behalten
"wollte, wäre dennoch verpflichtet, der gegen=
"wärtigen Obrigkeit, die Gewalt über ihn hätte,
"unterthänig zu seyn. Er wäre da der leidende
"Theil; leiden und dulden sey der Christen Pflicht:
"und dadurch würde er Ueberwinder von al=
"lem." — Oftmals erklärte ich ihnen, daß,
wenn der König dieses Land überwinden würde,
ich dann auch von Herzen wieder sein Unterthan
seyn würde. Aber alles Einreden war vergebens,
weil die Noth und der Druck zu hart war; und
die, welche mit ihren gegenwärtigen Obern miß=
vergnügt waren, mußten nothwendig den Druck
doppelt empfinden. — Doch ich muß dieser Ma=
terie noch einen Brief widmen, ehe ich von mei=
ner Abreise rede.

---

47. Brief.

Wuth des Parteigeistes in einem Manne, der in den
Gemeinen des Verfassers viel Störung anrichtet.
Der Verfasser sucht vergebens, ihn mit Sanft=
muth und Bitten auf bessere Gedanken und zur
Ruhe

Ruhe zu bringen; er trachtet nur immer mehr, die Gemeine wider ihn einzunehmen. Dieß beschleunigt des Verfasser Entschluß, dieses Land zu verlassen. Er bereitet sich zur Abreise nach Europa, und übernimmt Aufträge von seinen Freunden.

Ein angesehener Mann, der aus einer dieser Gemeinen gebürtig war, aber in der Stadt wohnte, war auf eine wüthende Art königlich gesinnt, und that dadurch in diesen Gemeinen nicht wenig Schaden. Ich nahm mir eines Tages die Freiheit, ihn zu besuchen, und ihn zu bitten, daß er doch mehr Vorsichtigkeit brauchen möchte, weil er sich sonst durch sein Betragen unglücklich machen könnte. Allein, es war mit diesem Manne nichts auszurichten. Er schimpfte und spottete über die Regierung dieses Landes; und als ich ihm natürlicher Weise hierin nicht Beifall geben konnte, und ihn zu überzeugen suchte, daß dieses nicht Recht wäre: so wurde er aufs heftigste gegen mich aufgebracht. Er geht in die Gemeinen, wo er noch viel Anverwandten, auch sonst noch viele von seiner Gesinnung hatte und sucht alles wider mich aufzubringen. Weil nun dadurch die Verwirrung den höchsten Grad erstieg, so erkannte ich für mich das Beste zu seyn, daß ich mich von diesen Gemeinen lossagte. Da sie aber die einträglichsten waren, so sah ich wohl zum voraus ein, daß ich nach diesem Schritte hier nicht mehr würde bestehen können. Ich hatte
zwar

47. Brief.

zwar noch viele gute Freunde in denselben, die solches nicht gern sahen; allein sie konnten auch in der Sache nichts zu meinem Vortheile thun.

Das Jahr ging nun bald zu Ende, und so kam der Zeitpunct heran, daß mir mein Gehalt mußte ausbezahlet werden. Dieß bestand aus viel Tausend Dollars. Da aber 60 bis 70 Papierne Dollars nur einen silbernen ausmachten: so konnte ich mir für alles dieses Geld kaum eine neue Kleidung anschaffen.

Es wurde ruchtbar, daß mir der benannte Mann so viel Verdruß gemacht hätte; auch war es der Wohlfahrts=Comittee, die unsere County (Grafschaft) regierte, zu Ohren gekommen. Eines Tages kam ein Mitglied derselben zu mir, und sagte: daß er von der Comittee zu mir gesandt wäre, weil sie mit Mißfallen gehört hätten, daß mir dieser Mann so viel Verdruß anthäte. Daß, wenn ich bei ihnen nur Klage darüber einbringen wollte, mir alle Genugthuung verschaffet werden sollte. — Ich antwortete diesem Herrn, daß, da ich mich von Herzen ein Christ zu seyn bekennete, ich so etwas nicht thun könnte; es sey so wohl meinen Grundsätzen als meiner Neigung zuwider; und ich bäte ihn auch, die Sache auf sich beruhen zu laßen ꝛc. — Dieß geschahe denn auch. — Hätte ich den Mann angeklagt, und alles, was er wider mich und
die

47. Brief.

die Regierung gesprochen, anbringen wollen: so würde es schlecht für ihn ausgesehen haben. Aber, Menschen — und wären es auch meine Feinde — unglücklich zu machen, das war meiner ganzen Grundneigung zuwider. — Weil indessen diese Herren so viel Antheil an meinen Umständen genommen hatten: *) so fühlte ich mich

*) Der Verfasser wird mir erlauben anzumerken, daß die Theilnahme an seinen Umständen doch wohl nicht allein die Deputation an ihn veranlaßt haben mag. — Es ist einer öffentlichen und — constituirten Autorität selbst sehr daran gelegen, angesehene Widerwärtige auf die Seite zu schaffen. — Underdessen ist hier ihre Mäßigung lobenswürdig. — In einem gewissen Lande würde man nicht so viel Umstände mit einem Anti - Patrioten gemacht haben. A. d. R. **)

**) Dem Herrn R. will ich hierin wohl Beifall geben; muß aber noch dabei anmerken, daß manche Herren der Comittee meine Freunde waren, und daher in diesen Umständen sich meiner so dringend annahmen. Ueberhaupt wurden die Englisch-Gesinnten allhier sehr gelind behandelt; und wenn niemand über eine Handlung, die sie gegen die Gesetze begingen, Klage führte: so sahe die Regierung über alles sehr schonend hinweg. — Wurden aber Klagen angebracht, so ward auch alles nach den Gesetzen gerichtet. — Zum Beweise, wie gelind die Regierung, gegen die Englisch-Gesinnten verfuhr, kann auch noch folgendes dienen. Als der Congreß die Unabhängigkeit erklärt hatte, kam ein Befehl heraus, daß alle

47. Brief.

mich verpflichtet, ihnen allen noch schriftlich dafür zu danken. Ich schrib also an die Comittee: "Daß ich ihnen für ihre wohlwollende Sorgfalt, "in Ansehung meiner, meinen Dank bezeugte: "daß ich aber solche nicht dazu hätte benutzen kön-"nen,

_{alle Bewohner der Vereinigten Staaten, der neuen Regierung den Eid der Treue schwören sollten: doch sollte denen, welche Englisch-Gesinnt waren, und diesen Eid nicht leisten könnten, Freiheit gegeben werden, alles Ihrige zu verkaufen, und zu den Engländern überzugehen. Wolten sie aber das letztere nicht thun, und könnten auch den Eid nicht leisten: sollten sie auch ohne Eid bis zur ausgemachten Sache, bei dem Ihrigen gelassen werden; nur, daß sie sich ruhig verhielten, und keiner gesetzwidrigen Handlung schuldig machten. — Es kamen aber auch nun Gesetze heraus, die in allen Fällen auf diese Leute sollten angewandt werden, wenn sie dagegen handelten. Doch wurden diese Gesetze äußerst selten, und nur dann in Kraft gesetzt, wenn Anklage geschah. Das Allerhärteste war für diese Leute in der Folge: daß sie entweder die Waffen gegen die Engländer ergreifen, oder solche Summen erlegen mußten, die nur Reiche aufbringen konnten. Denn da sie Eigenthum zu verlieren hatten, so mußten sie solches mit ihren vereideten Nachbarn wider die Feinde des Staats verfechten helfen. Uebrigens wurden sie, wie gesagt, sehr gelinde behandelt; und nur dann, wann sie gefährliche, oder verrätherische Anschläge wider den Staat, und die jetzige Ordnung der Dinge machten, war keine Schonung mehr für sie zu hoffen. Anmerkung des Verfassers.}

47. Brief.

"nen, den Mann bei ihnen anzuklagen, weil
"ich nicht allein Bekenner sondern auch Lehrer
"einer Religion sey, welche nicht nur Leiden und
"Dulden, sondern auch Liebe und Vergebung ge-
"gen die Feinde anbefehle; und daß diese Grund-
"sätze, durch die Kraft der Gnade mir so tief ins
"Herz geprägt wären, daß mich ihre Ausübung
"gar keine Ueberwindung koste. Da aber die
"verehrungswürdige Comitee, in diesen Umstän-
"den, so viel Achtung und Sorgfalt für mich be-
"wiesen habe, so würde mir dieses in einem be-
"ständigen hochachtungsvollen Andenken blei-
"ben 2c. 2c.

Inzwischen fing ich nun an, zu überlegen,
was bei so bewandten Umständen am besten für
mich zu thun sey. Ich hatte zwar Gelegenheit,
in andere Gemeinen zu kommen; weil aber, wegen des anhaltenden Krieges, die Unruhe und
Verwirrung überall sehr groß war: so stieg nun
die Neigung in mir auf, dieses Land für eine
Zeit lang zu verlaßen. Da ich, wegen der Kriegsumstände, lange keine Nachrichten aus meinem
Vaterlande gehabt hatte, so dachte ich zwar, meine Aeltern könnten wohl gestorben seyn; weil es
aber doch möglich war, daß sie noch lebeten, so
regte sich der Wunsch, sie noch einmal zu sehen,
sehr lebhaft in mir, auch wünschte ich, meine
Gemüthsfreunde noch einmal zu besuchen.. Ich
glaubt und wußte, daß, wenn meine Aeltern gestorben

47. Brief.

sterben seyn sollten, ich dann doch noch so viel Vermögen vorfinden würde, daß ich damit nicht nur bis zu Ende des Krieges auskommen, sondern auch noch so viel übrig behalten würde, um meine Rückreise nach Amerika damit zu vollenden. In Europa zu bleiben, daran dachte mein Herz nicht: dazu gefiel mir das Land meines jetzigen Aufenthalts zu gut. Die Verdrießlichkeiten, welche ich darin gehabt hatte, waren nur Folgen eines verderblichen Krieges. Auch war ich es unter den Predigern nicht allein, dem dieser Krieg Verdrießlichkeiten zuzog: alle meine Amtsbrüder mußten darunter leiden. Und weil sich alles, und zwar meistens an den Sonntagen in den Waffen üben mußten; so war die Verwirrung so groß, daß sich die mehresten in eine andere Gegend wünschten. Die Unannehmlichkeiten wegen des Papiergeldes, und der Ruin, welcher daraus für viele Familien entstand, mußten diesen Wunsch, natürlicher Weise, sehr vermehren; dabei reichte jetzt ihre Besoldung lange nicht zu ihren Bedürfnissen aus.

Kein einziger von meinen Freunden, die ich unter den Predigern hatte, rieth mir von meinem Vorsatz, nach Europa zu reisen, ab. Vielmehr waren verschiedene, welche sagten: Wenn sie keine Familie hätten, so würden sie mitreisen. Herr Otterbein, der keine Familie hatte, war wirklich einmal dazu entschlossen; da er aber die

Gefahr

47. Brief.

Gefahr bedachte, welcher diese Reise, bei gegenwärtiger Kriegszeit, unterworfen wäre, *nahe die* Engländer mehrentheils alle, von hier abgehende Schiffe wegnahmen: so stand er von seinem Vornehmen wieder ab. — Obschon ich die Gefahr eben so gut einsah, wie er, so überwog in den gegenwärtigen hiesigen Local=Umständen, mein Hang nach Europa zu reisen alle Bedenklichkeiten. Mein Charakter war nun einmal so, daß, wenn nach dem Aeußern etwas sollte, und mußte gewagt werden, Furcht und Gefahr keinen Einfluß auf meine Unternehmungen hatten.

Als mein fester Entschluß, nach Europa zu reisen, ruchbar wurde, so kamen manche, die mich gut kannten, zu mir, und ersuchten mich, ihnen behülflich zu seyn, daß sie mit Holland in Handlungsverbindungen kämen. Sie versprachen mir dagegen meine Reisekosten bis dahin tragen zu helfen. — Ich ließ mir das gefallen, und versprach ihnen, in dieser Hinsicht alles für sie zu thun, was nur in meinem Vermögen stände. Sie vertraueten mir dazu unterschiedliche Capitalien an. Ich erhielt über 3000 Pfund in Wechseln auf Herrn Franklin, Gesandten der Amerikanischen Staaten in Paris, und einen Wechsel von 150 Pf. Sterl. auf die Englische Kriegskanzlei in London, sechszig Tage nach Sicht. Weil ich viel Zutrauen genoß, so erhielt ich noch von manchem meiner Freunde Gelder, wofür ich ihnen

ihnen nothwendige Stoffe zu Kleidungsstücken in Holland ankaufen, und über St. Eustach senden sollte. Denn um diese Zeit war keine Elle Zeug zu Kleidung für Geld in diesem Lande zu haben. Wann auch noch etwas ankam, so ward es gleich zum Gebrauch für die Armeen gekauft oder weggenommen.

48. Brief.

Der Verfasser tritt, in Gesellschaft mehrerer Schiffe, seine Rückreise nach Europa an, und wählt den Umweg über St. Eustach oder Eustatius. Ein Engl. Caper schleicht sich zur Nachtzeit unter ihre Schiffe, muß sich aber wegen ihrer Bedeckungs-Fregatte davon machen. Dieser benachrichtigt andere Caper auf St. Christoph von ihrer Ankunft. — Sie werden angegriffen, retten sich aber, mit Verlust eines Schiffs und einiger Todten unter die Kanonen von St. Eustach. — Des Verfassers ruhige Fassung während der Action.

Nachdem ich von Anno 1770 bis 1779, und also neun Jahre in diesem Lande gewesen war, mancherlei Saueres und Süßes geschmäckt, und mancherlei, größtentheils dunkele Wege durchgewallet hatte: so trat ich endlich im August meine Rückreise nach Europa an — das ist in dem nämlichen Monate, wie ich auch hinein gekommen war. Erst reisete ich nach Baltimore, von wannen

48. Brief.

nen die meisten Schiffe nach Europa, oder auch nach St. Eustach fuhren. Herr Otterbein bot mir sein Haus bis zur Abfahrt zum Aufenthalt an; und ich mußte mich, aus Mangel an Gelegenheit noch drei Wochen bei demselben aufhalten. Weil hier einige Schiffe lagen, welche Taback nach Frankreich einnahmen, so war ich einmal halb schlüssig, mit einem derselben abzufahren. Allein, meine Freunde widerriethen mir solches, weil dieser Cours zu vieler Gefahr ausgesetzt sey. Sie sahen lieber, daß ich erst nach Eustatius, und von dannen nach Europa ging. Ich sahe selbst wohl ein, daß dieses die sicherste Route war; aber es kam mir hart an, mich dazu zu entschließen, weil es sehr weit um war, denn die Reise bis dahin nahm mir drei Wochen hin, und dazu war ich alsdann auch so viel weiter von Europa weg. Ich entschloß mich dennoch zu diesem Umwege, weil, wann ich einmal zu St. Eustach angekommen war, ich nicht mehr Gefahr lief, gefangen genommen zu werden; denn die Holländer waren neutral und hatten noch Frieden. Es lagen einige Schiffe hier, die dahin fahren wollten; auf einem der besten entschloß ich mich, die Reise dahin zu unternehmen.

Ich nahm also von allen meinen Freunden Abschied, und ging an Bord. Unser waren vier Schiffe in Gesellschaft, die zusammen von Baltimore ausliefen, und die Chesapeak-Bai hinab segel-

48. Brief.

segelten. — Wir hatten beinahe die Mündung der Bai erreicht, als wir Schiffe antrafen, von welchen wir erfuhren, daß Englische Capern an der Mündung lägen, welche sie wieder zurück getrieben, und bis in die Bai verfolgt hätten. Wir mußten deßwegen halt machen, und uns in dieser Bai — welche 300 Englische Meilen lang und 10 Meilen breit ist, noch über drei Wochen vertheilen, weil uns die Caper den Ausgang versperrt hielten. — Dieser Umstand machte, daß vor und nach zwölf Schiffe, aus Virginien und Maryland, hieselbst zusammen kamen, worunter eine Fregatte von 24 Kanonen war. Endlich kam ein Sturm, wodurch die Kaper genöthiget wurden, die Küste zu verlaßen, weil sie sonst Gefahr liefen, aufs Land geworfen zu werden.

Sobald sich der Sturm in etwa gelegt hatte, liefen wir in die See, und setzten unsere Reise nach Eustach mit gutem Winde fort. Die Schiffe, welche die Amerikaner gegenwärtig zum Handel brauchten, waren nur aufs Laufen oder geschwind segeln gebauet, damit sie den Anfällen der Engländer entgehen könnten. Ein solches Schiff hatte sechs bis acht kleine Kanonen, um sich gegen die Caper zu wehren und sie abzuhalten, falls diese, bei einer Windstille, sie mit bewafneten Ruderböten anfielen.

Wir segelten ohne einigen Zufall fort, bis wir eines Nachmittags die ersten Westindischen Inseln

seln erblickten. Wie es Morgen ward, sahen wir, daß unser statt zwölf, jetzt dreizehn Schiffe waren; und wie es vollends recht Tag wurde, bemerkten wir, daß das, hinterste Schiff nicht zu uns gehörte. Wir zeigten unsere Flagge, aber das Schiff beantwortete nichts. Nun gab unsere Fregatte, der wir uns alle untergeben hatten, ein Zeichen, Jagd darauf zu machen. Wie jenes Schiff (welches ein Englischer Kaper war) das bemerkte, so stach es scharf bei den Wind. Weil unsere Fregatte, die drei Masten hatte, nicht so scharf bei den Wind segeln konnte: so fiel sie weit unter den Wind. Das Schiff, worauf ich mich befand, war der beste Segeler unter allen. Wir konnten noch schärfer und geschwinder bei den Wind segeln, als dieser Caper, und überholten ihn, so, daß wir eine gute Strecke über ihm lagen. Wir lößten nun und dann eine Kanone auf ihn ab; allein, er erwiederte keinen Schuß, weil ihm die weite Entfernung für allen Schaden bürgte. Wären wir ihm so nahe gekommen, daß er im Stande gewesen wäre, uns mit seinem Geschütz zu erreichen, und an unserm Segel- und Tauwerk Schaden zu thun: so hätte er uns überholen, und im Angesicht unserer Fregatte nehmen können; aber davor nahmen wir uns wohl in Acht. Wie es nun Mittag war, und unsere Fregatte über eine Stunde weit unter dem Winde lag: so gab sie ein Zeichen,

chen, abzulaßen und unsern Weg weiter fortzusetzen.

Der Caper nahm seinen Weg mit vollen Segeln, wie wir muthmaßten, nach St. Christoph, welche Insel den Engländern gehöret, und wo allezeit viel Caper liegen; dabei war unserm Capitain bewußt, daß daselbst immer eine stark bewaffnete Fregatte liege. Der Weg nach Eustach wird mehrentheils zwischen dieser Insel und St. Christoph durch einen Kanal genommen, weil man sonst die Rhede von St. Eustach, wegen der Passatwinde, nicht anders als durch Lavtren erreichen könnte. Wir waren indessen in Verlegenheit, sonderlich, weil einige unserer Schiffe schlechte Segeler waren, und wir sie doch nicht gern im Stiche laßen wollten. Denn, weil dieser Caper so schnell voraus segelte, daß er uns schon des Abends aus dem Gesicht war: so schloßen wir für gewiß, daß er unsere Ankunft den andern Englichen Capern anzeigen würde: und unsere Vermuthung war nur zu sehr gegründet gewesen. — Des andern Tages gegen Abend kamen wir in die Nähe des Kanals, und hofften, im Finstern hindurch zu kommen, um allen Anfällen auszuweichen. Allein, die durch obigen Caper benachrichtigte andern Caper hatten sich alle hinter ein Vorgebirg auf die Lauer gelegt; und als wir eine Strecke in den Kanal hinein gesegelt waren, flug es auf einmal mitten unter uns

und

48. Brief.

und von allen Seiten an zu kanoniren, und die Verwirrung war außerordentlich. Es war, als ob ein Habicht mitten unter eine Menge Hühner stieße: ein jeder suchte sich zu retten, so gut er konnte. Wir mußten uns in der größten Verwirrung wieder zurück ziehen, um die Insel zu nehmen; wobei wir denn freilich auf die Letzt, die Rhede durch Laviren erreichen mußten. Dieser ganzen Weg über, waren wir einem beständigen Kanonenfeuer ausgesetzt. Eins unserer Schiffe, das der schlechteste Segeler war, wurde von den Capern geentert und in unserer Nähe erobert. Wir hielten uns beständig an der Seite unserer Fregatte, welcher sich doch die Caper nicht recht zu nahen getraueten. Als wir die Nordspitze der Insel erreicht hatten, machten wir halt, und setzten uns wider die Caper. Unsere Fregatte gab ihnen Lage auf Lage, und sie blieben uns nichts schuldig. Weil es aber Nacht war, so war damit nichts ausgerichtet.

Jetzt rief unser Capitain der Fregatte zu, daß es nicht rathsam wäre, sich hier länger zu verweilen, weil er glaubte, daß die Englische Fregatte noch zurück sey; und, wenn die ankäme, würde es schlecht um uns aussehen. — Wir setzten deßwegen unsern Weg um so viel eiliger fort; aber das Forteilen konnte nicht lange mehr dauren, denn wir mußten nun anfangen zu laviren, um die Rhede zu gewinnen. Es war schön, helles Wetter, und man konnte ziemlich weit vor sich weg sehen. Wie wir nun einen Gang gethan hatten, und einen andern wieder zurück thaten; da fing der Capitain unseres Schiffes zu rufen: By my Soul, there is't english Frigat! Helm an Lie! d. i. Bei meiner S... da ist die Englische Fregatte! das Ruder an Lay! — nämlich, um durch den Wind zu gehen; sonst wären wir zwischen unsere und die Englische Fregatte gerathen und da hätte es gefährlich mit uns ausgesehen. Kaum waren wir durch den Wind, so war auch schon die Englische Fregatte da, und rief den unsrigen zu: Where kome you from? — Wo kommet ihr her? — Der unsere antwortete: From Baltimore. — Nun rief der Engländer: Strike! d. i. Streiche die Segel!, oder ergib dich! — No! No! — Nein, nein! — erwiederte der unsrige; — und gleich drauf gab im der Engländer die volle Lage, die unsere Fregatte ebenfalls mit der ganzen Lage beantwortete. (Beide Schiffe waren keine 20 Schritte weit von einander.) Während der Zeit, daß unsere Fregatte, die unter dem Winde lag, die Lage erhielt, lagen wir etwas über dem Winde von der Englischen Fregatte ab, welche nun die andere Lage auf unser Schiff losbrannte. Da aber die Kanonen des Engländers, weil er unter dem Winde lag, zu hoch gestellt waren, und wir ein niedriges Schiff hatten: so gingen alle Kugeln durch unser Takelwerk, und keine einzige traf das

Schiff.

Schiff. Wir dachten an kein Wiederschießen, sondern suchten uns nur so gut zu retten als wir konnten. Die andern Schiffe (welche die Ankunft der Engl. Fregatte auch vermutheten) hatten sich bei Zeiten aus dem Staube gemacht, und uns schon, unter dem Gefecht an der Nordspitze, verlaßen. — Indeßen wendete der Engländer sein Schiff und gab unserer Fregatte, in der Nähe, abermal die ganze Lage. Da der Engländer Zwölf- und Achtzehnpfündner, unsere Fregatte aber nur Sechs- und Achtpfündner führete: so würde das Gefecht bald entschieden gewesen seyn, wenn wir nicht inzwischen unter die Kanonen von St. Eustach gekommen wären. Diese fingen nun an von dem Castell und von den Batterien zu donnern, daß die Kugeln überall um uns herum pfiffen. Denn weil die Holländer neutral waren, so durften sich die Feinde unter ihren Kanonen nicht schlagen; und wenn ein Schiff unter diesem Bezirke weggenommen ward, so mußte es wieder los gegeben werden. — Wir gaben Feuer-Zeichen, daß wir der angreifende Theil nicht wären. — Nun hörten die Engländer auch auf zu schießen. — Wir lavirten nun, unter manchen Neckereien der Englischen Caper, die noch immer aus kleinem Gewehr feuerten, bis auf die Rehde von Eustach, wo wir des Morgens um 3 Uhr, gegen das Ende des Septembris anlangten. Wie wir nun so mit den Engländern zusammen auf dieser Rehde lagen, so spotteten sie

X 5 unser,

48. Brief.

unser, daß wir so ängstlich vor ihnen geflohen wären. — Da die Englische Fregatte der unsrigen so nahe gewesen war: so hatten fast alle Schüsse getroffen. Drei Mann waren todt geblieben, und fünf verwundet worden.

In allen diesen Begebenheiten war ich mir ganz gegenwärtig, und blieb vom Anfang bis zu Ende auf dem Verdecke, weil ich hier nicht mehr Gefahr hatte, als im Schiffe, wo ich doch über dem Wasser seyn, und bei jedem Schusse denken mußte, daß eine Kugel bei mir herein fahren würde. Ich kann aber auch sagen, daß, bei der ganzen Action, mich keine sonderliche Furcht anwandelte, und ich nicht einmal die Gegenwart des Geistes verlor: Da ich ein Passagier war, (welches mir unser Capitain im Nothfall hätte bezeugen müßen:) so wußte ich, daß wenn unser Schiff sollte genommen werden — man mich nicht hätte in der Gefangenschaft behalten können. Allein, ob mir das Meinige nicht wäre geraubt worden, ist eine andere Frage. Doch hoffte ich auf allen Fall, noch dasjenige zu retten, was ich an meinem Leibe, den ich in solchen Begebenheiten mit schlechten Kleidern bedeckte — trug, und welches ein Beträchtliches ausmachte. Am besten war es immer, daß ich glücklich durchkam, wofür ich auch meinem Gott mit gebeugtem Herzen dankte. Gewiß hatte ich große Ursache zum Danke; denn er hatte mich so viele Proben seiner

väterli-

väterlichen Huld und Bewahrung auf dieser Reise sehen und erfahren laßen, daß ich ein unempfindliches Herz hätte haben müßen, wenn ich solche nicht mit kindlicher Dankbarkeit beantwortet hätte.

---

49. Brief.

Abreise von St. Eustach. — Dem Verfasser gefällt weder das Schiff noch der Capitain, der es führen soll. Ihm ahndet eine gefährliche Reise. — Erster Sturm. — Schlechter Charakter des Capitains. Deßen große Unwißenheit in astronomischen Kenntnißen zeigt sich bei einem guten Rath des Verfaßers.

Weil St. Eustatius oder Eustach ein neutraler Ort und Freihafen war, so war es hier durch den Handel außerordentlich lebhaft, ja, ein solches Gewühl und Getümmel, als man vielleicht an keinem Ort in der Welt finden mag. Wie beträchtlich der Handel daselbst gewesen seyn müße, kann man auch daraus schließen, daß der Admiral Rodney, siebenzehn Monate hernach, bei der Einnahme dieser Insel, drei Millionen Pfund Sterling, das ist, ungefähr 33 Millionen Reichsgulden erbeutete. — Weil nun durch diesen Zusammenfluß von Menschen die Lebensmittel (wie es gemeiniglich so die Folge ist) außerordentlich theuer waren, und man für eine

Mittags-

Mittagsmahlzeit einen Spanischen Piaster, d. i. einen Conventionsthaler bezahlen mußte; so wünschte ich gar sehr, mit der ersten besten Gelegenheit wieder abzusegeln.

Es lag ein Holländisch Schiff auf der Rehde segelfertig, mit demselben entschloß ich mich abzureisen, obschon mir weder der Capitain, noch das Schiff gefiel. Denn, wenn ich's nicht gethan hätte, so würde ich wenigstens noch drei bis vier Wochen haben warten müssen, ehe wieder ein Schiff nach Holland segelfertig gewesen wäre: ein solcher gezwungener Aufenthalt würde mir hart und kostbar gefallen seyn. Ich ging auf das Schiff (das zwar trefflich aufgeputzt war, aber doch ziemlich alt schien) und besprach mich mit dem Capitain. Er war noch ein junger Mann von vier und zwanzig Jahren; aber sein Charakter gefiel mir durchaus nicht. Wär ich nicht so gern von hier weg gewesen, ich würde von meinem Vorhaben abgestanden seyn. Allein, wenn ich fort wollte, so mußte ich mich wohl bequemen, mit ihm zu reisen. — Ich bezahlte also die Fracht; nahm (für vier Spanische Dollars) einen Paß — ohne welchen kein Capitain einen Passagier mitnehmen darf — und ging den 9ten October 1779 wieder an Bord des Holländischen Schiffes.

Ich hatte nun zwar keine Feinde mehr zu befürchten, weil Holland noch neutral war; aber diese

49. Brief.

diese Reise war dennoch die gefährlichste, welche ich zur See gehalten hatte; und oft schiene es, daß ich nie wieder das Land würde zu sehen bekommen. Es war jetzt im Herbste, welches die gefährlichste Jahreszeit für die Schifffahrt ist, weil alsdann bis in den Winter, im ganzen Atlantischen Meere, die heftigsten Stürme regieren. Als wir von St. Eustach abgesegelt, und noch nicht ganz aus dem Insel-Meer waren, überfiel uns schon ein heftiger Sturm, wobei wir unsere Stangen oder Topmasten verloren; und unser Schiff ward schon so leck, daß unaufhörlich gepumpt werden mußte. — Ich vernahm jetzt erst, daß das Schiff von den Engländern gekauft; daß der Capitain Steuermann auf einem andern Schiff gewesen, und als Capitain auf dieses gesetzt worden sey. — Da ich ihn nun schon ziemlich hatte kennen lernen, wie er war, und auch sein Schiff, als ein schlechtes und fast abgenutztes Fahrzeug ansehen mußte: so dachte ich mit Bekümmerniß an die Fortsetzung unserer noch langen Reise, und sahe voraus, daß sie nicht ohne Lebensgefahr ablaufen würde. Der Capitain war ein schlechter, niederträchtiger Mensch. Er war bei seinem Vater, der auch Capitain war, auf der See erzogen worden und hatte hernach auf andern Schiffen gefahren. Er und das übrige Schiffsvolk waren äußerst abergläubisch. Bei diesem Sturm hatten sie bald ein Licht gesehen, bald ein Gepolter und Spuck gehört, und
was

was vergleichen elende Dingen mehr waren. Daher hatten sie keinen Muth, und ihre Einbildungskraft war immer mit fürchterlichen Bildern angefüllet. Die Equipage bestand, außer mir, in achtzehn Mann, und war hinreichend zur Führung eines solchen Schiffes.

Nachdem wir neue Topmasten aufgesetzt, und darauf unsern Weg bis ungefähr bei die Schmudes=Inseln verfolgt hatten: so wurden wir von einem Caper verfolgt und eingeholt. Er hatte gehoft, eine gute Beute an uns zu machen; nachdem er aber unsere Päße durchgesehen hatte, ward er sehr unwillig, weil er sah, daß wir neutral, und folglich alle seine Anstrengungen umsonst und verloren waren.

Einige Wochen hernach hatten wir nochmals einen heftigen Sturm, wobei das Schiff sehr leck wurde. Das Hintertheil hatte sich an der Seiten losgerissen; und wenn das Schiff von hinten tief in die See schlug, so spülete das Wasser hinein. Das Schiff war ganz unten mit Zucker geladen, auf demselben standen Kaffeeballen, und zu oberst war alles mit trocknen Häuten gedeckt. — Wir kamen in diesem Sturme noch ziemlich gut weg, fanden aber einen sehr widerlichen Geruch auf dem Schiffe, und urtheileten, daß die Häute naß geworden, und in Fäulniß übergegangen seyn müßten. Als bei gutem Wet-

49. Brief.

als die Lucke aufgemacht ward, da zeigte sich, daß wir recht geurtheilt hatten. Viele Häute, die schon verdorben waren, wurden in die See geworfen; diejenigen aber, welche noch nicht viel gelitten hatten, wurden getrocknet, und wieder an ihren Ort gelegt. Das Gefährlichste für uns war, daß die Emballage an den Kaffeebohnen durch die Nässe faul ward; denn dadurch geriethen die Bohnen in die Kanäle, in denen sich das Wasser sammelt, welches aus dem Schiffe gepumpt wird. Weil sich nun die Bohnen oft zwischen die Sauger der Pumpen setzten, so wurden diese verdorben. — Wann es stürmisch Wetter war, so schwamm es auf dem Verdeck voll Kaffebohnen, die aus dem Schiffe waren gepumpt worden; und der Zucker schmolz, ward zu Wasser und auch mit weggepumt. — Die Oeffnungen welche wir entdeckten, und wobei wir kommen konnten, verstopften wir so gut als es uns möglich war. Bei gutem Wetter konnten wir auch dem Wasser durch das Auspumpen noch als gut Meister werden: dieses belebte die Hoffnung erhalten zu bleiben. Dachten wir aber auf zukünftige Stürme: so fing diese Hoffnung wieder mächtig zu sinken an. Indessen muß ich doch gestehen, daß, wie schlecht es auch um das Schiff aussah, mir doch nie der Gedanke beikam, daß ich auf dieser Reise umkommen würde: vielmehr lag eine, bis zur Gewißheit steigende Ahndung bei mir, welche mir leise zuflüsterte: Fürchte dich

49. Brief.

dich nicht! Du wirst gesund und wohl behalten, in Europa ankommen. — Daß es eine lange und beschwerliche Reise geben würde, hatte ich mir schon zum voraus vorgestellt; und diese Vorstellung bekam durch die stürmische Witterung, womit wir fast beständig zu kämpfen hatten, täglich mehr Bestättigung.

Folgendes mag dazu dienen, von der Unwissenheit unseres Capitains eine Probe zu geben. Es wurde jetzt Vollmond, womit zugleich eine große sichtbare Mondsfinsterniß einfiel: Weil solche nechst mitten in der Nacht, in Amsterdam eintraf, so war sie auch im ganzen nördlichen Atlantischen Meer sichtbar. Diese Verfinsterung hatte ich aus dem dießjährigen Amsterdamer Kalender, der auf dem Schiff war, ersehen. Da dieser nun die Ein- und Austretung des Erdschattens in der Mondscheibe, auf Minuten und Secunden, so wie es in Amsterdam vorfiel, und ohne Zweifel richtig angab: so hätte man durch die Beobachtung dieser Finsterniß, von unserem jetzigen Standpunkt aus, den Unterschied des Ein- und Austretens zwischen hier und Amsterdam gefunden, und darnach die Länge berechnen können. Deswegen sprach ich einen Tag vorher hierüber mit dem Captain, und sagte ihm: daß wenn den Mittag vorher die Sonne schien, und wir unsere Uhren ganz richtig auf Mittag setzten, wir alsdann, bei dem Anfang und Ausgang der

Ver-

49. Brief.

Verfinsterung, ausrechnen und ohngefähr wissen könnten, auf welchem Grad der Länge, und wie weit wir noch von Amsterdam wären. Allein wie viel Mühe ich mir auch gab, ihm die Sache zu erklären, so konnte und wollte er es nicht begreifen. Freilich hätten wir uns nicht mit mathematischer Gewißheit darauf verlassen können; weil man auf diese Verfinsterungen nicht ganz sicher gehen kann; und weil es auch nicht sicher war, ob unsere Uhren ganz recht stunden; und wir überdieß noch einige Grade südlicher waren als Amsterdam lag.

Allein, da unsere bisherige Längenrechnung so gut als nichts werth war: so hätte man sie doch hiedurch verbessern können. — Aber die Unwissenheit des Capitains machte, daß alle Anstalten zu dieser Beobachtung unterblieben. Er besaß nicht die geringste Astronomische Kenntniß. Er hatte nur, auf einem Institute in Amsterdam und auch auf der See, etwas von der sogenannten Steuermannskunst gelernet; — folglich wäre doch die Astronomie mit sein Fach gewesen. Allein, wenn ich ihm vom gestirnten Himmel etwas sagte und erläuterte: so bezeugte er entweder eine dumme Verwunderung, oder wollte solches nicht glauben, mit der Aeußerung; "Wenn er "aber in Amsterdam käme, so wollte er die Her- "ren, welche ihm die Steuermannskunst gelehret "hätten, fragen: ob dem auch so wäre? —

Y   Das

Das war der Capitain, der ein altes, gebrechliches Schiff nächst zwei tausend Meilen weit über den Ocean, mitten durch brausende Winde und Wogen, durch Sturm und Ungewitter führete. Was würde aus uns geworden seyn, wenn nicht derjenige verborgen mit im Schiffe gewesen wäre, dem Wind und Meer gehorsam sind!

Ich schließe diesen Brief; werde aber im folgenden noch mehr von unserm Capitain sagen müßen.

50. Brief.

Fernere beschwerliche Fahrt. — Fürchterlicher Sturm. — Närrisches und desperates Betragen des Capitain.

Nachdem wir mit mancherlei Winden, wieder eine weite Strecke gesegelt hatten, und wir, meinem Urtheil nach etwa noch dreihundert Meilen von England entfernt waren, überfiel uns abermal ein heftiger Sturm. Er fing des Abends an, und ward mit Anbruch des Tages am heftigsten. Des Nachmittags legte sich der Sturm, und wir freueten uns, daß wir so glücklich durchkamen; und da zugleich der Wind günstig für uns ward, so ward unser aller Hoffnung belebet. Weil ich die vorige Nacht nicht geschlafen, ging ich hin und legte mich nieder, um etwas zu ruhen. Wie ich einige Stunden gelegen hatte, so

fühlte

50. Brief.

fühlte ich, daß das Schiff wieder stark wankte; woraus ich vermuthete, daß der Sturm aufs neue begonnen habe. Ich stund also auf, um aufs Verdeck zu gehen. So wie ich die Treppe hinauf ging, hörete ich, wie der Capitain aus Verzweifelung am Toben und Wüthen war, und wie rasend ausrief: T... komm, und gib uns guten Wind! T... komm, und nehme das Schiff auf, und schmeiß es nach Amsterdam! — Ich sagte ihm: Capitain! Capitain! wo denkt Ihr hin? durch ein solches Betragen benehmet Ihr dem Volk allen Muth. — Es geht euch nicht an! war die Antwort, geht in eure Kammer; da ist euer Platz! — Ich schwieg; denn er war bei aller seiner Dummheit, ein böser und aufgeblasener Mensch, der überall (als ein körperliches Bild des verderbten menschlichen Herzens) entweder einen trotzigen oder verzagten und desperaten Charakter zeigte. Wenn es stürmte, oder sonst gefährlich aussah, so legte er sich in einen Bettkasten, worinnen er sich so einklammern konnte, daß er durch das Schwanken des Schiffes nicht von einer Seite auf die andere geworfen ward. — Es war ein Glück für uns, daß die beiden Steuermänner, sonderlich der Obersteuermann, noch ordentliche und verständige Leute waren.

Der Sturm hatte also, wie gesagt, wieder angefangen, und der Capitain eilte voll Unmuth

wieder in sein Loch. Es war mir nicht möglich
zu schlafen, weil ich, in einem offenen Bette,
unaufhörlich von einer Seite auf die andere geworfen wurde; ich stand also auf, und setzte mich
auf einen fest gemachten Stuhl zu einem befestigten
Licht an den Tisch, und fing an, in einem Englischen Buche zu lesen, wobei ich zu Zeiten als einmal laut las, um den Englischen Accent beizu-
behalten. Um Mitternacht kam der Steuermann,
und winkte mir an die Treppe zu kommen. Er
bat mich weinend, daß ich doch den Herrn bitten
möchte, uns noch einmal durch diese Nacht zu
helfen; es schien ihm, daß wir alle zu Grunde
gehen müßten. (Er hatte von dem Capitain,
mit welchem ich aus Amerika kam, gehöret, daß
ich ein Prediger sey; dabei betrug ich mich so
unter ihnen, daß sie mich für einen besondern
Mann ansahen.) Ich suchte ihm wieder Muth
einzusprechen, und sagte ihm: daß ich dem Herrn
schon oft dieses Anliegen vorgetragen, und ihn
um unsere Erhaltung angeflehet hätte; und daß
ich mein ganzes Vertrauen auf Ihn setzte, er
werde uns noch einmal wieder ans Land bringen.
Das machte ihm wieder Muth. Ich ging nun
mit ihm aufs Verdeck, und sah, daß die See
voll Brecher war (d. i. solcher Wellen welche
vom Winde gerade ab herunter fallen) die oft
über das Schiff hinstürzten. Es war ein Glück
für uns, daß das Schiff von vornen noch ziemlich gut und stark war, sonst hätte es diese Stürme

me unmöglich aushalten können: da wir nun am Sturme lagen, so mußten sich von dieser Seite jetzt alle Wellen brechen. Die ganze Mannschaft war am Pumpen, und konnten dennoch kaum dem Wasser Meister werden. Da ich sie in der Nässe ganz ermüdet und fast unterliegen sah, so sagte ich: daß ich ihnen gern helfen würde; weil ich aber, wie sie wüßten, als Passagier, nicht eher an die Pumpe zu gehen brauchte, als bis auch der Capitain daran ginge, so wollte ich dieß erst erwarten. — Auf der See ists ein Recht, wenn die Noth so hoch steigt, daß auch der Capitain mit an die Pumpe geht, daß dann alle ohne Unterschied, auf dem Schiffe, und wär es auch ein Fürst, ihre Kräfte zur allgemeinen Lebensrettung und Erhaltung mit anspannen müßen. — Indessen glaubte ich, daß jetzt der Sturm seinen höchsten Grad erreicht habe. Ich erkannte solches an dem Phänomen, welches sich nun zeigte, und das ich auf meinen Ostindischen Reisen oft wahrgenommen hatte. Die Seeleute nennen es Pollux, und ist eben das, was man auf dem Lande Irrwische nennet. Weil sich nun derselben einige zeigeten, so schloß ich, durch Erfahrung belehret, daraus, daß sich der Sturm noch vor Anbruch des Tages legen würde. — Ich sagte also noch zu dem Steuermann, daß er nur alles thun und in Acht nehmen möchte, was ihm zur Rettung des Schiffes, möglich wäre, so hoffte ich

ich mit Zuversicht, der Herr werde uns durch alle Gefahr glücklich durchhelfen.

Ueber den Capitain waren sie alle sehr aufgebracht, vornehmlich aber aus einem abergläubischen Grunde: sie glaubten nämlich, daß, weil derselbe dem Teufel gerufen hätte, dieser uns alle die Stürme zugeführt habe. Ihre Einbildungskraft war voll Gespenster, die uns auch noch auf die Folge (wie sie sagten) nichts Gutes ankündigten. — Es erfolgte indessen, wie ich vermuthet hatte; denn, als ich wieder einige Zeit in der Kammer gewesen war, und der Tag bald anbrechen wollte, da legte sich der Sturm ganz, ja, dergestalt, daß wenig Wind mehr war. In solchem Falle, da das Schiff am Winde keinen Halt hat, schwankt es noch mehr, als im Sturme. Es geschah also, weil das Schiff nicht mehr am Winde lag, daß, bei Anbruch des Tages, hinten gegen die Gallerie eine große Welle anschlug, und die Fenster sammt den Läden einstürzte, so daß die See zu allen Fensterlöchern herein strömete. Ich saß, nicht weit von den Fenstern, an einem Tische, und ward über und über mit Wasser bedeckt, und das vor mir liegende Buch wurde weggeschwemmt. Ich eilte zur Thür hinaus, aufs Verdeck. Der Capitain, der in seinem Loche beinah ersoffen wäre, kam mir stürmend nachgelaufen. — Wie die Welle vorüber war, so waren auch die Fensterlöcher wieder frei,

und

und lagen über dem Waſſer erhoben. Es war alſo weiter keine Gefahr dabei, als daß in kurzem eine zweite Welle dahinein ſchlagen konnte. Um dieſem Unfall vorzubeugen, ward erſt von hinten her ein Seegel davor gezogen, und darauf wurden die Fenſterlöcher von innen mit ſtarken Brettern zugenagelt. Das Waſſer, welches durch die erſte Welle hinein geſtrömt war lief in die Schiffsladung, und mußte wieder hinaus gepumpt werden.

Als wir des Morgens am Kaffeetrinken ſaßen, und von dieſem Vorfalle ſprachen, ſagte der Capitain zu mir: der T.... möchte wiſſen, was ich immer für Bücher läſe. Man könnte mich kein Wort verſtehen; und er glaubte, daß ich, durch mein vieles Leſen, ihnen alles Unglück über den Hals brächte. Allein ich achtete ſeine ſinnloſen Reden nicht.

51. Brief.

Günſtiger Mond. — Fortreiſe unter beſtändigem Pumpen. Unſinniges Betragen des Capitains. Durch ein unvernünftiges Manövre bringt er das Schiff in Gefahr, während der Nacht an einer Inſel zu ſcheitern. Alles iſt in banger Erwartung. Des Verfaſſers Gegenwart des Geiſtes, in den Anſtalten ſich im Nothfall zu retten. Die Geſchicklich-

51. Brief.

schicklichkeit des Steuermanns bringt das Schiff
mit Hülfe des Verfassers wieder in die See. —
Sie erblicken die Englischen Küsten.

Wir bekamen nun guten Wind, und segelten,
unter beständigem Pumpen fort, bis wir urtheil-
ten, daß die Farbe des Meeres sich in etwa geändert hätte, welches ein Zeichen ist, daß man
sich dem Lande nähert. Unsere Längenrechnung
war, wie bereits gesagt worden, so gut als gar
nichts werth. — Wir warfen das Senkblei aus,
fanden aber auf hundert Klafter noch keinen
Grund. Des andern Tages fanden wir auf achtzig Klafter Grund. Des Mittags hatten wir
auch Sonnenschein, und konnten die Breite aufnehmen, die sie, nach ihrer Rechnung, auf neun
und vierzig Grade, sechs und vierzig Minuten
angaben. Wir waren also auf der Höhe des Englischen Kanals. Des folgenden Tages war ein so
starker Nebel, daß man kaum sehen konnte, was
vorn auf dem Schiffe vorging. Wir verfolgten
unsern Cours mit gutem Winde. Der Nebel hielt
aber mit gleicher Stärke an, und das Wasser ward
immer seichter, welches uns sehr in Verlegenheit
setzte. Der Capitain urtheilte, daß wir noch zu sehr
südlich wären; da nun der Nebel gar nicht vergehen wollte, befahl er gegen Mittag, Nord-Ost-
wärts zu steuern, um vor Abend noch England ins
Gesicht zu bekommen. — Es ward Abend; allein der
Nebel blieb nach wie vor sehr stark; kein Land
war zu sehen, und kein einziges Schiff begegnete

51. Brief.

te uns. — Bei einbrechender Nacht wurde beschlossen, die Nacht über beizulegen. Es wird in diesem Falle ein Marschsegel mit dem Winde, und das andere gegen den Wind gepraßt, und so läßt man sich dann treiben, und kommt nicht weit von der Stelle. Nachdem wir zu Nacht gegessen hatten, sagte der Capitain zu dem Steuermann: er wollte das eine Marschsegel auch wieder mit dem Winde prassen laßen; er vermuthete, daß wir dem Lande noch so nahe nicht wären. Der Steuermann, welcher mit ihm in Disharmonie war, und sich oft mit ihm gezankt hatte, antwortete ihm: Capiteyn dat moet gy weeten. — Capitain, das müßt Ihr wissen! drauf sagte ich, das wäre aber doch sehr viel gewagt.— Er sagte. Es hat noch keine Gefahr. Ich erwiederte: Capitain, wann es Gefahr hat, so ist es gewöhnlich zu spät. — Er schwieg nun ganz still, ging kurz hernach aufs Verdeck, und befahl, das Marschsegel mit dem Winde zu prassen.

Es schien oft, als wenn dieser Mensch wirklich nicht recht bei Sinnen gewesen wäre. Man mußte dieß aus manchen schlechten und dummen Handlungen schließen, die er beging. — Die Eigener des Schiffes hatten auf Eustach eine schöne Tafel-Service von Englischem Steingut auf das Schiff gegeben. Allein, gleich im Anfange unserer Fahrt, wann wir gegessen oder getrun-

51. Brief.

ken hatten: so schlug er — war es aus Unsinn, Muthwillen oder Niederträchtigkeit, allemal einiges davon, ja oft ein halb Dutzend Teller in Stücken. Es währte nicht lange, so mußten wir aus hölzernem Geschirr essen und trinken. Der Steuermann hielt ihm wohl einmal vor, ob er nicht wüßte, daß es seines Herren Gut sey? aber, das hörete er nicht an. — Hatten wir ein Essen, das ihm schmäckte, und er befürchtete, nicht genug davon zu bekommen: so machte er es uns dadurch, daß er S. v. hinein spie u. s. w. zum Eckel, damit er nur alles allein auffressen konnte. — Solcher dummen und garstigen Streiche machte er mehr. Allein, wie toll und unsinnig er seyn mochte, er war unser Capitain, und seine Befehle mußten befolgt werden, es mochte daraus kommen was da wollte.

Wie das Segel mit dem Winde gepraßt wurde, dachte ich: das kann unmöglich gut gehen. Der Capitain war schon um eilf Uhr in sein Loch gekrochen; ich blieb aber noch bis Mitternacht auf, und ersuchte den Steuermann, ehe ich mich niederlegte, er möchte doch, so bald er etwas merkte, auch mir rufen. Hierauf wickelte ich mich in meinen Mantel, und legte mich mit meinen Kleidern ins Bette, um gleich bei der Hand zu seyn, wenn es Lärmen geben sollte. — Um halb drei Uhr des Morgens kam der Steuermann in meine Kammer gestürmt, und rief: Feuer und
und.

und Land! Feuer und Land! Ich sprang auf und lief aufs Verdeck, der Capitain that ein Gleiches. Wir sahen das Feuer, welches ein Feuerback zur Nachricht der Schiffer war, aber was war in der Nacht anzufangen? — Der eine sagte: Es ist der Feuerback von Ovesand bei Brest; ein anderer: Es ist der Feuerback von Landsend von England. Der Capitain stand da, und wußte nicht, wohinaus er retten sollte. Er gab Befehl, vom Lande hinweg zu segeln; da wir aber vor dem Wind dahin gekommen waren, so konnten wir den Weg, welchen wir gekommen waren, nicht gerade wieder zurück machen, und legten das Schiff an den Wind. Ich fing nun an auf Rettung zu denken, falls das Schiff scheitern sollte. — Es lagen zwei halbe Masten auf dem Verdecke, die zusammen gebunden, und in Ringen am Schiffe befestiget waren. Ich lief eilends in die Kammer, holte ein großes Messer, und steckte es zwischen diese beiden Masten, um es im Nothfalle zu gebrauchen. Ich dachte bei mir selbst: "Hier bleibst du, so lange noch ein Stück am Verdecke ist, und schneidest dann die Halbmasten los, und läßest dich, wann alles zu Trümmern geht, mit denselben ins Meer treiben; vielleicht werfen dich die Wellen noch ans Land." Stellete ich mir aber die Kälte vor: (denn es war beinahe um Weihnachten) so mußte ich denken, daß ich im Wasser erstarren müßte, ehe ich das Land erreichte. Alles war in banger

Er-

51. Brief.

Erwartung, was aus uns werden würde. — Jetzt rief ein Matrose vorn vom Schiffe: Branding voor uyt! *) O! wy syn verloren! — Brandung voraus! o wir sind verloren! — Wie dieser so rief, kam der Kapitain vollends aus der Faſſung, und schrie: O longens! het is gedaan met ons! wy syn verloren! — O Cameraden: es ist am Ende mit uns, wir sind verloren! — Und darauf fing er vor Angst an, sich zu erbrechen, daß er kein Wort mehr hervor bringen konnte. — Nun fing jedermann an zu jammern, zu heulen und zu wehklagen. Der eine schrie: Ach! meine Frau und Kinder! Der andere als wieder auf eine andere Weise. Was mich angeht, so war ich in einer stillen Abgezogenheit, und ergab mich ganz dem Herrn, der mich bis hieher gebracht hatte; dabei aber war ich mir ganz gegenwärtig, und dachte auf meine Rettung.

Es war nun kein Commando mehr auf dem Schiffe; aber der Mann am Steuerruder rettete uns allen das Leben; derselbe wirft aus Angst das Ruder an Lay, und das Schiff, welches sonst

---

*) Brandung kommt daher, wenn Felsen, über dem Waſſer, oder auch noch einige Klafter unter dem Waſſer liegen; woran dann die See sich bricht, und einen unordentlichen und sehr starken Wellenschlag gibt; den man von weitem hören und sehen kann, und für die Schiffe sehr gefährlich ist, weil sie, wenn sie darein kommen, durchgängig scheitern.

51. Brief.

sonst auf der See nicht gut durch den Wind gehen wollte, ging nun wie ein Pfeil durch. Der Steuermann war am entschlossensten: er rief um Hülfe, schnitt alle Seile los, welche das Schiff aufhalten konnten, oder welche die Segel fest hielten, die es hinderten, durch den Wind zu gehen. — Ich ergriff die große Praß, rief um Hülfe, und so brachten wir das Segel herum. So wie das Schiff durch den Wind war, lief ich aufs Hindertheil des Schiffes, um die Brandung zu betrachten, welche sehr fürchterlich aussah, und wovon wir nur etwa einen guten Steinwurft mochten entfernt seyn. Ehe wir noch durch den Wind waren, hatten wir uns der Brandung noch ziemlich genähert. Wären wir vollends hinein gekommen, so wäre das Schiff, und aller Wahrscheinlichkeit nach, auch die ganze Equipage, verloren gewesen. — Der gnädige Gott hatte uns also nochmal wunderbar errettet, und das Leben erhalten, wofür ich ihm mit ganz ergebenem Herzen kindlich und inbrünstig dankte. — Wir segelten nun mit großer Vorsichtigkeit, und kamen, unter Furcht und Hoffnung, endlich so weit, daß wir das Feuer nicht mehr sahen, auch hoffen konnten, daß wir der Gefahr völlig entgangen waren und unser Leben gerettet hatten.

Der Capitain that nun wieder sehr groß, hatte wieder ein Gespenst gesehen und gehört, und fragte mich, ob ich dasselbe nicht oben im Mast hätte

hätte lachen hören, da es uns so verführt und in Noth gebracht hätte? — Ich antwortete ihm, daß ich auf alles wäre aufmerksam gewesen, aber nichts von seinem Gespenste gehört noch gesehen hätte. Das wußte ich aber, wenn er gestern Abends nicht das Marschsegel mit dem Winde hätte prassen laßen, so hätte das Gespenst sich satt und müde spuken mögen, wir würden nicht in diese Gefahr gekommen seyn. — Er wandte sich um, und schwieg. Wir wußten des andern Morgens noch gar nicht, wo wir gewesen waren; denn alles Land hatten wir, weil es neblicht war, wieder aus dem Gesichte verloren. — Wir segelten nun mit gutem Winde östlich, und sahen bald (ich weiß nicht, ob es diesen oder den folgenden Tag war) wieder Land, weil sich der Nebel ziemlich verloren hatte; nachdem wir uns demselben genugsam genähert hatten, so bemerkten wir, daß es die Landspitze (Landsende) von England war. Wir freueten uns sehr, daß wir endlich einmal wußten, wo wir waren, und daß wir hoffen durften, nun bald in einem sichern Hafen einzulaufen. — Jetzt konnten wir auch wissen, was für Land und Feuer das gewesen sey, in dessen Nähe wir eine so große Gefahr ausgestanden hatten. Es waren die Sorlingischen Inseln, welche eine Strecke vom Landsende hinaus im Meer liegen, und wo beständig ein Feuerback unterhalten wird, um die Schiffer vor Gefahr zu warnen. Jetzt erkannten wir erst recht, wie

groß

groß die göttliche Bewahrung über uns gewesen war! denn durch das unbesonnene Betragen unseres Capitains, waren wir mitten in der Nacht, in einem dicken Nebel, zwischen diese Inseln gerathen; und es war also ein Wunder, daß wir hier nicht scheiterten und zu Grunde giengen. — Mein Herz ward, über diese augenscheinliche Hülfe und Rettung, von inniger Liebe und Dankbarkeit gegen Gott durchdrungen und im unbegränzten Vertrauen auf Ihn gestärkt.

52. Brief.

Sie laufen (durch Rodneys große Kriegsflotte von 36 Linienschiffen) in Portsmuth ein. — Dankbare Empfindungen des Verfassers gegen Gott. — Grobheit und Ungerechtigkeit des Capitains gegen den Verfasser. Er macht sich ganz von ihm los, und will denen nicht beitreten, die den Capitain verklagen wollen. — Er schließt den Accord auf Amsterdam zu fahren. — Er sieht noch vorher die große Flotte unter dem Admiral Rodney auslaufen. —

Wir überlegten nun, in welchen Hafen wir einlaufen sollten; denn, das Schiff konnte nicht länger die See halten, und war sehr zu befürchten, daß es bei einem abermaligen Sturme zu Grunde gehen würde, zudem waren die Kräfte des Schiffvolks, durch das unaufhörliche Pumpen ganz

ganz erschöpft, und ihre Herzen muthlos geworden. Nach einigem Berathschlagen ward der Hafen zu Portsmouth zum Ausbessern des Schiffs erwählet. Wir kamen glücklich daselbst an. Wir mußten mitten durch die daselbst liegende große Flotte segeln, womit der Admiral Rodney zum ersten Mal in die See gehen sollte. Der Lieutenant vom Admiralschiffe kam bei uns an Bord, und fragte nach des Capitains Pässen, die ihm gezeigt wurden. Nachdem auch ich, auf Befragen, ob ich ein Passagier wäre? ihm solches bejahet, und ihm meinen Paß vorgezeigt hatte, so war alles gut, und wir segelten weiter. Bei der Insel Wight ließen wir, auf Gutfinden des Lootsmanns, der uns einführte, des Schiff auf den Schlamm laufen. — Da lag nun das Holz welches mich, ungeachtet aller seiner Gebrechlichkeit, mitten durch stürmisches Meer, mitten durch brausende Winde und Wogen in einen sichern Hafen hatte bringen müssen! — Mit einem innig gerührten Liebe = Dank = und Beugungsvollen Herzen blickte ich darauf hin, und pries nochmal die unbegreiflich treue Bewahrung und Erhaltung meines lieben himmlischen Vaters, der bishieher geholfen, und alles so gut und wohl mit mir gemacht hatte!

Das Schiff ward ausgeladen, und die Ladung durchgängig beschädigt befunden. Nachdem es von den Schiffszimmerleuten genau untersucht worden

52. Brief.

worden war, so erklärten sie, daß das Schiff keiner Verbeßrung mehr werth sey, weil der ganze Körper nichts mehr taugte. — In diesem Hafen lagen viele Schiffe, die in den Stürmen, womit wir gekämpft hatten, ihrer Masten verlustig geworden, oder sonst übel zugerichtet waren. — Sobald wir mit dem Schiffe auf dem Schlamme saßen, fanden sich manche Entreprenneurs ein, wovon ein jeder es gern zum Verbeßern in Commission gehabt hätte; weßwegen sie dem Capitain schmeichelten, ihn mit ans Land nahmen, und prächtig tractirten. Um uns bekümmerte er sich nun gar nicht mehr. Als er einige Zeit auf dem Lande gewesen war, und eines Tages wieder aufs Schiff kam, so sagte ich zu ihm: daß ich mir nun auch frische Speisen von ihm ausbäte; denn, da ich ein so hohes Paßagiergeld erlegt hätte (ich mußte ihm 250 Florin, und für die Ueberfahrt noch besonders 50 Flaschen Wein zur Tafel bezahlen:) so verlangte ich nun auch, als ein Paßagier behandelt zu werden, und könnte mich mit der Schiffkost nicht länger begnügen. Oder, er sollte mir so viel Geld heraus geben, als meine Reise nach Amsterdam, wohin er mich bringen müßte, erfoderte. — Er aber fing an zu fluchen und zu lärmen, und sagte, ich könnte ans Land gehen, und auf meine Kosten leben, bis er einmal wieder nach Amsterdam führe, dann könnte ich mit ihm reisen. Auf dem Schiffe würde er mir keine andere als Matrosenkost zu-

kom-

kommen laßen. — Obschon ich über seine Grobheit etwas empfindlich ward, so sah ich doch wohl ein, daß mit einem solchen Menschen nichts anzufangen sey, und es am besten für mich seyn würde, das Schiff zu verlaßen. Hiezu entschloß ich mich desto williger, weil keine Subordination mehr auf demselben war, so daß täglich Schlägereien vorfielen, folglich vereinigten sich alle Umstände, mir den Aufenthalt darauf zu verleiden.

Als es an dem war, daß ich das Schiff verlaßen wollte, so sprach der Steuermann noch insgeheim mit mir, und bat mich, wenn ich in Amsterdam käme, den Capitain zu verklagen, und mich auf ihn, den Steuermann zu beruffen. Er wollte mein Zeuge seyn, und wir wollten dann gemeinschaftlich seine schlechten Streiche ans Licht bringen. Ich erwiederte ihm aber, daß ich mich damit nicht befaßen könnte; sondern, wenn ich diesen schlechten Menschen einmal verlaßen hätte, so würde ich mich auch weiter nicht um ihn bekümmern.

Ich fuhr mit dem gewöhnlichen Boote nach Portsmouth, um mich zu erkundigen, ob da wohl Gelegenheit nach Holland wäre; im fehlenden Falle wollte ich mit der Postkutsche über London nach Harwich und dann mit dem Packet-Boote dahin fahren. Ich fand in Gosport (gegen Portsmouth über) ein holländisches Schiff, das seine Masten verloren gehabt hatte, nun aber wieder
so

so weit hergestellt war, daß es mit dem ersten günstigen Winde nach Amsterdam segeln wollte. Ich besprach mich mit dem Capitain, ward mit ihm eins, bezahlte ihm zwei und eine halbe Guinee für die Fracht bis dahin, und ließ meine Sache von dem andern Schiffe auf das Seinige bringen, welches an einer Brücke lag, so daß ich ans Land gehen konnte, wann ich wollte. Auf diesem Schiffe fand ich einen Passagier, der mit demselben von St. Eustach gekommen, aber weit besser behandelt worden war als ich, obschon er nur 200 Flor. Fracht bezahlt hatte: auch die ganze Zeit über, daß das Schiff ausgebessert wurde, hatte ihn der Capitain gut bewirthet. Beide wunderten sich, daß mein Capitain sich so schlecht gegen mich hätte betragen können. — Allein, ich sollte unter demselben nun einmal Geduld ausüben lernen.

Da der Wind jetzt östlich war, wir aber nicht anders als mit westlichem Winde nach Holland kommen konnten: so machte ich unterdessen Bekanntschaft mit einem guten Handelshause, und präsentirte meinen Wechsel von hundert fünfzig Pf. Sterl. auf die Kriegskanzlei in London, sechszig Tage nach Sicht zahlbar, und wünschte Gelegenheit zu haben, denselben acceptirt zu bekommen. Der Herr vom Hause sagte, wenn ich das Zutrauen zu ihm hätte, so wollte er den Wechsel zur Acceptation nach London senden. Da ich gern meine Einwilligung dazu gab, so sandte er den Wechsel dahin, und er kam acceptirt zurück. Nun nahm ich für den Inhalt Briefe auf Amsterdam, und freuete mich dankbar, daß alles so gut abgelaufen war.

Der Wind blieb noch immer, ja fast den ganzen Winter durch, östlich; wenn er auch als einmal ins Westen lief, so hielt es keinen Stand. Einmal waren wir, bei einer solchen Veränderung ausgelaufen, mußten aber wieder umkehren. — Da der Capitain allezeit auf dem Schiffe speisete, so hatten wir an nichts Mangel: nur die Kälte drückte uns am meisten, weil auf Schiffen selten ein anderes Feuer, als zum Kochen angemacht wird.

Vor und nach ward ich hier mit manchen guten Menschen bekannt, die ich oft besuchte, und in deren Häusern ich mich viel aufhielt. Unter diesen war auch der Presbyterianische Prediger; der ein sehr exemplarischer Mann war. Seine Predigten gefielen mir auch weit besser, als die Predigten in den Bischöflichen Kirchen. Die mehresten Menschen nahmen viel Antheil an den Umständen der Amerikaner, und hörten gerne zu, wenn ich ihnen Begebenheiten und Vorfälle aus diesem Lande erzählete. Hier konnte ich frei sagen, daß ich über Eustach von Amerika gekommen wäre.

Gegen

Gegen Neujahr gieng der Admiral Rodney mit seiner Flotte von sechs und dreißig Linien-schiffen in die See, und rettete damit in diesem Kriege noch einmal die Ehre der Engländer. Er schlug die Spanier, proviantirte Gibraltar; ging darauf nach Westindien, besiegte dort die Franzosen, und nahm den Admiral Grasse gefangen. — Wer eine solche Flotte auslaufen sieht, und alles, was dabei vorfällt, in etwa kennet, der wird gestehen müßen, daß kein prächtigeres und für die Augen erhabeneres Schauspiel kann gesehen werden. Ich stand an einem Vorgebirge, bei St. Helena=Rode, und sah sie vor mir vorbei segeln. — Uebrigens war hieselbst, wegen des Kriegs, ein erstaunlicher Zusammenfluß von allerlei Menschen; und keiner, der so etwas nie gesehen hat, kann sich das Gewühl vorstellen, welches hier bei solchen Begebenheiten vorgeht.

---

53. Brief.

Des Verfassers Ankunft in Amsterdam. Seine dankbaren Empfindungen gegen den Herrn für alle seine Güte. Er freuet sich nun über die dunkeln Wege, welche Gott ihn durchgehen ließ. — Seligkeit und Freiheit einer Seele die ganz arm und entblößt in sich selbst geworden, und allein in Gott stark und getrost ist.

53. Brief.

Erst im Monate März (1780) gab es anhaltend guten Westwind, und nun verließen wir auch diesen Hafen, und segelten nach Amsterdam. In dem nämlichen Monate, worinn ich vor zehn Jahren in dieß Land gekommen war, langte ich auch jetzt wieder glücklich in demselben an, und hatte nun keine See mehr zu bereisen. Während dieser langen Zeit war ich durch Gottes Güte immer gesund und wohl gewesen, außer, daß ich zuweilen einen Anfall vom Flußfieber gehabt hatte. — Mein Herz ward aufs neue von kindlichem Dank gegen meinen so lieben himmlischen Vater erfüllet, der mich bis hieher so wunderbar, aber auch so liebend geführet, und mich unter so mancherlei Leiden und Gefahren geschützet, erhalten, und alles so herrlich mit mir hinaus geführet hatte! Jetzt konnte ich mich auch, in stiller Anbethung mit Beugung, über alle die dunkele Leidenswege, die er mit mir eingeschlagen hatte, herzlich freuen. Ich sah es völlig ein, daß ich ohne dieselben, nie ganz unter die Anordnung Gottes hätte gebracht und gebeugt werden können. Da aber nun mein göttlicher Erlöser, mein Herz erweitert, meine Bedürfnisse in Ihm gestillet, und mich ganz abhängig von Ihm gemacht hatte: so floß auch mein Herz in sanftem, stillem Dank zu diesem Erlöser ganz über. — Hier gibt es Dankgebethe, die in Thaten bestehen; Worte sind nicht hinreichend. Im tiefen Gemüthsgrunde ist ein Tempel, worin Jesus, der göttliche

Erlöser

53. Brief.

Erlöser, selbst Hoherpriester und königlicher Anredner ist; hier ist das Heiligthum, wo die Seele — aus dem äußern Vorhofe der Sinnlichkeit zurück gebracht — sich in stiller Anbethung vor Gott beuget, und Thaten der Liebe und Dankbarkeit opfert, die weit erhabener sind, als die rührendste Worte auszudrücken vermögen.

Alle göttliche Wege laufen endlich in dem Puncte zusammen, daß Christus eine Gestalt in uns gewinne: seine Aehnlichkeit ist das Ziel der göttlichen Führung hienieden. Sein Sinn und Bild wird der Seele immer tiefer eingedrückt. Seine Tugenden und Vollkommenheiten sind durch den Glauben die ihrigen: nur allein in Ihm besitzt sie dieselbigen, in sich selbst bleibt sie ein Nichts, arm und bloß. Die Seele sieht in und an sich keine andere Tugenden, als die durch Gnade erworben sind. Sie ist weit entfernt, sich selbst das Geringste zuzuschreiben; nein! Christus selbst, und Er allein, ist ihre Weisheit, ihre Gerechtigkeit, ihre Heiligung und Erlösung: zu allem diesem war ihr derselbe von Gott gemacht und geschenkt worden. Er ward ihre Weisheit, als sie, von ihm gezogen, aus sich selbst ausging, die eiteln und thörichten Dinge der Welt, ihre eigene Vernunft und Weisheit verläugnete, sich als eine demüthige Schülerinn ihm zu seinen Füßen setzte, um seinen Unterricht zu hören, und durch Glauben und Ge-

beth

beth in sich zu ziehen. Er war ihre Gerechtigkeit, als sie in dem tiefen und schmerzlichen Gefühl ihrer gränzenlosen Verdorbenheit, an aller eigenen, so befleckten, Gerechtigkeit verzagte, und im Glauben sein vollkommenes, vollgültiges Söhnopfer ergriff; dieß geschah im Anfang ihres Weges durch die Buße, und geschieht im Fortgange noch immerfort durch die tägliche Absterbung und Verläugnung alles dessen, was das eigene Leben nährt. Jesus wird ihre Heiligung; ohne Ihn ist alle Heiligkeit nur Schein und in Gottes Augen ungültig; denn, weil kein andrer Name unter dem Himmel den Menschen gegeben ist, darin sie sollen selig werden, (Apost. Gesch. 4, 12.) aber ohne Heilignng niemand den Herrn schauen kann; (Ebrä. 12, 24) so folget daraus, daß niemand für heilig wird erkannt werden, als der in Jesu erfunden wird. Jesus wird endlich der Seele zur Erlösung, nicht nur von der Strafe der Sünden, sondern auch — durch die Gemeinschaft seiner Leiden und seines Todes, von der Sünde und ihrer Quelle selbst. Er bringt sie dahin, daß sie sagen kann: Ich bin mit Christo gekreuziget und gestorben, und mein Leben ist verborgen mit Christo in Gott. — Sie ist in Ihm und mit Ihm zu einem neuen Leben auferstanden, und durch Ihn mit der Gottheit vereiniget: deßwegen lebt sie auch nicht mehr in sich, sondern Christus lebt in ihr. — Sie hat Christum angezogen, und ist durch ihn, und in

ihm

ihm der göttlichen Natur theilhaftig geworden.—
Er herrschet in seinem aufgerichteten Königreich
freimüthig und unumschränkt. Er ist nun alles
in allem! -

In einem solchen Gemüthsstande kann nichts,
was auch von außen kommen möchte, eine solche
Seele ganz aus ihrer Fassung bringen. Sie hat
einen Grund oder ein Grund-Princip, das
überall, wie ein unbeweglicher Felsen fest stehen
bleibt, und woran sich alle Fluthen und Wogen
des Meeres gleichsam brechen müßen. Weil eine
solche Seele in der Ordnung Gottes zufrieden ist,
so kann sie nirgend und durch keinerlei Begebenheit beweget werden: ja, wenn diese Ordnung erfoderte, daß sie unter bösen Geistern wäre, so würde sie auch da ruhig und zufrieden seyn können. Der
gegenwärtige Augenblick in der Ordnung Gottes ist ihr Ruheplatz, ihre Seligkeit. Es ist wahr,
daß im sinnlichen, auch seelischen Theile, vieler-
lei Abwechselungen Statt haben können, und
auch wirklich haben; allein, das ist alles ober-
flächig, es sind Meereswellen, die an diesen
Grundfelsen wohl anschlagen, aber auch daran
brechen, und ihn im geringsten nicht bewegen
können. Bleibt die Seele nur in der Ordnung
Gottes, so kann weder Welt noch Hölle ihr etwas
anhaben. Sollte sie sich aber in etwas einlaß-
sen, das dieser Ordnung zuwider ist: so wird sie
aller Beruhigung und Zufriedenheit beraubet

seyn, sie kommt in einen gewaltsamen schrecklichen Zustand; der Weg ist ihr verzäumt und mit Dornen belegt: bricht sie aber dennoch hindurch, so sind ihre Leiden unausstehlich, und endigen sich nicht eher, bis sie sich in allem unterwirft, und sich wieder in die Ordnung Gottes begibt.

Eine solche Seele handelt überall frei; denn sie ist nicht eingeschränkt. Ihre Frömmigkeit bestehet nicht im Schein, sondern im Seyn. Sie kann sich nicht andächtig noch fromm stellen: alles, was nicht mit der Lauterkeit des Sinnes, und mit der geraden Aufrichtigkeit des Herzens überein kommt, ist fern von ihr. — Um eine solche Seele ganz zu kennen, muß man sehr vertraut mit ihr seyn. Man würde dann freilich sehen, daß sie noch Mensch wäre, und, als ein solcher noch Fehler hätte; aber, man würde auch sehen, daß sie ihre Fehler nicht mit einem frommen Schein zu bedecken suchte. Nein! sie wird offenherzig und aufrichtig gestehen: "Ich habe Fehler, und begehe derselben oft. Von Uebereilungen und Schwachheiten bin ich, als Mensch, nicht frei. Allein, das alles will ich nicht; es ist meiner ganzen Grundneigung entgegen, und hat auch keinen Platz noch Festigkeit in derselbe." — Ihre Schwäche ist ihr ganz bekannt.— Von dem, was sie Gutes hat und thut, weiß sie wenig. Die Gottseligkeit ist ihr zu einem Habitu, zur andern Natur geworden. Manche gute und fromme

fromme Gemüther, die noch mit der, ihnen geschenkten Gnade eingeschränkt leben, nehmen oft Anstoß an einer solchen Seele, weil sie derselben Zustand und Lage nicht einsehen, noch ihr Freiheitsprincip kennen, und sie nach ihrem eigenen Stand und Gefühl abmessen. — Allein, dieß alles geht eine solche Seele vorbei, und läßt einen jeden von ihr urtheilen, was er will. Genug ist es ihr, daß sie weiß, an wen sie glaubet; und sie ist gewiß, daß derselbe bis ans Ende ihre Beilage bewahren, und sie dann aus Gnaden völlig aufnehmen wird in sein Friedensreich! —

---

54. Brief.

Der Verfasser höret, daß seine Aeltern noch leben, meldet ihnen sein Ankunft in Amsterdam, und erhält vergnügliche Antwort. Nach Ausrichtung der Commißionen seiner Freunde in Amerika reiset er nach Haus. Froher Empfang der Seinigen. Er findet wenig Ernst mehr an den vormaligen Erweckten.

In meinen kurz vorher gehenden Briefen hab ich dir abermal so viel von Seereisen geschrieben, daß du, ohne Zweifel, unterm Lesen oft das Ende derselben wirst gewünscht haben. Es ging mir unterm Schreiben eben so, und ich war recht froh, wie ich einmal damit zu Ende war. Allein,
da

da ich dir meine Geschichte gern etwas vollständig beschreiben wollte, und ich mich in Gedanken wieder in meine damalige Lage versetzt fand: so ward ich weitläuftiger, als ich Anfangs gedacht hatte, — doch, ich werde auch nun von Reisen wenig mehr zu sagen haben; auch bin ich schon lange recht satt und müde gewesen, von mir selbst zu reden, und werde deßwegen dasjenige, was auf meine äußere Geschichte Bezug hat, bald endigen. — Weil meine Hauptabsicht war, die Denkwürdigkeiten der göttlichen Vorsehung und Gnadenführung, in den Wegen, die er mich zu führen beliebet hat, darzustellen: so werden die Dinge, welche auf die in meiner Geschichte vorkommenden Gemüthsstände und Erfahrungen Bezug haben, den Hauptinhalt der noch übrigen Briefe ausmachen. — Nun wieder zu meiner Geschichte.

Nach meiner Ankunft in Amsterdam hatte ich schon von bekannten Freunden vernommen, daß meine lieben Aeltern noch lebeten. Ich schrieb also an meinen Vater, und meldete ihm, daß ich wieder glücklich in Holland angekommen wäre, und hoffte, ihn, nebst meiner lieben Mutter und Geschwistern, bald noch einmal gesund und wohl wieder zu sehen. — Mein Vater antwortete mir, daß sie sich noch alle wohl befänden, und sich sämtlich auf das Vergnügen, mich wieder bei sich zu sehen, freueten. — Wegen übernommener Geschäffte konnte ich aber so bald noch
nicht

54. Brief.

nicht von hier abreisen. Die Wechsel, welche ich an Franklin, Amerikanischen Gesandten zu Paris, mitgebracht hatte, sandte ich dahin und sie kamen acceptirt zurück, so daß ich den Werth davon in Amsterdam erheben konnte. Für die mir anvertraueten Gelder kaufte ich, nach meinem Auftrage, Güter oder Waaren, packte dieselben in zwei Kisten, und legte in eine jede besonders, eine Fattura über das Ganze; auch schrieb ich, mit andern Schiffen, meinen Freunden nach Baltimore, noch über alles Abgesandte. Die Kisten versicherte ich bis nach St. Eustach, und schrieb meinem Correspondenten, jede Kiste besonders auf ein nach Baltimore fahrendes Schiff zu besorgen. — Ich bekam auch in der Folge Nachricht, daß alles wohlbehalten nach St. Eustach gekommen, und auf zwei nach Baltimore gehende Schiffe besorgt wäre, daß aber eines dieser Schiffe von den Engländern genommen worden sey. — Ich bewirkte nun auch noch hieselbst einige Handelsverbindungen mit meinen Freunden in Baltimore; und eilte, vollends alles zu Ende zu bringen, was meinen Aufenthalt noch verlängerte.

Nachdem ich mich nun meiner Aufträge entlediget, und alles berichtiget hatte, so reisete ich gegen das Ende des Monats Mai 1780 von Amsterdam ab, und kam Anfangs Junii, gesund und wohl behalten, bei meinen Aeltern an. Daß dieses Wiedersehen und die Bewillkommung, nach

einer

einer mehr als zehnjährigen Abwesenheit für meine Aeltern und Geschwister, so wohl als für mich herzlich und höchsterfreulich war, und daß es ohne Rührung nicht abging, kannst du dir leicht vorstellen. — Ich dankte meinem Gott in stiller tiefer Beugung und Anbethung, daß er mich bis hieher gebracht hatte.

Für einen Prediger gab ich mich nicht aus; denn ich wußte, daß derjenige, welcher nicht auf Universitäten studirt hat, in Europa nicht dafür anerkannt noch geachtet wird. Fragte mich aber jemand, ob ich in Amerika Prediger gewesen wäre? so antwortete ich allezeit mit ja: denn ich hatte meinem Amte keine Flecken angehängt.

Unter den vormals hieselbst geruffenen oder erweckten Seelen, fand ich gegenwärtig wenig wahres Gute mehr. Einige hatten sich mit besondern Menschen und Irrgeistern, andere mit der Alchimisterei abgegeben — kurz, die mehresten hatten solche verkehrte Sprünge gemacht, daß sie ganz von der Spur der Wahrheit abgekommen waren, und meist alles Gute wieder verloren hatte: ja manche unter ihnen schämten sich desselben, und mochten nichts mehr davon hören.

---

55. Brief.

55. Brief.

Der Verfasser lebet zu Hause still und eingezogen. Seine Reise ins Bergische, wo er nun überall ein willkommener, lieber Freund ist. — Er bleibt den Winter über in seiner Aeltern Hause. Sein Vater und Mutter sterben kurz nach einander. Seine kindliche Zeugnisse von ihnen. Er wird in seinem Erbtheil verkürzt, findet sich aber friedlich mit seinen Geschwiestern ab. Er wartet auf den Frieden, um wieder nach Amerika zu reisen. Sein starker Hang dahin. — Auf die dringende Einladung eines Vetters in E. begibt er sich zu demselben und wohnet bei ihm.

Ich lebte nun allhier in meinem väterlichen Hause ganz still und eingezogen, und erwartete den Frieden zwischen England und den Amerikanischen Staaten, der aber freilich noch so bald nicht erfolgte, als ich mir vorgestellt hatte. — Mit Lesen und einsamen Spaziergängen (sonderlich an diejenigen Oerter, wo ich in vorigen Jahren so manchen beseligenden Einfluß vom Herrn erfahren, aber auch manche drückende Leidensstunde verlebt hatte) ging der Sommer meist zu Ende. Im Herbst reisete ich nach Solingen, Wald, Mülheim an der Ruhr, Elberfeld und Barmen, um vor meiner (muthmaßlichen) Rückreise nach Amerika, meine Gemüthsfreunde noch eins zu besuchen. Jetzt war ich ihnen allen wieder ein lieber willkommener Freund, und alle bezeigten mir viel Liebe und Freundschaft. Aber, es war ihnen ken unbegreiflich, daß ich abermal nach Amerika reisen wollte; sie wußten nicht, was sie von mir und meinen Reisen denken sollten. Doch bezeugten sie ihr Vergnügen, mich noch einmal gesehen zu haben, und ließen mich übrigens Gott und meinem Schicksal ruhig über. — Ich reisete also vergnügt wieder nach Hause, und gedachte, den Winter hindurch bei meinen Aeltern wohnen zu bleiben, in der Hoffnung, daß es bis gegen das Frühjahr Friede geben würde.

Im Januar 1781 gefiel es Gott, meinen lieben Vater aus der Zeit wegzunehmen. Ich beweinte ihn kindlich. Er war ein ehrwürdiger Greis, der sein Alter in Ruhe und gottesdienstlichen Betrachtungen endigte. — Meine liebe Mutter überlebte ihn nicht manchen Monat, denn sie starb im Mai des nämlichen Jahres. Beide waren über siebenzig Jahre alt geworden. Der Hingang meiner Mutter ging mir besonders sehr nahe. Sie war allezeit eine liebe sanfte Mutter gegen mich gewesen. Ich bewunderte die Wege der gütigen und weisen Fürsehung Gottes, die es also gefügt hatte, daß ich, kurz vor dem Tode meiner Aeltern, wieder aus Amerika zurück kommen mußte, um mit bei ihrem Sterbebette gegenwärtig zu seyn.

In Ansehung ihrer Nachlassenschaft war ich sehr verkürzt worden. Mein Vater hatte schon

den

den Stahlhammer und die mehresten Güter nebst Häusern, an meine Geschwister, die alle verheirathet waren, vertheilt; an mich hatte man gar nicht mehr gedacht. — Mein Vater hatte in seinem Alter gern ruhig leben wollen, und deßwegen seine Güter noch bei Lebzeiten seinen Kindern übergeben, welche denn die noch darauf haftenden Schulden, (die aber gegen das, was sie erhielten, in keinen Vergleich kamen) jedes zu seinem Theil, mit übernahmen. Mein Vater konnte von seinen Einkünften als Landhauptmann, und von demjenigen, was er sich, bei Vertheilung seiner Güther, noch vorbehalten hatte, gut leben. — Nach dem Sterben meiner Aeltern, erhielt ich von dem, was noch zu vertheilen war, meinen Antheil: aber, von dem, was schon vergeben war etwas — oder, wie es mir von Rechts wegen zukam, alles zu erhalten, würde ohne großen Streit und ohne Prozeß nicht hergegangen seyn. Denn, weil ich die Schulden von meinem Theil nicht hatte übernehmen können, und meine Aeltern vermuthet hatten, daß ich nie wiederkommen würde: so hatten sie mich von ihrer Disposition ausgeschlossen.*) Da ich aber gern Frieden halten, und mich lieber verkürzen laßen,

---

*) Alle Umstände, warum mich meine Aeltern in ihrer Disposition ausgeschlossen hatten, allhier zu melden, würde zu weitläuftig fallen, und auch zu nichts dienen: dabei starb mein Vater an ei-

55. Brief.

laßen, als mit meinen Geschwistern in Streitigkeiten einlaßen wollte: so ließ ich zwar alles in so weit gut seyn; besprach mich aber doch mit meinen Geschwistern und Schwägern über diese Sache, und sagte ihnen, daß es Unrecht sey, daß ich von dieser Erbschaft ausgeschlossen wäre. Einige gaben mir wohl in etwa Beifall, sagten aber doch, daß hierin nichts mehr zu ändern sey. Ich begehrte dann etwas in Geld heraus; allein, auch das fand bei meinen Schwägern große Schwierigkeiten. — Endlich bewilligten sie mir denn noch, eine mäßige Summa heraus zu geben. Ich begnügte mich damit, um im Friede wieder von ihnen gehen zu können; wenn es schon bei weitem nicht an dasjenige reichte, was mir von Rechtswegen zugekommen wäre.

Ich blieb einstweilen in meinem väterlichen Hause, bei derjenigen Schwester, welche nun darin wohnte, und sehnte mich nach dem Frieden, um wieder nach Amerika zu reisen; allein, da nunmehr auch noch die Holländer in diesen Krieg verwickelt wurden; so war dieser erwünschte Friede wahrscheinlich wieder auf lange Zeit nicht zu hoffen. — Es ist bekannt, daß die Engländer den Holländern den Krieg erkläreten. Ob sie hinlängliche Gründe dazu hatten, will ich

andern

nem Schlagfluß, der ihn unerwartet hinwegnahm: anders war er willens noch manches zu meinem Vortheil zu ändern.

andern zu beurtheilen überlaßen: die Folgen haben wenigstens gezeigt, daß es sehr unpolitisch gehandelt war. — Die Haupturſache war wohl dieſe, weil die Engländer aus den Papieren des Amerikaniſchen Geſandten Lawrens, den ſie in Gefangenſchaft bekommen hatten, entdeckten, daß derſelbe mit Kaufleuten in Amſterdam einen Handelsvertrag für die Amerikaniſchen Staaten geſchloſſen hatte. Sie begehrten alſo von den Holländiſchen Generalſtaaten die Beſtraffung dieſer Kaufleute. Da es aber Männer waren, die bei der Regierung mit zu ſprechen hatten; und weil der Handlungsvertrag auch eher keine Gültigkeit haben ſollte, als bis die Engländer die Amerikaner für unabhängig erklärt haben würden: ſo fand dieſe Beſtrafung natürlicher Weiſe große Schwierigkeit, und die ganze Sache ward in die Länge gezogen. Als die Engländer ſahen, daß man ſich zur Erfüllung ihrer Foderung nicht willig bezeigte, ſo erklärten ſie den Holländern den Krieg. Die Folgen dieſes ſchädlichen Krieges, welche ſich zum Theil bald, zum Theil ſpäter hin entwickelt haben, liegen der ganzen Welt vor Augen. — Der Prinz von Oranien, welcher bei der Nation bisher in großer Achtung ſtand, ward verhaßt, und mußte den Haag verlaßen, weil ihn die meiſten im Verdacht hatten, daß er mit den Engländern heimlich zuhielte. Die Begebenheiten, welche hernach gefolgt ſind, haben ebenfalls ihren erſten Grund in dieſer Kriegserklä-

55. Brief.

erklärung. — Und eben dieselbe ist demnach die Hauptursache, warum den Franzosen in der Folge die Eroberung Hollands so leicht ward. — Wäre diese Kriegserklärung nicht geschehen, so wäre der Prinz Statthalter bei der Nation in Liebe und Achtung geblieben, und die Franzosen würden vermuthlich nie Holland erobert haben;— und so hätten sie auch, aller Wahrscheinlichkeit nach, die Fortschritte in Deutschland nicht machen können, die sie seitdem gemacht haben. — Indessen, die Menschen handeln und wirken, wie sie glauben, nach ihrem Willen und Gutdünken; aber eine höhere Macht hat das Ruder in der Hand, und regieret alles so, daß es so gehen muß, wie es sein weiser Rath beschlossen hat.

Weil ich im väterlichen Hause keine Geschäffte hatte, so gab ich mich daran, einen Globum oder Weltkugel zu verfertigen, der im Diameter oder Durchschnitt zwei und einen halben Fuß hielt. Im folgenden Winter vollendete ich denselben; doch war er noch nicht ganz so, wie ich wünschte. —

Ich hatte noch einen weitläuftigen Vetter in T... der, nebst seiner Gattinn, ein eingezogenes Leben führte, und der Gottseligkeit ergeben war. Mehr aus diesem Grunde, als aus unserer Verwandtschaft, war die besondere Freundschaft entstanden, welche sie gegen mich hegten, und weßwegen ich auch bei meiner letzten Reise

nach

55. Brief.

nach E. in ihrem Hause logirt hatte. — Dieser mein Herr Vetter war ein Handelsmann und Fabrikant, welcher mit seinem Schwager in Compagnie war. Ihr Bedienter, der in ihren Geschäfften reisete, hatte Neigung bekommen, sein Glück in Westindien zu versuchen, und stand im Begriff dahin abzureisen. — Nun schrieb mir besagter mein Herr Vetter, und fragte mich an: ob ich nicht Lust hätte, die dadurch vacant gewordene Stelle bei ihnen zu übernehmen? und bot mir sehr annehmliche Bedingungen dabei an. Allein, mich in so etwas einzulaßen, war jetzt meiner ganzen Denkungsart zuwider; zudem war mein Hang, wieder nach Amerika zu reisen, so groß, daß derselbe, auch bei einiger Neigung zu dieser Stelle, das Uebergewicht würde behalten haben: jetzt ließ er vollends keiner weitern Ueberlegung Platz. Ich antwortete also: daß ich dieses Anerbieten nicht annehmen könnte, weil ich fest entschlossen wäre, so bald der Friede geschlossen sey, wieder nach Amerika zu reisen. — Gegen das Ende des Februars erhielt ich nochmal einen Brief, in welchem mich mein Herr Vetter ersuchte: "daß ich denn doch kommen möchte bei ihnen
"zu wohnen; denn, weil meine Aeltern gestor=
"ben wären, so würde ich doch auf meine Kosten
"leben müßen. Ferner meldete er mir, daß sein
"Herr Schwager gegen das Ende des Monats
"März nach Holland reisen, und mich gern zum
"Begleiter dahin haben wollte. Uebrigens könn=
"te

"te ich ruhig bei ihnen wohnen. Und sollte es
"einmal Friede geben, und ich fände dann Ver-
"gnügen, wieder nach Amerika zu reisen, so
"würden sie nichts dagegen haben; wollte ich
"aber alsdann auch bleiben, so würde ihnen das
"ebenfalls lieb seyn. ꝛc." Dieses Anerbieten fand
ich annehmlich, und entschloß mich dahin zu reisen, und bis zum Frieden daselbst zu bleiben.

---

56. Brief.

Des Verfassers Reise nach Amsterdam mit dem Schwager seines Vetters. Bekanntschaft mit verschiedenen Christlichen Freunden daselbst. — Nach
seiner Zurückkunft ins Bergische kommt er immer
in nähere Verbindung mit den dasigen gottseligen
Freunden, die ihm ankündigen, daß sie ihn durch
die Liebe von seiner Rückreise nach Amerika abhalten wollen. Er macht nach Holland Geschäftsreisen für seinen Vetter. — Zu Hause verfertigt
er Globen oder Weltkugeln, und studirt die Geschichte. — Sein Vorhaben, wieder nach Amerika zu reisen, fängt an zu wanken.

Im März 1782 kam ich also in E. an, und fand
eine freundschaftliche Aufnahme. Bald darauf
reisete ich mit meines Herrn Vetters Schwager
nach Holland. Dieser mein Herr Reisegesellschaf-
ter war ein gütiger, lieber Mann, mit dem man
vergnügten Umgang pflegen konnte, und der sich
eines

56. Brief.

eines gottesdienſtlichen Lebens befliß. Seiner Geſchäffte nahm ich mich nicht ſonderlich an, freuete mich aber, wenn ſie guten Fortgang hatten. — In Rotterdam war die Hauptniederlage ihrer Fabrikgüter, und daher mußten wir uns daſelbſt am längſten aufhalten. Vormals, als ich wie oben gemeldt, hier war, um nach Amerika zu reiſen, wagte ichs nicht, die hieſigen Freunde zu beſuchen, weil ich zu der Zeit in jenem leidenden Gemüthsſtande war, wovon ich im 33ſten und einigen folgenden Briefen gemeldet habe. Jetzt aber, da ſich meine Gemüthsumſtände geändert hatten, dachte ich darauf, ſie aufzuſuchen. Ein Freund und drei Freundinnen waren mir hier dem Namen nach bekannt; jetzt lernte ich ſie auch von Perſon kennen. Sie waren ſchon theils über die ſechszig hinaus, und recht ehrwürdige Freunde, mit denen ich in der Folge noch immer in nähere und vertrautere Bekanntſchaft kam. Nach meiner Zurückkunft nach E. beſuchte ich nochmals alle meine, in dieſen Gegenden wohnende Freunde. Jetzt bezeigte mir jeder herzliche Liebe und Freundſchaft, und es war vielen recht angenehm, daß ich in ihrer Nachbarſchaft wäre zu wohnen gekommen. War aber die Rede davon, daß ich nach erfolgtem Frieden wieder nach Amerika reiſen würde: ſo war ihnen das nicht recht, und manche ſagten: daß ſie mich ſchon ſo feſt halten wollten, daß ich nicht wieder nach Amerika laufen ſollte.

56. Brief.

In dieser Fabrikshandlung ward die Reise nach Holland gewöhnlich dreimal im Jahre gemacht. Als nun die Zeit heran kam, daß wieder gereiset werden mußte, hatte meines Herrn Vettern Schwager gerade die Gicht, wovon er öfters Anfälle hatte. Mein Vetter hatte noch nie in Geschäfften gereiset; und, da er keine Kinder hatte, und auch ohne Geschäfft bestehen konnte: so würde er lieber alles aufgegeben, als sich zum Reisen entschlossen haben. Es war also kein anderes Mittel übrig, als daß ich mich dazu verstünde, die Reise zu thun. Ich übernahm sie also, und vollendete sie zu ihrem beiderseitigen Genügen. Von nun an reisete ich alle Jahr dreimal nach Holland; kam ich aber wieder nach Hause, und hatte von meinen Geschäfften während der Reise Rechenschaft abgelegt; so bekümmerte ich mich weiter um nichts, und nahm an den Geschäfften, die da vorfielen, nicht sonderlich Theil.

Mein Herr Vetter hatte eine schöne Bibliothek, worin ich einen reichen Stoff zur Lektüre fand. Unter andern traf ich darin die allgemeine Welthistorie an, welche ich durchlas, und mir dadurch eine festere Kenntniß in der Geschichte erwarb. — Da es noch immer kein Ansehen zum Frieden hatte, so gab ich mich nochmal an eine Weltkugel, wozu ich den Durchschnitt von drei Fuß und einem Zoll nahm. Diese ward weit voll-

56. Brief.

vollkommener als die erste, erforderte aber auch viel Anlage, Mühe und Genauigkeit. Cooks drei Entdeckungsreisen, nebst allem was er und andere Nützliches zur Erdbeschreibung geliefert hatten, war darauf angebracht. Weil die Karten auf der Kugel verfertigt werden mußten, so gab das ein tüchtiges Stück Arbeit. Da ich aber ohne Geschäfftigkeit weder seyn konnte noch wollte: so fiel mir keine Bemühung beschwerlich.

Indessen war ich nunmehr mit vielen Freunden wieder in solche Verbindung gekommen, daß ich ihnen kaum mehr sagen dorfte, daß ich wieder nach Amerika reisen wollte, denn sie glaubten, es sey der Wille Gottes, daß ich hier bliebe; derselbe könnte mich allhier eben so gut zu seiner Ehre gebrauchen, als wenn ich auch Prediger in Amerika wäre. Es ward mir so oft und so lange zugesetzt, daß ich endlich, sagte: wenn mir der Herr in hiesigem Lande eine Thür zu meinem hinlänglichen Auskommen öffnete, so würde ich mich bequemen hier zu bleiben. Durch den Beistand Gottes könnte ich mir in Amerika ein sicheres Auskommen versprechen; aber hier stünde es noch immer so, daß ich einer sorgenvollen Zukunft entgegen sehen müßte. — Bei dem allem aber fing mein Endschluß nach Amerika zurück zu reisen, allmählig an sehr zu wanken. Die Bande der Liebe und der Freundschaft begonnen mich immer fester an diese Gegend zu fesseln, so daß ich wohl ahndete, es würde erfüllet werden, was die Freunde gesagt hatten: "Sie wollten mich so fest halten, daß ich nicht wieder nach Amerika laufen sollte." — Wenn mich in dieser Gemüthsstimmung wohl einmal eine Sorglichkeit anwandeln wollte, so hieß es allemal in meinem Inwendigen: "Sorge nicht! Ueberlaß dich der Fürsehung; wann die Zeit kommt, wo es nöthig ist, soll für dich gesorgt werden." — Hiebei beruhigte ich mich, ließ dem Herrn alles über, und bat ihn: Er möchte nur alles so hinaus führen, wie es seiner Ehre und meinem Besten am zuträglichsten wäre.

57. Brief.

Der Verfasser entschließt sich völlig, in Europa zu bleiben, und thut die jährlichen Reisen für seinen Vetter nach Holland. — Seine Erfahrung, was es heiße, mit begnadigten Seelen so umzugehen, daß man ihnen förderlich und nicht vielmehr schädlich werde. Seine Anmerkungen dabei.

Um diese Zeit kam endlich der so lange erwartete Friede zu Stande; und die Basis davon war, daß England die Amerikanischen Staaten für unabhängig erklärte. Bei dieser Nachricht ward der, von meinen Freunden so oft bestrittene und auch durch die Länge der Zeit ziemlich geschwächte

Hang

57. Brief.

Hang, nach Amerika zu ziehen, wieder sehr lebhaft. — Weil aber alle meine vertraute Freunde nicht aufhöreten, mir diese Rückreise abzurathen, und fest glaubten, daß es der Wille Gottes wäre, ich sollte hier bleiben: so entschloß ich mich endlich, ihrem dringenden Rathe zu folgen, diese Reise ganz aus dem Sinne zu schlagen, und ruhig abzuwarten, was Gott gefallen möchte, weiter mit mir zu machen. — Vermögen hätte ich wohl genug gehabt, die Reisekosten nach Amerika zu bestreiten; aber, hier lange davon zu leben, dazu war es nicht hinreichend. Wovon sollte ich also bestehen, wann es einmal alle war? Vor der Hand sah ich keinen andern Ausweg, als mich durch irgend ein Handlungsgeschäfft zu ernähren: und das war gerade meinem Gemüthe zuwider; dagegen hatte ich eine so unüberwindliche Abneigung, daß ich lieber wieder nach Amerika gegangen wäre, obschon ich die Geschäftsreisen für meinen Herrn Vetter ruhig und mit willigem Herzen that. — Zwar wurde ich in seinem Hause aufs freundschaftlichste behandelt, und es fehlte mir an nichts; aber, ich konnte mir doch kein Rechnung darauf machen, immer in diesem Hause zu bleiben. — Indessen war es doch meinem Gemüthe ruhig, einstweilen noch ferner mich hier aufzuhalten, bis der Wink des Willens Gottes anders über mich disponiren würde. Ich fuhr also fort, die Reisen nach Holland, wie bisher, zu thun. Wann ich aber wieder nach Hau-

57. Brief.

se kam, und die Reiseangelegenheiten in Richtigkeit gebracht hatte: so nahm ich mich weiter keines Dinges an, und suchte meine Freiheit zu behalten. Diese Reisen nahmen mir fast die Hälfte des Jahres hinweg.

Eines Tages kam einer von unsern Predigern an unser Haus, und fragte mich: ob ich in Amerika Prediger gewesen wäre? Ich antwortete ja, und daß ich dazu dort ordinirt worden wäre. — Ob das denn mein Name sey, der in dem holländischen Predikanten-Verzeichniß stünde? — Ich erwiederte, wenn in dem Verzeichniß der Name St... vorkäme, so sey das der meinige. — Als ich darauf das Namenverzeichniß der Reformirten Prediger durchsah, so fand ich, daß es so war. Weil aber des Krieges wegen, keine Cötus-Acten aus Amerika nach Holland gekommen waren: so war erst in den Jahren 1781 oder 1782, (wo ich nicht mehr Prediger in Amerika war) mein Name in dieß Verzeichniß aufgenommen worden. Ich habe niemals Ursach gefunden, mich meines Amts zu schämen oder solches abzuläugnen, weil ich demselben, meines Wissens, keinen Flecken angehängt habe. Da es aber nun einmal bei mir beschlossen war, in Europa zu bleiben; so that ich auch ganz Verzicht darauf, hier jemals ein solches Amt zu bekleiden. Doch fand ich mich bereit und willig, mich vom Herrn da brauchen zu laßen, wo

er

er mir Gelegenheit geben würde, etwas zu seiner Ehre und zu seines Namens Verherrlichung beizutragen.

Ich war hier nun schon mit vielen guten und erweckten Seelen in eine nähere Gemeinschaft gekommen; erfuhr aber hier erst recht, was es hieße, mit begnadigten Seelen so Umgang zu haben, daß man, anstatt ihnen auf dem Wege der Gottseligkeit fürderlich zu seyn, ihnen nicht vielmehr hinderlich und schädlich werde. Eine Seele, welche nichts als die Ehre und Verherrlichung Gottes zum Zweck hat, wird durch ihre Fehler und Gebrechlichkeit, und durch das in ihr liegende Grundprincip in der gehörigen Demut und Niedrigkeit erhalten, weil sie dadurch überzeugt wird, daß alles, was sie thut, sehr gebrechlich und daß sie zu nichts tüchtig sey. Darum ist es mir allezeit etwas auffallend und bedenklich gewesen, wann ich gesehen habe, daß sich jemand als Rathgeber und Führer bei andern anpries, oder für so etwas angesehen seyn wollte. Zwar ist ein jeder verpflichtet, die Gnaden und Gaben, die ihm der Herr geschenkt hat — aber erst und besonders zum Besten seiner eigenen Seele — und dann zum Besten seiner Mitglieder anzuwenden. Geschicht diese Anwendung auf andere, nicht auf eine sehr demüthige und bescheidene Art, so entstehen oft die allergefährlichsten Folgen hieraus. Gewiß gehöret viel Licht, und eine große

57. Brief.

Gemüths- und Erfahrungs-Erkenntniß dazu, und denen, welchen man nützlich seyn will, nicht schädlich zu werden. Daß ich mich, in dieser Absicht, mehr passiv als activ verhalten habe, ist dir, lieber Bruder, wie auch allen denen bekannt, die mich kennen. Ja, ich habe oft von manchen Brüdern Verweise annehmen müßen, daß ich so zurückhaltend wäre, und sie forderten mich auf, mehrern und genauern Umgang mit begnadigten Seelen zu suchen. Allein, es ist mir gar zu gut bekannt, daß das, was wir zu thun meynen, die mehreste Zeit so lauter und Gott verherrlichend nicht ist, als wir uns wohl einbilden. Man opfert hier oft mehr seinem eigenen Götzen, als dem Herrn. Diejenigen, deren Amt es mit sich bringet, daß sie an der Förderung der Seelen arbeiten müßen; deren Pflicht es ist, da Rath und Unterricht zu geben, wo ihr Beruf sie hinführt: die sind freilich verpflichtet, bei allen vorfallenden Gelegenheiten, die Gnaden und Einsichten, die ihnen der Herr geschenkt hat, zum Beßten ihrer Gemeinsglieder anzuwenden. Doch mögen sich solche auch wohl oft vor dem Herrn prüfen, ob ihre Handlungen und Absichten nur allein zum Zweck haben: daß Gott in Jesu verherrlicht, und die Seelen nur allein zu Ihm mögen gebracht werden. Ich habe es nur zu oft an mir selbst, und auch an andern erfahren müßen, daß unsere Absichten oft nicht die lautersten sind. Bringen wir nur alle unsere Handlungen in das reinste

Licht

57. Brief.

Licht der Gottheit: o, wie vieles geht dann von unsern besten Absichten ins Beschämende über! — Dennoch aber wäre es nicht gut, wenn man mit seinem anvertrauten Pfunde nicht ehender wuchern wollte, bis man solches rein und lauter thun könnte. Nein! das wäre auch nicht treugehandelt. Aber das vermindert nicht die wichtige Regel: daß man bei allem, was man, und besonders an andern, Gutes thut, sehr auf seiner Hut seyn müße; weil man sich dabei leicht erhebet, und sich meistens von dem, was man zur Ehre Gottes zu thun glaubt, allzu schöne Bilder macht, und dadurch dem geistlichen Stolze Nahrung gibt. — Mir ist nun einmal der Gedanke, etwas von mir selbst zu können, gänzlich benommen; deßwegen suche ich mich nur bei dem und an den zu halten, der in und durch uns nur das bewirken will, was allein zu seiner Ehre gereichet. Ich wollte nur gerne da wirken, handeln und Rath geben, wo man es vorzüglich von mir fodert, und ich vom Herrn dazu, als zu einer Pflicht gedrungen werde; wenn ich gleich auch da noch Unlauterkeit in meinem Thun gewahr werde. — Ich will dem Herrn nicht widerstreben, sondern mich gern in seiner Hand brauchen laßen: ich bin willig und bereit, seine Ehre helfen zu befördern, was auch immer daraus kommen mag. Aber, eben so zufrieden bin und bleibe ich in Ihm, wenn er mich auch zu nichts gebrauchen will. Mein Gott ist mir in Jesu über alle Geschöpfe, ein allgenugsamer, ein ewig befriedigender Gott. — Ich hoffe nicht, daß man mich hiebei der Trägheit, oder des geistlichen Müßiggangs beschuldigen werde: meine Geschichte beweiset das Gegentheil.

―――――

58. Brief.

Des Verfassers Bekanntschaft und Umgang mit einer sehr vermögenden aber erfahrnen Christinn. Ihre wechselseitige Offenherzigkeit gegen einander. Sie erkundigt sich genau nach seinen äußern Umständen, und setzt ihm ein lebenslängliches Gehalt aus, wovon er bestehen kann. — Nach seiner Zuhausekunft erfährt er, daß sein Vetter die Fabrikhandlung aufgeben will; dieser freuet sich, daß die göttliche Fürsehung für den Verfasser gesorgt hat, — welcher nun auf Kammern wohnen geht, zum Handgeschäffte Globen verfertigt, und einigen jungen Leuten in der Geographie Unterricht gibt.

Durch meine öftern Reisen ward ich in Rotterdam mit den christlichen Freunden immer genauer bekannt. Unter denselben war eine Freundinn, die sich sehr selten mit mir in eine Unterredung einließ; auch hatte ich noch keine Gelegenheit gehabt, mich mit derselben insbesondre zu unterhalten. — Nachdem ich schon zwei Jahr mit besagten Freunden in Bekanntschaft gewesen war,

war, so gab diese Freundinn einem Freunde den Auftrag, mich einmal mit in ihr Haus zu bringen, damit sie mich etwas näher möchte kennen lernen. Dieß geschah, und wir besprachen uns lange und herzlich mit einander. Ich fand mehr bei ihr, als ich je hätte vermuthen können und mußte mich über ihren Gemüthsstand und über ihre besondern Führungen wundern. Und weil ich auch nun gegen sie offenherzig ward, so wunderte sie sich ebenfalls, über meine Aeußerungen in Ansehung der Wege der Gottseligkeit, welche ich war geführet worden. Nunmehr kam ich mit dieser l. Freundinn in eine genauere und vertraulichere Bekanntschaft, und besuchte sie, so oft ich nach Rotterdam kam, wöchentlich zweimal in ihrem Hause. — Sie erkundigte sich in unsern Unterredungen sehr genau nach allen meinen Umständen, ließ sich aber nie im geringsten merken, daß sie in Ansehung meiner etwas thun wollte.

Nachdem ich beinahe vier Jahre dieses Reisen nach Holland getrieben hatte, und jetzt wieder in Rotterdam war: so kam ich eines Tages im kalten Wetter, wie ich gerade einen starken Husten und Schnupfen hatte, und mich überhaupt gar nicht wohl befand, zu dieser Freundinn zum Besuche. Sie sagte, das Reisen würde mir ohne Zweifel in Zukunft, und bei dem schon herannahenden Alter beschwerlich fallen. Ich erwiederte: daß ich meine Gedanken darauf nicht

58. Brief.

einlaßen dörfte, weil ich mich dann nur in beunruhigende Sorglichkeit und außer die Ordnung Gottes versetzte. Wenn ich nur im Gegenwärtigen bliebe, so wär ich zufrieden; wollte ich aber meine Blicke in die Zukunft wenden, und überlegen, wie es dann mit mir gehen sollte; so gerieth ich in eine beunruhigende, und meinen innern Frieden störende Lage. — Hierauf fragte sie mich: Wie viel ich wohl zu meinem jährlichen Auskommen nöthig hätte? — Ich gab eine mäßige Summa an. — Jetzt erklärte sie erst ihre Absicht, für meinen Unterhalt zu sorgen, und sagte also, daß sie mir jährlich so viel aussetzen und versichern wollte, als ich nöthig hätte. — Man kann leicht denken, daß in meiner Lage ein solches Anerbieten mein Herz gegen Gott und diese liebe Freundinn mit Erkenntlichkeit erfüllen mußte. Ich antwortete ihr also: Wenn der Herr sie dazu gebrauchen wollte, mir ein Auskommen zu verschaffen, so würde ich dieses aus der Hand seiner Fürsehung dankbarlich annehmen; aber auch ihr, als dem würdigen Werkzeuge derselben, wär ich für diesen außerordentlichen Beweis ihrer Güte und Gewogenheit herzlich dankbar. — Hierauf stellte sie mir darüber einen mit eigener Hand geschriebenen Aufsatz zu; mit dem Beifügen: daß auch in dem Falle, wenn sie vor mir zu sterben käme, für mich gesorgt wäre. Sie bedung sich aber die Condition aus, daß ich alle Jahr einmal hinkommen und sie und die übrigen Freun-

be

58. Brief.

be besuchen möchte. — Dieß habe ich auch jährlich gethan, bis es dem Herrn gefiel, diese theure Gott ergebene Seele im Jahre 1793, im siebenzigsten Jahr ihres Lebens in die Ewigkeit abzufodern. — Sie hatte auf den Wegen, welche sie der Herr geführt hatte, vieles erfahren und durchgegangen, und durch manche Leiden und Prüfungen, in Jesu einen tiefen Grund der Gottseligkeit gelegt. Sie war, bei ihrem großen Reichthum an zeitlichen Gütern (wovon sie auch reichlich an Arme und Nothleidende austheilte) eine wahre Nachfolgerinn Jesu. — Sie ruht nun im Herrn — im Frieden!

Einige Tage vor Weihnachten kam ich von dieser, mir merkwürdigsten, Reise wieder nach Hause, sagte aber nichts von dem, was in Rotterdam zu meinem Beßten vorgefallen wäre. Am Neujahr fing mein Herr Vetter eines Abends gegen mich an, und sagte: daß er und sein Herr Schwager, während meiner Reise, übereingekommen wären, sich zu separiren: daß er dem zufolge, auf künftigen Monat Mai, seinem Schwager die Fabrikhandlung überlaßen und dieser solche allein für seine Rechnung treiben würde. Vermuthlich, setzte er hinzu, würde ich mich nicht gern bequemen, für denselben ferner die Reisen zu thun. — Nun entdeckte ich ihm, was in Ansehung meiner, bei der letzten Reise in Rotterdam vorgefallen war. Er und seine

58. Brief.

Frau reichten mir sehr theilnehmend die Hand, und wünschten mir von Herzen Glück, daß es der Herr so gefüget, und für mich so väterlich gesorget hatte.

Im Frühjahr 1787 that ich meine letzte Reise in Handlungsgeschäfften, auf welcher ich einen andern, der in diesem Geschäffte für Herrn R... reisen sollte, mitnahm, um demselben die Handlungsfreunde zu zeigen, und ihn bei solchen einzuführen. — Nach meiner Zurückkunft ward ich gefragt, was ich für meine vierjährigen Dienste verlangte? — (Wir hatten noch nicht einmal davon geredet; denn, weil ich selbst noch Geld hatte, und mich nicht gern verbindlich machen wollte, so blieb die Sache auf sich beruhen.) Ich antwortete den beiden Herren: daß, weil ich nur die Reisen für sie gethan, die übrige Zeit aber für mich behalten hätte: so wußte ich nicht, was ich eigentlich fodern sollte, und ließ es daher ganz ihrem Gutfinden über. Sie boten mir darauf eine Summe an, womit ich ganz wohl zufrieden war.

Ich zog also nun aus dem Hause meines Herrn Vetters, wo ich viele Freundschaft genossen hatte, und ging bei Freunde auf Kammern wohnen. Um aber doch nicht ohne Geschäffte zu seyn, fing ich noch zwei Globen an zu verfertigen, die zwischen neun und zehn Fuß im Umfang hatten. Hieran fand ich noch einige Jahre Arbeit; dabei gab

58. Brief.

gab ich noch einigen jungen Leuten Unterricht in der Geographie; übrigens brachte ich meine Zeit mit Lesen und Betrachten — besonders aber in der Verehrung, und im Dienste desjenigen zu, der mich so wunderbar, aber doch so gut und selig, bis hieher geleitet und geführet hatte.

Von meinen Gemüthsumständen kann und will ich nun insbesondere nicht viel mehr sagen. Nur will ich noch anführen, daß ich nach meinem gehabten Leidensstand noch sehr vieles habe durchgehen müssen, und bin nicht ohne Leiden, ohne Fehler und Schwachheiten gewesen; aber nach meinem Grundprincip bin ich, in allem, unbeweglich geblieben. — Im Umgang mit den Menschen hab ich noch sehr viel erfahren. Wer in aller Aufrichtigkeit und Lauterkeit vor Gott zu wandeln sucht, der macht im Umgange mit andern Menschen Erfahrungen an sich selbst, aber auch an andern. — Nach meiner Grundneigung suche ich mich dem Wohlgefallen meines Gottes in Jesu ganz zu überlaßen und hinzugeben, um mit mir alles zu machen, was ihm nur wohlgefällig seyn möchte. Diese große Wahrheit: daß Gott in Jesu alles, und das Geschöpf, in sich betrachtet und ohne Ihn, ein pures Nichts sey, ist mir immer tiefer eingedrückt worden, und ich habe sie durch tägliche Erfahrungen je länger je mehr erkannt. Diese Erkenntniß und Erfahrungen haben mich denn auch immer mehr und tiefer

tiefer auf die Urquelle meines Daseyns geführet, und meinen ewigen Geist erweitert, der in seinem Gott, welchen er in Jesu, als seinen lieben Vater ansehen kann, selig beruhigt und zufrieden ist.

---

59. Brief.

Des Verfassers Gesinnungen bei Aufsetzung seiner Lebensgeschichte, und deren Aufnahme vom Publico. — Er hat nur seine Führung aufschreiben, keinesweges aber einen Lebensplan für andere aufsetzen wollen. — Sein Lob- und Dankgebeth zu Gott.

So hab ich dir denn, mein lieber Bruder, meine Lebensgeschichte nach dem Innern und Aeußern dargelegt. Ich hätte zwar von meiner innern Führung noch weit mehr sagen können; aber, wenn je meine Geschichte allgemein bekannt werden sollte, so wird schon mehr als zu viel gesagt seyn, und die Kritik wird mich, ohne die mindeste Prüfung, in das Register der Schwärmer und Fanatiker setzen.*) Allein, ich kann es den Herren,

---

*) Diese Ehre zu erlangen, brauchts heut zu Tage bei weitem noch so viel nicht. Man darf nur Jesum als seinen Gott und Heiland bekennen, und nicht die Lustpartieen der sogenannten honnetten Gesellschaften mitmachen, so ist man mit diesem Namen gestempelt. A. d. R.

ren, die sich in unsern Tagen schaarenweise zu Kritikern aufwerfen, gar nicht übel nehmen, weil ich nicht fodern kann, daß sie etwas gut heißen sollen, wovon sie nichts verstehen, und wovon sie nie etwas erfahren haben: denn der natürliche Mensch vernimmt doch nichts von den Dingen, die des Geistes Gottes sind: sie sind ihm eine Thorheit, und er kann sie nicht begreifen. — Mir ist es gnug, daß mein unsterblicher Geist auf dem Wege, den mich der gute Gott geführet, wahre und beseligende Zufriedenheit gefunden hat. Weiß jemand einen andern Weg, worauf er dieses unschätzbare Gut finden kann, so wünsche ich ihm von Herzen eine glückliche Reise.

Meine Pilgerreise ist zwar etwas beschwerlich und stürmisch gewesen; man wird auch wenige Reisegefährten finden, welche durch solche Wege, als ich, nach dem Aeußern und Innern, habe durchgehen müßen, geführt werden; auch muß man ja nicht denken, daß ich meine Geschichte, als den ausschließlich richtigen, für alle Mitreisende passenden und nöthigen Reiseplan darlegen wollte. Nein! Gott führet seine Kinder nach seinem Wohlgefallen, und nachdem er es, nach seiner höchsten Weisheit, und nach den besondern individuellen Umständen, für ihr Heil am besten erkennet; obschon übrigens zu der Gemeinschaft mit Gott nur Ein Weg ist, worin sich alle Wege vereinigen müßen; nämlich der, welcher uns durch gründliche

liche Buße, Glauben, Selbstverleugnung in Jesu und durch Jesum angewiesen und eröffnet worden ist. — Ich habe nur (wie dir mein l. Br. bekannt ist) auf das liebreiche und wiederholte Zunöthigen meiner Freunde meine Geschichte aufgesezt. Findet jemand etwas für ihn Anpassendes darin, so nehme er das für sich, und benutze es durch die Gnade Gottes zu seinem Heil. Findet er aber nichts darin, so ist es auch gut. Ich verlange niemanden, weder meine Erfahrungen und Einsichten, noch die Art meiner Führung, aufzubringen. Ein jeder sehe nur zu, wie er wandele, und ob er auf den köstlichen Grund, Jesum Christum, Silber und Gold, oder Holz, Häu und Stoppeln baue. — Ich habe nur den Weg beschrieben, den Gott mich insbesondre geführet hat; es ist kein Weg für alle meine Mitpilger. — Nach Stillings oder seines Eugenius Heimweh, reiseten nicht alle, die er auf seiner Reise antraf, mit ihm nach Egypten; manche kamen durch andere Wege, die nicht directe durch Egypten führten, in das gelobte Land, oder nach Solyma. — Inzwischen hoffe ich dennoch, und lebe der Zuversicht, daß sich hier und da noch etwas in der Beschreibnng meiner Pilgerreise finden werde, das dem Mitreisenden einige Aufmunterung geben könne, auf dem Kreuzeswege den Muth nicht sinken zu laßen, oder das Vertrauen nicht weg zu werfen. Die Seligkeit, welche wir zu erwarten haben ist zu groß, und die Herrlichkeit,

59. Brief.

keit, die an uns soll offenbaret werden, zu erhaben, als daß alles Leiden, welches über uns kommt und kommen kann, damit in Vergleichung zu setzen wäre.

Schon hier erfährt ein Gott ergebenes Herz, mitten unter seinen Prüfungen, mitten im Kreuz und Trübsal eine innere Seelenruhe, die unendlich mehr werth und tröstlicher ist, als die Freuden derer, die ihr Theil in diesem Leben suchen. Das stille Bewußtseyn, unter Gottes Führung und in seiner Ordnung zu stehen und zu wandeln, gewährt einen Frieden im Gemüthe, der über alle Lust und Vergnügungen der Sinnlichkeit geht, und den gewiß keine Seele, die das Glück hat, ihn zu schmäcken, dafür hingeben würde. Sie spricht mit jenem frommen Dichter: Unser Sehnen, unsre Thränen, trösten mehr als eure Freud ec. — Ich kann und darf es öffentlich bezeugen: daß ich auf dem Wege, den mich mein Jesus geführet hat, als ein Mühseliger und mit mancherlei Gebrechen Beladener, durch seine Gnade und nach seiner Verheißung (Matth. 11.) Ruhe und befriedigende Seligkeit gefunden habe: und das ist mir genug!

In den mancherlei Stürmen sah es zwar oft sehr mißlich und gefährlich um mich aus: Aber den Anker der Hoffnung und das Ruder des Glaubens hielt ich, durch den gnädigen Beistand meines Steuermanns dennoch immer fest: und fand, mit seiner Hülfe, dadurch endlich einen Hafen der Ruhe und des Friedens, in welchem mein Anker, ja mein Alles, wie ich zu seiner Gnade und Güte hoffe, hier und ewig befestigt bleiben wird. Sollte es aber dem Herrn gefallen, mich vor meinem Hingange, durch fernere Leidens- und Prüfungswege noch bewährter zu machen: so hoffe ich von seiner Güte, daß er dann auch noch immer das Nöthige schenken, daß er mich fest halten und nicht zugeben werde, daß mein glaubiges Vertrauen auf Ihn jemals — ja auch in Noth und Tod nicht wanke! — Er der treue und gütige Gott schenke es aus Gnaden! Amen!

Nun dir, meinem allgenugsamen, meinem ewig liebenden Jesu! danke ich mit kindlich gesättigtem Herzen, daß du einen solchen Sünder geruffen, gezogen, begnadiget, und so wunderbar, aber doch so gut geleitet und geführet hast! Du bist der Anfänger und Vollender meines Glaubens gewesen. Auf deine Zusage habe ich vertrauet, hab ichs gewagt — hab ich alle meine Zuversicht gesetzt. Ach! du hast es über alle Erwartung gut hinausgeführet! — Wenn ich nur auf alle meine Fehler und Gebrechen, und dann auf deine tragsame Liebe und mütterliche Sorgfalt

falt einen Blick zurück werfe: o! dann muß ich mit einem tief gebeugten, lieb- und dankvollen Herzen sagen: Ja! du mein Jesus hast alles — alles wohl gemacht! — In deinem Versöhnopfer hab ich Vergebung aller meiner Sünden gefunden; — aber dabei bliebs nicht; du wolltest mich noch weiter führen. Du wareſt mir, schon vor meinem Daseyn von Gott deinem Vater gemacht worden, zur Weisheit, Gerechtigkeit und Heiligung — und nun bist du mir auch noch zur Erlösung geworden; denn du hast mich, in Gemeinschaft deiner Leiden, erlöset, und meinen Geist in dir mit der Gottheit vereiniget! — In dieser Vereinigung hast du, o mein Jesus, meinem Geiste Ruhe und selige Zufriedenheit geschenket! — Ach! was soll, was kann ich dir, o du Allertheuerster! für alle deine Wohlthaten, — was für Dank, was für Erkenntlichkeit soll ich dir bringen! — Ach, ich habe von mir nichts, bin nichts, kann nichts! Sey du deßwegen Alles in Allem in mir! — Laß meinen Geist deinen untergeordneten Tempel seyn, worin du selbst deinen Namen verherrlichest. — Mein Alles sey dir dazu aufs neue hingegeben! —

Ich

60. Brief.

Ich bin dein Erkaufter: Dein bleib ich hier und ewig!

Dir, meinem Erlöser, sammt dem Vater und heiligen Geiste — meinem Dreieinigen Gott — sey Ehre, Anbethung und Verherrlichung von mir und allen deinen Erlöseten, dargebracht, hier und in alle Ewigkeiten Amen.

---

60. Brief.

Ob der Weg, welchen Gott den Verfasser geführet, der Weg eines wahren Christen, und in jder h. Schrift gegründet sey? — Hauptlehre der h. Schrift; sie bringt auf Vollkommenheit. Es gereicht unserer Religion nicht zur Ehre, nur bei den Anfängen des Christenthums stehen zu bleiben.

Lieber Bruder. Die Geschichte meines Lebens hast du nun gelesen, und die Wege, die mich der Herr geführet hat, hast du eingesehen. Sie sind wohl bald durchgelesen, aber nicht so bald durchwandelt. —

Ich habe schon mehrmalen bezeugt, daß es Gott gefallen hat, meiner mühseligen und mit mancherlei Gebrechen beladenen Seele, auf diesen

60. Brief.

sem Wege, im Kommen zu ihm, Ruhe und Befriedigung zu schenken. — Ob aber dieser Weg, (den ich, nach meiner Ueberzeugung, nicht nach eigenem Willen eingeschlagen habe, sondern vom Herrn geführt worden bin) der Weg eines wahren Christen, und in der heiligen Schrift angewiesen und enthalten sey: darüber wollte ich mich nun, so viel mir der Herr Gnade, Licht und Gaben geschenkt hat, gern etwas näher erklären.

Die heilige Schrift, oder die Sammlung der heiligen Schriften der Propheten, Evangelisten und Apostel, welche wir die Bibel nennen — enthält in den erstaunenswürdigsten und folgereichsten Geschichten, in Briefen voll Lehren und Ermahnungen in Sprüchen und Gleichnissen ꝛc. die Offenbarung des Willens und Anliegens Gottes an alle Menschen. Es ist hier weder der Ort, noch meinem Zwecke gemäß, zu untersuchen, warum denn die heilige Schrift so wenig Völkern bekannt geworden sey? — Die ewige Weisheit wird sich darüber schon einst, bei allen und jeden, so lichtvoll und überzeugend rechtfertgen, daß sie Recht behalte in allen ihren Wegen und Veranstaltungen. — Hier habe ich vorab nur diejenigen im Auge, welchen Gott diese Offenbarung seines Willens hat bekannt werden lassen. Sie ist also, nach ihrem ganzen Inhalte, noch zur Zeit, nur für uns da, die wir den Namen der Christen tragen; und zwar nicht nur

für

für eine besondere Partei oder Klasse derselben, sondern für alle und jede, weß Standes und von welchen Einsichten sie auch seyn mögen. — Sie ist also für den Unbekehrten so wohl als für den Begnadigten, für den minder oder mehr Geförten in der Heiligung so wohl, als für den im biblischen Sinn, Vollkommenen geschrieben. Für alle diese muß also die heilige Schrift nützlich seyn können — und sie ist es auch für einen jeden, dem es darum zu thun ist. In einer genauern Beziehung auf wahre Christen sagt sie uns: daß es Kinder, Jünglinge und Männer in der Gottseligkeit gebe. Für alle diese muß Unterricht, Lehre — kurz, eine, ihrem besondern Zustande und Bedürfnissen angemeßne Nahrung in derselben anzutreffen seyn: — und sie ist für alle darinnen zu finden; sie ist eine Regel und Richtschnur für alle und jede.

Der Hauptinhalt der Heiligen Schrift ist folgender:

"Gott hat den Menschen gut und nach seinem "göttlichen Ebenbilde erschaffen, fand aber nach "seiner Weisheit nöthig, ihn auf die Probe zu "stellen. Der Mensch ist in dieser Prüfung nicht "bestanden, sondern hat sich durch Ungehorsam "von Gott abgewandt, und ist dadurch unter "die Herrschaft der Sünde, und in einen jäm"merlichen, elenden Zustand gerathen. Der lie"be Gott wollte aber den Menschen in diesem ab"gefal-

60. Brief.

"gefallenen Zustande nicht liegen laßen. Er lieb-
"te ihn so sehr, daß er seinen eingebornen Sohn
"in die Welt sandte, um durch Ihn den gefall-
"nen Menschen wieder aufzurichten. Derselbe
"sollte ihn aus seinem tiefen Sündenelende, aus
"seinem verlornen Zustande wieder erlösen; durch
"Ihn sollte das verlorne Bild Gottes in dem
"Menschen wieder hergestellt werden, und durch
"Ihn sollte auch der Mensch, wenn er ihn zum
"Mittler und Erlöser annähme, und seinem Vor-
"bilde nachfolgte, wieder ewiges, seliges Leben
"erhalten. — Dieser Sohn Gottes wird auch
"einst seinen Leib wieder auferwecken; und am
"Ende der Welt über alle Handlungen der Men-
"schen Gericht halten, und das Urtheil zur Selig-
"keit oder Verdammniß über alle Menschen aus-
"sprechen." ꝛc.

Dieß ist Hauptlehre und der Hauptgegenstand der Bibel. Im alten Testamente wird dazu, durch die Verheißung des Weibessamens der
Eingang gemacht; durch fernere Verheißungen,
Opfer und Vorbilder fortgesetzt und überall darauf hingewiesen. Im neuen Testamente ist diese Hauptlehre noch deutlicher enthalten, und alles wird in Jesu Christo, dem Gottmenschen,
dem Mittelpunct aller bisherigen Veranstaltungen Gottes, vollendet. — Was die heilige
Schrift noch sonst enthält, sind Geschichten, die
auf diese Hauptsache Bezug haben, sind Zeugnisse

se und Beweise ihrer Göttlichkeit; sind Anweisungen der Wege, welche man wandeln — der Pflichten, welche man erfüllen muß, wofern man durch diesen göttlichen Mittler wieder aus seinem elenden, sündlichen Zustande erlöset werden will. — Die Anweisungen, Belehrungen und Ermahnungen zu einem gottseligen Leben gehen alle dahin, um den obigen Zweck zu erreichen; nämlich: den von Gott abgefallenen Menschen, durch Christum, wieder in die göttliche Gemeinschaft zu bringen. Hieraus folget, daß, wenn der Mensch nicht von Gott abgefallen wäre, auch die Erlösung durch Christum nicht würde nöthig gewesen seyn. Da sie aber nun nöthig war, so muß sie auch vorzüglich dahin abzwecken, wozu sie nöthig geworden ist. Und dahin zielet, das verrichtet auch diese herrliche, wundervolle Erlösung durch Christum in dem allerausgebreitetsten Sinne. Denn, so an eines (nämlich Adams) Sünde viel gestorben sind, so ist vielmehr Gottes Gnade und Gabe vielen reichlich wiederfahren, durch die Gnade des einigen Menschen Jesu Christi. Röm. 5, 15. Dieser Erlöser sagt selbst, daß Er der Weg, die Wahrheit und das Leben sey, und daß niemand zum Vater kommen könne als durch ihn. Er und seine Apostel sagen uns: daß Jesus als ein Versöhner der Menschen mit Gott, und als ein Erlöser derselben von der Sünde und Ungerechtigkeit in die Welt gekommen sey; aber, daß

wir

wir auch als Versöhnte durch Ihn unsern Erlöser, wieder in die Gemeinschaft und Vereinigung mit Gott, unserm lieben himmlischen Vater, gebracht werden sollen: damit Gott in Christo, nach dem Recht der Schöpfung, durch sein Geschöpf, wieder geliebt, verehret und verherrlichet würde. Dieses war Zweck der Schöpfung, und ist auch der Zweck der Erlösung durch Christum.

Wir wollen denn nun sehen und untersuchen, was uns die heilige Schrift für Wege anweiset, um dahin zu gelangen, daß Gott in Jesu von seinem Geschöpfe wieder verehrt, geliebt und verherrlicht werde.

Jesus ruft als ein Versöhner und Sündentilger (Matth. 11.) allen Mühseligen und unter der Last ihrer Sünden Beladenen zu: Kommet her zu mir! Ich will euch erquicken. Nehmet nur mein Joch auf euch, so werdet ihr Ruhe finden für eure Seelen. — Die Einladung ist also für alle Mühseligen da, und der Erfolg, die Ruhe der Seelen, wenn wir zu Ihm kommen, nach seiner Verheißung gewiß: aber, alle Begebenheiten, alle Schritte, die dem Sünder im Kommen zu Jesu aufstoßen, sind uns nicht ausdrücklich gemeldet; denn, wenn uns die heilige Schrift einen Weg, wie ihn eine begnadigte Seele oft geführet wird, ganz ausführlich, und als den einzigen Weg zur Seligkeit, dargelegt hätte: so wür-

würden diejenigen, welche nicht auf die nämliche Art zur Ruhe und zum Frieden gekommen wären, Ursache haben, ihren Gnadenstand zu bezweifeln. Die heil. Schrift gibt uns nur überhaupt die Sache an; sie sagt uns, zu wem wir kommen, und welcher Mittel wir uns bedienen sollen, um dahin zu gelangen; die Empfindungen, die Gefühle, die Versuchungen und Prüfungen, die einer jeden Seele insbesondre auf dem Wege zu Christo begegnen, gibt sie nur so in allgemeinen Ausdrücken an: sie sind auch so sehr verschieden, als die Menschen von Temperament und Eigenschaften unterschieden sind. Darum mußte nach dem weisen Plan Gottes, sein Wort ein Zeugniß für alle und eine Schatz=und Vorrathskammer seyn, worin ein jeder nach seinen besondern Bedürfnissen, Unterricht, Rath, Trost und andere Geistesnahrung finden sollte. — Die heilige Schrift gibt uns nur die Hauptsache von dem Rath und Willen Gottes — aber auch so ausführlich an, daß wir alle, und ein jeder für sich, alles darin finden, was uns auf Zeit und Ewigkeit befriedigen kann.

Es ist Lehre der heil. Schrift: daß man sich bekehren, daß man, als ein verlorner Sünder, die Sünde fühlen, sie von Herzen bereuen, und unter der drückenden Last derselben, zu Christo, als einem Versöhner, und als dem Erlöser von Sünden kommen müße; daß derselbe Heiland den

Sün

60. Brief.

Sünder aus seinem sündlichen Zustand erlösen, und bei Gott wieder in Gnaden bringen wolle. — Sie lehret aber auch, daß wir hiebei, als bei der Grundlage des Gebäudes, nicht sollen stehen bleiben; nein, sie will, daß auch nun auf diesen Grund ein Haus oder Tempel, worinnen Gott seine Wohnung habe, durch den Geist Jesu solle aufgebauet werden. Deßwegen lehret sie auch und bringet darauf, daß: da wir so große Verheißungen hätten, wir uns auch nun reinigen (oder reinigen laßen) müßten von aller Befleckung des Fleisches und des Geistes, und unsere Heiligung vollenden in der Furcht Gottes. Sie bezeugt: daß nichts Unreines in das neue Jerusalem eingehen — daß nur die, welche reines Herzens sind, Gott schauen sollen; daß ohne Heiligung niemand den Herrn sehen könne. — Paulus bittet für die gläubigen Epheser: daß der Gott unseres Herrn Jesu Christi, der Vater der Herrlichkeit, ihnen geben möge den Geist der Weisheit und der Offenbarung zu seiner selbst (Gottes) Erkenntniß; und erleuchtete Augen ihres Verständnisses, auf daß sie erkennen möchten, welches da sey die Hoffnung ihres Berufs, und welches da sey der Reichthum seines herrlichen Erbes an seinen Heiligen; und welches da sey die überschwängliche Größe seiner Kraft an uns, die wir glauben, nach der Wirkung seiner mächtigen Stärke. — Wer sieht nicht aus diesem Spruche, daß Paulus hier etwas Großes und Erhabenes für seine Gläubigen im Auge habe, zu dessen Erkenntniß sie noch erst kommen, zu dessen Besitz sie noch erst gelangen sollten? Gewiß ist der Reichthum seines herrlichen Erbes, und die Offenbarung der überschwänglichen Größe seiner Kraft an seinen Heiligen etwas mehr, als die anfängliche Erleuchtung zur Buße, und die Vergebung der vergangenen Sünden. — Ferner, sollen auch wahre Anbether den Vater im Geist und in der Wahrheit anbethen. — Es soll mit den Gläubigen dahin kommen, daß sie mit Paulo sagen können: Nun aber spiegelt sich in uns des Herrn Klarheit mit aufgedecktem Angesichte, und wir werden verkläret in dasselbe Bild von einer Klarheit zu der andern, als vom Herrn, der der Geist ist. — Gott will in den Gläubigen wohnen und will in ihnen wandeln. — Sie sollen göttlicher Natur theilhaftig werden. — Wer mich liebet, sagt Jesus, der wird mein Wort halten, und mein Vater wird ihn lieben, und wir werden zu ihm kommen und Wohnung bei ihm machen. — Die also den Herrn lieben, ihm so anhangen, die werden Ein Geist mit Ihm. — Ich lebe, sagt der Apostel, doch nun nicht mehr ich, sondern Christus lebt in mir. ꝛc. Diese und noch eine Menge Zeugnisse und Verheißungen mehr (die der Bibelfreund leicht selbst aufsuchen und nach-

60. Brief.

nachschlagen kann) hat Gott für die Seinigen in seinem Worte aufzeichnen laßen, und ihnen damit gezeigt, wohin es mit ihnen kommen sollte, und wohin er sie bringen will, wenn sie sich, mit Verläugnung ihrer selbst, und aller Dinge Ihm so ganz überlaßen. Aber auch zu dieser Stuffe zu gelangen, hat uns Gott in seinem Worte nur einen allgemeinen Weg angewiesen; allein, ein jeder kann dennoch allezeit nach seinen besondern Bedürfnissen, Nahrung und Zurechtweisung darin finden: Es ist genug, daß es uns von Gott offenbaret ist, wohin er die Seinigen bringen will; sein Wort und Geist wird sie schon in alle Wahrheit (wenn schon oft durch dunkele, unbekannte Steige) leiten. Er kennt die Wege am besten, die er einen jeden führen muß, um das Ziel zu erreichen, und das Kleinod zu erlangen, welches er in seinem Worte dargelegt und verheißen hat.

Unser Heiland und seine Apostel zeigen uns aber auch, daß der Weg, worauf wir zu Christo kommen, und durch Christum wieder mit Gott versöhnt, der Weg, worauf wir geheiliget und wieder zur seligen Gemeinschaft mit Gott gebracht werden sollen, ein Leidens- und Sterbensweg sey. Jesus unser Heiland, der Herzog unserer Seligkeit, hat uns diesen Weg eröffnet, und ist uns denselben vorgegangen. Er hat ihn dadurch zur königlichen Heerstraße gemacht, und

befiehlt

befiehlt allen seinen Jüngern, ihm auf demselben nachzufolgen. Durch das ganze neue Testament wird uns kein anderer angegeben. Es heißt überall von diesem Wege: — Daß wir, in der Nachfolge Jesu, uns selbst verläugnen, mit Christo leiden, gekreuzigt werden und sterben sollen. Der alte Mensch soll sterben und verwesen, aber der neue Mensch soll auferstehen, mit Christo in einem neuen Leben wandeln, und göttlicher Natur theilhaftig — ja Ein Geist mit Gott werden. — Paulus sagt: er wäre gestorben, er wäre mit Christo gekreuziget. Er war also, in der Leidensgemeinschaft mit Jesu, sich selbst und seiner Ichheit abgestorben; deßwegen konnte er auch nun sagen, daß nicht er, sondern Christus in ihm lebe. Dergleichen Ausdrücke bedient sich der Apostel sehr viel. Er kannte Jesum und die Kraft seiner Auferstehung und Gemeinschaft seiner Leiden. Er wollte seinem Tode ähnlich werden, und mit ihm zu einem neuen Leben auferstehen. Sein und der Gläubigen Leben sollte, wann sie so gestorben wären, mit Christo in Gott verborgen seyn. Dieß ist mit eine Hauptlehre jenes Apostels Pauli: dahin war er gekommen, und dahin wollte er auch seine Mitgläubigen gern gebracht sehen. Hätte uns Paulus, dieß auserwählte Rüstzeug Gottes, seine ganze, ausführliche Lebensgeschichte hinterlaßen: so würden wir noch weit mehr von den Wegen einsehen, deren sich der Herr bedient hat, ihn zu dem Stande zu brin-

bringen, wovon er in seinen Briefen an die Gläubigen hin und wieder, so viel Meldung thut, und darauf andringet, dieses Ziel zu erreichen. Allein, eine Lebensgeschichte uns zu einer Regel und Richtschnur zu hinterlaßen, war nicht die Absicht Gottes. Er wollte nicht, daß sich seine berufenen Kinder nach einem menschlichen Muster auffer Christo formen sollten: (welches doch so viele, bei dem Ansehen eines Apostels und der Neigung im Menschen zum nachbilden, würden gethan haben) sondern sie sollten nur auf das Ziel sehen, und und wegen der Mittel, dahin zu gelangen, allein auf seine Fürsehung und seinen täglichen und augenblicklichen Beistand vertrauen. — Gott ließ nicht zu, daß in einer Schrift, die allen Menschen, zu allen Zeiten zur Richtschnur dienen sollte, etwas mehr verzeichnet würde, als was uns überhaupt, und einem jeden insbesondre, nach seinen jedesmaligen Umständen nöthig war. Er hat uns gnug offenbaret, wohin er es durch Christum mit dem begnadigten Sünder endlich bringen will; aber die Wege, deren er sich dazu zu bedienen für gut findet, hat er seiner Weisheit vorbehalten. Unmöglich können solche auch bei allen einerlei seyn; denn, Erziehung, Lage, Stand und Begebenheiten des Lebens sind immer sehr verschieden. Deßwegen sind auch, natürlicher Weise, die Leiden, welche einer Seele auf diesem Wege zustoßen, nicht einerlei. Sie sind so sehr verschieden, als die Gemüther an

Tem-

60. Brief.

Temperament, Fähigkeiten, Geistes- und Leibesstärke verschieden sind. — Ueberdieß haben auch die berufenen und begnadigten Seelen nicht einerlei Bestimmung; weil alle Glieder an Einem Leibe nicht zu einerlei gemacht seyn können, wenn sie schon von Einem Geiste regieret werden. Hierüber hat sich die heil. Schrift an manchen Orten auch deutlich genug erkläret; man lese nur 1 Korinther 12. — Auch liegt in dem Gleichniß von der Austheilung der verschiedenen Pfunden (Matth. 25, 15. bis 18.) ebenfalls in dieser Hinsicht, ein tiefer Sinn.

Ein jeder, der in dem, was Gott von ihm fodert, Treue beweiset, wird schon durch seinen Geist so zubereitet werden, daß er sich für den Ort schickt, den Gott für ihn bestimmet hat, und sein Glückseligkeitstrieb wird in dem Stande befriedigt seyn. So viel ich mich besinne, hab ich in meiner Geschichte, den Weg, welchen mich der Herr geführet, kein einziges Mal als einen allgemeinen Weg für alle Christen angegeben. Nein, das hab ich nicht gethan; weil mir mein göttlicher Führer Erfahrung genug gegeben hat, um zu wissen, daß dieses nicht geschehen durfte. Aber, ich finde mich verpflichtet, die Wege, welche ich geführet worden bin, so viel möglich ins Licht zu stellen, um zu zeigen, daß sie in der h. Schrift gegründet, und mit derselben Sinn und Zweck übereinstimmend sind; laße aber dabei gern
einen

einen jeden, der mir keinen Beifall geben will, seinen Einsichten und Ueberzeugungen über — und vor allen andern denjenigen, der keine Ueberzeugung annehmen will.

Der Ehrwürdige Greis De Marées sagt in seinen Briefen über die neuen Wächter der Protestantischen Kirche, 10. Brief, S. 138. "Ich "glaube, daß zu einer vollkommenen Liebe viel "erfodert werde, und daß nur wenige, selbst "gute Christen diesen Gipfel hienieden ersteigen: "daß daher zwischen der untern Bank, worauf "die Religionsschüler sitzen, und zwischen der "obersten, worauf die Vollkommenen in der "Liebe gehören, noch viele Zwischenbäncke seyen."

Es ist nicht billig, und macht unserer allerheiligsten Religion keine Ehre, daß man nur bei den Anfängen des Christenthums will stehen bleiben, und deßwegen die, welche einen Zug und Ruf in sich fühlen, nicht allein Jesum als einen Anfänger, sondern auch als einen Vollender ihres Glaubens zu ergreifen, mit mancherlei Beschuldigungen belegt, und sie bei andern verdächtig machen will, als wären sie keine Bibel-Christen; als gingen sie die Versöhnungslehre, oder Jesum und sein Verdienst vorbei, und dergl. mehr. Dieß ist Verläumdung, und macht, wie gesagt, der Religion Jesu keine Ehre. — Wahrlich! die Absichten Gottes bei dem Werke der Erlösung können nicht anders als groß seyn. Ja, sie sind groß, erhaben und gewiß viel weiter reichend, als eine angehende, auch noch in etwa geförderte, Seele je vermuthen und ahnen kann.

Wir sollen durch Christum noch in einen herrlichern Stand versetzt werden, als wir in Adam verloren haben. Denn, nachdem wir nun einmal durch den Fall in einen Zustand gekommen sind, worin wir wissen, was gut und böse ist — oder wodurch das Erkenntniß des Guten und Bösen sich durch die leidige Erfahrung in uns entwickelt hat: so ist es eine weit größere Ehre und Verherrlichung Gottes, daß er solche Abgewichene durch Christum wiederbracht hat, als wenn sie im Stande der Unschuld geblieben wären. Auch ist ohne Zweifel die Freude und Seligkeit derer ungleich größer, welche nach großem Kampf, nach viel Trübsal und Elend, endlich zur vollkommenen Ruhe und Friedensgenuß gelangt sind, als derjenigen, die in einem ununterbrochenen Zustande von Ruhe und Unschuld gelebt, und nie erfahren haben, was Kampf und Leiden war: eine Bemerkung, welche schon viele gemacht haben, weil sie eine Wahrheit enthält, die schon in der Erfahrung des menschlichen Lebens gegründet ist.

Man muß das Wort Gottes in seinem Zusammenhange, und Christum und sein Erlösungswerk,

so

60. Brief.

so wie er uns von Gott gemacht und gegeben worden ist, in seiner ganzen ausgebreiteten Fülle annehmen; sonst verkleinert man diesen göttlichen Erlöser. Denn er ist ein vollkommener Erlöser, der seine Auserwählten wieder ganz und vollkommen, in den herrlichen, ja in einem noch weit herrlichern Stand versetzen will, als der Stand Adams vor dem Falle war.

Es ist mir oft auffallend gewesen, wann ich hörete, daß Prediger, welche die Religion Jesu von Herzen bekannten, und von der Nothwendigkeit der Sinnesänderung überzeugt waren, bei Begnadigten nichts weiter als die Anfänge des Christenthums wollten gelten laßen, und diejenigen auf dem Irrwege glaubten, welche sich damit nicht begnügten, sondern auf einen genauern gottseligen Wandel drungen. — Es ist zwar an dem, daß sie in ihren öffentlichen Vorträgen dem gemischten Haufen ihrer Zuhörer nicht wohl viel mehr darlegen können, als die Materie von der Erkenntniß des Sündenelendes, von der Nothwendigkeit der Buße, Bekehrung und Wiedergeburt, ꝛc. in allgemeinen und biblischen Ausdrücken, ohne in das Detail und die Tiefe einzugehen, worin eine erfahrne Seele diese allgemeine Ausdrücke fasset und sich applicirt. Es wäre nicht weise gehandelt, denen, die kaum oder noch gar nicht angefangen haben, schon die ganze Perle, den ganzen Prozeß oder Weg der Heiligung,

gang, bis zu der Vereinigung mit Gott in Christo vor Augen legen zu wollen. Allein, ein erfahrner Lehrer weiß auch in dieser Rücksicht das Wort Gottes recht zu theilen, aus seinem Schatz Altes und Neues hervor zu langen, so, wie es die Bedürfnisse einer jeden Klasse von Zuhörern fordern, und so, daß ein jeder, in seinen besondern Umständen, daraus Unterricht, Trost oder Aufmunterung erhält, dem Kleinod nachzujagen, wenn es ihm anders um Gott zu thun ist.

Ein sonst gutmeynender, aber in den innern Wegen der Verläugnung und Absterben noch ungeübter, christlicher Lehrer, mag immerhin die Lehre der Gottseligkeit nur so weit treiben und vortragen, als er sie versteht und fassen kann: aber er muß uns dasjenige nicht verdächtig machen, was im Worte Gottes offenbart ist, und uns zeiget, wohin es Gläubige in der Gnadenkraft Jesu bringen können und sollen; das heißt wahrlich Jesum und seine Religion beschimpfen, und ihm die Kraft absprechen, als ob er seine Gläubigen nicht weiter, als eben über die ersten Gränzen der Bekehrung bringen könnte. — Das ist eben eine große Ehre für unsere Religion, daß der Hauptgegenstand ihres Bekenntnisses, ja der Mittelpunct ihrer Lehre, Jesus Christus, ein vollkommener Erlöser ist. Das Ganze seines Erlösungswerks beschränkt sich nicht bloß dahin, daß er unser Versöhner ist; daß Gott, um seines

nes Versöhnopfers willen uns alle begangene Sünden vergeben, und uns wieder ein gnädiger Gott seyn will: sondern er will uns auch noch von dem Dienst und der Sklaverei der Sünden erlösen; er will uns auch von dem Grundverderben, woraus alles Böse entsteht und hervor quillt, von unserm Stolze, von der bösen Eigenliebe frei machen, und es mit uns dahin bringen, daß wir Gott ganz wieder untergeordnet werden. Wir sollen in der Gemeinschaft und Vereinigung mit dem Vater in dem Sohne durch den Heiligen Geist, ewige Befriedigung und Seligkeit finden: dazu ist er unser Erlöser geworden.

Da sich jetzt alles wider unsere heilige Religion empört; da die Macht der Finsterniß, des Unglaubens und der falschen Aufklärung daran arbeiten, sie ganz zu stürzen: so glaub ich, daß Jesus seinen verheißenen Geist so viel mehr und kräftiger ausgießen,*) die Gestalt der Erde erneuen

---

*) Man erlaube mir, den Gedanken hier niederzuschreiben, der mir eben an dieser Stelle hierüber beifällt. — Als die erste große Ausgießung des H. Geistes zur Gründung der Christlichen Kirche geschah, waren die Gesandten Jesu alle einmüthig beieinander. Sollte dieß nicht auch bei der bevorstehenden neuen Gründung und Errichtung der Christlichen Kirche Statt haben müßen? wo nicht nach dem Orte, doch nach der Einigkeit des Sinnes, mit Verläug-

60. Brief.

neuen, und sich solche Rüstzeuge zubereiten und schaffen werde, welche Vorbilder seiner Kirche sind. — Und gewiß, die er so durch sein Blut erkauft, erlöset und versöhnt, durch seinen Geist geheiligt, und durch sich selbst mit der Gottheit wieder vereiniget hat, die werden in der Stunde der Versuchung, die schon angefangen hat, und in welcher, wann sie einmal, durch die losgelaßene Macht der Finsterniß, auf den höchsten Grad getrieben ist, auch kaum die Auserwählten vor der Verführung werden sicher bleiben — ja, da werden solche mit Gott vereinigte Seelen aushalten können; sie werden in den härtesten Proben, Jesum als ihren Gott, Heiland und Versöhner freimüthig bekennen, sollten sie auch ihr Bekenntniß mit Marter und Tod versiegeln müßen.

Ich wollte deßwegen diejenigen meiner Leser, sie mögen von einer Partei seyn, von welcher sie wollen, welche unserer allerheiligsten Religion als Lehrer vorstehen, und von Herzen bekenläugnung aller besondern Meinungen in Religionssachen? Und haben wir nicht schon davon ein liebliches Vorspiel in der brüderlichen Vereinigung der Englischen Missionssocietät, die sich aus allen Parteien zu einem Zweck so ganz brüderlich vereinigt hat? — Es scheint so gar, daß die falsche Toleranz, die Aufklärung, der ächten Toleranz — der Tochter der Erleuchtung hierin hat vorarbeiten müßen. — Anmerk. des Redact.

kennen, daß Jesus Christus der Sohn Gottes und der Erlöser der Menschen sey; — auch alle, die nicht Lehrer sind, und dieß alles doch von Herzen glauben: ich wollte, sage ich, diese alle brüderlich bitten, daß sie das, was sie selbst noch nicht eingesehen und erfahren haben, nicht so ganz ohne genugsame Prüfung verwerfen möchten. Wer in Wahrheit ein Glied am Leibe Christi ist, der hat auch Theil an allen Vorzügen der andern Gliedern an demselben Leibe. Wir müssen da nicht aus Eigenliebe, und eitler religiöser Rechthaberei, das Gute, welches andere haben — wenn wir es schon nicht ganz durchsehen können — verwerfen, und den Rock Jesu, der doch nicht getheilt werden sollte, theilen wollen.

---

61. Brief.

Der Verfasser gibt sich nicht für einen Lehrer aus. — Der Gott der heutigen Philosophen ist nicht der Gott der Bibel, sondern ein bloßer Natur-Gott. — Anerschaffnes Bedürfniß und Glückseligkeitstrieb im Menschen. Der Mensch ist nicht mehr unter der Ordnung Gottes; sein Glückseligkeitstrieb kann nur durch Rückkehr unter diese Ordnung, durch Absterbung und Vernichtigung des Stolzes und der Eigenliebe befriedigt werden.

Durch alles, was ich im Vorhergehenden gesagt habe, wollte ich mich ja nicht für einen Lehrer

rer, ausgeben; nein! ich wollte nur brüderlich bitten. Ich bin kein Lehrer, und noch viel weniger ein Gelehrter: für so etwas geb ich mich gar nicht aus. Aber, da mir Gott doch einige Fähigkeiten gegeben hat, dasjenige, was ich sehe, höre und lese, in etwa zu beurtheilen; da ich ferner auch eine geraume Zeit in die Schule Jesu gegangen bin, und unter seinem Kreuze manches gelernt und erfahren habe, was man eben auf den hohen Schulen dieser Welt nicht lernen und erfahren kann: so darf ich mich doch, dem Anfange nach, für einen Schriftgelehrten zum Himmelreich gelehrt, ausgeben. — Zwar sind meine geringen Gaben und Talente nicht so ausgebildet worden, daß ich auf das Verdienst eines Schriftstellers Anspruch machen könnte; und wenn man nicht in mich gedrungen hätte, meine Lebensgeschichte aufzusetzen, so wäre wohl niemals eine Zeile von mir im Druck erschienen. Allein, da es die Fürsehung so gefüget hat, daß ich häufige Gelegenheiten gehabt habe, vieles in der Welt, und, durch Gottes Führung an mir selbst zu erfahren: so habe ich dafür gehalten, es sey meine Pflicht, den liebreichen Zunöthigungen meiner Freunde nachzugeben, in der demüthigen Hoffnung, daß heilsbegierige Seelen doch noch hin und wieder etwas zu ihrer Belehrung und Aufmunterung in meiner Pilgerreise finden werden. Sie liefert Thatsachen und Erfahrungen, freilich nur in ein schlechtes, gerades Gewand

wand gekleidet. Fehlt daher meiner Schrift gleich der Schmuck, womit ein schriftstellerisches Genie seine Werke dem größten Theile seiner Leser interessant macht: so ist sie doch auch frei von dem Gifte, welches in diesen oft so häufig versteckt liegt, und von vielen so begierig eingesogen wird.

Einen großen Theil der in unserm Jahrhundert herausgekommenen Schriften hab ich gelesen, und in manchen viel Gutes gefunden. Ich darf, mit jedem vernünftigen Manne, der sich mit der Betrachtung dieser Producten des Geistes etwas abgegeben, die fortschreitende Cultur und Aufklärung in den Künsten und Wissenschaften nicht verkennen: ich will auch nicht läugnen, daß die Philosophie manche Vorurtheile und Albernheiten des Aberglaubens weggeräumt hat. Aber leider! ist sie dabei nicht stehen geblieben; ich habe gefunden, daß, unter dem Vorwande, alte Jüdische Vorurtheile wegzuräumen, und den Aberglauben zu stürzen, sie den Glauben der Christen selbst untergraben will; und sichtbare traurige Folgen haben nur gar zu deutlich bewiesen, wie sehr diese Bemühungen gelungen sind.

Die Philosophie unserer Zeit sucht alles, was nur einen Bezug auf die Religion Jesu hat, niederzureißen und zu zertrümmern. Sie will uns für den Gott der Bibel, einen Natur-Gott, oder vielmehr gar keinen Gott, an die Stelle geben:

61. Brief.

geben: denn, wenn sie auch noch einen Gott läßt, so ist es doch ein solcher, der mir nicht helfen, noch für alle meine Bedürfnisse Befriedigung geben kann; und ein solcher Gott ist mir nicht brauchbar noch nütze. Wem dieser Gott genüget, und sich von dem in der Bibel geoffenbarten wahren Gott nicht überzeugen lassen will, dem will ichs gern lassen, und hab ihm weiter nichts zu sagen. — Aber, indem ich den Ursachen aller der Verirrungen der menschlichen Vernunft nachforschte, hab ich erkannt, daß ihr Stolz die Haupturfache ist. Ich habe eingesehen, daß der Mensch von dem ersten und berühmtesten Philosophen an, bis zum dümmsten Adamskinde voll Stolz, Eigenliebe und Rechthaberei ist. Und leider! beleben diese, allen Frieden und Seelenruhe zerstörenden Eigenschaften oder Leidenschaften unter allen Geschöpfen vorzüglich den Menschen! — Dieses Emporstreben, welches seine Seelenkräfte in demüthiger Abhängigkeit und Unterwerfung unter Gott seinen Schöpfer, und in dessen Ordnung, zur Gottähnlichkeit hinaufadeln sollte: dieses Emporstreben, sage ich, hat bei dem Menschen durchgehends eine schiefe und verkehrte Richtung genommen. Alles sucht er auf sich zu bezwecken, und raubet Gott was sein ist. Der Stolz seiner Vernunft, wollte sich wohl alle Geschöpfe, ja Gott selbst unterordnen. Alles soll sich nach ihm richten, alles auf ihn Bezug haben. Hiebei bleibt

bleibt er ein unglücklicher, und an sich selbst gefesselter Sclave, so wohl in der göttlichen als weltlichen Regierung. Wer aber der Offenbarung Gottes in der Bibel folgt, und mit aller Treue zu thun sucht, was sie uns zu thun anweiset; dabei aber vor allen Dingen Jesum Christum zu seinem einigen Erlöser, und für alles das annimmt, wozu er uns geschenkt, und in Gottes Worte angewiesen ist: der wird ein ganz freier Mensch; (weil ihn der Sohn Gottes frei macht) er ist nicht allein frei unter der göttlichen Regierung, sondern er würde sich auch unter einer jeden menschlichen Regierung frei fühlen, wenn er gleich unter der Botmäßigkeit des Marokkanischen Fürsten leben müßte.

Der Mensch wird mit dem Bedürfniß, glücklich zu werden, geboren; er hat einen anerschaffenen Glückseligkeitstrieb, und sein natürliches Bestreben geht unaufhörlich dahin, ihn zu befriedigen. In diesem Glückseligkeitstrieb besteht seine Existenz, seine ganze Ichheit. — Der Mensch, durch diesen Trieb gespornt, sucht sich überall empor zu schwingen, sich gern Ehre und Ansehen und die Mittel dazu in der Welt zu verschaffen. Wer dieses nun in gehöriger Ordnung thut, sich keine krumme Wege dabei erlaubet und keine Ungerechtigkeit damit verknüpft, den kann man als einen rechtschaffenen Mann in der Welt anschauen, denn er benutzt seine Fähigkeiten, bil-

61. Brief.

bet dieselben zu einem guten Weltbürger aus, und kann daher, durch seine Talente, zum gemeinen Beßten vieles beitragen: dieses ist in seinem Fache nicht gering zu schätzen. Aber er mag in der Welt so hoch steigen als er will, so viel weltliche Güter erhalten, als er gewünscht, seine Sehnsucht wird nicht gestillt, seine Bedürfnisse werden nicht befriediget. Es liegen Glückseligkeitstriebe im Menschen, die kein geschaffenes Wesen auf eine bleibende Weise befriedigen kann. Hat er einmal die Stuffe erstiegen, worauf er vor Erreichung derselben, glaubte, glücklich zu seyn: so schwindet ihm das geträumte Glück unter den Händen weg, so bald er sie erreicht hat. Sein Hang, seine Sehnsucht und Bestreben geht immer weiter; seine Bedürfnisse werden nach dem Maße immer größer, als er höher steigt. Und je mehr Bedürfnisse ein Geschöpf hat und fühlt, je größer ist auch seine Anlage zur Glückseligkeitsfähigkeit! — aber auch desto unzufriedener und unseliger ist sein Zustand, weil diese Triebe nicht in die Quelle zurück geführet werden, woraus sie geflossen sind, und worin sie allein können gestillet werden.

Diese Bedürfnisse, diese Glückseligkeitstriebe mußten dem Menschen als einem vernünftigen Geschöpfe, von seinem gütigen Schöpfer anerschaffen werden; sonst würde er ein unthätiges, klozartiges Ding geblieben seyn. Aber durch das

61. Brief.

das Abweichen des Menschen von seinem Schöpfer, durch den Ungehorsam gegen dessen Befehle, ist der Glückseligkeitstrieb verdorben und verschoben und die eigentliche Natur seiner Bedürfnisse verkannt — folglich auch dieselben auf die verkehrte Art zu stillen gesucht worden. — Wie das alles noch in der Ordnung Gottes stand, da war auch alles noch in der Harmonie mit Gott, gestillt und befriedigt. Da aber der Mensch nicht mehr in dieser Ordnung ist, so sucht er diese Triebe in Sachen zu stillen, worinnen sie niemals befriedigt werden können. Der Ausspruch des Lügengengeistes: Ihr werdet seyn wie Gott — hat ihn (nach der Absicht dieses Geistes) ganz eingenommen. Er hat sich überall und in allem nur selbst im Auge. Er will haben, will seyn, will nur für sich genießen: Kurz, alles soll Bezug auf ihn haben. Er wollte wohl Gott meistern: Gott soll ihm alles geben uud thun, was er nach seinem verkehrten Stolz und Eigenliebe haben will.

Kommt aber der Mensch einmal dahin daß er höhern Gefühlen Raum gibt; wird er einmal gewahr, daß er in der ganzen weiten Welt nirgend seinen Trieb nach Glückseligkeit befriedigen, nirgend seine Bedürfnisse der Seelenruhe sättigen kann, und wendet sich dann an die Offenbarung Gottes in der heiligen Schrift, um da Rath und Hülfe zu suchen: so entdeckt ihm dadurch das göttliche

liche Gnadenlicht, daß er ein stolzer Sclave seiner sündlichen Lüste und Begierden sey, der anders nicht, als durch die Macht eines höhern Wesens aus dieser Sclaverei erlöset, und zur wahren Befriedigung gebracht werden könne. Folget er nun dieser Anweisung; gibt er dem Geiste Jesu Raum, und suchet von Herzen und mit Ernste auszurichten, was derselbe durchs Wort von ihm fodert? so verheißt er ihm auch, durch seine innere Ueberzeugung, daß er Ruhe und Befriedigung für seine Seele finden soll. Aber die Wege, die zu dieser, dem Volke Gottes verheißenen Ruhe führen, sind der Sinnlichkeit gerade entgegen. Hier muß man denn mit Paulo kämpfen, um diese Friedenskrone zu erlangen; hier muß man in allen Stürmen gläubig aushalten: Ohne Kampf *) gibt es keinen Sieg, und ohne gesiegt zu haben, wird man nicht gekrönet. Wer nur von Herzen will, der kann auch

in

---

*) Ohne Kampf und Verleugnung gibt es keinen Adel und wahren Werth für den Menschen, und ohne Kampf kennt er die Kluft nicht, die in unserem Inwendigen zwischen wollen und seyn, zwischen Edel und Gut, befestiget ist, und kann sie nicht kennen.

"Die auf dem Meer fahren, die sagen von seiner
"Fährlichkeit. — daselbst sind seltsame Wunder,
"mancherlei Thiere und Wallfische; durch dieselbe schiffet man hin."

Erfah-

in der Gnadenkraft Jesu ein Ueberwinder werden. Die Feinde — die Leidenschaften, sonderlich der Stolz und die Eigenliebe fallen wohl nicht auf einen Hieb zu Boden; aber sie können und sollen durch die Kraft der Gnade dennoch überwunden werden, und wer Treue beweiset, wird diese Ueberwindung zu Stande bringen. Er, der das gute Werk angefangen hat, der setzt es auch fort, ja er vollendet es, und bringt alles in die Ordnung, worin die Geistesbedürfnisse und Glückseligkeitstriebe gestillet werden. Das leidenschaftliche Theil, wo Stolz und Eigenliebe den Vorsitz haben, geht vor und nach in den Tod, wird vernichtet und geht verloren — Gott lebt alsdann durch Christum in der Seele.

Erfahrung macht den Meister. Und nur die, welche sich in den Defileen und Labyrinthen jener grossen Kluft versucht, und mit den seltsamen Wundern und mancherlei Ungeheuern vor den Thoren des Friedens, gekämpft und sich selbst daran gewagt haben, nur die können wissen: ob es dort Mühe und Fährlichkeit hat! Und es wäre sehr lustig zu sehen, wenn ein Stubenzeichner einen solchen edlen Ritter und Veteran, der unter den Waffen an Ort und Stelle grau geworden ist, aus seinen Landkarten zurecht weisen und eines bessern belehren wollte. — Dieses sagt der edle Asmus in seinem 6ten Stück des Wandsbecker Bothen pag. 177 und 178.

61. Brief.

Es ist schon oft und viel gegen das Sterben, Vernichtigen, Verlieren unser selbst, unserer Ich-heit, — so wohl was die Sache als den Ausdruck angeht, geredet und geschrieben worden, und man hat viel falscher Schlüsse darüber gemacht. Freilich ist nicht zu läugnen, daß auch manche gute, fromme Seelen, (entweder aus Mangel gnugsamer Erfahrung der Sache, oder aus Unkunde der Sprache) durch unschickliche Ausdrücke hiezu Anlaß gegeben haben; allein, die Hauptsache, warum dagegen geredet und geschrieben wird, ist der fleischliche Sinn, die alte verderbte Natur, die sich wider den Tod sträubet. — Ich will mich darüber erklären, so viel mir der Herr Erfahrung, Licht und Vermögen geschenkt hat.

Der Egoismus (die Ichheit oder Selbstsucht) ist schon im Natürlichen, wenn er über seine Schranken geht, verhaßt und verachtet. Der Egoismus ist durchgängig die Triebfeder von allen, so wohl guten als bösen Handlungen der Menschen. Ohne denselben wäre der Mensch nicht Mensch, sondern würde nur eine unthätige Maschine seyn. — Wäre nun der Mensch noch in der Ordnung Gottes: so würde dieser Egoismus, seine ganze Ichheit Gott untergeordnet seyn, und der Mensch würde mit Gott in derjenigen Harmonie stehen, worin das Geschöpf mit seinem Schöpfer stehen muß. Es wäre also seine erste und höchste Pflicht, dieses Recht der Schöp-

61. Brief.

Schöpfung zu erfüllen, und sich ganz unter Gott und dessen Ordnung zu geben. Aber diese Ordnung ist im Menschen ganz-umgekehrt worden. Er ist von Natur nicht mehr in dem Stande der Verhältniß auf Gott: sondern sucht sich nun in allem selbst, seine eigene Größe ist das höchste Ziel seines Dichtens und Trachtens; und die ihm anerschaffene Triebe zur Glückseligkeit, welche in Gott selbst, der Urquelle der Seligkeit befriedigt werden sollten, führt der von dem Egoismus betrogne Mensch in die Kreatur ein, und kehrt also die göttliche Ordnung ganz um. — Und hierin liegt der ganze Grund seiner Unzufriedenheit und Unseligkeit.

Weil nun unsere Bedürfnisse und Glückseligkeitstriebe in nichts, als in der Urquelle aller Glückseligkeit können gestillet werden: so hat es auch Gott, nach seiner unendlichen Güte, gefallen, Mittel und Unterricht zu geben, wie und auf welche Art der Mensch zu dieser Befriedigung gelangen kann. Wer nun, mit Entsagung alles ungöttlichen Wesens diese Mittel anwendet, und denjenigen gläubig annimmt, der ihn von Sünden erlösen kann: der ist auf dem Wege, der dahin führet, wo Gott wieder die Oberherrschaft über ihn erhält, und seine Geistes-Bedürfnisse befriediget werden. Aber er ist noch erst auf dem Wege dahin. Es ist noch vieles zu überwinden, noch vielem abzusterben, was nicht mit der

Gemeinschaft eines heiligen Gottes bestehen kann. Vor allen bleibt hier der Egoismus, die Selbstsucht oder Eigenliebe — immer der schlimmste und hartnäckigste Feind. Wer mit seinem eigenen Herzen und mit den Wegen bekannt ist, die uns die Offenbarung anweiset; wer auch diejenigen Pilger beobachtet, welche mit ihm den Weg der Gottseligkeit in aller Treue zu bewandeln suchen, der entdecket in sich und in andern noch immer diesen Feind, bald in dieser, bald wieder in einer andern Gestalt. Die verschlagene Eigenliebe menget sich noch stäts, auch unter dem heiligsten Schein, in alle gute Handlungen, selbst unter den schmerzhaftesten Gefühlen des sündlichen Verderbens, und wider den Willen der Begnadigten mit ein. Ja es gibt viele Beispiele, daß Seelen, die besondere Gnaden und Gaben von dem Herrn empfangen hatten, sich mit diesen Gnaden und Gaben so verstiegen, und so stolz wurden, daß der Herr gleichsam gezwungen ward, sie los und an sich selbst zu überlaßen, wodurch sie denn zum Fall kamen. Dieß war aber das einzige Mittel, sie von ihrem geistlichen Stolze zu demüthigen, und sie handgreiflich von ihrem gefährlichen Zustande und von der Nothwendigkeit der Besserung zu überzeugen, und sie noch zu bessern.

Welche Zänkereien, Verläumdungen, ja Verketzerungen, sind nicht oft, zum großen Aergernis

61. Brief.

gerniß und Wehmuth anderer Frommen, unter denen gewesen, welchen man Gnade und gute, christliche Gesinnungen nicht absprechen konnte.*) Die geistliche Rechthaberei, diese schädliche Frucht des eigenliebischen Baumes, ist von jeher eine Hauptwurzel dieser traurigen und ärgerlichen Zänkereien gewesen: und wie oft läßt sich der Begnadigte nicht noch davon hinreißen! — Sollte es nicht auch zum vollkommenen Erlösungswerk unseres vollkommenen Erlösers gehören, uns auch noch von diesen Wurzeln, woraus alles Böse hervor schießt, völlig los zu machen? Sollte wohl seine vollkommene Erlösung nicht

*) Wer die Kirchengeschichte nur in etwa kennt und unparteiisch geprüft hat, der wird davon genugsam überzeugt seyn. Aus diesem Grunde des menschlichen Stolzes und seiner Eigenliebe sind alle sogenannte Religionsstreitigkeiten, Trennungen ꝛc. entstanden: gerade gegen die friedliche sanfte Grundsätze der Religion Jesu, die allen ihren Bekennern Liebe, Tragsamkeit und Duldung anbefiehlt. — Doch ist in der gegenwärtigen Lage der Menschheit etwas, das die Menschen treibt, sich mehr als je an- und wider einander zu drängen und zu reiben: es wird eine Scheidung von Licht und Finsterniß sichtbar, und ein mehr als gewöhnliches Zusammenhalten der Glieder eines jeden dieser Principien. Dieses muß vielleicht vorher gehen, um in der Lage der Dinge, nach der weisen Anordnung des Schöpfers, zu der von ihm bestimmten Zeit — die vielleicht nicht sehr weit mehr ist — ein gutes, harmonisches Ganzes hervor zu bringen.

nicht kräftig genug seyn, die völlige Ausrottung dieser Wurzeln zu bewerkstelligen? — Ich glaube von Herzen, daß er es, als ein vollkommener Erlöser thun kann und auch thun will. Aber die Wege, deren er sich hiezu bedienet, sind unserer Eigenliebe nicht angenehm, und können es auch nicht seyn, weil sie darauf sterben soll. Deßwegen sträubet sie sich auch aus allen Kräften dagegen, und will von diesen Wegen bei dem Erlösungswerke durchaus nichts wissen. Unser Heiland und seine Apostel haben uns aber doch keinen andern Weg angegeben, keinen andern vorgegangen. Diese Wege sind aber, wie schon öfters bemerkt worden, bei allen nicht einerlei. Jesus Christus ist ein so weiser Arzt, daß er allein die Medicamenten am besten kennt, die sich für einen jeden seiner Kranken schicken, und wodurch er sie von ihrer Krankheit genesen und befreien kann und will. Ihm hierin Vorschriften machen wollen, wären Eingriffe in seine Majestätsrechte. Dem Kranken kann es gnug seyn, daß er wisse: er sey tödtlich krank gewesen, nun aber durch diesen weisen Arzt gesund gemacht worden.

---

62. Brief.

62. Brief.

Fortsetzung dieser Materien. — Daß Gott alles, der Mensch aber in sich nichts sey. — Der neue Mensch, oder die neue Geburt durch den Geist Gottes im Menschen, ist ein Grundprincip. — Begriff der wahren Christlichen Vollkommenheit und der wahren Freiheit.

Noch einmal, mein lieber Bruder! setze ich die Feder an, um mich mit dir über die im vorigen Briefe enthaltene Materien noch etwas zu unterhalten; und dieß wird in dieser Briefreihe, wie ich nicht anders denke, das letzte Mal seyn. Du wirst aber hier eben so wenig Systematisches zu erwarten haben als im vorigen. — Ich versprach, nach dem mir geschenkten Licht und Erfahrung mich, über die (vielen Menschen anstössigen) Redensarten: Sterben, Vernichtigung, Verlieren ꝛc. zu erklären; sehe aber, daß, obschon diese Materie berührt worden ist, ich solches doch so eigentlich nicht gethan habe. Ich hole es also hier kürzlich nach.

Das Sterben an sich selbst, die Vernichtigung, das Verlieren unserer Eigenliebe des Eigenwillens und Stolzes, sind Benennungen, mit welchen man eine Sache ausdrücken will, wozu man eben keine schicklichen Worte findet. Sie wollen eben das sagen, was unser Heiland durch seine Seele verlieren (Lucas 17, 33) ausdrücken

cken will. — Wenn nur die Sache geschieht, so kommt es auf die Worte nicht an. Es ist auch überhaupt sehr schwer, Dinge durch Worte zu bezeichnen, welche nicht durch die Sinne, sondern durch eine tiefe Erfahrung wollen erkannt werden.

An und für sich selbst kann unsere Seele und ihre Substanz nicht vernichtiget werden. Aber der Grund der Verdorbenheit, der in der Seele des Menschen liegt, ja so sehr mit derselben verwebt ist, daß er, so zu sagen, mit derselben Ein Ding ausmacht — dieser Grund der Verdorbenheit, wird durch Veranstaltungen und Wege, die der gute Gott für eine jede Seele als die beßten kennet, weggeräumet oder vernichtiget; oder, nach dem Ausdrucke der H. Schrift: man stirbt dem alten Menschen ab; und wenn derselbe gestorben und verweset ist, so kommt vor und nach ein ganz neuer Mensch an dessen Stelle. Dieß ist der neue Mensch, der nach Gott geschaffen ist, in rechtschaffener Gerechtigkeit und Heiligkeit, welchen die gläubigen Epheser, nach der Ermahnung Pauli noch erst anziehen sollten. Ephes. 4, 24. Dieser neue Mensch ist und wird immer mehr verneuet, nach dem Ebenbilde deß, der ihn geschaffen hat. Col. 3, 10. Wenn dieser neue Mensch angezogen ist, so ist der Mensch wieder unter die Ordnung Gottes gekommen. Durch demüthigende Leidens- und Kreu-

62. Brief.

Kreuzeswege ist der alte Mensch, der alte, Gott widerstrebende stolze Sinn gestorben und vernichtigt, und dieser neue, der ganz unter Gott gebeugt stehet, lebt dagegen auf. Durch die Erlösung durch Christum ist der Mensch nun wieder in die verlornen Rechte der Schöpfung eingetreten: in Christo ist er eine neue Kreatur geworden. — Ueber dieß Sterben und Leben drückt sich Paulus häufig und anmerklich aus, sonderlich in den Stellen: Ich lebe; doch nun **nicht mehr ich, sondern Christus lebt in mir.** — **Ich bin gestorben, und mein Leben ist verborgen mit Christo in Gott.**

Im Stande der Natur ist der Mensch, wie mehrmalen gesagt worden, außer der Ordnung Gottes. Durch die Bekehrung kommt er in den Stand der Gnaden, und wieder in die Ordnung, die ihm Gott zu seinem Heile verordnet hat. Nach den Erfordernissen dieser göttlichen Ordnung muß der Begnadigte sich selbst verläugnen, seinen Lüsten und Begierden absterben und Jesu nachfolgen. Da er aber dieses aus eigenen Kräften nicht kann, so wird ihm, durch den verheißenen Geist Jesu, Kraft und Unterstützung dazu verliehen. Allein, bei aller Treue und Arbeit des Menschen in der Verläugnung und Absterbung — selbst mit und durch diese von oben geschenkte Gnadenkraft unterstützt — strebt dieses stolze

stolze und eigenliebische Theil wider den Willen, und zum großen Schmerz des Begnadigten, dennoch immer empor, und zeigt sich oft abscheulicher als es vorher nie war gesehen worden. Da nun der Begnadigte allgemach einsiehet, und vom Geist Jesu völlig überzeugt wird, daß es ihm unmöglich ist, dieses Theil, mit allem seinem Verläugnen und Kreuzigen in den Tod zu bringen: so giebt er sich nun dem Herrn ganz über, und opfert sich ihm auf, daß er dieses bösartige Theil, diese Wurzel des Verderbens durch seine Gottesmacht in ihm ausrotten möchte. Diese Uebergabe und Aufopferung nimmt Gott an, setzt nun sein Gnadenwerk ganz allein fort, und vollendet es auch. Er führt den Begnadigten solche Wege, worauf er in Wahrheit allein aus Gnaden selig werden soll. Diese Wege laufen mehrentheils seinen Begriffen und Denkungsart ganz zuwider. Gott führt ihn selbst so, daß er alles Heil in sich verliert; aber — durch die völlige Ueberlaßung — findet er in Gott durch Christum aufs neue Heil, Leben und Seligkeit. — Nachdem er durch die von Gott veranstaltete Wege endlich wieder ganz in die göttliche Ordnung gekommen ist: so erlangt er ein wahrhaft freies Leben. Seine Gottseligkeit hat nichts Eingeschränktes mehr. Geradheit, Aufrichtigkeit, Wahrheit, Unschuld und Wohlwollen, werden die Hauptzüge seines Charakters, ja die natürliche Eigenschaften seines Wesens. Er ist

62. Brief.

ist umgekehrt, und wieder ein Kind geworden. Jesus ward ihm Weg und Wahrheit: nun ist er auch sein Leben geworden. In einem solchen Begnadigten ist Gott durch Christum, alles in allem. — Der neue Mensch, der nach Gott, in rechtschaffener Gerechtigkeit und Heiligkeit geschaffen ist, steht durch Christum mit Gott in Gemeinschaft und Vereinigung. — Dieser neu geborne Mensch ist das Grundprincip seines Wesens geworden; der hat nun die ganze Herrschaft über die vernünftige Seele, welche diesem Grundprincip ganz untergeordnet ist: ihr natürlicher Stolz, ihre Eigenliebe ist zerbrochen, vernichtet, verloren. Das Grundprincip bleibt Herr und Meister, gränzt an Gott und Ewigkeit — und ist allein Gott in Christo untergeordnet.

Hier hat der Mensch, als Mensch, kein Gutes mehr in sich selbst; oder, mit andern Worten, er siehet das Gute nicht mehr als das Seinige an. Hier versteht er die Worte unsers Heilandes erst recht, wenn er sagt: daß niemand gut sey, als der einige Gott. Vom Seraph bis zum geringsten Geschöpfe ist, im ganzen Universo, außer Gott nichts gut. Alles Gute, das die Schöpfung hat, fließt von Gott aus — muß aber auch wieder zu Ihm zurück fließen. — Sobald aber das Geschöpf sich solches zum Eigenthum machen will, tritt es aus der Ordnung Got-

62. Brief.

tes, und ist auf dem Wege ein Luzifer zu werden. — Ach! wie freue ich mich, daß nur mein Gott ganz allein gut, daß er mir in Jesu alles in allem ist! und daß ich, in Vergleichung mit Ihm, arm und bloß bin, ja ein pures Nichts seyn soll! und daß ich Ihm eben dadurch allein untergeordnet bin! Diese meine Armuth, Leere und Blöße, dieses Nichts-seyn findet in Dir — o du Urquelle alles Guten, alles Lichts und aller Seeligkeit! — Alles, was meine Bedürfnisse und Glückseligkeitstriebe befriedigen kann.

Man streitet oft über Vollkommenheit, und fragt: ob der Mensch hier vollkommen werden, oder die Vollkommenheit erreichen können? — Nach dem was vorhin gesagt worden, folget: daß nur da, wo alles Gute ist, auch nur allein alle Vollkommenheit seyn könne. Das Geschöpf ist und bleibt (wie ich wenigstens, nach meiner Einsicht und Erfahrung, glaube) seinem vernünftigen, seelischen Theile, nach, gebrechlich und unvollkommen. — Hätte das Geschöpf Vollkommenheiten in sich, die es die seinigen nennen könnte: so würde es Gott nicht mehr untergeordnet seyn; es hätte für sich etwas Eigenes, und würde auf dasselbe stolz seyn. Ist aber der Mensch wieder in der Ordnung Gottes, so hat er an allem Guten, an allen Vollkommenheiten Gottes

Theil

62. Brief.

Theil *). Er kann Ihn in Jesu allezeit, als seinen lieben himmlischen Vater ansehen, und Theil an seiner Seligkeit nehmen. Allein, so wie alles Gute, alle Seligkeit aus Gott, der Urquelle, in das Geschöpfe fließet; so muß es auch von demselben in Gott wieder zurück fließen. So bald sich das Geschöpf etwas zu eigen machen will, weicht's von Gott ab; es kommt aus der Harmonie mit ihm, und wird unselig.

Nach diesem Grundprincip ist eine solche Seele Einheit; nach ihrem vernünftigen, seelischen Theil ist und bleibt sie mannigfaltig: aber alles ist dem Grundprincip untergeordnet — und so ist und bleibt der Mensch in und unter der Ordnung Gottes. Hier ist, wie schon gesagt worden, Freiheit und Weite ohne Eingeschränktheit; und die, welche der Sohn Gottes also frei gemacht hat, die

---

*) In diesem Sinn und auf diese Art sollen Nachfolger Jesu vollkommen seyn, wie ihr Vater im Himmel vollkommen ist. Matth. 5. v. 48. In der Gemeinschaft Gottes ist das Geschöpf, nach dem neuen Menschen, der nach Gott geschaffen ist in rechtschaffener Gerechtigkeit und Heiligkeit, vollkommen, weil es nach dieser neuen Eigenschaft durch Christum mit Gott vereiniget ist; außer diesem kann der Mensch nie vollkommen werden, sonst würde er Gott gleich, und demselben nicht mehr untergeordnet seyn.

die sind recht frei, so wohl unter der göttlichen als weltlichen Regierung.

Siehe, mein Bruder! dahin kann, dahin will es Jesus, als ein vollkommener Erlöser mit seinen Auserwählten bringen. Es war der Zweck seines Kommens in diese Welt, und seines ganzen Erlösungswerks — Und der Zweck Gottes bei Erschaffung des Menschen ist hier, durch die Erlösung, erfüllet und ausgeführet worden.

Inhalt der Briefe.

1. Brief.

Veranlaßung des Verfassers, seine Lebensgeschichte aufzusetzen.

2. Brief.

Seine Geburt, erste Jugend- und Schuljahre; Ausgelaßenheit und Spiele; seine Erziehung unter einem strengen Vater; widrige Wirkung derselben auf seinen furchtlosen Character. Erste Keime seiner Wißbegierde nach Länder- und Völkerkunde.

3. Brief.

Des Verfassers erste merkliche Gnadenrührungen, und Entdeckung seines sündlichen Zustandes. Reue und Bekümmerniß darüber; gute Vorsätze, sonderlich bei der Confirmation und dem ersten Genuß des heil. Abendmahls. Rückfall ins eitle Wesen und Bestrafungen des Gewissens. Die Leidenschaft der Liebe zum andern Geschlechte erwacht bei ihm, bleibt aber in tugendhafter Gesinnung auf einen einzigen Gegenstand geheftet.

4. Brief.

Der Verfasser empfindet einen neuen und stärkern Gnadenruf. Er fängt ernstlich an sich zu bessern. Abermaliger Rückfall durch Verführung seiner Gesellschafter. Seine schreckliche Ausgelaßenheit, und wildes Wesen. Er sucht, durch Vermehrung der

Inhalt.

Ausgelaßenheit, die Bestrafungen im Gewissen mit Gewalt zu unterdrücken, welches ihm aber nicht gelingen will.

5. Brief.

Wankender und abwechselnder Zustand des Verfassers zwischen dem Guten und Bösen. Nochmalige starke Erweckung durch einen Traum vom Ende der Welt. Der tiefe Eindruck desselben vergeht wieder, weil der Verfasser vor dem Gedanken zurück schreckt, daß er auf dem Wege der Gottseligkeit alles verläugnen müße. Er hält es fast für unmöglich, den Gegenstand seiner Liebe dran zu geben.

6. Brief.

Eine musikalisch-fromme Gesellschaft erregt den Eifer und die Verfolgung des Predigers, der sie für Sectirer hält. Auch der Verfasser wird gegen sie mit Abscheu eingenommen. — Sein Vater sendet ihn in Geschäfften zu einem Vetter, der ein Mitglied derselben ist. Dieser wird die Veranlaßung zu seiner gründlichen Bekehrung. Ganzer unwiderruflicher Vorsatz des Verfassers, sich Gott zu ergeben. Harte Behandlung von seinem Vater, bey seiner Zurückkunft nach Hause. Schwere Bußkämpfe.

7. Brief.

Alles steht wider den Verfasser auf, seinen Entschluß wankend zu machen. Seine innere schreckliche Kämpfe und Versuchungen. Er fühlt das Urtheil der Verdammniß. Sein Ringen und Flehen um Gnade. Aufmunterung eines Freundes zum Ausharren, Er bleibt standhaft.

8. Brief.

Sein verlorner, trostloser Zustand. Schreckliche Versuchung des Feindes zur Gotteslästerung; dessen Eingebung

gebung, als ob er die Sünde in den heil. Geist begangen hätte. Hoher Grad der Empfindung seines Elendes. Herrliche und plötzliche Erlösung aus demselben, durch die wonnevolle Offenbarung der Gnade Gottes in Christo. Sein Herz und Mund fließen nun von Dank und Lob über.

9. Brief.
Anmerkungen des Verfassers zu seiner Bekehrungsgeschichte.

10. Brief.
Seliger Zustand seines Gemüths. Sein stiller, eingezogener Wandel, und Treue in den äußern Berufsgeschäfften. Seine Aeltern werden verlegen über ihn, und suchen durch Güte und Strenge vergeblich, seinen Geschmack an seiner vorigen Gesellschaft wieder zu erwecken. — Der (sonst gute und orthodoxe) Prediger fährt fort, in seinen öffentlichen Vorträgen wider die vermeynthlichen Irrgeister, die fromme Gesellschaft, loszuziehen. Des Verfassers Bemerkungen darüber.

11. Brief.
Die Bibel und Jac. Böhms Weg zu Christo sind seine einzige Lecture fürs Herz. Seine Resignation, alles, auch selbst den Tod um Christi willen mit Freuden zu leiden. — Muthvolles und musterhaftes Betragen, in der völligen Besiegung seiner Leidenschaft der Liebe. — Er wird den Seinigen unerträglich.

12. Brief.
Sein Vater beobachtet ihn im Stillen, und entdeckt seinen geheimen Umgang mit den verhaßten Gliedern der gemeldten Gesellschaft. — Er findet Jac. Böhms

Inhalt.

Böhms Büchlein bei ihm, schlägt ihn grausam, und zwingt ihm das Versprechen ab, nicht mehr mit den verdächtigen Leuten umzugehen. — Dieß erweckt seinen Entschluß, sein Vaterland insgeheim zu verlaßen.

13. Brief.
Der Verfasser führt seinen Entschluß, im Vertrauen auf die göttliche Fürsehung, glücklich hinaus. Er kommt zu Köln an, und findet daselbst gleich Gelegenheit, mit einem Schiffe nach Holland abzufahren. Seine Ankunft in Amsterdam. Vergebliche Mühe, daselbst in Arbeit zu kommen. Die Noth zwingt ihn, auf einem Ostindischen Schiffe Dienst zu nehmen.

14. Brief.
Erste Reise nach Ostindien. Traurige Gedanken des Verfassers bei der Ankunft auf dem Schiffe, und dem Anblick des wilden Schiffvolks. Innerer Trost.— Ankunft an dem Cap, oder Vorgebirge der guten Hoffnung.

15. Brief.
Der Verfasser übt sich mit Erfolg in den Kenntnissen eines Seemannes. Abreise vom Cap. Sturm und gefährliche Lage des Schiffes. — Glückliche Ankunft in Batavia. — Lasterhaftes Leben in Indien. Der Verfasser hält sich abgeschieden. Göttliche Gnade und Bewahrung. — Abreise nach Canton in China.

16. Brief.
Schreckliche Folgen der Wut über einen Diebstahl.— Ankunft in Canton; Wohlfeile daselbst. Des Verfassers Gedanken über die Einführung des Christenthums in China. — Fürchterliches Gewitter. Der Bliz zündet den Mast an. Sie halten sich alle für verloren. Zween Matrosen blieben todt. — Der Brand wird gelöscht, und die Gefahr ist vorüber. Wirkung der Noth auf die rohen, lasterhaften Menschen

schen; ihr Betragen, nachdem sie vorüber war. —
Zurückkunft auf dem Cap — und endlich in Holland.
17. Brief.
Der Verfasser war auf der ganzen Reise immer gesund.
Sein unverrücktes Anhangen an Gott. — Er meldet seinen Aeltern seine Ankunft in Holland, kann sich aber noch nicht entschließen, zu ihnen zu reisen. Er reiset nach Hamburg und Altona. Sein Wunsch, gottselige Menschen, und durch ihre Hülfe Arbeit und Unterhalt zu finden, bleibt unerfüllt. Er geräth darüber in große Verlegenheit und sieht abermal keinen andern Ausweg, als auf die See zu gehen. — Er meldet seinen Aeltern sein Vorhaben, mit Beifügung seiner Adresse in Amsterdam.

18. Brief.
Der Verfasser schiffet sich im Texel ein, um mit nach Bengalen zu fahren. Vor der Abfahrt erhält er ein Packet Briefe vom Haus, voll der zärtlichsten Gesinnungen gegen ihn. Dieß macht seinem Herzen viel zu schaffen, und erregt aufs neue seine ganze Liebe gegen die Seinigen. — Herrschende Fieberkrankheit und häufiges Sterben auf dem Schiffe. — Krankheit und Wiedergenesung des Verfassers.

19. Brief.
Beschwerliche Fahrt. Das Schiff läuft in den Hafen von Portsmouth ein. — Fortwährendes Sterben.— Lasterhafte und schamlose Lebensart der Matrosen: des Verfassers Abscheu, und Betrachtungen darüber. Nach einer äußerst mühseligen Fahrt kommen sie auf dem Cap an. — Erneuerte Uebergabe an Gott. — Fortsetzung der Reise nach Bengalen; Ankunft an dem Gangesflusse. Achtung des Capitains und der Officire gegen den Verfasser. Seine einsame Spaziergänge und Unterhaltungen mit Gott. Er bekommt das kalte Fieber. Reise nach Nagopatnam. Das Fieber hält noch an.

Inhalt.

20. Brief.
Beschreibung einer Hindostanischen Prozession, oder eines feyerlichen Umgangs der Braminen mit ihrem Götzen. Des Verfassers Gedanken und Bemerkungen dabei.

21. Brief.
Reise nach Trinconemale auf der Insel Ceylon. Des Verfassers endliche Genesung vom kalten Fieber, durch den Gebrauch einer Wasserquelle und der Cocosnüsse. Er hat das Zutrauen und die Hochachtung aller, die mit ihm umgehen. — Beschreibung, wie durch zahme Elephanten die wilden gezähmt werden. — Des Verf. einsame Wanderungen und Sehnsucht nach Gott. Fahrt nach Batavia und Ankunft daselbst.

22. Brief.
Aufenthalt in Batavia. Des Verf. Herzensergüsse und Gelübde vor dem Herrn. Des Thomas von Kempis Büchlein von der Nachfolge Christi fällt ihm, zu seiner Freude in die Hände. — Er sehnet sich nach seinem Vaterlande. — Er geht an Bord, kommt an dem Cap, und endlich glücklich in Amsterdam an. Seine dankbaren Empfindungen und erneuerte Uebergabe an seinen Erlöser. Er reiset zu seinen Eltern. Froher und rührender Empfang bei den Seinigen.

23. Brief.
Häufige Besuche von Hohen und Niedern, denen der Verf. von seinen Reisen erzählen muß, und dadurch in Zerstreuungen kommt. Er merkt, daß ihm der wahre Friede des Herzens noch fehlt. — Seine vormaligen Gemüthsfreunde sind für das Gute wieder ziemlich erkaltet und weltförmig geworden. — Neuerweckte; der Verf. sucht durch ihr Beyspiel seinen eigenen Ernst wieder zu erwecken. Vergebliche Anstrengungen. Er fühlt einen innern Zug zur Stille;

Inhalt.

le. Seine Bemerkungen über die Gränzen der Wirksamkeit.

24. Brief.

Neue Gnade, verpaart mit tiefern Einsichten in die Wege der Gottseligkeit. Dem Verfasser entfällt alles Harte; er wird sanft und duldsam, und hält sich zur Kirche und zum heil. Abendmahl. — Die Liebe Gottes erfüllt sein Herz, und erzeugt in ihm unaufhörlich Thaten des Glaubens und der Anbetung. — Sein friedevoller und beseligender Zustand. Er findet denselben in einem Liede des sel. Tersteegens (über den Stand der Beschaulichkeit oder des schmackhaften Glaubens) treffend ausgedrückt.

25. Brief.

Der Verfasser findet in Jac. Böhms Schriften keine Nahrung mehr. Seine Gedanken über diesen Autor, wie auch vom Stein der Weisen. Warnendes Beispiel für solche, die sich mit dem Suchen desselben abgeben.

26. Brief.

Der Verfasser wird aus dem beschaulichen Zustande in den Stand des dunkeln Glaubens geführet. Scheidung des sinnlichen Theils von dem Grunde des Gemüths. Schwere Prüfungen und Versuchungen in diesem Stande. Mitten unter den Zerstreuungen, Dürre und Dunkelheiten, hält der Grund fest an Gott. Nähere Beschreibung der Eigenschaften dieses Gemüthszustandes.

27. Brief.

Der Verfasser reiset nach Mühlheim an der Ruhr zu Tersteegen, von welchem er liebreich aufgenommen, getröstet und aufgerichtet wird. Sein Andenken bleibt ihm gesegnet. — Freimüthige Erklärung gegen seinen Vater, daß er nicht heirathen werde. — In Gemeinschaft mit einem, dem Guten ergebenen Vetter

Vetter, und einem dritten, der die Waar verhandeln soll, fängt er an, auf Schnürriemen-Maschinen zu arbeiten. — Sein inniger abgeschiedener Wandel und Liebesgemeinschaft mit Gott.

28. Brief.

Des Verfassers lautere Gesinnungen bei den Mittheilungen der Gaben und Gnaden Gottes. Er will den Geber und nicht die Gaben fest halten. Seine kindliche Ueberlassung an Gott. Die Gnade rüget seine Fehler scharf, und ist sonderlich strenge gegen die stolze Eigenliebe: auch des Verfassers ganzer Wille geht dawider an. — Er bittet um Erweiterung des Herzens, um die Wirkungen der göttlichen Liebe ertragen zu können, die im Innern brennet.

29. Brief.

Bemerkungen des Verfassers über das Werk der Erlösung durch Christum, und über die Wiederherstellung des gefallenen Menschen, welche verdienen gelesen zu werden.

30. Brief.

Fortsetzung des vorigen.

31. Brief.

Beschluß des vorigen.

32. Brief.

Die Verschiedenheit der Wege Gottes soll niemand Anstoß noch Scrupel erwecken. — Abermaliger Besuch des Verfassers bei Tersteegen. — Erhabner Gemüthszustand, der ganz vom Sinnlichen geschieden ist. — Sehr geistige Mittheilungen. Die Grundverdorbenheit wird dadurch immer mehr und gründlicher aufgedeckt. Schreckliche Tiefen der Eigenliebe, die sich auch in alles Gute mischt. — Ganz unbedingte Uebergabe.

Inhalt.

33. Brief.

Gott allein kann die tief eingewurzelte Ichheit zerstören — Der Verfasser wird von allen Mittheilungen entblößet, und schweren innern Versuchungen Preis gegeben. Sein Kämpfen und Ringen mit Gott. — Nichts bleibt ihm übrig, als unbedingte Ueberlassung und Leiden.

34. Brief.

Auf Andringen des dritten Compagnons, sieht der Verfasser und sein Vetter sich genöthigt, ihr Geschäft zu erweitern. Viele Unannehmlichkeiten dabei; Disharmonie mit seinem Vetter. — Reise nach E.... Seine christlichen Freunde können sich, wegen seines leidenden Zustandes nicht mehr in ihn finden; und glauben, er sey vom rechten Wege verirret. — Seine Leiden und Beschämung. Er ist im Innern wie betäubt und im Dunkeln; kann aber im Aeusern seinen Verstand recht gut brauchen. Sein ganzes Thun besteht im Hingeben und Ueberlassen.

35. Brief.

Der Verfasser kommt in Umgang mit einem Freunde, der in einem Stande empfindlicher Gnadenmittheilungen steht, und ihn überzeugen will, daß er nicht mehr auf dem rechten Wege sey. — Er nimmt die Verantwortung des Verf. nicht an. Sie harmoniren nicht, und können sich doch nicht dran geben. Der Freund bietet ihm die Hälfte seines Einkommens an, wenn er mit ihm einsam leben will. Der Verfasser lehnt es ab. Er fürchtet, daß es mit dem Freunde kein gutes Ende nehmen werde. Die Folge bestättigt seine Furcht. — Sie trennen sich. Des Verf. schmerzhafte Seelenleiden halten an. — Neues Project zu Geschäften. Es zerschlägt sich. Er kommt darüber in große Verlegenheit.

36. Brief.

Der Verf. ist ohne Geschäfte. Seine Demüthigun-
ge

gen und Leiden halten an. Er sucht ein neues Geschäfte, um sich fortzuhelfen; nichts will ihm gelingen. Seine christlichen Brüder halten ihn für einen Weltmenschen, und geben ihm Ermahnungen. Ein Brief zum Beweise. Er weiß sich nicht mehr zu rathen noch zu helfen, und findet keinen Freund, dem er sich entdecken darf. Bei seinem unaussprechlichen Schmerz geht sein ganzes Bestreben allein dahin, nur für Gott zu leben.

37. Brief.

Einige Erläuterungen des Verfassers über seinen dermaligen leidensvollen Zustand. — In seiner Rathlosigkeit fällt ihm ein, daß vielleicht in Nordamerika ein Platz für ihn sey, wo er sich forthelfen könnte. — Er entschließt sich dahin zu reisen. Er reiset nach Rotterdam und von dannen nach London, von wannen er, nach einem zwei monatlichen (gezwungenen) Aufenthalt nach Philadelphia absegelt. Erzählung der Seereise.

38. Brief.

Des Verfassers Ankunft in Philadelphia. Uebergabe an seinen Erlöser und dessen alleinige Führung. Er findet einen Landsmann und Freund in einem dasigen Schullehrer. Er verfertigt Schnürriemen-Maschienen, und arbeitet darauf, kann aber nicht davon bestehen. — Erweckung in Philadelphia durch einen Methodisten-Prediger aus England. — Der Verfasser wird mit den zween rechtschaffenen Protestant. Predigern bekannt. Er bemüht sich vergebens, bei einem Kaufmann in Geschäfte zu kommen.

39. Brief.

Der Reform. Prediger, Hr. Weyberg, räth dem Verfasser, sich dem Predigtamte zu widmen: dieser hält sich dazu für ungeschickt; nimmt sich aber Bedenkzeit, und trägt dem Herrn die Sache vor.

40.

40. Brief.

Der Verfasser wird mit vielen Frommen bekannt. Seine Prüfungsgabe. Nähere Bekanntschaft mit dem evang. Lutherischen Prediger, welchem sein Vorurtheil gegen Tersteegen benommen wird. — Der Verfasser muß, ohne irgend eine wahrnehmliche Stütze, im entblößten, nackten Glauben, seine Leiden tragen.

41. Brief.

Der Verfasser entschließt sich endlich, Prediger zu werden. Seine Vorbereitung zu diesem Amte, und erste Predigt während derselben. — Hr. Weyberg räth ihm, sich examiniren zu lassen; er kann sich aber noch nicht dazu entschliessen. — Tiefes Gefühl seiner Armuth und seines verlaßnen innern Zustandes.

42. Brief.

Der Verfasser wird Hauslehrer; seine beschwerliche Lage und leidsames Betragen in dieser Condition. Er sieht ein, daß seines Bleibens nicht länger darinnen ist. — Seine Bekanntschaft mit dem Prediger Otterbein.

43. Brief.

Der Verfasser verläßt das Haus, worin er Informator war, und zieht nach Yorktown zu Herrn Otterbein; nachher zu dem Prediger Hendel in Tolpisacon, dessen Kinder er unterrichtet, und in dessen Gemeinen er oft prediget. — Man will ihn nach Germantown als Prediger haben, und dringt deswegen sehr in ihn: Er schlägt es aber ab.

44. Brief.

Der Verfasser wird Prediger in sieben zerstreueten Landgemeinen, und läßt sich examiniren. Tragsamkeit und Sanftmuth im Umgang mit allerlei Religionsverwandten. Er beschränkt sich in seinen Vorträgen auf die Hauptsache des Christenthums. — Aus-

gebrei-

gebreitete Religionsfreiheit in Nordamerika. — Des Verfassers Bekanntschaft und Umgang mit den Methodisten. Sie haben viel Nutzen und Segen gestiftet. — Quäcker, Taucher und andere Secten: ihr erster Ernst hat nachgelassen. — Der Krieg mit den Engländern bricht aus. Des Verf. Betragen unter den Parteien für oder wider die Engländer.

45. Brief.

Des Verfassers Gemüthsumstände werden durch seine gänzliche Ueberlassung an Gott ruhig und befriedigt. Die Kriegsumstände bringen ihn zu dem Entschluß, Amerika auf einige Zeit zu verlassen.

46. Brief.

Beschreibung der damaligen politischen, sonderlich aber kirchlichen Lage von Nordamerika. — Des Verfassers vorsichtiges und christliches Betragen zwischen seinen königlich- und freyheitsgesinnten Gemeindgliedern.

47. Brief.

Wuth des Parteigeistes in einem Manne, der in den Gemeinen des Verfassers viel Störung anrichtet. Der Verf. sucht vergebens ihn mit Sanftmuth und Bitten auf bessere Gedanken und zur Ruhe zu bringen; er trachtet nur immer mehr, die Gemeine wider ihn einzunehmen. Dieß beschleunigt des Verf. Entschluß, dieses Land zu verlassen. Er bereitet sich zur Abreise nach Europa, und übernimmt Aufträge von seinen Freunden.

48. Brief.

Der Verf. tritt in Gesellschaft mehrerer Schiffe seine Rückreise nach Europa an, und wählt den Umweg über St. Eustach oder Eustatius. Ein Englischer Caper schleicht sich zur Nachtzeit unter ihre Schiffe, muß sich aber wegen ihrer Bedeckungs-Fregatte davon machen. Dieser benachrichtigt andere Caper auf St. Christoph von ihrer Ankunft. — Sie werden ben angegriffen, retten sich aber mit Verlust eines Schiffs und einiger Todten unter die Kanonen von St. Enstach. — Des Verfassers ruhige Fassung während der Action.

49. Brief.

Abreise von St. Eustach. — Dem Verf. gefällt weder das Schiff noch der Capitain, der es führen soll. Ihm ahndet eine gefährliche Reise. — Erster Sturm. — Schlechter Charakter des Capitains. Dessen grosse Unwissenheit in astronomischen Kenntnissen zeigt sich bei einem guten Rath des Verfassers.

50. Brief.

Fernere beschwerliche Fahrt. — Fürchterlicher Sturm. Närrisches und desperates Betragen des Capitains.

51. Brief.

Günstiger Wind. Fortreise unter beständigem Pumpen. Unsinniges Betragen des Capitains. Durch ein unvernünftiges Manövre bringt er das Schiff in Gefahr, während der Nacht an einer Insel zu scheitern. Alles ist in banger Erwartung. Des Verf. Gegenwart des Geistes, in den Anstalten sich im Nothfall zu retten. Die Geschicklichkeit des Steuermanns bringt das Schiff mit Hülfe des Verfassers wieder in die See. Sie erblicken die Englischen Küsten.

52. Brief.

Sie laufen (durch Rodneys grosse Kriegsflotte von 36 Linienschiffen) in Portsmouth ein. — Dankbare Empfindungen des Verf. gegen Gott. — Grobheit und Ungerechtigkeit des Capitains gegen den Verfasser. Er macht sich ganz von ihm los, und will denen nicht beitreten, die den Capitain verklagen wollen. — Er schließt den Accord auf Amsterdam zu fahren. — Er sieht noch vorher die grosse Flotte unter dem Admiral Rodney auslaufen.

53. Brief.

Des Verfassers Ankunft in Amsterdam. Seine dankbaren Empfindungen gegen den Herrn für alle seine Güte. Er freuet sich nun über die dunkeln Wege, welche Gott ihn durchgehen ließ. — Seligkeit und Freiheit einer Seele, die ganz arm und entblößt in sich selbst geworden, und allein in Gott stark und getrost ist.

54. Brief.

Der Verfasser höret, daß seine Aeltern noch leben, meldet ihnen seine Ankunft in Amsterdam, und erhält vergnügliche Antwort. Nach Ausrichtung der Commissionen seiner Freunde in Amerika reiset er nach Haus. Froher Empfang der Seinigen. Er findet wenig Ernst mehr an den vormaligen Erweckten.

55. Brief.

Der Verfasser lebet zu Hause still und eingezogen. Seine Reise ins Bergische, wo er nun überall ein willkommener, lieber Freund ist. — Er bleibt den Winter über in seiner Aeltern Hause. Sein Vater und Mutter sterben kurz nach einander. Seine kindliche Zeugnisse von ihnen. Er wird in seinem Erbtheil verkürzt, findet sich aber friedlich mit seinen Geschwistern ab. Er wartet auf den Frieden, um wieder nach Amerika zu reisen. Sein starker Hang dahin. — Auf die dringende Einladung eines Vetters in E. begiebt er sich zu demselben und wohnet bei ihm.

56. Brief.

Des Verfassers Reise nach Amsterdam mit dem Schwager seines Vetters. Bekanntschaft mit verschiedenen Christlichen Freunden daselbst. — Nach seiner Zurück-

rückkunft, ins Bergische kommt er immer in nähere
Verbindung mit den dasigen gottseligen Freunden,
die ihm ankündigen, daß sie ihn durch die Liebe
von seiner Rückreise nach Amerika abhalten wollen.
Er macht nach Holland Geschäftsreisen für seinen
Vetter. — Zu Hause verfertigt er Globen oder
Weltkugeln, und studirt die Geschichte. — Sein
Vorhaben, wieder nach Amerika zu reisen, fängt an
zu wanken.

57. Brief.
Der Verfasser entschließt sich völlig, in Europa zu bleiben, und thut die jährlichen Reisen für seinen Vetter nach Holland. — Seine Erfahrung, was es
heiße, mit begnadigten Seelen so umzugehen, daß
man ihnen förderlich und nicht vielmehr schädlich
werde. Seine Anmerkungen dabei.

58. Brief.
Des Verfassers Bekanntschaft und Umgang mit einer
sehr vermögenden aber erfahrnen Christinn. Ihre
wechselseitige Offenherzigkeit gegen einander. Sie
erkundigt sich genau nach seinen äußern Umständen,
und setzt ihm ein lebenslängliches Gehalt aus, wovon er bestehen kann. — Nach seiner Zuhausekunft
erfährt er, daß sein Vetter die Fabrickhandlung aufgeben will; dieser freuet sich, daß die göttliche Fürsehung für den Verfasser gesorgt hat, — welcher
nun auf Kammern wohnen geht, zum Handgeschäffte Globen verfertigt, und einigen jungen Leuten in
der Geographie Unterricht gibt.

59. Brief.
Des Verfassers Gesinnungen bei Aufsetzung seiner Lebensgeschichte, und deren Aufnahme vom Publico. — Er hat nur seine Führung aufschreiben,
keines

Inhalt.

keinesweges aber einen Lebensplan für andere auf‍setzen wollen. — Sein Lob = und Dankgebeth zu Gott.

60. Brief.

Ob der Weg, welchen Gott den Verfasser geführet, der Weg eines wahren Christen, und in der h. Schrift gegründet sey? — Hauptlehre der h. Schrift; sie bringt auf Vollkommenheit. Es gereicht unserer Religion nicht zur Ehre, nur bei den Anfängen des Christenthums stehen zu bleiben.

61. Brief.

Der Verfasser gibt sich nicht für einen Lehrer aus. — Der Gott der heutigen Philosophen ist nicht der Gott der Bibel, sondern ein bloßer Natur=Gott. — Anerschaffnes Bedürniß und Glückseligkeitstrieb im Menschen. Der Mensch ist nicht mehr unter der Ordnung Gottes; sein Glückseligkeitstrieb kann nur durch Rückkehr unter diese Ordnung, durch Absterbung und Vernichtigung des Stolzes und der Eigenliebe befriedigt werden.

62. Brief.

Fortsetzung dieser Materien. — Daß Gott alles, der Mensch aber in sich nichts sey. — Der neue Mensch, oder die neue Geburt durch den Geist Gottes im Menschen, ist ein Grundprincip. — Begriff der wahren Christlichen Vollkommenheit und der wahren Freiheit.

Verbesserungen.

Seite 4. Zeile 18. statt Morgen, ließ Morgens
S. 24. Zeile 2. v. u. statt überzugt, l. überzeugt
S. 28. Zeile 8. statt zusamm, ließ zusammen
S. 42. Zeile 10. v. u. statt Im, ließ In
S. 79. Zeile 14. statt Wolken, l. Wellen
S. 85. Zeile 17. statt Fiefer, ließ Fieber
S. 89. Zeile 6. v. u. statt Pril, ließ Peil
— — Zeile 2. v. u. geprilt, ließ gepeilt
— — Anmerkung. statt Pril, ließ Peil
S. 100. Zeile 7. v. u. statt allen, ließ allein
S. 101. Zeile 9. v. u. statt Ferunde, l. Freunde
S. 107. Zeile 11. v. u. statt steften, l. stehen
S. 109. Zeile 16. statt kriegen, ließ kriechen
S. 112. Zeile 11. statt wnrde, ließ wurde
S. 120. Zeile 10. st. die Capitain, l. der Capitain
— — — st. übrigrn, l. übrigen
S. 138. Zeile 3. v. u. statt diesen, l. diesem
S. 150. Zeile 10. statt daß, ließ das
S. 154. Zeile 13. statt Kopft, ließ Kopfe
— — Zeile 5. v. u. statt daß, ließ das
S. 168. Zeile 6. statt Hanses, ließ Hauses
— — Zeile 4. v. u. st. aufgehalten, l. aufgehalten
S. 190. Zeile 15. st. verhanden, l. vorhanden
S. 194. Zeile 1. statt konnte, ließ könnte.
S. 216. Zeile 4. st. anomobiren, l. accomobiren
S. 247. Zeile 4. statt bewahre, l. bewahrte
— — Zeile 12. statt erschienen, l. erscheinen
S. 283. Zeile 11. statt Wollte, l. wollte
S. 334. Zeile 2. v. u. statt das, l. daß
S. 422. Zeile 6. v. u. statt Edel, l. Ebel